U0941243

本书系国家社科基金重大项目：《20世纪国际格局的演变与大国关系互动研究》（项目批准号：11&ZD133）的阶段性成果

近现代国际关系史研究

（第三辑）

JINXIANDAI GUOJI GUANXISHI YANJIU

徐　蓝◎主编

人 民 出 版 社

组稿编辑:鲁　静
责任编辑:李椒元
装帧设计:徐　晖
责任校对:余　倩

图书在版编目(CIP)数据

近现代国际关系史研究.第三辑 / 徐蓝主编.-北京:人民出版社,2013.2
ISBN 978-7-01-011473-6

Ⅰ.①近…　Ⅱ.①徐…　Ⅲ.①国际关系史-研究-近现代　Ⅳ.①D819

中国版本图书馆 CIP 数据核字(2012)第 280624 号

近现代国际关系史研究
JINXIANDAI GUOJI GUANXISHI YANJIU
第三辑

徐　蓝　主编

人民出版社 出版发行
(100706　北京市东城区隆福寺街 99 号)

北京世纪雨田印刷有限公司印刷　新华书店经销

2013 年 2 月第 1 版　2013 年 2 月北京第 1 次印刷
开本:710 毫米×1000 毫米 1/16　印张:21
字数:300 千字　印数:0,001-3,000 册

ISBN 978-7-01-011473-6　定价:42.00 元

邮购地址 100706　北京市东城区隆福寺街 99 号
人民东方图书销售中心　电话 (010)65250042　65289539

目　录

浅析1855—1856年英美募兵危机

尚永强①

克里米亚战争(1853—1856)期间,急需补充兵员的英国于1854年底通过《境外征兵法》,从1855年2月起在中立国美国冒险采取了秘密募兵行动,试图绕过美国的中立法,通过代理人从美国招募原籍为欧洲、肯为英国效力的志愿者,赞助其前往加拿大,进行简单军事训练后转往激战中的克里米亚半岛。英国代理人的行动开始不久便为美国所关注。美国政府在调查之后,以英国违背中立法为由提出了强烈抗议,并逮捕了涉嫌参与募兵的代理人及部分英国驻美领事。英国被迫于6月终止了募兵活动,由此引发的英美外交危机却一直持续到1856年克里米亚战争结束后数月,并最终导致英国驻美大使克兰普顿被美国总统皮尔斯驱逐出境。

国外学者从英国募兵危机的政策、爱尔兰移民在事件中的影响等角度展开过研究,②而国内尚未有学者论述过此议题。本文拟从英美两国关系的角度来分析这场危机,探讨这场危机的根源,并对事件作一简单评价,以期进一步理解19世纪中期的英美关系。

---

① 尚永强,男,首都师范大学历史学院博士研究生。

② 国外相关研究中最重要的两篇论文是William F.Liebler于1975年所著“John Bull's American Legion:Britain's Ill-Starred Recruiting Attempt in the United States during the Crimean War”及J.B.Conacher于1992年所发表的“British Policy in the Anglo-American Enlistment Crisis of 1855—1856”,两文较为详细阐述了募兵危机中英国的政策及美国的应对举措,而Laurence Fenton 2010年的论文“Charles Rowcroft,Irish-Americans,and the ‘Recruitment Affair’,1855—1856”偏重于讨论爱尔兰裔美国人在募兵危机中所扮演的角色。Charles Calvert Bayley所著*Mercenaries for the Crimea,the German,Swiss,and Italian Legions in British Service*,1854—1856一书中回顾了英国在国外征兵的历史,对英国议会出台《境外征兵法》前后有较详尽论述,并在“国外募兵带来的问题”一章中对英美募兵危机有所涉及。其他有关克里米亚战争的专著如Winfried Baumgart,*The Crimean War* 1853—1856对募兵危机一般只做简单介绍和评价。

一、募兵危机的过程

克里米亚战争爆发后,英国奔赴战场的第一批远征军只有两万多人。虽然英国海军比法国强大,战争期间海军在封锁和后勤保障等方面发挥了不可替代的作用,但军舰在重重防御的陆基炮台面前作用有限,最终决定战争胜负的还是陆军。而英国陆军在数量、质量上都不如近期曾在北非作战、经验丰富的法军,战场上只能充当法军的配角,英国领导人为此大伤脑筋。1854 年 11 月克里米亚战场上发生的英克尔曼战役凸显了英国陆军存在的问题。英军虽赢得了这场战役,却损失惨重,英军急切感受到军队数量的不足,频频向政府请求增援,英国政府倍感压力。

克里米亚的寒冬不适合大规模作战,作战各国在奥地利的调停下在维也纳展开外交谈判,只是战场上胜负未分,各国均不愿让步。谈判陷入僵局后,英国不得不准备为长期作战募集更多的士兵。因为仅在国内征兵无法满足战场的需求,英国议会于 1854 年 12 月通过了《境外征兵法》(Foreign Enlistment Act),提供资金从境外征召雇佣兵组建外籍兵团以扩充军队。从国外招募雇佣兵在英国有着悠久的历史,拿破仑战争期间英国就曾征召过大量雇佣兵,《境外征兵法》也是以拿破仑战争期间通过的类似立法为基础的。此次募兵仍然延续了传统方式,例如从瑞士、德意志地区募兵。由于新招募来的士兵还须经过一段时间训练才能最终走向战场,考虑到战争的艰难性,英国想在更大范围尽快招募更多士兵以备不时之需,因此便把征兵范围扩展到了虽对英国充满敌意但保持中立的美国。

在英国议会通过《境外征兵法》之前,时任英国外交大臣的克拉伦敦要求驻美大使克兰普顿对在美国募兵的可能性做一番考察。在听取克兰普顿以及辛辛那提等地领事的可行性分析报告之后(报告中过于乐观地夸大了在美国能募集的人数,低估了在美国募兵可能遇到的困难)①,1855 年 2 月克拉伦敦

① Kenneth Bourne & D.Cameron Watt ed., *British Documents on Foreign Affairs*(以下简称 *BDFA*), *Part I*, *Series C*, *North America*, *Volume* 4, Frederick, Md.: University Publication of America, 1994, pp.209-215.

指示克兰普顿，同意在美国秘密展开募兵行动，不过强调“必须严格遵守美国的法律，不能引起美国政府的不满”。[①] 英国人十分清楚在美国境内直接募兵会违反美国《1818 年中立法》，根据该法第二部分的规定，在美国境内任何个人主动加入外国雇佣军是违法的，雇佣他人也属违法。不过英国认为美国即使不同意英国的行为，但可能会默许非官方渠道以志愿者形式的招募。事实上早在 1854 年 4 月美国国务卿马西在回应英国时，就表示美国将在未来的战争中严守中立，并特别提醒英国，美国的《中立法》“不只是对美国人起作用，对美国领土内居住的任何人都有约束力……反对在美国境内为任何在外国进行的战争所进行的募兵活动”。[②] 克兰普顿对《中立法》心知肚明，为此事还专门请教了一位有名的美国律师，设法规避此类风险，通过分析解读《中立法》中的条款，利用其模糊性即法律的漏洞来招募志愿者。英国官方人员不直接出面，而由代理人进行操作，给愿为英国效劳的志愿者付少量费用，指明到哈利法克斯的路，到达加拿大后成为英国的雇佣兵。这样由于在美国境内并没有形成实质性的雇佣，就不违反中立法。[③] 克兰普顿写给克拉伦敦的信件专门附上了律师对中立法的意见。实际上对中立法的这种解读并没有解决现实中的困难，在操作过程中将面临更严峻的考验，更何况对中立法的解释权在美国政府手中。英国为获取更多战争资源有些急功近利，对美国可能出现的反应考虑不周，没有谨慎考虑就开始了一场注定要失败的行动，最终惹怒了美国。

在这场征募志愿者的活动中，在英国国内的主要协调人是克拉伦敦，在美国则为克兰普顿，另外还有英属加拿大殖民地官员负责建立兵营，接收这些志愿者。克兰普顿等人计划的招募对象为 1848 年革命后移民美国的德意志人和在美国处于失业状态的英格兰青壮年移民，他们准备先让代理人通过非官方形式招募他们为志愿者，然后把他们转移到位于加拿大新斯科舍的哈利法克斯进行集中训练，最后前往克里米亚加入英军作战。

在开始行动之前，募兵代理向英国国内汇报情况时曾夸口说，由于辛辛那

---

① *BDFA*, *Part I*, *Series C*, *North America*, *Volume* 4, p.215.

② *BDFA*, *Part I*, *Series C*, *North America*, *Volume* 4, p.208.

③ *BDFA*, *Part I*, *Series C*, *North America*, *Volume* 4, p.222.

提等地存在相当数量的失业人口,有相当多居住在这些地方、出生于英国本土的人想要报效祖国,他们可以招募到25000人,甚至更多的志愿者。① 不过他们却忽视了最重要的一个问题:如果真能招募到这么多人,那是无法瞒过当地舆论和政府的。尽管在表面招募的是志愿者,但也需要进行大力宣传以使潜在的招募对象了解具体情况,这无疑会引起美国公众的注意,何况一向对英国怀有敌意的美国舆论对英国的募兵企图十分敏感。而英国在加拿大的殖民地官员由于受到"责任制政府"的限制,担心募兵行动违反美国中立法危及加拿大的安全,也并不都支持募兵活动。②

尽管克兰普顿不止一次地向募兵代理人豪伊等强调了美国的中立法,并作出了相应的指示,要求规避法律上的风险谨慎行事,但事情的进展并不像克兰普顿想象的那样顺利。代理人的热情并非纯粹出于爱国情怀,他们也因为有利可图才积极参与此事,并没有完全意识到在美国募兵的风险。一些代理人为获取更大利益甘愿冒险,他们的活动很快暴露出了英国招募的真正目的。按照克兰普顿的想法,为减少不必要的纠纷,减少美国的注意力,越少公开谈论这些事情越好。③ 但在1855年3月有个名叫麦克唐纳的人打着英国政府的旗号在纽约公开散发传单,声称英国政府决定在新斯科舍(Nova Scotia)组建外籍兵团,列出了具体的赏金数额为6英镑或者30美元,保证丰衣足食并向被雇佣者每个月支付8美元,希望那些正处于不幸和痛苦中的有能力者不要错失良机。④ 美国舆论很快注意到了传单上的招募信息,并开始指责这种行为。确切地说,这些信息并非虚假,不过这种鲁莽的行为是在没有得到英国官方批准下私自进行的,而这种宣传极易让美国抓住把柄。克兰普顿极其被动地向克拉伦敦汇报了此事,并且立即向美国国务卿马西(Marcy)作出解释,称英国的确因为兵员匮乏在加拿大设立了招募志愿者的地点,但并非为专从

---

① *BDFA, Part I, Series C, North America, Volume* 4, p.215.

② J.B.Conacher, "British Policy in the Anglo-American Enlistment Crisis of 1855—1856", *Proceedings of the American Philosophical Society*, Vol. 136, No. 4(Dec., 1992), p.535.

③ J.B.Conacher, "British Policy in the Anglo-American Enlistment Crisis of 1855—1856", p.536.

④ *BDFA, Part I, Series C, North America, Volume* 4, pp.227-228.

美国募兵而设立,并再三重申遵守美国中立法。同时克兰普顿通知纽约领事巴克莱(Barclay)出面否认此事的存在,并制止这种危险行为。① 美国政府起初的态度并不十分强硬,这也使英国政府心存幻想,私下募兵行动仍在进行。然而,代理人招募的第一批志愿者正在开赴哈利法克斯路途中时,美国已经开始从纽约秘密展开调查。

3 月底美国对英国募兵企图的调查从纽约扩展到费城,并逮捕了 13 名英国招募的志愿者。不久后费城募兵代理人赫兹也被逮捕。② 4 月 9 日,豪伊开始担心自己被秘密警察盯上,一些代理人出于担心开始退缩,曾经许诺能招募的人员数量也大大缩水,同时豪伊指责赫兹是唯利是图的犹太人,只知道要钱却不做实事,“毫无疑问,赫兹在无利可图时甚至会将他自己出卖给当局”。豪伊决定在当前的形势下暂时延缓募兵行动,直到气氛有所好转。③

然而美国舆论越来越不利于英国,而且随着美国政府的调查,越来越多的证据显示英国企图在美国境内招募兵员。应当说,无论是纽约的传单还是代理人赫兹的被捕都没有引起英国的足够重视,英国募兵的行动依然进行着。6 月初,美国国务卿马西正式通知美驻英大使布坎南,要求英国停止在美国境内任何形式的募兵活动,并向参与募兵的英国官员问责。④ 而在此时,英国也重新审视了其募兵政策,考虑到在美秘密募兵风险较高,1855 年 6 月 22 日克拉伦敦指示克兰普顿“明确放弃(在美国的)招募计划”。⑤ 只是这个决定已经太迟了。当布坎南 7 月初向英国提交马西在募兵问题上的抗议时(英美之间通信需要十几天,布坎南收到马西的公文未立即向英国政府提交),英国表示绝无任何官员违背美国法律,即使有人违背中立法,也是未经授权的代

① *BDFA, Part I, Series C, North America, Volume* 4, p.227.

② William F.Liebler, “John Bull's American Legion: Britain's Ill-Starred Recruiting Attempt in the United States during the Crimean War”, *The Pennsylvania Magazine of History and Biography*, *Vol. 99*, No. 3(Jul., 1975), p.315.

③ *BDFA, Part I, series C, North America, Volume* 4, p.238.

④ William F.Liebler, “John Bull's American Legion: Britain's Ill-Starred Recruiting Attempt in the United States during the Crimean War”, p.319.

⑤ *BDFA, Part I, Series C, North America, Volume* 4, p.259.

理人。①

这次募兵活动持续了五个月,一共招募到几百人,远少于预期的数万人,就是这几百人也未能赶赴战场。因此,这次募兵活动并未减轻英国的兵员压力,反而引发了英美外交上的拉锯战。英国政府虽然为此向美国政府做出了一些解释,声称招募行动只是个人行为,并且代理人所招募的只是愿为英国服务的志愿者。由于英国政府不肯也不能承认驻美使领馆人员在其中负有责任,因此美国始终对英国的回复表示不满。② 事实上,英国对美国中立法的单方面解读显然低估了美国国内的反英力量。美国报纸不久刊登了 3 月 15 日由加拿大新斯科舍当地官员签署的一份公告,其中包括佣金、服饰和兵营等募兵的细节,揭示出英国官方与募兵活动密切相关。7 月 10 日,英国驻辛辛那提的领事因此事被捕。英国政府再三否认官方与募兵活动有牵连,重申英国驻美官员并未参与此事。而此时俄国利用美英矛盾拉拢美国,一度有传言说俄国希望用阿拉斯加换取美国加入俄国对英法作战,③英国自知理亏,无法做出强硬回应,只能通过收买等办法来让参与募兵的人士证明此事与英国官方无关,并设法帮助募兵代理人和领事摆脱在美国的司法纠纷。美国对赫兹等人的审判却对英国相当不利,赫兹等人的供词显示,克兰普顿曾数次与赫兹会面并给以明确的指示,这也让美国意识到英国相关官员在募兵事件中未向美国透露实情。审判及有关英国募兵的相关操作细节甚至被美国媒体公诸于众,一直到 1855 年 11 月底媒体仍在质问克兰普顿在其中的责任。④ 美国对涉嫌参与了募兵事件的英国大使和领事等人严加调查,不肯放弃追究他们的责任。

1855 年 12 月 28 日,美国国务卿马西正式通知布坎南向英国通告美国政

① William F.Liebler,“John Bull's American Legion: Britain's Ill-Starred Recruiting Attempt in the United States during the Crimean War”, pp.319-320.

② *BDFA*, *Part I*, *Series C*, *North America*, *Volume* 4, p.265.

③ J.B.Conacher,“British Policy in the Anglo-American Enlistment Crisis of 1855—1856”, p. 544.

④ “Mr.Crampton ' s Misconduct”, *The New York Times*, November 17, 1855, 电子版 http://query. nytimes. com/mem/archive-free/pdf? res = F70912FE3859157493C5A8178AD95F418584F9, 2012 年 7 月 20 日下载。

府的决定,要求英国撤回其驻美大使克兰普顿及驻纽约、费城、辛辛那提三地领事(布坎南于 1856 年 1 月 29 日将公文传达给克拉伦敦)。在这份超过万字的长公文中,美国反驳了英国在募兵事件上的观点,列出了相关证据(同时提交了对代理人赫兹审判的文件),认为"英国驻美大使克兰普顿及部分领事直接策划、参与并组织了募兵活动",违背美国中立法,因此不再适合担任英国驻美国的外交代表,要求英国召回克兰普顿等人。① 随着克里米亚战争接近尾声,获胜的英国自然拒绝主动将克兰普顿召回。帕麦斯顿甚至想让外交大臣克拉伦敦向布坎南知会英国政府的立场,声称克兰普顿的行为完全是在英国政府的支持下进行的。不过克拉伦敦在简单回复布坎南时温和得多,而且认为此事毕竟过去很久,英国六个月前已经停止募兵行动,并对任何可能违背中立法之事已表示遗憾,英美两国之间为此事真没什么好争吵的。② 英国的本意是大事化小,没有估计到美国态度会如此强硬。克拉伦敦与帕麦斯顿商议,如果美国坚持驱逐克兰普顿,那英国也将相应驱逐美国驻英大使。

1856 年 2 月,美国总统皮尔斯向国会提交了两国间关于募兵事件的往来文件,随后要求国会拨款 300 万美元以采购军事装备和加强海岸防御。而在英国忙于 3 月份的巴黎和会时,达拉斯接替布坎南出任美国驻英国大使。巴黎和会宣告了克里米亚战争的结束,英国也随即从克里米亚半岛转移几个兵团前往加拿大加强防御。克拉伦敦于 4 月 30 日正式回复美国,拒绝召回克兰普顿等人。

5 月 28 日,皮尔斯对克兰普顿及英国驻纽约、费城以及辛辛那提三地领事下了驱逐令,克兰普顿随后便返回英国。得知美国的决定后,英国内阁、议会中都有人提出对美国采取报复措施,帕麦斯顿也因此向北美地区增派了军舰,战争似乎一触即发。不过,虽然克里米亚战争的结束使得英国可以抽出军事力量转向美国,英国国内舆论也对美国表示不满,但却并不支持与美国进行军事对抗。而早在英国议会 1854 年通过《境外募兵法》时,国内反对派就对

---

① *BDFA, Part I, Series C, North America, Volume* 4, pp.327-343.

② J.B.Conacher, "British Policy in the Anglo-American Enlistment Crisis of 1855—1856", p. 560.

从海外招募雇佣兵组建外籍兵团存有疑虑和不满。① 与帕麦斯顿和部分媒体强硬立场不同,英国工商界反对与美国发生战争,英国议会下院反对派希望与美国达成和解,认为英美间经济往来如此密切,交战对两国意味着自杀。② 面对议会内对在美国募兵的质疑,帕麦斯顿承认募兵行为有违背美国中立法,但是违背中立法的不是英国政府和英国外交使节,而是一些募兵代理人未经授权的私自行动。③ 相反,在驱逐克兰普顿一事上,美国却相对一致,早在1855时"这个国家的报刊界几乎毫无例外谴责克兰普顿试图从美国招募外籍兵团的行为,预期不久政府会要求召回克兰普顿"。④ 驱逐令下达后,美国大多数人支持皮尔斯,只有少数人认为在此事上皮尔斯对英国态度过于强硬。⑤

尽管在这场危机中英国颜面大失,但英国政府斟酌再三,还是接受了对克兰普顿的驱逐,⑥只是决定在皮尔斯总统任期内不再向美国派遣大使。英国最终并未要求美国驻英国大使达拉斯离开,默认了这场危机的结局。

二、募兵危机产生的根源

募兵危机是在英国军队缺兵少将、英美关系矛盾重重、美俄交好的大背景下发生的,美国国内对英国的敌意和英美俄三国间的相互关系决定了这场危机的走向。

---

① Charles Calvert Bayley, *Mercenaries for the Crimea, the German, Swiss, and Italian Legions in British Service*, 1854—1856, Montreal & London: McGill-Queen's University Press, 1977, pp.56-66.

② William F.Liebler, "John Bull's American Legion: Britain's Ill-Starred Recruiting Attempt in the United States during the Crimean War", p.327.

③ Charles Calvert Bayley, *Mercenaries for the Crimea. the German, Swiss, and Italian Legions in British Service*, 1854—1856, p.94.

④ "Minister Crampton's Recall", *The New York Times*, October 22, 1855, 电子版 http://query.nytimes.com/mem/archive-free/pdf? res = F30713FA3B59157493C0AB178BD95F418584F9, 2012 年 7 月 20 日下载。

⑤ William F.Liebler, "John Bull's American Legion: Britain's Ill-Starred Recruiting Attempt in the United States during the Crimean War", pp.327-328.

⑥ 作为"补偿",几个月后克兰普顿被授予骑士称号,1857 年被派往汉诺威做全权大使。而英国直到 1857 年才又派遣新的大使前往美国。

最初英国领导人并非没有意识到在充满敌意的美国招募兵员有很大风险,在美国募兵并不是一个好的选择,但英国有自身的难处。由于拿破仑战争后几十年内没有进行过大规模的战争,英国远未做好大战准备。克里米亚的寒冬、疾病使得英军损失惨重,而从国内补充兵员却非易事。英国除驻印度部队外只有大约 10 万军队,还要负责国内及其余庞大殖民地的安全,调动困难,而驻印军队本身任务繁重也无法抽调。英国国内工业的发展需要大量劳动力,工资的上涨使得参军没有太大吸引力。同时,每年都有大量英国人移民海外。1849 年之后,因美国淘金热形成短暂的移民高潮,使得每年从英国港口离开去往国外的人数高达三十万人以上。① 这些因素都导致了英国在其本土无法招募到足够兵员。英国驻美官员希望通过从美国招募兵员来缓解本国兵员匮乏的现状,由此才有了在美国募兵的行动。

美国政府对英国募兵行动采取针对性措施几乎是必然的,不少美国人对英国的敌视是其中重要因素。英国驻美国领事在发给国内的信件中就认为,美国不少政客是在利用民众对英国的仇恨来获取支持和选票。② 敌视来源于多个层面。首先,此时距美国独立战争只有一代人的时间,离第二次英美战争只有 40 年时间,两次战争给美国人留下了深刻印象;其次,英国在公海严厉打击奴隶买卖,加之英国对废奴主义的支持威胁到了南部蓄奴各州的根基;第三,英国反对美国向拉美、加勒比地区的扩张惹怒了美国的扩张主义者。这些都使得这一时期美国国内对英国的仇视情绪强烈。③ 另外,1845 年至 1852 年英国统治下的爱尔兰发生大饥荒,饿死超过 100 万人,大量爱尔兰人被迫移民海外,而仅 1852 年就有超过 19 万人离开爱尔兰,其中大部分人选择了前往美国,④他们带到美国的更是对英国政府在爱尔兰饥荒中不作为的不满。其中辛辛那提较为典型,1850 年约 12%的辛辛那提人出生于爱尔兰。而辛辛那提

---

① [英]克拉潘:《现代英国经济史》中卷,姚曾廙译,商务印书馆 1975 年版,第 299 页。

② J.B.Conacher,"British Policy in the Anglo-American Enlistment Crisis of 1855—1856",p.539.

③ William F.Liebler,"John Bull's American Legion:Britain's Ill-Starred Recruiting Attempt in the United States during the Crimean War",p.310.

④ [英]克拉潘:《现代英国经济史》中卷,姚曾廙译,商务印书馆 1975 年版,第 299 页。

的英国募兵代理人被逮捕即是几个爱尔兰人精心策划的结果,这些爱尔兰移民期待英美兵戎相见,以伺机争取爱尔兰独立。①

英美长期交恶与美国的领土扩张和经济扩张不无关系。英国认为,美国的扩张严重威胁了英帝国的利益,而在美国人看来,英国是美国扩张的最大敌人。克里米亚战争前,英美在纽芬兰、中美洲、加勒比海等多个地区存在巨大的分歧和矛盾。纽芬兰捕鱼问题由来已久,英美各自坚持自己的主张,矛盾持续多年且19世纪中期有愈演愈烈的趋势。美国此时仍在“天定命运”的基调中不断开拓疆土,对中美洲加勒比海的扩张方兴未艾,它极力拓展自己的势力范围,并试图取代英国在这里的传统经济地位,而英国在这一地区的巨大利益意味着英国绝不会轻易放手。曾参加过对墨西哥战争的富兰克林·皮尔斯1853年出任美国总统后,更是尽力扩张美国领土。美国还试图强行向西班牙“购买”古巴,遭到英法的反对,与此同时俄国却支持美国在中北美加勒比的扩张,这也是美俄交好的一个重要原因。英国试图通过和平手段约束美国在这一地区的扩张,1850年英美为解决巴拿马地峡争端签署了《克莱顿—布尔沃条约》②,但它并未彻底消除英美在此问题上的紧张关系。实际上条约的签署是美国对英国的一场外交胜利,而且两国都不愿意恪守条约的规定。相对于美国得天独厚的地理位置,英国不得已开始调整对这一地区的政策。克里米亚战争期间这一地区的危机一直持续着,在英法军队刚登陆克里米亚半岛后不久,1854年7月中美洲发生了格雷敦事件。美国驻尼加拉瓜大使被格雷敦人所伤,美国舰队将领擅自决定对格雷敦城进行报复性炮轰,导致该城几乎完全被毁。炮轰格雷敦是美国在拉美“炮舰外交”最早的序曲之一,③而格雷敦当时属英国管辖,事发时英国有外交官处于格雷敦城中。美国的做法严重违背了国际法,也与英美之间签署的《克莱顿—布尔沃条约》相抵触,这对英

① Laurence Fenton,“Charles Rowcroft,Irish-Americans,And the ‘Recruitment Affair’,1855—1856”,*The Historical Journal*, 53,4(2010),pp.963-982.

② 即《美国和英国关于连接大西洋和太平洋的通航运河专约》,1850年4月19日订于华盛顿。参见王绳祖主编:《国际条约集(1648—1874)》,世界知识出版社1984年版,第409—412页。

③ James M.Woods,“Expansionism as Diplomacy:The Career of Solon Borland in Central America 1853—1854”,*The Americas*,Vol. 40,No. 3(Jan.,1984),pp.399-413.

国而言无疑是侮辱性的，英国向美国政府提出强烈抗议，谴责美国炮舰“近代以来前所未有的暴行”，①并要求美国承担相应的经济赔偿。时任英国内政大臣但积极参与外交事务的帕麦斯顿一度扬言要占领阿拉斯加以预防尼古拉一世与“美国佬”之间的交易。② 得知格雷敦事件后，美国国内虽然对炮击行为有不少反对声音，例如《纽约时报》谴责该行径是“战争行为”，③但美国政府却仅仅表示遗憾，皮尔斯总统在几个月后向国会提交咨文时甚至不惜歪曲事实替炮轰格雷敦做辩护。④ 刚刚与俄国交战、兵力捉襟见肘的英国此时虽然充满愤慨，但除了谴责外对美国采取不了更多实际措施，首相阿伯丁只能是顺其自然，等待日后再与美国协商解决。⑤

这一时期美俄关系密切也是美国反对英国在其境内募兵的重要因素，而美俄友好关系的一个基石正是因为有英国这个共同的敌人。⑥ 英法于 1854 年向俄国宣战后，美国政府虽然宣布严守中立，但在多方面予以俄国直接和间接支持，战争甚至进一步加强了俄美之间的友好关系。⑦ 英国在战争期间对俄国实行经济封锁，对中立国与俄国的贸易产生了不利影响，由此引发了美国的不满。在战争开始后不久，英国便被迫承认美国提出的中立国船只除违禁物品外一律自由航行的权利，并出于自身利益的考虑与欧洲诸国共同商定禁止海上私掠船。这意味着战争期间英法对俄国采取禁运和封锁时，美国可以利用中立国身份与俄国进行正常的贸易往来，这无疑有助于俄国战时经济的

① James M.Woods,“Expansionism as Diplomacy:The Career of Solon Borland in Central America 1853—1854”,p.413.

② J.B.Conacher,“British Policy in the Anglo-American Enlistment Crisis of 1855—1856”,p.534.

③ “Greytown Again”, *The New York Times*, August 1, 1854, 电子版 http://query.nytimes.com/mem/archive-free/pdf? res=F50D11FB3E5C1B7B93C3A91783D85F408584F9,2012 年 7 月 20 日下载。

④ James M.Woods,“Expansionism as Diplomacy:The Career of Solon Borland in Central America 1853—1854”,p.414.

⑤ Richmond F.Brown,“Charles Lennox Wyke and the Clayton-Bulwer Formula in Central America,1852—1860”, *The Americas*,Vol. 47,No. 4(Apr.,1991),p.176.

⑥ Frank A.Golder,“Russian-American Relations During the Crimean War”,p.462.

⑦ Frank A.Golder,“Russian-American Relations During the Crimean War”,pp.462-476.

运转。俄国为拉拢美国,也不失时机的放出风声表示不反对美国在恰当时候获取夏威夷。① 美国在战争期间利用中立国身份加强与俄国的贸易,进一步巩固美俄之间的关系,扩大了在俄国的市场占有,美国也借此机会经历了短暂的"战争繁荣"。美国在俄国的合作和帮助下扩展其在波斯和远东阿穆尔河(黑龙江)流域以及萨哈林岛(库页岛)的经济利益。② 具有讽刺意味的是,面对美俄在远东的扩张渗透,英国人曾向清政府建议,建立英中同盟对抗俄国的扩张,只是清王朝自身处在内乱中,显然无此远见也无此精力来理睬这类建议。③

三、对募兵危机的评价

就英国而言,这场失败的募兵活动以美国对自己的羞辱为沉重代价,却仅仅换来了约700名雇佣军,④实在得不偿失。英国政府明确知道募兵可能会违反美国法律,并且对美国的仇视态度十分清楚,却低估了美国坚决维护中立法的态度,可以说英国政府在此事件中负有首要责任,而克兰普顿不过是替罪羊。从美国角度来说,英国违反《1818年中立法》的事实不容置疑,驱逐英国驻美大使以及领事等人既是对此事的一个了结,维护了美国的尊严和法律的严肃公正,同时对俄美关系也是锦上添花之事。1856年克里米亚战争虽已结束,但美国深信英国不会轻易采取敌对的战争举措,而且正如之前发生的格雷敦事件,英国此时更没有道理采取强硬措施。另外,对英国而言,紧邻美国、防御力量虚弱的英属加拿大还一直充当着和平的"人质",一旦英美兵戎相见,

① Winfried Baumgart, *The Crimean War* 1853—1856, London: Arnold; New York: Oxford University Press, 1999, p.48.

② Eufrosina Dvoichenko-Markov, "Americans in the Crimean War", *Russian Review*, Vol. 13, No. 2(Apr., 1954), p.144.

③ John D. Grainger, *The First Pacific War, Britain and Russia 1854—1856*, Rochester, NY: the Boydell Press, 2008, p.171.

④ Charles Calvert Bayley, *Mercenaries for the Crimea. the German, Swiss, and Italian Legions in British Service*, 1854—1856, p.94.

来自南方的威胁是无法回避的,虽然美国并不曾有征服加拿大的想法。① 英国在与美国发生冲突时不得不考虑到自己在加拿大的弱点。

虽说如此,两国间摩擦还是有极大风险演变为战争。当 1856 年初中美洲事态再度紧张之时,布坎南推迟了回国参与竞选总统的事宜,一直到确定英国政府真实意图才回国。② 而美国驱逐克兰普顿等人后,英国加派几艘军舰前往加勒比海附近,两国间将要爆发战争的传言一度引起华尔街恐慌。募兵危机与中美洲危机交叉出现,导致英美两国关系在 1855—1856 年如此紧张,以至于德国历史学家温弗里德·鲍姆加特稍有夸张地说,如果 1856 年克里米亚战争仍在继续,美国很可能会与俄国并肩作战对抗英法,战争很可能会由局部战争升级为全面战争,甚至第一次世界大战提前爆发。③

值得一提的是,在英美交恶的同时,大量英国移民仍然在不断涌向美国,寻找他们的淘金梦。英美经济往来也未受大影响,呈现"政冷经热"的鲜明对比。1830 年至 1849 年间,英国出口美国的货值平均占到了英国出口总量的 15.7%,在 1856 年甚至接近 1/5 的货物出口市场为美国。④ 此外,美国文化上也严重依赖于英国。这种经济文化上的密切往来未能推动两国关系的改善,但一定程度上却是英美之间互相保持克制、最终未兵戎相见的一个重要原因。

从整个募兵危机来看,英国的交战状态、美国的中立使得美国在这一时期的英美关系中处于较为有利的位置,外交上享有更多自由空间,掌握了外交上的主动权,英国则处于被动地位。即使在有情报显示美国秘密为俄国建造舰艇和生产武器,并有美国人在克里米亚战场为俄国人服务时,英国能采取的实际行动也十分有限。⑤ 在格雷敦事件中,处在道义高地一方的英国无可奈何,在理亏的募兵问题上更是有苦难言,在国内也难以得到民众的普遍支持。

虽然募兵危机只是导致外交上的紧张局势并未引起武装冲突,而且由于

---

① 孔华润主编:《剑桥美国对外关系史》(上),王琛等译,新华出版社 2004 年版,第 213 页。

② J.B.Conacher,"British Policy in the Anglo-American Enlistment Crisis of 1855—1856",p. 570.

③ Winfried Baumgart,*The Crimean War* 1853—1856,p.51.

④ [英]克拉潘:《现代英国经济史》中卷,姚曾廙译,商务印书馆 1975 年版,第 296、468 页。

⑤ *BDFA*,*Part I*,*series C*,*North America*,*Volume* 4, p.285.

同一时期中美洲危机的存在,募兵危机在历史的长河中一直未受到足够的重视,但并不表明这场募兵危机的影响不大。美国是克里米亚战争的受益者,利用募兵危机加强了与俄国的关系,为日后从俄国手中购买阿拉斯加打下了基础,同时还趁机利用英国在募兵危机中的不当行为“羞辱”了英国,在英美冲突中赢得了胜利。从双边关系来看,募兵危机加剧了英美矛盾和冲突,但双方又都较为“务实”地保持了相对和平态势,避免了危机进一步升级,在政治上交恶的同时依旧维持着密切的贸易关系。

理解募兵危机对于理解这一时期的英美关系大有益处,这是两个处于扩张期的帝国间的一场交锋。初步完成了工业革命的英国赢得了对俄国的胜利,却在格雷敦事件和募兵危机中完败给尚未成为世界强国的美国。美国此时实力还远不如英国,但募兵危机中英国的退让却是明显的,甚至是耻辱性的,这与不久前英国在希腊唐·帕西菲科事件①中所采取的炮舰外交政策形成了鲜明对比,英国对弱国所表现出来的傲慢和专横在美国面前丝毫不起作用。虽然大英帝国此时正处于鼎盛时期而且还刚刚赢得对俄国的胜利,但英国的利益已显得过于分散,而美国的利益却相对集中在美洲,崛起中的美国充分利用英国的弱点为自己获取了外交胜利。英国在美国的竞争面前已无全球霸主的风采,相对只能处于守势,甚至不得不在双边关系中做出让步以保全在其他更重要地区的利益。

① 唐·帕西菲科是出生在直布罗陀(英国属地)的葡萄牙犹太人,因1847年希腊反犹太活动财产受损失向希腊提出过分赔偿要求,希腊政府拒绝后,1850年1月英国派遣战舰封锁希腊比雷埃夫斯港,威胁希腊进行赔偿。

论英国与阿根廷的不平等贸易(1862—1914)

卢玲玲[①]

英国与阿根廷[②]的不平等贸易是英阿两国经济地位在贸易关系上的体现,其具体表现是英国对阿根廷的贸易顺差,以及英国工业品对阿根廷初级产品的优势地位。英阿不平等贸易不仅成为英国世界经济霸主的有力支柱,而且对于阿根廷经济发展产生了巨大的影响。国外学者对于英阿贸易关系已有一定的研究,[③]他们或是从阿根廷角度出发,研究阿根廷贸易的发展情况,或是具体研究某一阶段的英阿贸易状况,却很少对一战以前的英阿贸易进行整

---

① 卢玲玲,女,首都师范大学历史学院博士研究生。

② 在西班牙殖民统治时期,阿根廷是西班牙拉普拉塔总督府的一部分。该总督府成立于1776年,包括今阿根廷、乌拉圭、巴拉圭、玻利维亚,首府设在布宜诺斯艾利斯。1816年,拉普拉塔地区宣布独立,成立拉普拉塔联省。1826年,拉普拉塔联省改组为阿根廷联省共和国。下文中的"拉普拉塔地区"和"拉普拉塔联省"皆指阿根廷。

③ Carlos Newland, "Exports and Terms of Trade in Argentina, 1811—1870", *Bulletin of Latin American Research*, Vol. 17, No. 3(Sep., 1998), pp.409-416; Clarence F.Jones, "Argentine Trade Developments", *Economic Geography*, Vol. 2, No. 3 (Jul., 1926), pp. 358-393; Ernesto Nelson, "Argentine Commerce with the United States and Europe", *Annals of the American Academy of Political and Social Science*, Vol. 22, The United States and Latin America (Jul., 1903), pp. 171-176; H. S. Ferns, "Investment and Trade between Britain and Argentina in the Nineteenth Century", *The Economic History Review*, New Series, Vol. 3, No. 2(1950), pp.203-218; Judith Blow Williams, "The Establishment of British Commerce with Argentina", *The Hispanic American Historical Review*, Vol. 15, No. 1 (Feb., 1935), pp. 43-64; Malcolm Robertson, "The Economic Relations between Great Britain and the Argentine Republic", *Journal of the Royal Institute of International Affairs*, Vol. 9, No. 2(Mar., 1930), pp.222-231; Roger Gravil, *The Anglo-Argentine Connection*, 1900—1939, Boulder: Westview Press, 1985; Rory Miller, *Britain and Latin America in the Nineteenth and Twentieth Centuries*, New York: Longman Publishing, 1993.

体考察,而且对它给阿根廷造成的消极影响揭示不够。鉴于此,本文拟从英阿关系的角度出发,试对1862年到1914年的英阿贸易关系做一全景式的研究,并分析其对阿根廷经济发展的影响。

一、英国与阿根廷不平等贸易的初步形成

英阿贸易最早可以追溯到西班牙殖民统治时期的走私贸易。走私贸易的出现与西班牙对西属殖民地的贸易垄断政策密切相关。为了独霸西属美洲的殖民成果,西班牙于1503年在塞维利亚设立西印度院(Indian House)对西印度群岛的贸易事务进行全权管理,①使塞维利亚成为唯一可与南美地区进行合法贸易的港口(1717年,这一垄断权力转移到加的斯)。1561年,西班牙建立护航制度,并于1784年开始实行由西班牙军舰护航的“双船队制”(two fleet)②。这些措施在阻碍英国与拉普拉塔地区正常贸易的同时,也阻碍了该地区经济的发展和人民生活水平的提高,走私贸易便应运而生。

走私贸易的主要特点如下:第一,走私贸易以初级产品为主。英国出口到拉普拉塔地区的主要是奴隶和廉价手工商品,而拉普拉塔地区出口到英国的主要包括兽皮、兽脂以及由印第安人的生命换来的白银。第二,走私贸易得到了英国政府的积极支持和鼓励。在西班牙统治时期,英国正处于资本原始积累和工业革命阶段,需要大量的资本、原料和广阔的商品市场。而走私贸易是打破西班牙垄断,获取其所需的重要方式,因此受到英国政府的大力支持。例如,英国通过参与西班牙王位战争和签订《乌特勒支条约》为南海公司(South Sea Company)③争得了每年向布宜诺斯艾利斯输入一定量的货物和成年奴隶

① See William Warren Sweet, *A History of Latin American*, New York: The Abingdon Press, 1919, p.97.

② 这一制度规定:宗主国和殖民地的贸易只能在一个西班牙港口(塞维利亚,后来改为加的斯)和两个殖民地港口(墨西哥的维拉克鲁斯和巴拿马的波多白罗)之间进行,往返两地的商船应该在西班牙军舰的护卫下航行。

③ “南海公司”是英国的一个股份制公司,创建于1711年,该公司在18世纪垄断了英国与拉美的贸易。

的机会。① 南海公司借此机会私下增加运送船只的数量,使运往西班牙殖民地的奴隶和商品大大超过了该条约规定的限额。第三,走私贸易得到了拉普拉塔地区民众和那些腐败官员的纵容与支持。西班牙的贸易垄断政策导致拉普拉塔地区经济发展缓慢、商品奇缺、商品价格高昂。因此拉普拉塔地区的民众非常欢迎英国的廉价走私商品,那些薪水微薄的政府官员也通过纵容甚至参与走私贸易获利。第四,走私贸易有英国强大的海军实力做后盾。16、17世纪,英国分别打败了西班牙和荷兰,争得了海上霸主的地位。这为跨大西洋的走私贸易提供了相对安全的环境,使西班牙政府的贸易禁令收效甚微②。18世纪后期,一份呈送西班牙国王查理三世(Charles Ⅲ)的报告称,"到目前为止,走私最为猖獗的是英国人,他们是陛下统治的地区产生混乱的根源"③。

英国与拉普拉塔地区走私贸易的发展打击了西班牙的殖民统治,为拉普拉塔地区摆脱西班牙统治赢得独立创造了条件。1825年2月,英国与拉普拉塔联省签订了友好通商条约,规定英国在拉普拉塔地区获得免税特权,英国人在该地区与本地人具有平等的地位。这标志着英国与该地区的贸易实现正常化,也为英阿不平等贸易的形成打开了方便之门。

1825年的友好通商条约对英国十分有利。但是独立后的阿根廷并未立刻实现国家统一,其内部的联邦派和集权派争斗不休,内战频仍。1829年,罗萨斯在阿根廷建立独裁统治,实行关税保护政策,于1835年和1837年两次提高进出口产品的关税。阿根廷与其他国家也摩擦不断。1838年,阿根廷和法国因关税问题产生冲突,导致了法国对布宜诺斯艾利斯的封锁。1841年,罗萨斯对乌拉圭首都蒙得维的亚进行封锁,希望借此兼并乌拉圭。阿根廷内外环境的恶化和关税保护政策严重影响了英阿贸易的发展。据统计,从1822年到1827年,英国对阿根廷贸易额从约91万英镑骤降至约15万英镑。④ 1838

---

① See Rory Miller, *Britain and Latin America in the Nineteenth and Twentieth Centuries*, p.28.

② 1779年,西班牙政府颁布法令,禁止英国商品或途经英国港口的商品进入布宜诺斯艾利斯。See Judith Blow Williams, "The Establishment of British Commerce with Argentina", pp.43-64.

③ H.S.Ferns, *Britain and Argentina in the Nineteenth Century*, Oxford: Clarendon Press, 1960, p.5.

④ Judith Blow Williams, "The Establishment of British Commerce with Argentina", p.57.

年后期，阿根廷的进出口额比前一年下降30%和24%。①

19世纪50年代以后，随着两国贸易的迅速发展，英国在贸易上的逆差得到扭转。1854年，英国对阿根廷的进出口额分别为128.5万英镑和126.7万英镑，这两项数额在1860年变为109.8万英镑和178.2万英镑。② 在贸易结构方面，英国对阿根廷出口的产品由棉纺织品和毛纺织品等轻工业品向钢铁和机械等重工业品转变。③ 而阿根廷对英国的出口主要还是以农畜产品为主（开始时是牛皮和盐腌肉，后来变为羊毛和兽脂）。④ 由此可见，到19世纪60年代，有利于英国的贸易格局已经出现，英阿不平等贸易关系初步形成。

促使英阿不平等贸易关系形成的原因非常复杂。从经济上看，英阿两国在生产力上存在着极差。经过工业革命的洗礼，英国已成为一个工业大国，农业在国民经济中所占比重开始下降。而阿根廷却并未开启工业化进程，仍然是一个以农牧业为主的国家。这便造成英阿两国产业结构上具有非常强的互补性。英国需要阿根廷的农牧产品，以满足其国内对食品和工业原料日益增加的需求；而阿根廷则需要英国的工业品和资本以发展其国内的经济。当时，美国和阿根廷的贸易正好相反，由于在羊毛、牛肉以及小麦等商品的出口方面具有竞争关系，两国的贸易非常有限。⑤

从政治上看，19世纪40年代，英国废除关税保护政策，确立自由贸易原则。这不仅为进口阿根廷的农牧产品大开方便之门，更为重要的是降低了英国工业品出口的成本，增强了其在阿根廷的竞争力。作为当时的世界霸主，英国还可以通过自身政治影响力维护自己在阿根廷的利益。例如，1838年，法国因与阿根廷的关税纠纷而封锁布宜诺斯艾利斯港，但在英国的压力下被迫

---

① ［苏］叶尔莫拉耶夫主编：《阿根廷史纲》，北京编译社译，三联书店1972年版，第242页。

② H. S. Ferns, "Investment and Trade between Britain and Argentina in the Nineteenth Century", pp.208, 215.

③ See H.S.Ferns, "Investment and Trade between Britain and Argentina in the Nineteenth Century", pp.203-204, 207.

④ Carlos Newland, "Exports and Terms of Trade in Argentina, 1811—1870", p.409.

⑤ See Ernesto Nelson, "Argentine Commerce with the United States and Europe", p.172.

于1840年取消封锁。① 此外,1862年阿根廷共和国建立之后,国家统一和国内政局稳定极大地推动了其国内的农牧业生产,刺激了其对于英国工业品的需求。而大量工业品的涌入抑制了阿根廷民族工业的发展,使双方不平等的贸易结构固化。

从社会文化方面来看,自由主义作为当时的国际体系文化②,不仅推动了英国的自由贸易,也决定了阿根廷政治精英和决策者的思维方式③。在阿根廷独立的过程中,英国即以"自由"的名义对其进行支持,使阿根廷人更加相信英国信奉的自由主义,认为自由贸易是一种公平的贸易模式,可以为他们带来财富。但是,自由贸易对于处于产业链条下游的阿根廷是不公平的,是对其财富的一种掠夺方式。另外,随着阿根廷移民的增加,英国的一些消费习惯也开始传播到阿根廷。④ 一些阿根廷人模仿英国移民,购买英国的商品。阿根廷妇女的穿着都随着英国人的到来而改变,因为她们羡慕和尊重新到来的英国女人。⑤ 这便进一步扩大了英国商品的市场。

总之,英阿不平等贸易的形成是英国霸权地位确立的映射,反映了英国作为国际体系主导者在世界政治、经济和文化领域的控制力和影响力。而阿根廷则不自觉地陷入了英国所构筑的经济体系之中,在贸易上成为了英国的附庸。

---

① See Andre Graham-Yooll, *Imperial Skirmishes: War and Gunboat Diplomacy in Latin America*, Oxford: Signal Books Limited, 2002, pp.66-69.

② "国际体系文化"也称"共有知识"、"共有期望"或"共有观念",是"规范、规则、制度、习俗、意识形态、习惯、法律"等具体的文化形态的建构者。参见[美]亚历山大·温特:《国际政治的社会理论》,秦亚青译,上海人民出版社2008年版,第157页。

③ 参见王鸣鸣:《外交政策分析:理论与方法》,中国社会科学出版社2008年版,第241页。

④ See Gary B. Magee and Andrew S. Thompson, *Empire and Globalisation: Networks of People, Goods and Capital in the British World, c. 1850—1914*, Cambridge: Cambridge University Press, 2010, pp.118, 154.

⑤ See Eugenia Roldán Vera, *The British Book Trade and Spanish American Independence: Education and Knowledge Transmission in Transcontinental Perspective*, Aldershot, Hants; Burlington, VT: Ashgate, 2003, p.191.

二、英国与阿根廷不平等贸易的发展(1862—1914)

从19世纪60年代到一战前夕是英阿贸易发展的“黄金时期”,英国在阿根廷的对外贸易中独占风骚。① 两国贸易的规模和结构的变化也对英国更加有利,而阿根廷则愈加陷入依附的怪圈。

(一)英国对阿根廷的出口贸易

从贸易规模上看,19世纪60年代以后,英国对阿根廷的出口总体呈增长的趋势(见表一)。从表一中可以看出,英国对阿根廷的贸易出口额以19世纪90年代为界,经历一个涨落变化的过程。这与英国对阿根廷投资的变化密切相关。19世纪60年代到90年代,英国对阿根廷的铁路、港口建设以及公共工程等各个方面都进行了大规模的投资②。这一方面带动了阿根廷国内建设事业的发展,增加了阿根廷对英国重工业品的需求量;另一方面,铁路、港口等交通设施的完善也为英国对阿根廷商品输出提供了便利,英国对阿根廷出口因而平稳发展。但是1890年的巴林危机③影响了英国对阿根廷的投资,阿根廷国内的建设事业受到打击,英国对阿根廷的重工业产品的出口受到影响,英国对阿根廷的出口总额因而大为减少。1900年以后英国恢复了对阿根廷的投资,阿根廷国内建设的恢复和发展促使英国对阿根廷出口规模迅速扩大。

---

① 在当时的主要大国中,德国到20世纪以后才有实力挑战英国在阿根廷的贸易地位;美国则因为与阿根廷缺乏贸易互补性而在很长时间内与阿根廷的贸易有限;意大利和法国对阿根廷的影响则主要存在于文化和艺术方面。

② 1890年时英国对阿根廷的投资总额高达1.74768722亿英镑。H.S.Ferns,“Investment and Trade between Britain and Argentina in the Nineteenth Century”,p.208.

③ 巴林危机是19世纪80年代英国对阿根廷投资狂热的必然结果,其直接原因是伦敦的巴林兄弟金融公司对阿根廷的债权支付出现了危机以及1890年10月纽约的金融危机。巴林危机的影响持续了近十年,英国对阿根廷的投资在这十年中也处于近乎静止的状态。据H.S.福恩斯统计,在19世纪的最后十年中,英国对阿根廷的投资仅从1.75亿英镑增长到1.9亿英镑。H.S.Ferns,*Britain and Argentina in the Nineteenth Century*,p.493.

表一:英国对阿根廷出口贸易的规模　(单位:万英镑)

年份 * / 出口额	1860—1864	1870—1874	1885—1889	1890—1894	1900—1904	1910—1913
年均出口额 **	142.1	311.1	688.4	567.7	1003.6	2879.3

* 表中所列数据的年份中 1909—1913 为 4 年,其他均为 5 年。

* * 1900—1904 和 1910—1913 出口额是在 Roger Gravil 数据的基础上,结合 H.S.Ferns 的统计项目推算出来的。

Source: H.S.Ferns, "Investment and Trade Between Britain and Argentina in the Nineteenth Century", *The Economic History Review*, Vol. 3, No. 2(1950), p.208; Roger Gravil, *The Anglo—Argentine Connection*, 1900—1939, Boulder: Westview Press, 1985, p.98.

从出口产品的构成来看,英国出口阿根廷的产品主要集中于轻纺产品和重工业产品两大门类之中。包括棉织品、毛织品、亚麻制品、丝织品、服饰及缝纫用品在内的纺织品是英国对阿根廷贸易的传统出口项目。其中棉纺织品出口量最大,其次为毛纺织品,其他纺织品所占的比重十分有限。① 这主要是因为阿根廷比较贫困,对价格昂贵的毛纺织品和丝织品消费能力有限,而价格低廉的棉纺织品更适合阿根廷人消费。19 世纪中期以来,纺织品在英国出口贸易中的地位受到了重工业品的挑战,英国对阿根廷的纺织品出口虽然一直呈增长趋势(经济危机时段除外),但是增长较为缓慢,与英国在阿根廷动辄上亿英镑的投资相比,贸易额也不是非常高(见表二)。究其原因,纺织品是一种消费品,其需求状况与输入地的人口数以及财富的占有情况直接相关。阿根廷地广人稀,到 1895 年时才有将近 400 万人口,②这还是在人口每 10 年增加一倍的情况下实现的。阿根廷贫富分化在当时也非常严重。因此,阿根廷对于英国纺织品的总体购买力并不强。

① See H.S.Ferns, "Investment and Trade between Britain and Argentina in the Nineteenth Century", p.207.

② [苏]叶尔莫拉耶夫主编:《阿根廷史纲》,北京编译社译,三联书店 1972 年版,第 340 页。

表二:英国对阿根廷的出口规模　　(单位:英镑)

年份* / 商品	1863—1867	1870—1874	1886—1890	1900—1904	1909—1913
纺织品	7,475,766	7,747,629	11,095,639	16,032,081	25,607,781
重工业品	1,757,974	4,435,841	18,179,909	34,147,919	103,872,219
合计	9,233,713	12,183,470	29,275,548	50,180,000	129,480,000

* 1900—1904 和 1909—1913 出口额是在 Roger Gravil 数据的基础上,结合 H.S.Ferns 的统计项目推算出来的。

Source:H.S.Ferns,"Investment and Trade Between Britain and Argentina in the Nineteenth Century",pp.207,209,210;Roger Gravil,*The Anglo—Argentine Connection*,1900—1939,p.98.

英国向阿根廷出口的重工业品主要包括钢铁、煤炭、机械、五金、火车车厢及配件、农具、电器设备等。早在 19 世纪 20 年代,英国的钢铁、五金和刀具等产品已向阿根廷出口,只是规模较小。在第二次工业革命之后,特别是随着英国对阿根廷铁路和农牧业直接投资的增加,重工业产品逐渐成为英国向阿根廷出口的大宗商品(见表二)。其中,19 世纪 60、70 年代英国对阿根廷重工业品出口的增加与同一时期阿根廷畜牧业的发展密切相关。用于畜牧生产和建设的煤炭和钢铁是这一时期英国对阿根廷重工业出口的重心。据统计,在 1870 年到 1874 年期间,煤炭和钢铁在英国出口到阿根廷的所有重工业产品中所占的比重约为 69.3%。① 19 世纪 80 年代英国对阿根廷出口规模的迅速扩大则与阿根廷农业的发展和铁路的繁荣联系紧密。一方面煤炭和钢铁仍是这一时期英国对阿根廷重工业出口的重心,另一方面火车车厢及配件以及用于农业生产的水车机械成为英国对阿根廷重工业出口的新增长点。据统计,在 1886 年到 1890 年间,煤炭和钢铁在英国对阿根廷的重工业出口中所占的比重约为 58.63%,火车车厢及配件和水车机械所占的比重分别约为 15.66% 和 18.88%。② 进入 20 世纪之后,英国对阿根廷的重工业品的出口贸易空前

① See H.S.Ferns,"Investment and Trade between Britain and Argentina in the Nineteenth Century",p.210.

② See H.S.Ferns,"Investment and Trade between Britain and Argentina in the Nineteenth Century",p.210.

繁荣。这一方面是因为阿根廷国内铁路修建规模进一步扩大①;另一方面是因为阿根廷国内农牧业的全面发展,特别是冷鲜肉产业的繁荣。据统计,在1909年到1913年的五年中,英国对阿根廷的煤炭、铁路设备、机械设备的出口额分别达到1227.0338万英镑、421.6464万英镑和890.7772万英镑;而在1886年到1890年的五年中,这几项产品的出口额仅为160.3821万英镑、300.8017万英镑和359.3978万英镑。②

从总体上看,在1862年到1914年英国对阿根廷出口的产品中,纺织品所占比重呈下降趋势,而重工业品的比重则一直在上升,特别是在19世纪80年代以后,英国对阿根廷重工业品的出口额已经超过轻纺产品而成为英国对阿根廷出口的主要商品(见表二)。这种变化是英国国内工业发展、产业结构优化的结果。即第二次工业革命所带来的动力革新使英国国内的产业结构发生显著的变化,轻工业所占比重下降,而重工业则正好相反。这种变化还反映出了英国在英阿贸易中的优势地位得以强化。这与两大工业门类的特征有很强的关联性。英国的纺织品虽然能在阿根廷市场占据优势,但是纺织品并不是一种不可替代的产品,因此它虽能限制阿根廷本国纺织业的发展,但却很难强化英国对阿根廷的经济控制。而重工业产品具有更高的附加值,因而出口重工业品具有更高的利润。并且重工业品的出口与这一时期英国的投资和阿根廷国内建设需要紧密相连,如英国投资修建的铁路一般使用英国的铁轨和机车。因此,较轻工业品而言,重工业品的出口使英国更易于实现对阿根廷的控制。

(二)阿根廷对英国的出口贸易

从19世纪60年代到一战前夕,阿根廷对英国的出口规模也一直在扩大(见表三),这与阿根廷国内农牧业的发展密切相关,而农牧业发展的背后则

---

① 从1880年到1890年,阿根廷国内的铁路里程增长了6916公里,而从1900年到1910年阿根廷国内的铁路里程则增长了7431公里。See Julian S. Duncan, "British Railways in Argentina", *Political Science Quarterly*, Vol. 52, No. 4(Dec., 1937), p.562.

② See Roger Gravil, *The Anglo-Argentine Connection*, 1900—1939, p.98; H.S.Ferns, "Investment and Trade between Britain and Argentina in the Nineteenth Century", p.209.

是英国对阿根廷农牧产品需求的扩大。从表三中可以看出,19 世纪 60、70 年代阿根廷对英国出口稳步增长,这是因为工业革命后纺织业和服装部门的发展带动了英国对阿根廷羊毛和兽皮的需求,而机械生产的推广也使英国对可做润滑剂的兽脂需求增加。19 世纪 80、90 年代阿根廷对英国出口迅速扩大,其原因是英国对粮食的需求促进了阿根廷国内农业的发展。世纪之交,阿根廷对英国的出口猛增,这与英国对阿根廷肉类的需求及其对阿根廷冷冻工业的投资密切相关。对照英国对阿根廷的出口(见表一),我们似乎可以得出这样的结论:在 1900 年以后阿根廷扭转了对英国的贸易逆差。但事实并非如此,由于英国人对阿根廷农牧业生产进行了大量的投资,阿根廷有很大一部分的农牧产品的生产和出口实际上掌握在英国人手中。例如,1875 年,英国人在阿根廷创办了 1100 多家养羊场,资产超过了 250 万英镑;1887 年,英国的库莱曼莱姆土地有限公司(Curamalam Land Company Ltd)出产了市场价值为 12 万英镑的谷物。[①] 1905 年时,英国公司控制了阿根廷 2/3 的冷冻肉生产。[②] 如此看来,从 19 世纪末开始的冷鲜肉生产和出口繁荣从表面上看是由阿根廷自身得利,但在根本上却是英国受益。阿根廷在贸易规模上的劣势并未因此而得以扭转。

表三:阿根廷对英国的出口规模 (单位:万英镑)

年份* / 出口额	1860—1864	1870—1874	1885—1889	1890—1894	1900—1904	1910—1913
年均出口额	122.6	185.1	207.5	462.5	1633.9	3489.8

* 表中所列数据的年份中 1909-1913 为 4 年,其他均为 5 年。

Source: Rory Miller, *Britain and Latin America in the Nineteenth and Twentieth Centuries*, p. 150.

从贸易结构来看,阿根廷出口英国的主要是畜牧产品和农产品。其中畜牧产品主要包括兽皮、兽脂、羊毛、牛羊肉等(见表四)。兽皮、兽脂、羊毛是阿根廷传统的出口产品,这是因为它们制作简单[③],且在长途运输中易于保存,

① H.S.Ferns, *Britain and Argentina in the Nineteenth Century*, pp.366, 427-428.

② Rory Miller, *Britain and Latin America in the Nineteenth and Twentieth Centuries*, p.152.

③ See Clarence F.Jones, "Argentine Trade Developments", p.362.

所以很早就能打入英国市场。从表四中可以看出,19世纪50年代是阿根廷兽皮、兽脂、羊毛出口的鼎盛时期,其后它们的出口规模以19世纪80年代为界经历了一个消长的过程。导致这一变化的主要原因如下:如上所述,工业革命导致英国对兽皮、兽脂、羊毛等工业原料需求的增大,克里米亚战争的爆发,使英国从俄国进口这些原料的途径受阻,阿根廷因而成为英国的替补市场;战争结束以后,英俄两国贸易恢复,英国对阿根廷的兽皮、兽脂、羊毛需求量随之下降;19世纪80年代,阿根廷农业的发展抢占了许多牧地,这些产品的出口因而跌至了低谷;19世纪80年代以后,冷冻技术的应用推动了阿根廷畜牧业的发展,兽皮、兽脂、羊毛的出口额因此开始回升。阿根廷对英国的牛羊肉出口出现较晚,因为阿根廷的原有的盐腌牛羊肉并不适合英国口味,而通过引进活牛羊的方式进口牛羊肉却存在很多的问题,因为长距离贩运活牛羊的成本非常高,牛羊死亡率也很高,而且有可能将病疫传入英国。自1882年英国人乔治·德拉布尔(George Drabble)在阿根廷建立第一家冷鲜肉公司之后①,阿根廷对英国的牛羊肉出口规模迅猛增加,冷鲜牛羊肉很快发展成为阿根廷出口英国的主导产品。

表四:阿根廷对英国畜牧产品出口 (单位:英镑)

年份＼出口额	兽皮出口额	兽脂出口额	羊毛的出口额	冷冻羊肉的出口额	冷冻牛肉出口额
1854—1858	2,322,914	1,235,668	831,711	——	——
1860—1864	438,000	215,000	242,000	——	——
1880—1884	106,000	172,000	58,000	22,000	——
1890—1894	109,000	72,000	152,000	880,000	28,000
1895—1899	68,000	139,000	348,000	1,219,000	116,000
1905—1909	311,000	550,000	1,412,000	2,260,000	5,002,000
1910—1913	712,000	687,000	1,894,000	2,475,000	10,440,000

Source: H.S.Ferns, "Investment and Trade Between Britain and Argentina in the Nineteenth Century", p.207; Rory Miller, *Britain and Latin America in the Nineteenth and Twentieth Centuries*, p.150.

① See H.S.Ferns, *Britain and Argentina in the Nineteenth Century*, p.416.

阿根廷原本是一个农产品进口国。但19世纪中期之后,英国对阿根廷铁路建设投资的增加不仅使阿根廷内陆的土地开发成为可能,而且也激发了西方国家向阿根廷的移民潮,为阿根廷带来了丰富的劳动力和先进的农业技术。据统计,英国对阿根廷铁路的投资从1862年开始,1880年投资额为760万英镑,1890年增长到6460万英镑,1913年底则已激增至2.15亿英镑。① 随着铁路的延伸,大量的移民涌入阿根廷。到19世纪末,阿根廷的总人口将近400万,到第一次世界大战之前已达到近800万,②是19世纪50年代的10倍,③其中移民占到全国总人口的1/3④。阿根廷的农业由此迅速发展。1874年,由英国投资修建的阿根廷的第一条铁路通车时,阿根廷已由一个农产品的进口国变成了出口国。1876年,阿根廷开始向英国出口谷物。1885年之后,阿根廷对英国的农产品出口迅速增长(见表五)。据统计,从1880年到1884年,英国从阿根廷进口的农产品(主要有小麦、玉米、亚麻籽)价值总额仅为13.8万英镑;而从1885年到1889年,两国的农产品贸易增至92.6万英镑。⑤

表五:阿根廷出口英国的主要农产品及出口额 (单位:英镑)

商品 \ 年份	1875—1879	1880—1884	1885—1889	1895—1899	1905—1909	1910—1913
小麦	20,000	32,000	250,000	2,056,000	9,083,000	6,454,000
玉米	——	54,000	380,000	1,443,000	5,707,000	6,373,000
亚麻籽	——	52,000	296,000	816,000	1,832,000	1,454,000
燕麦	——	——	——	——	682,000	1,747,000

Source: Rory Miller, *Britain and Latin America in the Nineteenth and Twentieth Centuries*, p.150.

① Raymond H.Pulley, "The Railroad and Argentine National Development, 1852—1914", *The Americas*, Vol. 23, No. 1(Jul., 1966), p.65; J.Fred Rippy, *British Investments in Latin America, 1822—1949*, London: Routledge, 2000, p.160.

② [苏]叶尔莫拉耶夫主编:《阿根廷史纲》,北京编译社译,三联书店1972年版,第361、384页。

③ Sam Schulman, "Juan Bautista Alberdi and His Influence on Immigration Policy in the Argentine Constitution of 1853", *The Americas*, Vol. 5, No. 1(Jul., 1948), p.9.

④ Alistair Hennessy and John King edited, *The Land that England Lost: Argentina and Britain, A Special Relationship*, London: British Academic Press, 1992, p.9.

⑤ See Rory Miller, *Britain and Latin America in the Nineteenth and Twentieth Centuries*, p.150.

英阿小麦贸易的发展一方面是因为阿根廷劳动力价格低廉,能生产出优质廉价的产品;另一方面是由于英国产业结构的转型导致了第一产业逐渐衰退,因而对粮食的需求量大为增加。在19世纪最后30年,英国的小麦种植面积减少了50%,但需求却从86.1万夸特①(40%来自于进口)猛增至2772万夸特(80%来自于进口)②。而且在19世纪末20世纪初,美国对英国的小麦出口锐减,这更是增加了英国对阿根廷小麦的需求。据统计,到1900年时,英国从阿根廷进口的小麦已经达到1852.4万夸特,阿根廷成为英国第二大小麦进口国,地位仅次于美国。③ 但是从20世纪初开始,随着俄国、加拿大、印度和澳大利亚发展成为英国新的小麦供应地,④阿根廷对英国的小麦出口额开始下降。英阿玉米贸易能在19世纪80年代以后得以迅速发展是因为"阿根廷的玉米颗粒小适合喂养家禽,味甜适合用来喂马,含水分少能够保存很长时间,比英国市场上的美洲玉米更具有竞争力。"⑤亚麻籽是阿根廷出口英国的另一重要农产品。英阿亚麻籽贸易在19世纪80年代以后迅速发展,这与英国食品及其他工业的发展密切相关,因为亚麻籽油不仅是优质的食用油而且是良好的工业涂料。但随着其他国家亚麻种植的出现,及1912年聚氯乙烯(亚麻籽油的替代品)的发明,阿根廷在1910年到1913年间向英国出口的亚麻籽开始减少。燕麦本是阿根廷牲畜过冬的草料,产量不高,因此并没有像其他的粮食、经济作物那样被广泛地种植。因而英阿燕麦贸易在1905年后才开始出现,相对于其他农产品贸易来说,其地位也是次要的。

总之,从19世纪60年代到一战前夕,兽皮、兽脂、羊毛等畜产品,小麦、玉米等农产品,以及冷鲜牛羊肉等畜产品先后成为阿根廷出口英国的主导产品,阿根廷也从一个单一的畜牧业大国发展成为了一个农牧业大国⑥。但是阿根

---

① 1夸特相当于12.7千克。

② See Roger Gravil, *The Anglo-Argentine Connection*, 1900—1939, p.37.

③ Roger Gravil, *The Anglo-Argentine Connection*, 1900—1939, p.38.

④ See Roger Gravil, *The Anglo-Argentine Connection*, 1900—1939, p.38.

⑤ See Clarence F.Jones, "Argentine Trade Developments", pp.376-377.

⑥ 从1880年到1884年,英国从阿根廷进口的畜牧产品总值是农产品的约2.4倍,而从1885年到1889年,后者是前者的3倍。See Rory Miller, *Britain and Latin America in the Nineteenth and Twentieth Centuries*, p.150.

廷出口产品的结构仍未发生根本变化,初级农牧业产品仍是其出口的主导产品。以1913年为例,阿根廷农牧产品的出口额分别为3.02亿金比索①和2.01亿金比索,二者在出口总额中所占比重接近97%。② 阿根廷在英阿贸易结构方面的劣势也未能改变。

综上所述,从1862年到1914年,英阿不平等贸易的发展并未改变英国在贸易结构和贸易规模方面的优势地位,英阿不平等贸易也未发生实质性变化。但是一战的发生使情况发生了转变,战争对英国的经济造成了毁灭性的打击,英阿不平等贸易也因此衰落。到一战结束时美国已经取代英国成为阿根廷的第一大产品进口国。1914年时英国产品占阿根廷进口产品的34%,而美国产品仅占13.4%;而到1919年两国产品的比重分别为23.4%和33.2%。③ 同时,英国在英阿贸易中的出超地位也开始丧失。据统计,1920年时英国从阿根廷进口产品总额为1.28亿,而英国对阿根廷出口产品的总额仅为2465.802万。④

三、英阿不平等贸易对阿根廷经济的影响

英阿不平等贸易对贸易地位不同的英阿双方造成了不同的影响。英国在两国贸易中处于主动地位,它通过出口使自己的工业品倾销阿根廷,而通过进口满足了国内工业生产对原料和粮食的需求。这极大地促进了国内产业结构的升级和经济的发展,使英国成为了两国贸易最大的受益者。而阿根廷在英阿贸易中处于被动地位,其产品的生产和出口在很大程度上受英国的控制和影响,因此英阿贸易尽管给它带来了明显的短期利益,但是却给它带来了长期

① 金比索是阿根廷货币的一种。1875年阿根廷立法机关通过733号法律,发行金本位的全国统一货币,1881年阿根廷发行金比索和银比索,1883年停止银比索的流通,并把金比索命名为"国家货币比索"。金银铸币于1899年停止流通,1929年停止以纸币兑换黄金。阿根廷国家货币比索从1935年后由阿根廷共和国中央银行发行。

② 参见董国辉:《初级产品出口与阿根廷的早期现代化—拉美独立运动爆发200周年的反思》,《世界历史》2011年第4期。

③ Roger Gravil, *The Anglo-Argentine Connection*, 1900—1939, p.135.

④ See Roger Gravil, *The Anglo-Argentine Connection*, 1900—1939, pp.153, 229.

危害。

英阿不平等贸易对于阿根廷经济发展的积极影响非常明显。到20世纪初,阿根廷已成为南美洲最发达的国家,其人均收入已和大部分欧洲国家持平,①20世纪20年代,在经济和社会福利方面,阿根廷比法国更具优势。② 阿根廷成为当时世界上最具活力的国家之一。

具体来看,首先,英阿不平等贸易的发展促进了阿根廷农牧业的繁荣。随着英阿不平等贸易的发展,英国对阿根廷的原料和农牧产品的需求日渐增大。为了满足出口需求、促进经济发展,阿根廷政府采取积极的措施,引进外国资金、鼓励外国移民的进入、学习新的耕作和畜牧技术、开垦田地,从而使本国的农牧业迅速发展。而这又进一步刺激了英国和阿根廷的贸易发展,使阿根廷最终发展成为世界性的农牧产品出口大国。到1911年,阿根廷已经成为世界上主要的谷物和肉类产地,其玉米和亚麻籽的出口量居世界第一,小麦和羊毛的出口占世界第二,活牛、马的出口占世界第三。③

其次,英阿不平等贸易的发展客观上促进了阿根廷国内统一市场的形成。19世纪60年代阿根廷实现统一时,阿根廷国内市场还未完全实现统一。然而,随着英国和阿根廷贸易的发展,阿根廷本地居民和外来移民开始向阿根廷的内陆地区拓展,阿根廷国内各地区的经济交流加强。另一方面,两国贸易的发展也推动了阿根廷的基础设施,特别是交通运输业和港口的发展。据统计,在1880年到1910年间,阿根廷的沿海和沿河航运增长了9倍,布宜诺斯艾利斯的电报、电话线布满全城并向外省延伸,它们将阿根廷内陆各省与沿海地区以及布宜诺斯艾利斯的商业和交通枢纽联系起来。④ 这在很大程度上打破了阿根廷各个地区之间的相对隔绝状态,为阿根廷国内统一市场的形成奠定了基础。

---

① Rory Miller, *Britain and Latin America in the Nineteenth and Twentieth Centuries*, p.149.

② Jonathan C.Brown, *A Brief History of Argentina*, Second Edition, New York: Facts On File, 2003, Introduction.

③ Guido di Tella and D.C.M.Platt edited, *The Political Economy of Argentina*, 1880—1946, New York: Basingstoke, Hampshire, St.Martin's Press; Macmillan, 1986, p.69.

④ See Jonathan C.Brown, *A Brief History of Argentina*, p.157.

再次,英阿不平等贸易的发展推动了阿根廷早期工业的产生和发展。英国和阿根廷贸易的发展使阿根廷迅速发展繁荣,这向外界展示了其经济发展的"无限可能性",于是很多欧洲资本家和技术工人竞相来到阿根廷"淘金"。他们的到来在很大程度上缓解了阿根廷国内资金、技术、劳动力以及消费市场的紧缺状态,为阿根廷早期工业的产生和发展提供了条件。在阿根廷早期工业的发展过程中,取得较大成就的食品生产和加工工业多由外国移民投资兴建,如果没有这些外国移民,阿根廷的很多工厂根本无法建立。①

然而,就是这样一个被当时的一些学者认为已经迈入发达国家之列的国家,其经济为何会在后来的发展过程中出现严重的问题呢?我们可以从这一时期英国与阿根廷的不平等贸易之中窥见端倪。

第一,英阿不平等贸易阻碍了阿根廷国内现代化的进程。按照罗荣渠先生的观点,所谓的现代化"是指人类社会从工业革命以来所经历的一场急剧变革,这一变革以工业化为推动力,导致传统的农业社会向现代工业社会的全球性的大转变过程,它使工业主义渗透到经济、政治、文化、思想各个领域,引起深刻的相应变化"②。由此可见,工业化是现代化的核心和基础。但是英阿不平等贸易的格局对阿根廷的工业化产生了极为不利的影响。在1862年到1916年间,阿根廷国内自由主义盛行,处于起步阶段的阿根廷工业得不到关税保护主义的庇护,最终被物美价廉的英国商品所冲垮。诚如一些西方学者所言,"在19世纪后半期,阿根廷对英国的出口摧毁了英国的传统农牧业,但英国对阿根廷的出口却摧毁了阿根廷的现代工业"③。虽然阿根廷对英国出口的增长为阿根廷的经济增长带来了勃勃生机,但是这种增长是基于农牧业的发展,并未引发阿根廷国内产业结构的升级。据统计,在一战前,阿根廷国内的工厂数量虽然达到了4.88万个,但其中食品加工厂就有1.9万个左右,

---

① See Fernando Rocchi, *Chimneys in the Desert: Industrialization in Argentina During the Export Boom Years*, 1870—1930, Stanford, Calif: Stanford University Press, 2006, pp.20-48.

② 罗荣渠:《现代化新论——世界与中国的现代化进程》,商务印书馆2004年版,第17页。

③ See H.S.Ferns, "Investment and Trade between Britain and Argentina in the Nineteenth Century", p.217.

而食品加工业中发展最快的是肉类加工业。① 这就是说,这一时期阿根廷工业发展的主要目的是为出口服务,对国内工业实力的总体提高作用不大,“它不是阿根廷经济增长的司机,而只是一名乘客”②。因此,它非但没有导致阿根廷工业化的实现,反而为阿根廷现代化的进程设置了诸多障碍。在经济上,阿根廷经济严重畸形:农牧轻重的结构严重失调;经济区域发展严重不平衡,“只有布宜诺斯艾利斯和潘帕斯草原等少数地区实现了经济发展和城市化,广大内陆地区仍处于不发达状态”③;贫富差距日益加大,“出口的发展使阿根廷上层变得更加富有,城乡工人的贫困状态却未能改变”④。在政治上,阿根廷政党选举混乱,舞弊现象层出不穷,1909 年还出现了无政府主义者执政的现象。⑤ 在思想文化方面,“阿根廷国内的文盲率虽然大为降低,但是多数人的教育停留在小学水平”⑥,阿根廷国民的整体素质不高。所有这些使阿根廷现代化的发展步履维艰。

第二,英阿不平等贸易有利于英国对阿根廷经济的控制。首先,不平等贸易所造成的贸易逆差对阿根廷本已空虚的国库来说无疑是雪上加霜,为了平衡收支,阿根廷不得不增加从英国的借款,这为英国利用贷款问题干预阿根廷经济打开了方便之门。其次,英阿不平等贸易给阿根廷所带来的短期实惠掩盖了问题的实质,使一切看起来合情合理:阿根廷卖出自己具有优势的农牧产品,买进物美价廉的洋货。英国就这样将阿根廷引上了自由贸易之路,控制了阿根廷经济发展的方向。而阿根廷对此毫不知情,汝不知“如果当年的德国听从了英国经济学家的建议,继续生产小麦和黑麦而放弃制造钢铁,他们会比

① 参见董国辉:《初级产品出口与阿根廷的早期现代化—拉美独立运动爆发 200 周年的反思》,《世界历史》2011 年第 4 期。

② See David S.Landes, *The Wealth and Poverty of Nations: Why Some Are so Rich and Some so Poor*, New York: W.W.Norton, 1998, p.327.

③ See Guido di Tella and D.C.M.Platt edited, *The Political Economy of Argentina*, 1880—1946, p.70.

④ See Jonathan C.Brown, *A Brief History of Argentina*, p.169.

⑤ See Jonathan C.Brown, *A Brief History of Argentina*, pp.170-175.

⑥ See Jonathan C.Brown, *A Brief History of Argentina*, p.157.

今天穷得多”[①]。再次,英阿贸易导致了英国对阿根廷“出口经济”的控制。为了保证农牧产品的来源,英国移民响应阿根廷政府的号召对阿根廷的农牧业进行了大量投资,1912 年时英国在阿根廷的大地产公司已达 30 多个,[②]英国因而在很大程度上控制了阿根廷农牧产品的生产。为了推动英阿贸易,英国进一步投资阿根廷铁路,英国对阿根廷铁路的控制量因此进一步扩大,到 1914 年时英国控制的铁路已经达到了阿根廷铁路总量的 70%[③],据此在交通方面对阿根廷的进出口实行了强有力的控制。为了进口新鲜的牛肉,英国人研制出了冷鲜技术并在阿根廷投资建立冷鲜肉公司,在技术方面控制了阿根廷的“出口经济”。而阿根廷的农牧产品又大多运往英国,这说明英国也控制了阿根廷产品的销售市场。总之,英国在投资、生产、运输、技术和市场等方面对阿根廷“出口经济”可谓实行了全方位的控制。

第三,英阿不平等贸易强化了阿根廷对英国的经济依附。从表面上看,英阿两国的贸易是相互依赖的关系,但是诚如肯尼思·华尔兹所言“在一个体系中,相互依赖双方的地位是不一样的,有些国家相对依赖,而另一些国家则相对独立”[④]。在英阿贸易过程中,英国在一定程度上依赖阿根廷的农牧产品,但这是一种主动的依赖。换言之,当出现更为便宜和优良的农牧产品时,英国可以在一定程度上切断对阿根廷的依附。例如,20 世纪初,当加拿大、澳大利亚的农牧业发展之后,英国便开始减少从阿根廷进口。然而,阿根廷对于英国却是一种被动的依赖,很难自行地摆脱。这主要因为,英国的资本输出在很大程度上控制了阿根廷的基础设施建设,从而推动了英国重工业产品的出口。而重工业产品与农牧业和轻工业产品的最大不同就在于其是资本密集型和技术密集型的产品,具有不可替代性。因此,这种“资本—贸易”模式强化了阿根廷在产品进口方面对英国的依附。另一方面,阿根廷在产品出口方面

---

① See David S.Landes, *The Wealth and Poverty of Nations: Why Some Are So Rich and Some So Poor*, p.315.

② J.Fred Rippy, *British Investments in Latin America*, 1822—1949, p.163.

③ Rory Miller, *Britain and Latin America in the Nineteenth and Twentieth Centuries*, p.155.

④ 参见[美]肯尼思·华尔兹:《国际政治理论》,信强译,上海人民出版社 2003 年版,第 207—215 页。

也严重依赖英国。如前所述,英国在生产、运输、技术和市场等方面对阿根廷出口实行了全方位的控制。在这样的经济框架下,阿根廷无法主动切断对英国市场的依赖,因为抵制英国的任何举动都会受到英国报复,而英国在生产、运输、技术等方面的主导地位又决定了这种行动的惨痛代价,因此阿根廷不敢切断与英国的贸易联系。更为重要的是,在经过19世纪末20世纪初的农牧业大发展之后,阿根廷的农牧产品的出口对海外市场的依赖极强。例如,阿根廷2/3的小麦用于出口。[①] 但是,从当时的国际市场来看,能够消费如此多的农牧产品的国家也只有英国和法国等少数几个国家。这造成了农牧产品的出口市场相对狭小,竞争十分激烈。美国、加拿大、澳大利亚、印度、俄罗斯等都是阿根廷强有力的竞争者,因此阿根廷也不可能切断与英国的贸易联系。

四、余　论

英国与阿根廷的不平等贸易关系形成于19世纪50、60年代,是英国世界霸权的映射。在此后半个多世纪里,英国以自由贸易之名继续强化英阿的不平等贸易。事实上,作为当时国际贸易的主要原则,自由贸易迎合了处于产业链高端的英国的利益诉求。对于阿根廷来说,自由贸易虽然为其经济发展注入活力,甚至一度使其成为南美最发达的国家,但也为其经济的发展埋下了严重的隐患,给当代英阿关系的顺利发展制造了制约因素。从根本上讲,作为一个新独立的国家,阿根廷国内并没有如美国那样形成统一的市场和一体化的政治体系。英国在阿根廷对外贸易中的角色更多的是作为西班牙的替代者,只不过双方的贸易由之前殖民统治下的隶属关系转变为披着平等外衣的自由贸易。在这一过程中,深受自由主义影响的阿根廷政治精英意识不到自由贸易的危害,因而没有像独立之初的美国一样实行有限的关税保护政策。阿根廷就这样在没有建立本国的工业体系和国内统一市场的前提下,采取了外向型经济的政策,使自身的经济发展完全依赖英国。阿根廷因此而错失了工业化和现代化的良机,最终沦为了第三世界国家的一员。

---

① Clarence F.Jones,"Argentine Trade Developments",p.374.

试论第一次世界大战后的法比军事同盟

胡明岚①

第一次世界大战后，作为战胜国的法国并没有因为签订《凡尔赛和约》而摆脱战争带来的恐惧，它依然觉得德国会东山再起，威胁自身安全。而另一方面，在一战中遭受重创的比利时也亟须寻求自身安全的保障。共同的目标使法比走到了一起，签订军事协定建立军事同盟。法比军事同盟建立之后并未发挥其应有的作用，相反从同盟建立初期开始，两国之间就存在着矛盾。鉴于国内学术界几乎没有涉及第一次世界大战后法比军事同盟的专著及文章②，本文试图从法国、比利时和英国方面档案入手，重点考察法比军事同盟建立的背景、过程、合作与矛盾、走向瓦解及其原因。

一、法比军事同盟建立的背景

“在1919年以后的年代里，欧洲事务中最重要和最持久的一个问题就是

---

① 胡明岚，女，首都师范大学历史学院2012届硕士。

② 国外学界重要的著作包括：Jonathan E. Helmreich, *Belgium and Europe: A Study in Small Power Diplomacy*, The Hague: Mouton, 1976; Jonathan E. Helmreich, “Convention politique ou accord militaire? La negociation de l’accord franco-belge de 1920”, *Guerres Mondiales et Conflits Contemporains*, Vol. 40, 1990, pp.21-36; Jonathan E Helmreich, “The Negotiation of the franco-belgian Military Accord of I920”, *French Historical Studies*, Vol. 3, No. 3, I964, pp.360-378; Jean Stengers, “L’accord militaire franco-belge de 1920 et le Luxembourg”, *Revue belge de philology et l’ histoire*, Vol. 82, 2004, pp.431-447; William E. Lingelbach, “Nertrality Versus Alliances: Belgium and the Revolution in International Politics”, *Proceedings of the American Philosophical Society*, Vol. 79, No. 4, 1938, pp.607-636等，这些著作对本文的写作有很大的参考意义。

法国对安全的追求。”①法国虽然获得胜利，但这场胜利却是用沉重的代价换来的。在胜利的光环背后，法国人不得不面对满目疮痍的现实：第一，法国原本对德人口劣势在战后变得更加明显，“战后法国人口损失严重。1325000 人死亡，2800000 人受伤，人口出生率降低……就业人口降低 10.5%。”②第二，法国在基础设施方面遭受重创，北方诸省破坏严重，工业和农业方面也损失惨重。“据经济学家阿尔弗雷德·索维统计，战争给法国带来 550 亿法郎损失，以当时货币计算，约合战前 15 个月的国民收入。1919 年法国的工业生产只相当于 1913 年的 60%”③。“北方的煤矿被水淹没，工厂倒闭，耕田受到严重破坏，城市变成了废墟。222000 幢房子被完全破坏，62000 千米的道路亟须整修，200 万公顷的土地遭废弃。”④第三，法国因战争负债累累，为了应付战争，法国向国外尤其是美国大规模举债，到 1919 年，法国已经负债 350 亿法郎。此外，战后法国陆军作战能力下降，已是外强中干。

遭受重创的法国为了保障自身的安全，在巴黎和会上提出在战后管理莱茵河左岸的要求，但是这一要求却遭到了英美共同的反对，加上之后英美的安全保证双双落空，法国更加不安。现实让法国人对自己的安全问题非常担心，就像安得烈·奥诺拉在他的书中说的：“法国的安全问题是整个欧洲不能忽视的问题……很明显法国完全有理由寻求她未来的安全保障”⑤。为了保障自己的安全，法国开始寻求比利时的支持，期冀建立安全同盟体系。

同样，对于战后的比利时来说，国家安全比其他任何议题都重要，正如比利时外交大臣伊芒斯（Paul Hymans）在他的回忆录中所言：“战争结束后及巴黎和会上，比利时最关心的还是自身的安全问题，安全问题与比利时的独立息

---

① ［英］E.H.卡尔：《两次世界大战之间的国际关系，1919—1939》，徐蓝译，商务印书馆 2009 年版，第 19 页。

② Daniel Riviere, *Histoire de la France*, Paris: Hachette, 1986, p.292.

③ Ibid.

④ Antoine Prost, *Petite histoire de la France au 20e siècle*, Paris: Armand Colin, 1979, p.29.

⑤ André Honnorat, *Un des problèmes de la paix: la sécurité de la France*, Paris: A.Costes, 1923, p.62

息相关。”①第一次世界大战前,比利时在国际上处于中立地位②,一战破坏了比利时的中立体系,因为曾经保证比利时中立的两个国家——德国和奥匈,公然践踏条约,入侵比利时,比利时被迫卷入战争。比利时作为一战战场之一,人力和财产遭受了巨大损害。军民伤亡达十万人,十二万的工人、官员和自由职业者被流放到德国。③ 超过 100000 座的房屋因战争而损毁;超过 300000 英亩的农田被毁;2400 英里的铁路遭破坏。如果按 1919 年的美元来计算,比利时在一战中的损失总计约有 70 亿。④ 对于比利时这样一个小国来说,70 亿美元的战争损耗不可谓不高。在安全方面,比利时必须放弃中立地位,寻求新的安全保障。1918 年 9 月,比利时政府告知英法两国:鉴于欧洲的新形势,比利时已不太可能恢复战前的永久中立地位。1919 年 2 月 26 日,协约及参战各国最高委员着手修订 1839 年的中立法案。主要的协约国和参战国成立了“十四人委员会”,委员会代表主要来自荷兰、比利时等国,“十四人委员会”在 6 月 4 日提交了中立条约修正建议,最终宣布同意比利时放弃其中立地位。

放弃中立地位后的比利时为了保障自身安全,并在国际社会上取得一席之地,十分乐于接受法国提出的建立同盟的要求。1920 年 11 月到 1924 年 2 月担任比利时外交部长的亨利·雅斯帕(Henri Jaspar)曾说:“比利时并不是欧洲偏于一隅、可以被忽视的小国。一旦比利时被冷落,《凡尔赛和约》也就不再完整,无法真正带来欧洲的和平。与欧洲命运戚戚相关的比利时,一定会在不久的将来影响欧洲大势的走向。”⑤雅斯帕的话表明比利时在战后已下定

① Jonathan E.Helmreich, *Belgium and Europe: A Study in Small Power Diplomacy*, p.228.

② 1815 年维也纳会议上做出了强行合并荷兰及比利时两国的决定,之后比利时一直处于联合荷兰王国的统治之下。1830 年法国爆发七月革命,比利时受其鼓舞,发起了争取比利时独立及成立自由主义政府的革命。奥地利帝国、俄罗斯帝国、法兰西王国、联合王国及普鲁士王国五强最后于 1831 年 11 月在伦敦会议上签署条约,在条约中承认了比利时的独立,并确保其永久中立国地位。而荷兰国王威廉一世一直拒绝比利时独立,但面对列强的压力威廉一世不得不做出让步,1839 年在和约上签字,直至此时“保证比利时永久中立”的条约才生效,此后比利时一直处于中立的地位。

③ [英]弗兰克·E.哈格特:《现代比利时》,南大外文系译,江苏人民出版社 1973 年版,第 70 页。

④ Bernard A Cook, *Belgium: A History*, New York: Peter Lang, 2002, p.113.

⑤ Jonathan E.Helmreich, *Belgium and Europe: a study in small power diplomacy*, p.226.

决心要在外交政策上做出改变,不再保持中立,而是希望扩大自身在国际上的影响力。

然而在提出军事同盟之初,法比双方存在着分歧。法国有意与比利时单独建立同盟关系,而比利时却更希望得到英法的双重保障。比利时认为自己"不能再指望德国、奥地利和俄国,保护比利时安全的重任降到了英法两国身上。"①英国方面的态度却是:除非比利时保持中立,否则英国就拒绝给予比利时安全保障。显然比利时不可能接受这一点。1920年伊普雷会议上,比利时首相德拉克鲁瓦(Léon Delacroix)说:"比利时的目标是要与英法协商谈判签订军事协定,保证比利时的安全,但英国并不支持比利时这一想法,在可预见的未来,英比双方的谈判将是困难重重。因此比利时希望与法国建立一个双边的协定"②。在寻求英法两国双重保障遇挫的情况下,比利时开始寻求与法国单方面的结盟。一战共同的遭遇使得法比最终走到了一起。

二、法比军事同盟的建立

1919年巴黎和会期间,法国总理乔治·克雷孟梭(Georges Clemenceau)提议法比两国建立军事同盟。同年8月,比利时外交大臣伊芒斯访问巴黎,当谈及军事协定的时候,伊芒斯表示支持克雷孟梭的观点。

1920年1月8日,伊芒斯与法国驻比利时大使皮埃尔·马尔热里(Pierre de Margerie)举行私人会谈,马尔热里表示,希望加强与比利时的友好关系,建议签订法比军事协定。伊芒斯指出法比双方应着手进行有关军事谈判的初步研究,为了使谈判更加顺利,双方需共同努力清除阻碍两国关系发展的障碍,尤其是卢森堡及其铁路问题。伊芒斯认为战后法国在卢森堡的利益要求日益

① Paul Hymans, *Belgium's position in Europe*, Foreign Office, p.56.

② Ministère des Affaires étrangère, *Documents Diplomatiques Français*(以下简称 *DDF*), 1920, *Tome* I (10 *Janvier*-18 *Mai*), Paris: Imprimerie Nationale, 1997, pp.86-87; See also: Ch. De Visscher and F. Vanlangenhove, *Documents Diplomatiques Belges*(以下简称 *DDB*) 1920—1940, *La Politique de sécurité extérieure*, *Tome I*(*Période*1920—1924), *Documents relatifs au statut international de la Belgique depuis* 1830, *Part I*, Brussels: Academie royale de Belgique, Commission royale d'Histoire, 1964, pp. 307-308.

增长,他担心一旦法国控制了卢森堡,比利时的利益会受到严重威胁,因此他坚持要把军事协定和卢森堡问题放在一起协商讨论。伊芒斯告诉马尔热里:“身处大国包围之中的小国,其情势总是危险的。比利时需要独立和自由,不想在意识形态和经济上受到他国的控制。”①法国同意比利时与卢森堡建立经济联盟的要求,但在铁路问题上,克雷孟梭却不肯做任何让步。最终,双方达成一致,同意把卢森堡问题作为法比双方军事谈判的议程之一。

1月28日,法国总统雷蒙·普恩加莱(Raymond Poincaré)、总理兼外长亚历山大·米勒兰(Alexandre Millerand)、费迪南德·福熙元帅(Ferdinand Foch)在伊普雷会见了比利时首相德拉克鲁瓦等人。会上,法比双方就卢森堡问题、铁路问题等展开讨论,德拉克鲁瓦指出:“法比之间最重要的便是军事同盟问题”②,现今比利时国会对法国的举止很敏感,如果法国试图控制比利时军事,比利时将感到很恼火。③ 面对德拉克鲁瓦的警告,福熙元帅明确表态,法国并没有干涉的意图,比利时可以自由决定其军事事务,依据本国人口情况组建军队。当双方讨论到卢森堡问题时又一次产生了分歧,德拉克鲁瓦坚决表示“军事协定问题必须和卢森堡问题放在一起讨论,如果卢森堡问题最终达不成一个有利于比利时的解决方案,那么即便签订军事协定,比利时国会也很难批准。”④而福熙元帅却不同意把这两个问题掺杂在一起,他认为军事协定必须脱离卢森堡问题单独来讨论。接着法比双方开始讨论与军事协定相关的纪尧姆—卢森堡(Guillaume-Luxembourg)铁路问题。德拉克鲁瓦坚持认为比利时应该与卢森堡建立单独的经济联盟,拥有纪尧姆—卢森堡铁路的经营使用权。如果法国拥有这段铁路的经营使用权,这便意味着比利时大部分的铁矿进口将受限于法国,加上法国希望削弱德国的贸易,这样一来今后比利时很难通过卢森堡铁路来进口铁矿。米勒兰表示纪尧姆—卢森堡铁路连接了法国东部和鲁尔盆地,对法国来说十分重要,关乎法国的利益。再者,纪尧姆—卢森堡铁路是阿尔萨斯—洛林铁路的延伸,经营权理应属于法国。为了

---

① Jonathan E.Helmreich, *Belgium and Europe: A Study in Small Power Diplomacy*, p.230.

② *DDF*, *Tome* Ⅰ, p.86; *See also*: *DDB*, *Tome I*, p.307.

③ *DDF*, *Tome* Ⅰ, p.88; *See also*: *DDB*, *Tome I*, p.309.

④ *DDF*, *Tome* Ⅰ, p.88; *See also*: *DDB*, *Tome I*, p.309.

平衡双方的利益,米勒兰建议成立一个委员会,其中法国、比利时、卢森堡三方各占三席代表,共同管理纪尧姆—卢森堡铁路。比利时驻法大使巴龙·埃德蒙·盖菲耶(Baron Edmond Gaiffier)对米勒兰的建议提出了质疑,他认为,纪尧姆—卢森堡铁路由三国共同管理将很难有效进行。只要纪尧姆—卢森堡铁路从属于阿尔萨斯—洛林铁路的地位不改变,比利时的利益永远无法得到保证,盖菲埃的疑问最终也没有得到满意的答案。法比双方各执己见,讨论最终并无任何结果。

伊普雷会议结束后不久,法国福熙元帅和比利时吉兰(Gillain)将军开始了有关军事协定的非正式谈判,比利时方面态度强硬,希望法国放弃纪尧姆—卢森堡铁路控制权。但法国仍然坚持认为在处理纪尧姆—卢森堡铁路问题上,法比双方应该共同"建立一个管理委员会,法比卢三国占有相同的席位,主席由法国人担任。"①2月底,伊芒斯认为有关卢森堡问题的谈判进展并不顺利,比利时方面中止了福熙和吉兰将军之间的军事协定谈判,谈判暂时被搁置。但是,伊芒斯认为"卢森堡铁路问题不会长时间被搁置,军事协定问题很快会被继续搬上谈判桌。"②

3月5日,比利时国王阿尔贝一世(Albert Ⅰ)邀见法国驻比利时大使皮埃尔·马尔热里,两人就法比两国的关系展开了讨论。马尔热里对比利时有关军事同盟讨价还价的态度表示不解,"在我看来,比利时政府把卢森堡问题放在第一位,这是错误的。对比利时来说,卢森堡事务不应是最重要的,比利时的边境安全以及如何有效防御德国可能的侵略应该更为重要。"③马尔热里希望比利时能稍作些让步,因为米勒兰在此问题上是不愿做任何让步的。

当法比双方的谈判陷入僵局时,德国国内政局的变化使米勒兰的立场发生了改变。一战后德国经济遭受严重破坏,国内局势动荡不安。1920年3月

① *DDF*, *Tome* Ⅰ, p.224.

② 1920年4月19日下午,在圣雷莫的一个旅馆里,比利时外交部长伊芒斯拜见了英国外交大臣寇松伯爵,伊芒斯与寇松提及伊普雷会议的事宜。Anthony Adamthwaite, *British Documents on Foreign Affairs*(以下简称 *BDFA*), *Part* Ⅱ, *Series F*, *Vol.* 29, Frederick, Maryland: University Publications of America, 1993, p.11.

③ *DDF*, *Tome* Ⅰ, p.315.

13 日,德国爆发了卡普暴动(Kapp Putsch),普鲁士地方长官沃尔夫冈·卡普和冯·卢特韦茨率领八千陆军向柏林进攻。暴动之后德共的力量崛起,鲁尔区的工人在德共的领导下,建立了 20 万人的红色鲁尔军,鲁尔军很快击败了暴乱分子并迅速占领鲁尔重要城市埃森,控制鲁尔全区。为了镇压左翼势力,4 月初德国政府向鲁尔地区派驻军队。法国对此反应强烈,它坚决反对德国的驻军行动,认为这严重威胁了法国的安全。面对德国的威胁,法国认为应该改善与比利时的关系,"尽早解决卢森堡铁路问题以及与现任的比利时部长签订军事协定"①。4 月 4 日,米勒兰告知伊芒斯,法国有占领法兰克福的打算并要求比利时一同出兵,起初,伊芒斯有些犹豫,他担心现任的魏玛共和国一旦被推翻,德国的赔款将成为泡影,于是他回复米勒兰:最好事先给德国发一个最后通牒,如果所有的协约国政府支持共同出兵,比利时将加入其中。1920 年 4 月 4 日的晚上到次日,福熙将军下令:法国部队向莱茵河东岸进军。② 6 日清晨,法国士兵进驻德国的法兰克福(Frankfurt)和达姆施塔特(Darmstadt),不久又控制了哈瑙(Hanau)、洪贝格(Homburg)和杜伊斯堡(Duisburg)三个城镇。此时伊芒斯的想法发生了变化。他在了解法国希望得到比利时的支持后向内阁大臣雅克·戴维尼翁(Jacques Davignon)表示,"我们要让法国知道,我们并不是在讨价还价,希望在之后一系列问题的谈判中,法国会把我们对它的支持行为作为考虑问题的因素。"③他希望比利时通过对法国采取友好的姿态来赢得法国的贷款以及法国在政治上的妥协。对此,比利时政府专门召开内阁会议讨论是否出兵支援法国,会上,伊芒斯强调:不支持法国的占领行动对比利时来说没有任何好处,德国也乐见法国被孤立,进而德国将更进一步地反抗《凡尔赛条约》;相反,加入法国的占领行动会使法比之间的关系更亲密,在之后军事协定的谈判中,比利时也更能有理由拒绝法国的

---

① *DDF*, *Tome* Ⅰ, p.464.

② *DDB*, *Tome* Ⅰ, p.219.

③ Jonathan E Helmreich, "The Negotiation of the Franco-Belgian Military Accord of 1920", *French Historical Studies*, Vol 3, No. 3, 1964, p.366.

“不合理要求”。会议最终投票通过,比利时将加入法国的占领行动。①

4月9日,比利时随即宣布将派一个营的部队前往法兰克福,法国对此很是感激。12日,米勒兰会见了盖菲埃,向他表达了法国对比利时同意出兵的感激之情,并表示为了满足比利时方面尽快解决卢森堡铁路问题的要求,他建议法比双方成立一个专家委员会,共同研究卢森堡铁路问题。② 14日,比利时与法国一同占领了法兰克福地区。到了5月,除了一些细节上的问题之外,法比双方在卢森堡铁路划分问题上达成了共识,法比今后共同管理卢森堡铁路③;同时法国建议卢森堡与比利时建立经济同盟。至此,法比关系的僵局被打破,法比军事协定的谈判又重新开始了。

谈判一恢复,福熙元帅立即将一份军事协定的草案发往布鲁塞尔。草案一共包含三条内容,第一条有关法比共同出兵占领莱茵兰的相关行动,规定占领莱茵兰期间法比双方应当派出的首批占领军数量,而在应对“德国的侵略威胁或部分地区出现的危及《凡尔赛和约》的行为时”,双方应派出的增援部队的数量待定。如若德方一旦出现“军事实力增长”,法比双方应“调集与本国人口比例相当的全部军事力量”④;法比双方应出师团数量、战机数量、装甲车数量以及大炮数量待定,所有武装力量的部署由双方协商解决。草案第二条规定,当莱茵兰驻军减少之时,法比双方应建立起防御网络,以连接莱茵兰地区和比利时边境。草案第三条则是对前两条技术细节的解释。

---

① Rohan Butler and J.P.T.Bury, *Documents on British Foreign Policy* 1919—1939(以下简称*DBFP*), *First series*, *Vol.*Ⅻ, London: Her Majesty's Stationery Office, 1962, pp.546-547.

② *DDF*, *Tome* Ⅰ, p.520.

③ 铁路专家让·雅多(Jean Jadot)提出了法比两国共同管理卢森堡铁路的方案:从德国到卢森堡以及从卢森堡到洛林的铁路段管理权属于法国,其他两段铁路,范围从比利时的边境(阿尔隆到西部以及古维到北部)到卢森堡,管理权属于比利时。1920年3月方案提交法国。4月6日,米勒兰接受了方案的主要内容。很快,5月初,法比两国专家开始着手制定共同管理纪尧姆—卢森堡的协议。5月10日,有关铁路问题的协议草案出台。Jean Stengers, “L'accord militaire franco-belge de 1920 et le Luxembourg”, *Revue belge de philology et l'histoire*, Vol. 82, 2004, pp.433-434.

④ Hymans papers, 177: “project of accord annexed to Foch letter of May 5, 1920”, 转引自 Jonathan E Helmreich, “The Negotiation of the Franco-Belgian Military Accord of 1920”, *French Historical Studies*, Vol 3, No. 3, 1964, p.367。

对于福熙元帅的草案,比利时方面反应谨慎。1920 年 5 月 25 日,比利时当局领导人伊芒斯、德拉克鲁瓦、国防部长保罗·埃米尔·让松(Paul Emile Jason)、玛格兰瑟将军和阿尔贝·德·巴松皮埃尔(Albert de Bassompierre)聚集在一起共同商讨军事协定的内容。

伊芒斯和其他几位领导人都强烈反对福熙元帅所提交草案的其中一项内容,即:如若德方一旦出现"军事实力增长",法比双方应"调集与本国人口比例相当的全部军事力量"。他们认为,调动"与法国同等比例的军队",将会让法国在一定程度上控制比利时的军事,也会招致比利时国会和国内民众的反对。他们认为福熙元帅这份草案内容似乎并不是为了应对德国的无端侵略,而是为了更好地执行《凡尔赛和约》的有关内容;草案的许多内容与比利时以及比利时的安全并无直接的关联。①

在之后玛格兰瑟将军和福熙元帅的会晤中,玛格兰瑟将军轻易地说服了福熙元帅。6 月 11 日,双方达成了新的协议,福熙元帅放弃了草案中强化《凡尔赛和约》以及法比两国按比例出兵的相关规定。随后比利时方面出台了一份更加正式的草案,草案中取消了任何可能会引起德比关系紧张的内容。6 月 29 日,福熙元帅、法国军事总参谋长比亚将军与比利时参谋长玛格兰瑟将军,三人代表法比两国共同签订了法比军事协定的草案。31 日,法国政府批准了军事协定草案。②

7 月底,法国要求比利时政府帮助法国向波兰运送军火,以应对苏联方面的威胁。比利时受到来自社会党内阁大臣的压力,拒绝了法国的要求,因此法比关系受到影响。德拉克鲁瓦为了弥补与法国的关系,批准放行两列开往安特卫普的军火专列,实际上当时两列火车早已越过比利时境内。法国人原本可以将军火从法国的港口运出,但它却向比利时提出帮其运输军火的要求,目的就是强迫比利时支持法国的反苏政策。法国对比利时拒绝运送军火的态度感到很愤怒,加上德拉克鲁瓦发表了"法国人的要求很无理,伤害了比利时人尊严"的言论,使得法比双方关系雪上加霜。

---

① *DDB*, *Tome I*, pp.372-373.

② Ministère des Affaires étrangère, *DDF*, 1920, *Tome* Ⅱ, 19 Mai - 23 Septembre, Paris: Imprimerie Nationale, 1999, p.348.

为了及时修补两国关系的裂痕,1920 年 9 月初,德拉克鲁瓦和米勒兰举行私人会晤讨论军事协定事宜,7 日,福熙元帅、玛格兰瑟将军、比亚将军签订了法比军事协定的最终版。最终版的协定与 6 月份的草案出入不大,双方只是就措辞进行了轻微修正,并对协定第一条内容附属了两项说明。或许是因为比利时很难准备出足质足量的武器装备,协定补充规定:双方应就武器装备进行相互支援;协定第一条还补充规定:一旦比利时国土受到威胁,法国有责任派出舰船保卫比利时海岸线的安全。① 协定签订后的 8 天内,米勒兰和德拉克鲁瓦互通信件,一致认为此协定是具有非进攻性的防卫协定,双方政府拥有各自的自主独立权。之后,经过双方立法机构的批准,军事协定正式生效。这标志着法比军事同盟的建立。

三、法比军事同盟的合作与矛盾

《凡尔赛和约》生效之后,协约国召开了一系列会议进一步讨论德国赔款问题,但由于几个战胜国之间的利益矛盾,一直未能取得满意的结果。法国的态度一直很强硬,希望德国承担巨额战争赔款。而英国并不认同法国力图用巨额赔款压垮德国的做法,希望尽可能地削减德国赔款数额。比利时作为一个小国,它也想尽可能多地获得德国的赔款以进行战后重建,因此,在赔款问题最初的解决过程中,比利时一直担任着"协调者"的角色。与赔款问题直接相关的就是鲁尔危机。鲁尔区是德国最重要的工业区,该地区居住着德国将近 20%的人口,蕴藏着德国近 40%的动力能源。巴黎和会结束之后,法国的目标就是永久占领鲁尔区。法国总理普恩加莱认为,占领鲁尔基于两个主要的理由:"一、他希望法国的重工业得以独霸欧洲,使法国在市场上取得第一位,从而稳健地取得政治上的控制地位;二、他惧怕战败的德国在军事上卷土重来。"②随着赔款问题的深入,法德矛盾日益激化,德国政府虽然对外宣传对《凡尔赛和约》采取"履行政策",而实际上采取的是"履行它,就要证明它无法

① 协定具体内容见 *DDF*,Tome Ⅱ,pp.566-9;see also *DDB*,*Tome I*,pp.405-408。

② [苏]鲍爵姆金主编:《世界外交史》第 4 分册,叶文雄等译,五十年代出版社 1951 年版,第 225 页。

履行"的态度。作为法国的同盟,比利时始终无法摆脱法国的影响,最终也放弃了"协调者"的角色,随同法国一起出兵占领鲁尔。

1921年3月1日,由于德国拒绝接受1921年1月有关巴黎会议的赔款决议①,时任法国总理的阿里斯蒂德·白里安(Aristide Briand)要求协约国出兵占领鲁尔全区。当时比利时的考虑是,一旦法国出兵,作为其盟国比利时也必须一同出兵,这样极可能造成比利时国内的内阁危机。但如果比利时不出兵,法国单独出兵,到那时,一方面法国将独自控制莱茵兰地区,比利时的经济将唯法国马首是瞻;另一方面法国将只根据自身的利益来规定德国的赔款,完全忽视比利时的利益。比利时当局努力调解,在雅斯帕的协调下,不久,英法两国达成制裁德国的共识,法国做出妥协,同意了雅斯帕的建议,只是占领德国的杜伊斯堡(Duisberg)、鲁罗奥尔特(Ruhrort)和杜塞尔多夫(Düsseldorf)三个城市。② 3月8日,协约国出兵占领了上述三个城市,并且在占领区和非占领区之间设了关卡。协约国的占领遭到了德国钢铁垄断巨头的抵制和破坏,赔款问题未能顺利解决。1921年4月27日,赔款委员会拟定了一个德国赔偿的新方案:赔款总额规定为1320亿金马克。几天之后,协约国最高会议召开了第二次伦敦会议③,会上,法国表示要继续占领鲁尔,英国则坚持应该把赔款新方案交给德国,给德国一定的时间来谋求问题的解决;如果德国拒绝接受,再研究占领鲁尔的措施。而此时法比之间,旧日的卢森堡铁路问题又重新被搬上了讨论桌。4月30日,雅斯帕与白里安私下达成共识,比利时将在第一时间支持法国出兵鲁尔,作为交换,法国必须全面撤出纪尧姆—卢森堡铁路。④

---

① 1921年1月24日至29日,在巴黎召开了协约国最高会议,继续讨论德国赔款问题。英、法、比、意、日举行小组委员会,达成并签署一项协议:将德国赔款总额定为2260亿金马克,分5期支付。最初两年每年支付20亿金马克,并规定抽取德国出口税的12%用于支付赔款。德国政府拒绝巴黎会议的决定。

② E.L.Woodward and J.P.T.Bury, *DBFP*, *First series*, *Vol.XV*, London: Her Majesty's Stationery Office, 1967, pp.225-238.

③ 在此之前,1921年2月21日至30日,协约国召开了伦敦会议,进一步解决德国的赔偿问题。

④ W.N.Medlicott, Douglas Dakin and M.E.Lambert, *DBFP*, *First series*, *Vol.XVI*, London: Her Majesty's Stationery Office, 1967, pp.536-537.

第二次伦敦会议最终批准了赔款委员会的方案,并向德国发出最后通牒——如果德国6天内不接受方案,协约国将出兵鲁尔。面对协约国的最后通牒,最终德国做出让步,1921年6月德国赔付了10亿金马克。德国的赔款造成了协约国之间的分歧:英国认为10亿赔款应该首先补偿鲁尔占领的开支;比利时认为自身的利益不应被忽略,应当首先获得部分赔款;法国认为自己的军队在占领鲁尔过程中遭到了德国方面的抵抗,损失惨重,法国理应马上获得部分赔款。雅斯帕对法国的要求感到很愤怒,他告知法国部长路易斯·鲁舍尔(Louis Loucheur)和法国总理白里安,由于协约国在莱茵兰设立了关卡,比利时的经济利益受到了极大的损害,法国之前答应比利时,如果德国接受了最后通牒,法国将结束对德国的占领,但就目前形势来看,法国并没有撤出莱茵兰德国三个港口城市的打算。此外,鲁舍尔草拟了一份有关德国参加法国北部复兴工作的《威斯巴登协定》,这让雅斯帕更加愤怒。雅斯帕认为:"法国一直坚持说要保护比利时的利益,现在看来这只是空口白话。事实上,比利时的利益已经受到了威胁。"①对白里安来说,这时候做任何妥协都可能导致他下台,并且他认为一旦比利时的要求被满足了,那么比利时将对赔款问题失去兴趣,继而放弃支持法国。法比之间的分歧并没有解决。

1921年10月底,德国的新政府要求延期支付赔款,赔偿委员会驳回了德国的要求。1922年1月,戛纳会议召开,会上比利时对其盟友法国的不满情绪达到了顶点。会议之前,鲁舍尔和英国代表罗伯特·霍恩(Robert Horne)一致同意削减德国的赔款,主要是赔付比利时部分的赔款。尽管英法双方没有签署正式的文件,但作为盟友,法国竟然支持英国削减对比利时的赔款,这让雅斯帕和时任比利时首相的乔治·特尼斯(Georges Theunis)都很气愤,他们极力反对英法的决议。1月4日,特尼斯在巴黎会见了米勒兰②,米勒兰明确表示,他坚持要维护盟友比利时的利益,反对鲁舍尔的方案。米勒兰的友好态度缓和了法比之间的矛盾。

1922年7月12日,德国正式提出,由于马克跌价,请求缓付1922年度尚

---

① Jaspar papers, 214: "aspar to De Laubespin, Sept. 5, 1921", 转引自 Jonathan E. Helmreich, *Belgium and Europe: A Study in Small Power Diplomacy*, pp.268-269。

② 此时的米勒兰已经是法国总统。

未缴出的现金赔偿,并且附带考虑免除德国1923—1924年现金支付额度。德国这一要求得到了英国的支持。此时,就任法国总理和外交部长的普恩加莱拒绝德国的要求,并且提出了“产品抵押计划”,号召协约国扣押德国的煤和木材。英法之间的矛盾立刻显现出来,此时特尼斯从中调解,主张协约国要联合起来,但普恩加莱似乎并不领情。1922年8月的伦敦会议,协约国为了解决赔款问题做出了最后的努力。普恩加莱强调,如果他的盟友不支持他的话,他决心在万不得已的情况下单独出兵占领鲁尔。① 11月22日,特尼斯和雅斯帕访问巴黎,与普恩加莱会晤,面对普恩加莱坚持要占领鲁尔的强硬态度,他们警告普恩加莱:“比利时国会和内阁一些成员反对出兵鲁尔的行动,现在看来很难说服他们。”②尽管比利时提出了反对意见,12月法比之间还是达成了共识,占领鲁尔变成了迟早的事情。

12月的伦敦会议上,普恩加莱与英国新上任的首相安德鲁·博纳·劳(Andrew Bonar Law)在德赔款问题上产生了很大的分歧,比利时从中调解也无济于事。1923年1月,英法比三国又在巴黎会晤,博纳·劳提议允许德国在没有担保的条件下,延期交付赔款四年,削减德国的赔款总额③,同时结束比利时在赔款上的优先权,取消盟国间的债务。法比对英国代表的提议都很吃惊,比利时更是极力反对,转而支持法国。尽管后来博纳·劳改变态度,认为可以保留比利时在赔款上的优先权,但是比利时仍然不满意,特尼斯认为赔款必须由德国的大工业家来保障,会议最终不欢而散。此次的巴黎会晤,让比利时最终坚定了自己的态度,在德国赔款问题上逐渐与法国走向了统一。

1月5日下午,普恩加莱会见了特尼斯和雅斯帕,表达了法国要出兵鲁尔的计划,希望比利时共同出兵。6日,比利时政府同意支持法国,在比利时看来,作为同盟,这是它的唯一选择。1月9日,赔款委员会通过了认定德国故意不支付煤炭的决议,为占领鲁尔寻找借口。1月11日,法军3万人、比军

---

① [瑞士]埃里希·艾克:《魏玛共和国史》上册,高年生、高荣生译,商务印书馆1994年版,第234页。

② Jonathan E. Helmreich, “Belgium and the Decision to Occupy the Ruhr: Diplomacy from a Middle Position”, *Revue belge de philology et l'histoire*, Tome 51, 1973, p.835.

③ 据英方估计,赔偿总额应为500亿金马克。

2500余人,连同意大利一些工程师,渡过鲁尔河,侵入德国最大的鲁尔工业区。英国拒绝加入鲁尔占领,极力反对法比的占领行动。

法比占领鲁尔的行动,引起鲁尔地区甚至整个德国的强烈反对,抗议、罢工和示威活动此起彼伏。德国政府下令鲁尔地区的工人和公务员进行"消极抵抗"。消极抵抗带来的后果是,德国通货膨胀严重,马克变成了废纸。

从1923年2月中旬开始,法比在鲁尔占领政策上分歧加大。比利时外交大臣雅斯帕提出要为鲁尔争端的解决制定一个计划。3月上旬,法比占领军之间发生摩擦。占领鲁尔的比军不断抽走。3月12日,普恩加莱和比利时首相特尼斯在布鲁塞尔举行会谈,协调双方立场。法国宣称,如果德国不履行赔款,占领军坚决不撤离。由于鲁尔被占,致使德国煤产量下降,严重影响了比利时的工业用煤,比利时希望尽快从鲁尔危机中脱身。雅斯帕认为鲁尔危机已经破坏了战后比利时和平的基础,给比利时安全带来了威胁:"比利时的外交政策与法国的关联日益加强,而同时,与英国的关系却日渐疏远。我们试图保持独立,但现实却并非如人所愿。如果我们不马上脱身,那么到时我们将不只是深陷鲁尔危机的泥潭,还会有其他更多的事件"。①

比利时的态度让普恩加莱很是困惑,他不明白究竟是因为受到英国的压力,还是国内社会党的反对,让比利时产生撤离鲁尔的想法。然而,可以肯定的是,普恩加莱坚决反对制定一份具体的从鲁尔撤兵的时间表。而对特尼斯和雅斯帕来说,这份时间表必须尽快制定,因为他们担心如果不尽快制定撤离的方案,法国必定不愿撤兵。4月13、14日两天,普恩加莱再访布鲁塞尔。普恩加莱表示此时法方已经在着手制定撤离的方案,到时只需再咨询比利时的意见。比利时则认为,此时必须要提出自己的撤离方案,不能在鲁尔问题上任由法国独自做决定。法比双方达成一致的原则:撤离鲁尔的进程草案应由法比双方共同制定,两国的矛盾有所缓和。

鲁尔危机的延续给德国的政治、经济也造成了严重的影响,鉴于形势,德国不得不做出改变,5月2日,德国提出了支付赔偿的新方案,比利时很难接

① Jaspar papers,226:"Jaspar note ' Situation particulière de la Belquique' ",May 11,1923,转引自 Jonathan E.Helmreich,*Belgium and Europe:A Study in Small Power Diplomacy*,p.277。

受德国的赔款数额。5月24日,雅斯帕草拟了一份赔偿建议交给法国,虽然没有明确赔款的总额,但规定德国按年度支付赔款,大体每年为30亿金马克,比利时的赔偿建议里详细列举了德国赔款来源,包括其铁路收入、工业产品、烟草、啤酒、盐和煤矿的税收等。① 同时,雅斯帕提出,既然英国支持削减德国的总赔款,那么法比双方应尽快协商出双方能接受的最低赔款数额,这样英国就能决定对美债务的预付额,进而决定减少多少德国的赔款。英法比三国是德国最大的债权国,三国一旦协商成功,德国的赔款问题就能顺利解决了。

然而,法国方面对比利时的提案迟迟没有做出回应。比利时驻法大使盖菲耶认为,法国占领鲁尔更多的是出于安全的考虑,而比利时考虑更多的是经济利益,占领鲁尔使得比利时的贸易比1922年糟糕很多,法郎也不断贬值。6月6日,普恩加莱和比利时首相特尼斯、外交大臣雅斯帕进行会谈,特尼斯重申比利时的立场,希望尽快恢复欧洲的经济平衡。面对比利时方面的压力,普恩加莱做出让步,双方最终达成一致,即向英国建议由协约国出面劝说德国放弃消极抵抗,其后法国开始考虑分阶段从鲁尔撤军。6月9日雅斯帕向寇松提交了这项建议。法国的鲁尔占领,由于遭到德国的"消极抵抗",并未达到预期的目标,反而引起英法关系冷却,与比利时的矛盾也日益突出,加上法国国内法郎贬值、物价上涨、税收加重、国债增加,法国也愿意结束鲁尔危机。迫于国内外的压力,以斯特莱斯曼为首的德国新内阁开始调整外交政策。经过一系列的谈判,德国政府在9月26日宣布停止"消极抵抗",长达9个月的鲁尔危机到此结束。在鲁尔占领的过程中,比利时日益与法国疏远,两国矛盾也日益突出。追其原因,在于两国利益的分歧,法国占领鲁尔更多的是着眼于安全,为的是控制莱茵兰地区,而比利时只是要求获得德国的赔款。

1925年,法国开始从鲁尔和莱茵兰三个城市撤出占领军。此时德国实力的恢复让法国很担心,法国正式提出边界安全需要保障。为促使莱茵兰问题"国际化",也为避免法国出兵鲁尔事件再次上演,1925年1月20日和2月9日,德国政府正式向英法递交了关于缔结莱茵保证公约的备忘录。德国在备忘录中承认阿尔萨斯和洛林永归法国所有,并保证德法边界的安全,法国对此

① Jonathan E.Helmreich, *Belgium and Europe: A Study in Small Power Diplomacy*, p.278.

很高兴,但是备忘录并没有提到保证德国同其东部邻国的边界安全,这点又让法国很不满。为此,法国努力尝试获得英美两国的支持,与德国进行协商,希望德国东、西部的疆界同时得到保证。

起初,德国为了保留收回欧本和马尔梅迪的权利,在提出的建议里并没有提到保障比利时的边界安全。比利时认为,德国不应该忽视法比的边界安全问题,"比利时应该加入公约,任何有关于德国西部边界的协定如果不包括比利时,那将是不完整、不可行的"。① 1925 年 3 月 25 日,英国外交大臣奥斯汀·张伯伦(Austen Chamberlain)在议会发表演说,张伯伦开篇便强调,现如今比利时的安全已经关系到英国的利益。② 最终,因为法国和英国的反对,德国做出妥协,比利时才被允许参加讨论。

英国、德国、法国、比利时四国经过几个月的协商谈判,1925 年 10 月 5 日,在瑞士的小城洛迦诺,来自英国、法国、德国、比利时、意大利、捷克和波兰的七国代表举行会议。经过十多天的磋商,参会的各国代表于 10 月 16 日签订了《洛迦诺公约》。条约规定"德国和比利时间、德国和法国间的边界领土维持现状","德国和比利时,同样德国和法国相互约定双方彼此不得攻击和侵犯并且在任何情况下彼此不得诉诸战争。"同时,英国和意大利作为保证国,承担援助被侵略国的义务。除了《保障公约》之外,德比和德法还分别签订了仲裁协定。

《洛迦诺公约》的签订对法比同盟关系产生一定的影响,法国本以为公约的签订加强了自身以及比利时的安全感,加深了两国的盟友关系。但事实上,与法国的初衷恰巧相反,《洛迦诺公约》把两国的安全保障置于英国、意大利的保证之下,加大了英国对比利时的影响,减弱了比利时对法国的依赖程度。一直以来,比利时一直把英法的共同保障作为自身安全追求的目标,它不想成为法国的附庸国,而《洛迦诺公约》的签订让比利时成功获得了英国的保障,此时的比利时认为法比军事协定已经失去了它最初的作用,《洛迦诺公约》已经替代了 1920 的法比军事协定,比利时完全能够依靠它来保证自身的安

① *DDB*, *Tome* Ⅱ, p.145.

② *DDB*, *Tome* Ⅱ, p.157.

全。[①] 伊芒斯认为:“在所有保障比利时安全的条约中,最重要的就是《洛迦诺公约》,它使比利时在放弃 1839 年中立地位之后,获得了新的国际地位。”[②]而在洛迦诺会议讨论期间,就任比利时外交大臣的王德威尔得就曾说:一直以来,在其他国家的眼里,法比两国是亲密无间的盟友,这对比利时来说是一种困扰,比利时国内舆论一直认为比利时是一个独立的国家,因此,关于公约中“法比和德国的边界”的内容,应将其改为“法国和德国的边界、比利时和德国的边界”[③]。

四、法比军事同盟的瓦解及其原因

《洛迦诺公约》签订后,比利时一些领导人开始质疑法比军事协定在和平时期的作用,担心它会导致德国对比利时产生敌对态度,进而发动对比利时的战争。因此,在处理与法国的关系上,比利时政府越来越倾向于要求比利时“中立”。1927 年又一次出任比利时外交大臣的伊芒斯也一改当年签订军事协定时的态度,认为比利时外交政策不能因为法比之间的同盟关系而太过依赖法国。由于比利时国内的弗莱芒人(Flemish)一直极力反对法比的同盟关系,主张废除法比军事协定,加上阿道夫·希特勒的纳粹势力在德国崛起,威胁欧洲的和平,1931 年 3 月 4 日,伊芒斯在国会做了一次演说,提出新的“独立政策”[④](politique d'indépendance):

> 国家之间存在着差异,难免会使之产生分歧,甚至有时导致战争的爆发。比利时不想插手无关乎自身利益的争论或是斗争。毫无疑问,摆脱了中立协定的比利时能够根据国际形势独立地行动。但从现在开始,比

① Jonathan E.Helmreich, *Belgium and Europe: A Study in Small Power Diplomacy*, p.311.

② Paul Hymans, "Belgium's position in Europe", *Foreign Affairs*, 1930, p.57.see: http://www.foreignaffairs.com/articles/69106/paul-hymans/belgiums-position-in-europe.

③ *DDB*, *Tome* Ⅱ, pp.337-338.

④ 1931 年,在议会的争论中,比利时外交部的一个官员明确表示支持伊芒斯的“中立政策”,伊芒斯反对“中立政策”这个提法,认为这个词仍然没有摆脱比利时之前的中立地位。“独立政策”这一说法的真正确立是在 1937 年 1 月 11 日的议会会议上。

利时应该确立自己独立的外交政策。为了自我防御,比利时的外交政策应该忠于历史,忠于传统,忠于本民族的特征,同时比利时要履行其国际义务。比利时只有在保卫自己的领土和独立时或是履行其义务时才能施以武力。①

这里的义务主要指的是在国联盟约以及《洛迦诺公约》范围内比利时应履行的义务。除了提出新的"独立政策",伊芒斯的演说也提及了他对法比军事协定的看法,他说"1920 年法比军事协定规定法比需要在军事上联合,只是为了应对德国的无端侵略。这种合作的关系,现如今已经更好地被《洛迦诺公约》诠释。"②由上可见,这时的比利时已经产生尽早废除法比军事协定的想法,希望今后依靠《洛迦诺公约》保护自身的安全。而法国依然对法比军事协定的作用深信不疑,认为这是自己整个防御体系不可缺少的一部分,并且直接影响法国在欧洲的外交政策。

然而从 1933 年开始,国际局势的发展使得法比军事同盟不可避免地走向瓦解。1933 年,希特勒上台,10 月 19 日,德国宣布退出国联及裁军会议。1934 年,德国恢复征兵制,1935 年,德国收回萨尔。德国势力不断崛起,让比利时如坐针毡。1936 年 1 月 28 日,比利时外交部秘书长范朗热奥沃(Van Langehoved)再次提到 1931 年伊芒斯的国会演说并强调:法比之间的互助行动,尤其是军事上的行动,仅限于《洛迦诺公约》以及国联盟约规定的范围之内;比利时对法义务,与对任何盟国、尤其是英国相同③。随后,比利时正式照会法国,提出要废除法比军事协定。2 月 15 日,比利时首相范泽兰和法国外长弗朗丹·埃蒂安(Étienne Flandin)举行会谈,弗朗丹主张维持现状,他说现在废除或是修改法比军事协定会影响法国国内的舆论,也有可能助长德国的

① Fernand Van Langenhove, "Les objectifs de la《potitique d'independance》de la Belgique", *Revue belge de philologie et d' histoire*, Tome 52, 1974, p.389.

② *DDB*, *Tome* Ⅱ, p.695.

③ Ch.De Visscher and F.Vanlangenhove, *DDB*, *Tome* Ⅲ(*Période* 1931—1936), *Documents relatifs au statut international de la Belgique depuis* 1830, *Part I*, Brussels: Academie royale de Belgique, Commission royale d'Histoire, 1964, pp.455-456.

侵略野心。范泽兰态度坚决,他指出比利时国内弗莱芒人对军事协定的反对声音很大,两国必须采取明确的态度。弗朗丹最后建议,为了明确法比军事协定的作用,两国应该共同发表声明,此事交由范泽兰准备。2月19日,比利时方面出台了共同声明的草案,草案明确了军事协定的作用已被《洛迦诺公约》取代。之后双方又几经协商,2月27日,比利时出台了第二版的共同声明。2月28日,两国领导人正式签署了共同声明。

经过将近2个月的协商,法国和比利时在1936年3月6日换文,决定废除1920年9月7日的法比军事协定,同时规定今后两国的同盟关系依然存在,两国参谋部的接触只能在《洛迦诺公约》规定的范围内进行。① 但是,3月7日德国借口法国与苏联的《法苏互助条约》违反了《洛迦诺公约》,宣布自己不再受《凡尔赛和约》关于莱茵兰地区的全部条款和《洛迦诺公约》的约束,在莱茵兰地区恢复主权。当天,德军19个营和12个炮兵连共3万余人,奉希特勒之命进入莱茵区。德国的行动直接威胁到法国的利益和安全,比利时对此也很紧张。3月19日,几大国在伦敦召开会议,会议决定,作为盟友,比利时需要承担法国和英国免受德国侵略的责任。

国际局势的变幻让比利时愈发感到自身的安全受到了威胁,经过一个夏天的事态演变,新洛迦诺会议最终流产,比利时最终决定不再同法国和英国保持紧密关系,放弃它3月19日承担的保证法国和英国免受德国侵略的责任,开始执行新的"独立政策",依靠自己的力量来保卫领土。其实,伊芒斯早在1931年便已提出"独立政策"的主张,只是由于各种因素的影响未能实施;而此时,为应对新的国际形势,比利时正式将"独立政策"纳入议程。7月20日,比利时外交大臣保罗·亨利·斯巴克(Paul Henri Spaak)发表讲话称,"一个民族国家,不能拿自己的国家利益作为赌注而去参与战争,尤其不能把国家的主权独立、领土完整、防御自由作为赌注。"②斯巴克的讲话表明比利时已下定决心开始实施独立自主的外交政策。9月21日至10月10日的日内瓦国联大会上,比利时代表向英法代表表示,他们希望断绝一切同盟关系。法国政府

① *DDB*, *Tome* Ⅲ, pp.494-495.

② Fernand Van Langenhove, "Les objectifs de la《potitique d'independance》de la Belgique", *Revue belge de philologie et d' histoire*, *Tome* 52, 1974, p.395.

考虑到，一旦战争爆发，法国仍需取道比利时，因此对比国这一新政策表达了不满。但比利时决意已定，10 月 14 日，国王利奥波德三世（Leopold Ⅲ）在部长会议上发布简短演说，这篇演说很快就被正式发表了：

> 我们的军事政策，如同我们的外交政策一样，从现在开始必须有明确的方向。我们与其他国家建立同盟关系，并不是为了参与战争，成为战争的胜利者，而是为了远离战争。
>
> 德国对莱茵兰的重新占领，不但在形式上而且在实质上都破坏了洛迦诺公约的和谐，使我们几乎又回到了我们在大战前的国际地位。我们的地理位置要求我们拥有一支军队，足以打消我们任何一个邻国取道我们的领土攻击另外一个国家的企图。我们一直在履行这个使命，为西欧的和平安全作出了很大的贡献，同时我们在努力创造一种和平的机制，让全世界所有渴望和平的国家都能加入其中。
>
> 在这一点上，我相信所有的比利时人观点都是一致的。我们的行动不能超出这个义务权限。任何单边的政策都可能削弱我们的国际地位，甚至造成我们国内政局的动荡。即便与别国签订的只是防御同盟，也会产生令人失望的结果。因为作为同盟，只是会在别国侵略我们时介入。为了避免被侵略，我们应该在国际事务中保持独立。除非我们拥有了一个完备的防御体系足以抵挡侵略，不然战争一旦爆发，比利时从一开始就会受到重创。虽然盟国可能很快对比利时施以援助，最终我们取得了战斗的胜利，但是结果呢？我们依然要经历战争带来的创伤，战争给我们留下的只会是苍白而惨痛的回忆。
>
> 最近比利时外交大臣斯巴克对外宣布，我们要实行排他性和完整的比利时对外政策，也是基于上述的原因。我们外交政策的目标就是要使比利时独立于邻国的斗争之外，这也是我们整个国家的理念。①

① Ch.De Visscher and F.Vanlangenhove, *DDB*, *Tome* Ⅳ (*Période* 1936—1937), *Documents relatifs au statut international de la Belgique depuis* 1830, *Part I*, Brussels: Academie royale de Belgique, Commission royale d'Histoire, 1964, p.326.

比利时国王的演说表明,继 1936 年法比军事协定废除之后,比利时打算彻底放弃与法国的军事同盟关系。这对法国的安全体系来说,是个不小的打击。法国人表示无法理解比利时的行为,但面对比利时的坚持,英国的支持,法国也不得不妥协。在利奥波德三世宣布比利时施行新的"独立政策"6 个月之后,1937 年 4 月,比利时与英法两国达成协议,将比利时从 1920 年法比军事协定的相关义务中解放出来。① 至此,法比双边军事同盟关系正式瓦解。

1939 年 9 月 1 日德国入侵波兰,第二次世界大战爆发,一直到 1940 年 5 月 10 日,比利时一直坚持执行它的"独立政策"。比利时试图通过结束与法国的同盟关系,保持自身的独立,避免德国的侵略,但野心勃勃的纳粹德国依然没有放过这个可怜的中立小国。1940 年 5 月 10 日,希特勒在西线对荷兰、比利时和法国发动大规模进攻,比利时又一次遭到德国的侵略。抵抗十八天后,国王利奥波德三世所统率的军队投降了,比利时再次失去独立地位。

法比军事同盟的瓦解原因是多方面的,这里既有比、法两国的因素,也受到当时的国际局势尤其是德、英外交的影响。

首先,比利时的外交传统与当时的国内政治让同盟难以持久。其一,中立外交是比利时重要的外交传统。从地理的角度来看,比利时是一块开放的领土,没有天然的国界。它位于西欧人口最多、工业和经济最发达的核心地区,处在法德两个强国的中间,一侧毗邻英国和莱茵兰地区,另一边与法国和北欧接壤,战略位置十分重要。比利时自 1839 年以来一直维持中立外交,而这一传统也为比带来了实际的利益,它因此逃过了拿破仑三世的侵略,也避开了 1870 年的普法战争。长久以来的中立地位对比利时外交政策的制定影响深远,比利时从 1936 年开始实行的"独立政策"实质上只是措辞上的变化,本质上还是中立政策的延续。② 其二,比利时国内政治也是导致其退出法比军事同盟的重要因素之一。比利时包括两个主要民族——说法语的瓦隆人(walloons)和操一口荷兰方言的弗莱芒人(Flemish),前者一直坚持认为法比两国

① Pierre Henri Laurent,"The Reversal of Belgian Foreign Policy,1936—1937",*The Review of Politics*,Vol. 31,No. 3,1969,p.370.

② 此处是笔者个人的观点,按照比利时官方的说法,1936 年开始实行的"独立政策",有别于 1914 年前的中立政策。

应该联合起来防御德国,他们坚定维护法比军事同盟关系;而后者反对任何可能会提高瓦隆人影响力的决策,反对任何倾向于法国的外交政策,以免比利时再次卷入法德战争。1920 年 10 月 27 日,法比军事协定签订不久,比利时总理德拉克鲁瓦就宣布,几个星期前与法国签订的军事协定受到了来自弗莱芒人、反军事化的社会党人以及其他一些人的强烈反对。① 尽管德拉克鲁瓦和他的继任者一直努力维护法比军事协定,但反对的声音日益强烈。1936 年,面对弗莱芒人的压力,也为维护国家统一,国王利奥波德三世宣布从今以后比利时必须实行"独立政策"。

其次,法国在构建自己的安全体系时决策失误逐渐把比利时推出同盟之外。两战之间的法国一直在努力构建保障自身安全的同盟体系,与比利时的军事同盟关系即为其中一环。但法比同盟的内在困境在于,前者更注重安全,而后者更注重经济。法国在追求自身利益时,并未全面考虑比利时的态度。法国人冒失地出兵鲁尔,不仅使自身财政陷入困境,加大与英国的分歧,更为重要的是,法国把自己的盟友比利时一同拉入了鲁尔占领的泥潭,破坏了两国间的盟友关系,致使比利时产生尽早摆脱法比双边军事同盟的想法。《洛迦诺公约》对法比来说看似都是寻求安全保障的胜利,法国终于得到了英国的保障,而比利时获得了英法的双重保障。但是,正因为比利时得到了它梦寐以求的大国——英国的安全保障,它开始对 1920 年签订的法比军事协定的作用产生了怀疑,进而提出废除法比军事协定的要求。正如亨利·基辛格在《大外交》中所言:"集体安全也败在其基本前提的弱点上,即所有国家在对抗每一次侵略上均有相同的利益,也愿意冒同样的风险。经验证明这些基本假设是站不住脚的。"②

再次,德国实力的增强是法比同盟瓦解的重要外因。德国战后实力不断增强,对法国和比利时的安全造成了威胁。事实上,德国实力的增强既是法比最初结盟的原因,也是导致法比军事同盟瓦解的重要因素之一。一战后,德国在英美的支持下,通过道威斯计划和杨格计划,经济发展迅速,经济实力超过

① Jonathan E. Helmreich, "The Negotiation of the Franco-Belgian Military Accord of 1920", *French Historical Studies*, Vol 3, No. 3, 1964, p.360.

② [美]亨利·基辛格:《大外交》,顾淑馨、林添贵译,海南出版社 1998 年版,第 224 页。

法国。实力渐强的德国在外交上提出了加入国联并获得行政院常任席位以及解除战争罪责等要求。面对德国的复兴,比利时深感恐惧。1933 年希特勒上台之后,德国开始重整武装,纳粹势力威胁着世界的和平;1936 年,德国发起重新占领莱茵兰地区的冒险行动,为了避免德国将战争矛头直接指向自己,比利时决定与英法撇清关系,开始实施“独立政策”,这直接导致了法比军事同盟关系的瓦解。

最后是英国“均势外交”的影响。第一次世界大战结束后,英国一直是法国欧洲安全政策的一个无形障碍。从 1920 年起,英法两国的政策就开始发生冲突。在整个 20 年代,英国主要通过扶德抑法来维持欧洲均势,进而维护欧洲和平;而法国则是通过削弱德国来寻求自己的安全和维护欧洲的总体和平。“大陆均势政策”使得英国从一开始便对法比建立军事同盟感到不满,之后无论法比如何努力,英国都一直拒绝加入法比的军事同盟,最终比利时宣布结束法比军事同盟关系之时,英国人积极地表示支持。

五、结 语

法比两国利益决定其外交战略。第一次世界大战中,法国和比利时都受到了德国的侵略,损失惨重,战后法比两国都希望得到安全的保障。防止德国的再次侵略成了法比两国利益的共同点,因此,战后的法比两国结成了军事同盟。但从 1920 年签订军事协定、建立同盟到 1937 年军事同盟最终瓦解,两国的外交理念一直存在着分歧,两国的军事同盟是脆弱的,不堪一击的。法比军事同盟并没有对维护比利时和法国的安全起到多大的作用,最终德国的军队冲破了两国的安全屏障。

纵观欧洲现代历史,军事同盟之下的法国与比利时历史无异于一颗流星,转瞬即逝。尽管法比军事同盟关系在两次世界大战间发挥的作用有限,但我们不得不承认,这一同盟对法比双方的外交确实产生了一定的影响。

试评美国与南蒂罗尔问题

王若茜①

意大利在19世纪60年代完成了初步统一,但出于民族主义和安全的考虑,意大利仍对奥匈帝国有领土要求。一方面,奥匈统治下的特伦蒂诺(Trentino)、伊松佐盆地(the Isonzo basin)、的里雅斯特(Trieste)等地区生活着大量意大利人,把自己的同胞从异族统治下解放出来成为意大利民族主义的神圣事业,这也形成了意大利近代史上著名的"失地收复运动"(Italia Irredenta)②;另一方面,长期遭受外族欺凌的历史使意大利格外关注它的战略安全边界,尤其是在北部,奥匈占据着位于阿尔卑斯山脉的布伦纳要塞(Brenner Pass),奥匈军队可以居高临下,轻易撕碎意大利北部脆弱的防线。因此,意大利一直希望能够获得布伦纳要塞及以南的南蒂罗尔(South Tyrol)③和特伦蒂诺地区。

虽然1882年意大利与德、奥签订《三国同盟条约》结成同盟,但它并没有放弃过对奥匈的领土要求,第一次世界大战成为意大利扩张领土的绝佳契机。

---

① 王若茜,男,首都师范大学历史学院博士研究生。

② 该运动兴起于1860—1870年意大利统一后,意在"解放"生活在特伦蒂诺、戈里齐亚(Gorizia)、伊斯特拉、的里雅斯特等地的意大利人,这些地区大多在奥匈的统治下。因此,在十九世纪最后二十年,失地收复主义者反对意大利加入三国同盟,并在一战爆发后向政府施压促使意大利加入协约国作战。详见 *The New Encyclopaedia Britannica, Micropaedia, Vol.V*, Encyclopaedia Britannica, Inc. 1980, p.433。

③ 该地现为意大利的一个省,位于意大利境内与奥地利交界,历史上,南蒂罗尔长期是奥匈帝国的组成部分,但在一战后于1919年划归意大利,现在仍有接近百分之七十的居民是德意志人。

一战爆发后,意大利并没有履行《三国同盟条约》,加入同盟国作战,而是宣布中立,分别与两大集团讨价还价,坐收渔利。最终在 1915 年 4 月 26 日,意大利与英、法、俄三国秘密签订《伦敦条约》,加入协约国一方,英、法、俄三国在条约中将大量原属奥匈帝国的领土承诺给意大利,这其中就包括特伦蒂诺和南蒂罗尔。① 然而与特伦蒂诺主要居民为意大利人不同的是,南蒂罗尔历史上长期为奥匈帝国领土,1919 年,这一地区的居民中有百分之九十五为德意志人。在战争结束后的巴黎和会上,虽然意大利对南蒂罗尔的要求与美国推崇的"民族自决"原则明显相悖,但出于自身利益的考虑,美国仍然支持了意大利对这一地区的要求。本文试图在借鉴前人研究成果②,并对相关史料进行分析的基础上,探讨美国在南蒂罗尔问题上的决策过程与决策动机。

一

进入二十世纪,随着美国成长为世界第一经济强国,它迫切要求冲破传统"孤立主义"的束缚广泛参与国际政治事务,进而夺取世界领导权。早在参战之前,美国总统威尔逊就主张按照"民族自决"原则解决战后争议领土归属问题。③ 1916 年 5 月 27 日,威尔逊发表演说,提出了未来再造世界和平的三项基本原则,这是美国政府第一次在公开场合宣扬"民族自决"。威尔逊指出,

① 关于《伦敦条约》的签订过程,详见王若茜:《试评英国与意大利参战问题(1914—1915)》,徐蓝主编:《近现代国际关系史研究》第 2 辑,人民出版社 2012 年版。

② 国内学术界鲜有对这一问题的专题探讨,国际学术界对这一问题的研究较多,相关代表性著作有 René Albrecht-Carrié, *Italy at the Paris Peace Conference*, New York: Columbia University Press, 1938; James Burgwyn, *The Legend of the Mutilated Victory: Italy, the Great War, and the Paris Peace Conference*, 1915—1919, Westport, Conn.: Greenwood Press, 1993; James Divita, *The Role of Woodrow Wilson in the Tyrol Border Dispute of* 1918—1919, the University of Chicago, 1960; Charles Seymour, "Woodrow Wilson and Self-Determination in the Tyrol", *The Virginia Quarterly Review*, 38 (Autumn 1962), pp.567-587; Sterling J.Kernek, "Woodrow Wilson and National Self-Determination along Italy's Frontier: A Study of the Manipulation of Principles in the Pursuit of Political Interests", *Proceedings of the American Philosophical Society*, Vol. 126, No. 4(Aug., 1982), pp.243-300 等。

③ 国内外对威尔逊"民族自决"原则的研究可参见史晓红:《威尔逊民族自决原则综述》,《河南大学学报(社会科学版)》2010 年第 2 期。

“第一，任何一个民族都有权选择他们要生活在哪一个政权的统治之下”；“第二，如同那些强国追求和保证自己领土和主权完整一样，弱小国家也拥有同样的权利”；“第三，避免由于对各民族和国家权利的侵犯和蔑视而导致和平的混乱”。① 1917 年 1 月 22 日，威尔逊在国会演说中进一步强调，“任何一个政府的正当统治权都来自于被统治人民的意愿，任何政府都无权将一个民族当做财产从一国划归给另一国，如果我们不认可和接受这些原则，就不可能维持和平”。②

英、法、俄、意四国签订《伦敦条约》显然是在拿别国领土做交易，而按照威尔逊的表述，意大利对南蒂罗尔地区的要求明显违背“民族自决”原则，作为该原则积极倡导者的美国理应坚决反对意大利的要求，但事实却并非如此。从本质上讲，“民族自决”是美国构建新的国际秩序的重要原则，是美国向欧洲渗透，重划国际格局，实现自己领袖地位的工具。正如美国学者保罗·迪辛(Paul Diesing)所说：“该原则从没被当做一个道德原则，而总是一种宣传工具。”③美国是否坚持这一原则，在多大程度上坚持这一原则，取决于它是否有助于美国整体外交目标的实现。

1917 年 4 月 6 日，美国对德宣战，并在事实上成为了协约国的盟国，这使美国面临两难的选择。如果坚持按照“民族自决”原则处理战后领土争端，那么必然会引起意大利的不满，影响美意甚至美国与协约国的战时合作，不利于战争的胜利，而立刻放弃“民族自决”原则又会使美国失信于世界。与此同时，美国参战后，美国对欧洲列强签订的秘密条约以及由此产生的战后欧洲领土问题的态度成为协约国关注的焦点，协约国迫切希望美国尽快表明态度。在这种情况下，美国选择了回避。

1917 年 4 月 28 日，威尔逊总统的私人助理豪斯上校与正在美国访问的

---

① Sterling J.Kernek, “Woodrow Wilson and National Self-Determination along Italy’s Frontier: A Study of the Manipulation of Principles in the Pursuit of Political Interests”, *Proceedings of the American Philosophical Society*, Vol. 126, No. 4(Aug., 1982), p.245.

② An Address to the Senate, 22 January, 1917, Arthur S.Link ed., *The Papers of Woodrow Wilson*（以下简称 *PWW*）, *Vol. 40*, Princeton, N.J.: Princeton University Press, 1982, pp.536-527.

③ Paul Diesing, “National Self-Determination and U. S. Foreign Policy”, *Chicago Journals*, Vol. 77, No. 2(Jan., 1967), p.86.

英国外交大臣阿瑟·贝尔福(Arthur James Balfour)进行了长达一个半小时的会谈。贝尔福指出,意大利参战时,协约国通过条约向它做出承诺。对此,美国并没有正面表态,豪斯向贝尔福明确表示,美国在现阶段不会给予承诺,而待和平会议上解决这一问题。① 1917 年 11 月 21 日,正在欧洲访问的豪斯来到唐宁街 10 号(No. 10 Downing Street)与贝尔福再次进行会谈,在与豪斯就罗马尼亚、俄国、非洲等问题交换意见后,贝尔福迫不及待地拿出欧洲地图,向豪斯征求美国对战后欧洲领土划分的意见,但是豪斯却坚持认为,"我们今天达成一致,或许明天就完全不一样了,现在探讨这个问题只会起坏作用。"②豪斯所谓的"坏作用"即指破坏美国与协约国的团结。1917 年 12 月 7 日,美国对奥匈宣战③,这令一向觊觎奥匈领土的意大利欢欣鼓舞。意大利迅速作出反应,12 月 10 日,国王维克托·埃曼努尔三世(Victor Emmanuel III)向威尔逊发来电报,电报指出,美国对奥宣战,"标志着美国践行了她在世界大战中捍卫公理正义胜利的立场。意大利民族以正义的最高理想之名,她为获得合法要求而战。她从未怀疑和美国的亲密无间,以及能够从美国获得无条件的支持"。④ 国王希望从美国获得的"无条件的支持"包括两个方面的含义。一方面,自卡波雷托战役(Battle of Caporetto)以来,意大利在战场上接近崩溃的边缘,美国对奥宣战可以极大鼓舞意大利军民的斗志;另一方面,意大利希望借美国对奥宣战之机,获得美国对它领土要求的支持。然而,面对国王这份热情洋溢的电报,美国依然没有给予积极回应。

1918 年 1 月 8 日,威尔逊发表"十四点"演说,美国第一次在公开场合谈

---

① Edward Mandell House, Charles Seymour ed., *The Intimate Papers of Colonel House*(以下简称 *IPCH*), *Vol. III*, Boston, New York: Houghton Mifflin Company, 1928, p. 44; From the Diary of Colonel House, April 28, 1917, Arthur S. Link ed., *PWW*, *Vol. 42*, Princeton, N.J.: Princeton University Press, 1983, pp.156-157.

② *IPCH*, *Vol.III*, p.237.

③ 美国在 1917 年 4 月参战后一直没有对奥匈正式宣战,为了尽快战胜德国,分化德、奥同盟,美国试图施行"不瓦解奥匈帝国"的政策,争取与奥匈单独媾和,这一政策一直延续到 1918 年上半年。详见韩莉:《第一次世界大战中美国对奥匈帝国的政策》,《首都师范大学学报(社会科学版)》2006 年第 3 期。

④ A Translation of a Telegram from Victor Emmanuel III, December 10, 1917, Arthur S. Link ed., *PWW*, *Vol.* 45, Princeton, N.J.: Princeton University Press, 1984, pp.262-263.

到它对包括南蒂罗尔问题在内的意大利边界问题的政策。威尔逊在第九点中指出:“意大利的边界将按照清晰可辨的民族界线进行调整。”①对此,美国著名历史学家查尔斯·西摩(Charles Seymour)当时就认为,第九点表明美国已经拒绝了意大利对亚得里亚海和蒂罗尔地区的要求。② 但事情却远没有这么简单。

“十四点”原则来自于美国顾问组③在 1917 年 12 月 22 日提交的一份题为“当前形势:对战争目的与和平条款的建议”(The Present Situation:The War Aims and Peace Terms In Suggests)的备忘录,其主要内容是对战后和平安排的建议,涉及战后世界秩序的各个方面。在这份备忘录的基础上几经修改,形成了 1918 年 1 月 8 日的“十四点”原则④。在意大利边界问题上,备忘录指出,支持意大利出于平衡对奥防御和种族考虑修改边界的合理要求,承认的里雅斯特应成为商业自由市,城市中的居民在文化上享有自治权。但是,顾问组同时反对满足意大利在亚得里亚海地区的野心,因为他们无法为此找到充分的论据。⑤ 对比备忘录和“十四点”的最终文本,我们可以发现两个值得注意的问题。首先,备忘录对意大利边界问题有更为详细的论述,而且观点也更加鲜明,相比而言,“第九点”仅仅提出了一个模糊的原则,这从侧面反映了美国对

---

① An Address to a Joint Session of Congress, 8 Jan' y, 1918, *PWW*, *Vol. 45*, p.537.

② *IPCH*, *Vol.* Ⅲ, p.323.

③ 美国政府在参战后不久就成立了一个由国内各界学术专家组成的顾问组织,名为“顾问组”(the Inquiry),也有学者将其翻译为“咨询团”。该组织围绕战后世界秩序的安排开展工作,搜集相关资料,提出有说服力的和平安排方案,为美国参加战后的和平会议做准备。Lawrence Emerson Gelfand 所著 *The Inquiry: American Preparations for Peace, 1917—1919*(New Haven: Yale University Press, 1963)是国际学界研究“顾问组”的权威著作;Godfrey Hodgson 在 *Woodrow Wilson's Right Hand: the Life of Colonel Edward M. House*(New Haven and London: Yale University Press, 2006)中用一章的篇幅对豪斯与顾问组的工作进行了介绍。

④ 豪斯在 1917 年 12 月 23 日就将这份备忘录提交给了白宫,但没有立即得到威尔逊等人的重视,直到 1918 年 1 月 4 日,豪斯前往白宫向威尔逊建议在白宫进行一次演说时,威尔逊和豪斯才对这份备忘录进行了第一次讨论。详见 *PWW*, *Vol.* 45, p.459, n. 1。

⑤ The Inquiry-Memorandum Submitted December 22, 1917 (The Present Situation: The War Aims and Peace Terms in Suggests), United States Department of State, *Papers Relating to the Foreign Relations of the United States*, 1919, *The Paris Peace Conference*, *Vol.I*, Washington: United States Government Printing Office, 1942(以下简称为 *FRUS-PPC-I*) p.50; *PWW*, *Vol. 45*, p.466.

意大利边界问题的回避态度。第二,备忘录虽然没有明确支持意大利对南蒂罗尔的要求,但却支持意大利出于平衡对奥防御修改边界,这对意大利是有利的。如果说威尔逊不在"十四点"中公开反对意大利对亚得里亚海的要求是害怕开罪意大利的话,那么威尔逊为什么没有像备忘录中那样在演说中明确支持意大利修改边界的要求呢?这与美国战时对奥匈政策有关。

美国在参战之初对德奥两国的态度大不相同,美国的主要敌人是德国,奥匈在它的大战战略中处于次要地位,相反,美国希望在外交上尽量拉拢奥匈——这个德国最主要的盟友,使德国处于孤立。以至于美国在参战8个月之后才迫于内外压力对奥匈正式宣战,即便到此时,美国政府也没有放弃对奥匈单独媾和的尝试。因此威尔逊不便在"十四点"中公开支持意大利对奥匈的领土要求。随着协约国和美国在战场上逐渐取得优势,奥匈帝国内部的民族解放运动逐渐高涨,美国才逐渐放弃单独对奥匈媾和的计划。① 1918年10月6、7日,德国和奥匈分别向美国请求停战,并且愿意以威尔逊总统的"十四点"原则为基础进行停战谈判②,这对美国来说是一个千载难逢的机会,美国完全可以通过停战谈判,正式将"十四点"确立为安排战后和平的纲领性文件,这样一来,美国将在战后成为世界的领导者。

但是,英、法、意不会轻易接受"十四点"中对它们不利的条款,不断要求对"十四点"进行修改,意大利对此显得尤为积极。1918年10月19日,意大利最重要的报纸《晚邮报》(Corriere della Sera)大肆鼓吹协约国应在进入与同盟国的谈判前就对"十四点"的理解取得一致。美国也意识到需要对来自欧洲的声音有所回应,应豪斯上校的要求,美国记者弗兰克·科布(Frank Cobb)和顾问组秘书沃尔特·李普曼(Walter Lippmann)共同起草了一份系统阐述和解释"十四点"原则的备忘录,也就是著名的"十四点"原则官方注解。10

---

① 详见韩莉:《第一次世界大战中美国对奥匈帝国的政策》,《首都师范大学学报(社会科学版)》2006年第3期。

② The Swiss Charge(Oederlin) to President Wilson, Washington, October 6, 1918, United States Department of State, *Papers Relating to the Foreign Relations of the United States*, 1918, *Supplement* 1, *The World War*, *Vol.I*, Washington: United States Government Printing Office, 1933(以下简称 *FRUS*-1918-*Sup*.1 - *Vol. I*), pp. 337 - 338; The Swedish Minister (Ekengren) to the Secretary of State, Washington, October 7, 1918, *FRUS-1918-Sup.1-Vol.I*, p.341.

月29日，豪斯将这份注解发给了威尔逊，在南蒂罗尔问题上，官方注解是1917年12月22日顾问组备忘录的继承和发展。

科布和李普曼等人在对第九条的注解中认为，“第九点中建议（给意大利）的比意大利的要求少；当然少于《伦敦条约》分配给意大利的领土……”具体说来，“在特伦特地区①，意大利对边界的要求是基于战略考虑而非种族考虑。需要在此指出的是，如果奥地利加入德国，那么意大利和德国将成为邻国。但如果意大利获得最佳战略边界，那么它会对相当数量的德意志人行使主权，这是违反原则的。但我们认为通过沿阿尔卑斯山的顶点划一条明确的界线，意大利的安全将得到极大的加强，而且也会使意大利削减军备成为必要。因此，意大利对特伦蒂诺的要求将得到满足，但是北部的德意志人应该获得完全自治，那里的居民没有为意大利军队服兵役的义务。综上，意大利可以以军事目标占领无人居住的阿尔卑斯山，但却无权管理她边界以南的外族人的文化生活。”②这是一个折中方案，其目的是既能让意大利满意，也能最大限度地保全美国一贯倡导的“民族自决”原则。

但事实却证明，这是一个根本无法实现的方案，注解中强调“北部的德意志人应该获得完全自治”更像是在掩耳盗铃，因为它既不能满足意大利在这一地区的野心，又无法保证南蒂罗尔地区德意志人的利益。官方注解也成为美国出卖南蒂罗尔，放弃“民族自决”原则的序幕。

二

1918年12月10日，威尔逊总统在乔治·华盛顿号的甲板上信誓旦旦地对美国代表团的专家们说：“你们告诉我什么是对的，我会为之奋斗。”③威尔逊摆出了一副要不惜一切代价捍卫公理正义的架势。但令人遗憾的是，总统

① 根据上下文推断，在此语境中所谓特伦特地区应包括南蒂罗尔地区。

② Three Telegram from Edward Mandell House, London, October 29, 1918, Arthur S.Link ed., *PWW*, *Vol.* 51, Princeton, N.J.: Princeton University Press, 1985, pp.501-502.

③ Charles Seymour to His Family, December 10, Arthur S.Link ed., *PWW*, *Vol.* 53, Princeton, N.J.: Princeton University Press, 1986(以下简称 *PWW*, *Vol.* 53), p.356.

言行不一,和会一开始就在南蒂罗尔问题上亲手扼死了他鼓吹已久的"民族自决"原则。

1918年10月底起草的"十四点"官方注解的内容已经部分接受了意大利在蒂罗尔地区的要求,正如豪斯在官方注解出台后所说的那样,"注解承认了意大利对北部边界的要求,在蒂罗尔地区执行《伦敦条约》存在可能性,但前提是当地的德意志人获得自治权。"①顾问组之前的备忘录以及官方注解都已经表明,美国愿意从战略角度对意大利在南蒂罗尔问题上做出妥协,但并没有确定这种妥协的程度,官方注解的妥协与意大利的要求还有一定的差距。而此时在美国代表团内部,就意大利是否应获得南蒂罗尔问题仍然存在争议。

和会开始前,美国代表团的专家顾问人员就南蒂罗尔问题向美国决策层提出了众多建议。美国专家道格拉斯·约翰逊(Douglas Johnson)跟随美国代表团来到欧洲后的第一个使命就是对南蒂罗尔地区的地理构成进行调查,②为威尔逊总统处理南蒂罗尔问题提供参考。约翰逊在他的评估中向威尔逊指出,阿尔卑斯山,如其他受冰河作用的山脉一样,流域划分是由一些不太明显的地理特征完成的,如小的冰碛石区域,或者是大山谷底部的一个小型冲积扇,阿迪杰河的分水岭并非沿阿尔卑斯山的山脊,约翰逊得出的最终结论是,将德意志与意大利居民分割开来的地理界限并非是分水岭线,而应在其以南地区。③ 也就是说,从地理角度,意大利对南蒂罗尔的要求是缺乏足够依据的。但是约翰逊同时希望能够满足意大利的战略需要,对此,他提出了三点理由:第一,使意大利在该地区的防御得到加强;第二,履行条约的需要;第三,可以安抚意大利,使其在亚得里亚海问题上进行妥协。④ 后来的事实证明,美国

---

① Edward Mandell House, Charles Seymour ed., *IPCH*, *Vol. IV*, Boston, New York: Houghton Mifflin Company, 1928, p.157.

② 在第一次世界大战前相当长的历史时期内,意大利为了使它对布伦纳山口战略边界的要求看起来更合理,一直宣称布伦纳山口是意大利的自然边界。详见 Seamus Dunn and T.G. Fraser ed., *Europe and Ethnicity: The First World War and Contemporary Ethnic Conflict*, London, New York: Routledge, 1996, pp.69-70。

③ Edward M.House and Charles Seymour, *What Really Happened at Paris: The Story of Peace Conference, 1918—1919*, New York: C.Scribner's Sons, 1921, p.114.

④ Edward M.House and Charles Seymour, *What Really Happened at Paris: The Story of Peace Conference, 1918—1919*, p.117.

在南蒂罗尔问题上的妥协不但没有安抚意大利,反而鼓励了它在亚得里亚海得寸进尺。

1919 年 1 月 21 日,美国的顾问人员向威尔逊提交了一份重要报告,题为"尝试性报告与建议提纲"(Outline of the tentative report and commendations),其中的意见与约翰逊报告内容有一定相似之处。报告认为,意大利的北部边界应该在种族边界以北,但应在《伦敦条约》规定的边界以南。① 这在本质上与官方注解的态度是一致的,即承认意大利对北部战略安全边界的要求,但是与约翰逊的方案相比,该方案对意大利的妥协稍微少一些。

与道格拉斯等人建议对意大利做出适当妥协不同,库利奇(Archibald Coolidge)坚决主张对意强硬。1918 年 12 月 26 日,美国政府命阿奇博尔德·库利奇教授率领一个小组前往原奥匈及其邻国调查那里的情况,为日后美国政府制定对奥政策提供参考。② 次年 1 月 9 日,库利奇教授反馈了他对未来奥地利南部边界的意见。他在电报中写道,南蒂罗尔地区的德意志代表已经向他提出抗议,反对将该地区并入意大利,"布伦纳山口以南的蒂罗尔地区在过去七、八百年间的主要居民都是德意志人,这些山区居民富有强烈的爱国主义精神,与他们的国家休戚与共并为他们的祖国而自豪","奥地利宣称,根据总统的'民族自决'原则,他们无法找到意大利人有什么理由能把这一地区从他们手中夺走"。紧接着,库利奇从经济角度进行了分析,"如果把布伦纳山口以南的德意志人居住区从奥地利分离,那么该地区将遭受巨大的经济损失,这一地区的德国游客将大幅减少,贫瘠的土地也使他们的农产品无法与意大利的农产品竞争"。③ 此外,在南蒂罗尔地区,还生活着少量的拉丁人,根据库利奇的考察,拉丁人平时讲自己的语言,但多数人懂德语,并且在生活中与他

---

① American Territorial Report, René Albrecht-Carrié, *Italy at the Paris Peace Conference*, p. 367; Arthur Walworth, *Wilson and His Peacemakers*, New York: W.W.Norton & Company, Inc., 1986, p. 54.

② The Secretary of State to Professor A.C.Coolidge, Paris, December 26, 1918, U.S.Department of State, *Papers Relating to the Foreign Relations of the United States*, 1919, *The Paris Peace Conference, Vol.II*, Washington: United States Government Printing Office, 1942(以下简称 *FRUS-PPC-II*), p.218.

③ Professor A.C.Coolidgr to the Commission to Negotiate Peace, Vienna, January 9, 1919, Received January 22, *FRUS-PPC-II*, pp.225-226.

们的德意志邻居相处甚欢,也不想离开奥地利的管辖。[①] 虽然直到1月下旬美国代表团才收到库利奇的这份电报,但对威尔逊和美国政府而言,他们有足够的时间从公平、正义的角度制定对南蒂罗尔的政策。

尽管这三份报告在意、奥边界划分的具体细节问题上有所分歧,但有一点是一致的,即意、奥边界的划分需要考虑到民族因素。但在后来的研究者们看来,这些调查报告简直就是多余,因为美国决策者不仅没有接受这些报告的建议,而且甚至早在这些报告提交之前就已经决定承认意大利对南蒂罗尔的要求。

在对意大利妥协的过程中,美国总统威尔逊发挥了重要的作用,而对威尔逊向意大利承诺南蒂罗尔的具体时间则一直充满争议。勒内·阿尔布雷赫特—卡里耶认为,虽然无法明确威尔逊在1918年12月21日与奥兰多的会谈中对意大利做出了多大让步,但可以肯定地说,至迟在12月底威尔逊就将布伦纳边界承诺给了意大利。[②] 勒内·阿尔布雷赫特—卡里耶没有进行具体的论证,但经过翻阅12月21日威尔逊与奥兰多的会谈记录我们发现,这次会议并未涉及意大利的北部边界问题,而是讨论了对意大利亚得里亚海边界的安排。[③] 查尔斯·西摩在其回忆性的文章中指出,威尔逊的妥协是在1月中旬做出的。西摩引用了威尔逊1月15日写给奥兰多的信,"我认为对所有有关意大利北部和东北部的边界调整,都应该严格按照《伦敦条约》。"[④]经过笔者查阅相关资料发现,西摩的说法并不真实。首先,威尔逊的书信是在1月13日写的,而非1月15日,其次,西摩对史料进行了节选,原文应是,"意大利北部和东北部边界将按照附图中的黑实线进行调整(如我理解,黑虚线为《伦敦

① Professor A. C. Coolidge to Professor W. E. Lunt, of the Commission to Negotiate Peace, Vienna, January 13, 1919, *FRUS-PPC-II*, p.236.

② René Albrecht-Carrié, *Italy at the Paris Peace Conference*, p.85.

③ From the Diary of Dr. Grayson, Saturday, December 21, 1918, *PWW*, *Vol.* 53, pp.458–459; From the Diary of Colonel House, December 21, 1918, *PWW*, *Vol.* 53, p.466.

④ Charles Seymour, "Woodrow Wilson and Self-Determination in the Tyrol", *the Virginia Quarterly Review*, 38(Autumn 1962), p.581.

条约》规定的界线)。"①美国学者柯耐克找到了这份附图,但是该图没有出现南蒂罗尔地区,也就是说威尔逊所谓的北部和东北部地区指的是伊斯特拉半岛和东亚得里亚海海岸,与南蒂罗尔无关。对此,阿瑟·沃尔沃斯也持类似观点。②

美国到底是如何将南蒂罗尔承诺给意大利的?可能美国也觉得此事做得很不体面,在《威尔逊文件》和《美国外交文件集》中没有发现相关档案。但基本可以确定的是,这一决定是在1月底之前作出的。豪斯在1月28日给西摩的信中写道:"弗雷泽(Arthur Hugh Frazier)告诉我,威尔逊是如何将蒂罗尔承诺给意大利的,"奥兰多请弗雷泽做他与威尔逊谈话的翻译,奥兰多请求威尔逊答应意大利对阜姆的要求,但威尔逊回答说:"我是不会同意把阜姆给意大利的,但是你可以指望我在布伦纳问题上做出承诺。"③威尔逊不但辜负了南蒂罗尔地区的德意志人,同时也亲手扼杀了自己一向坚持的高尚原则。虽然和会直到后期才就南蒂罗尔问题达成正式协议,虽然一向反对意大利要求的库利奇仍然在做着无用功,为布伦纳以南地区的蒂罗尔人的合法利益奔走呼号。④ 但是,这已经无法扭转意大利兼并南蒂罗尔地区的现实。

对于这种妥协,甚至连美国人自己也颇为不解。豪斯在日记中说,"我时常疑惑,为什么总统会同意把布伦纳山口作为意、奥边界。在停战谈判期间,我和克里蒙梭、劳合·乔治已经达成共识,蒂罗尔不应离开奥匈的领土。英法受制于秘密条约,但它们认为美国可以反对这样做。"⑤

毫无疑问,美国的妥协造成了严重的后果。首先,威尔逊不问南蒂罗尔人

---

① To Vittorio Emanuel Orlando, Paris, 13 January, 1919, Arthur S.Link ed., *PWW*, *Vol.* 54, Princeton, N.J.: Princeton University Press, 198, p.51.

② To Vittorio Emanuel Orlando, Paris, 13 January, 1919, *PWW*, *Vol.* 54, p.51; Arthur Walworth, *Wilson and His Peacemakers*, p.53.

③ *IPCH*, *Vol.IV*, p.435.

④ 3月10日,4月7日,库利奇又先后两次向总统建议,南蒂罗尔应该留在奥地利的领土内,详见 United States Department of State, *Papers Relating to the Foreign Relations of the United States*, 1919, *The Paris Peace Conference*, *Vol. XII*, Washington: United States Government Printing Office, 1947, pp.277, 228-284。

⑤ *IPCH*, *Vol.IV*, p.435.

是否愿意,便把他们拱手让与意大利,这是对“民族自决”原则与正义的公然践踏和侮辱,以至于连英国都觉得这一安排不够体面。英国的詹姆斯·布莱斯(James Bryce)爵士在随后给豪斯上校的信中写道:“我诚挚地希望不要把讲德语的蒂罗尔人送给意大利,相比于任何在意大利和南斯拉夫的亚得里亚海问题,这样做更加违背‘民族自决’原则。意大利从来都没有在蒂罗尔建立统治,更无任何理由兼并之。这里的人民是无辜的,不应为战争承担责任,他们强烈反对意大利对他们的统治。”①4 月 21 日,贝尔福在劝说意大利放弃对阜姆和亚得里亚海东海岸的要求时指出,必须充分考虑威尔逊的难处,他已经同意意大利兼并居住着大量德意志人的南蒂罗尔,如果再在阜姆问题上对意妥协,威尔逊何以向美国民众自圆其说?② 6 月 4 日,一位英国历史学家在给英国外交部官员的信中写道:“我因南蒂罗尔问题不安,把南蒂罗尔给意大利是整个和会中最不公平的行为,我无法理解威尔逊为什么会同意这样做。”③其次,美国本来希望通过在南蒂罗尔问题上的妥协换取意大利在亚得里亚海问题上的让步。但是,这种妥协造成的真实后果却是极大地鼓励了意大利向和会提出更多的要求,既然美国在南蒂罗尔问题上做了妥协,那是否意味着它已经接受了《伦敦条约》?是否意味着美国同样会在其他问题上做出妥协?④这也是日后和会上爆发“四月危机”的原因之一。

更为讽刺的是,威尔逊在他的“十四点”中标榜公开外交,反对秘密外交,却用最典型的旧大陆的方式完成了一笔丑陋的交易,如果说美国在第一次世界大战期间刻意回避意大利边界问题与“民族自决”原则之间的矛盾是对该原则的动摇的话,那么巴黎和会上美国将南蒂罗尔承诺给意大利则彻底背弃了原则。那到底是什么原因促使美国这样做呢?

---

① *IPCH*, *Vol.IV*, p.435, n. 1.

② Mantoux's Notes of a British-French-Italian Meeting, April 21, 1919, Arthur S. Link ed., *PWW*, *Vol.* 57, Princeton, N.J.: Princeton University Press, 1987, p.541.

③ Extract from letter to Mr Randall (F.O.), June 1919, James Wycliffe Headlam, *A Memoir of the Paris Peace Conference*, 1919, Methuen & CO LTD, 1972, p.138.

④ Harold Nicolson, *Peacemaking 1919*, London: Constable & Co Ltd, 1933, p.170.

三

查尔斯·西摩认为,威尔逊之所以在南蒂罗尔问题上对意大利妥协,是出于对意大利民族主义者的同情。① 这显然难具说服力。威尔逊自己声称由于他对这一地区缺乏了解才导致做出了错误的决定。② 这种解释更是掩耳盗铃,我们在哈罗德·尼克尔森的著作中发现了 1919 年 1 月 14 日威尔逊与尼克尔森的一则对话,威尔逊向尼克尔森询问,如果意大利获得布伦纳边界,会有多少德意志人被意大利统治?尼克尔森回答道:"总统先生,我没有具体的数字,大概是 240000 人。"总统反问:"不是 250000 吗?"尼克尔森的回答是:"总统先生,是 245000。"③由此可见,威尔逊所谓的"缺乏了解"完全不符合历史事实。

其实,从美国在和会期间的总体外交目标和之后和会的发展情况分析,美国对意大利妥协的真正原因很有可能是希望借此换取意大利对国际联盟计划的支持。

对威尔逊和美国而言,国际联盟的重要意义不言而喻。建立国际联盟,对内可以说服美国人放弃传统的孤立主义外交原则,对外国际联盟是美国确立世界领导地位的重要工具,而且,国际联盟在威尔逊的集体安全思想中占有重要地位。在具体实践中,威尔逊对国际联盟的追求近乎偏执,美国对战后世界安排的构想以及美国外交政策的制定,在相当程度上都是围绕着国际联盟进行的,威尔逊曾说过:"我无法参加一个不包含国联的战后和平安排,因为这会导致一个广泛扩张军备而没有保证的年代,这是灾难性的。"④

1918 年 12 月 8 日下午,威尔逊在接见三位新闻界人士时强调了国联的重要地位和他的集体安全思想。威尔逊指出,国际联盟"必须成为和平条约

---

① Charles Seymour, "Woodrow Wilson and Self-Determination in the Tyrol", *the Virginia Quarterly Review*, 38(Autumn 1962), p.569.

② *IPCH*, *Vol.IV*, p.435, n. 1.

③ January 14, Tuesday, Harold Nicolson, *Peacemaking* 1919, p.235.

④ *IPCH*, *Vol.IV*, p.168.

的一部分而不能有丝毫的犹豫","国联的核心由英、法、意、美、日组成;其他国家也有必要加入来保卫自己的利益"。① 并且,国际联盟和集体安全体制为解决战后领土争端问题提供了有效的机制。早在1918年1月底,威尔逊就曾经指出,他的计划是一个整体,包括国际联盟在内,国联可以保证意大利的防御需要,这就使亚得里亚海问题不再重要。② 12月9日,威尔逊又对国际联盟与领土问题的关系进行了阐述,"国际联盟对领土边界的调整权力需要以当地人民的意愿为基础。国联将保证成员国的主权和领土完整。"③正如威廉·怀斯曼(William Wiseman)评价的那样,威尔逊总统把国际联盟当做是和会的头等大事,而"在和会上可能出现的所有重要问题——殖民地,公海航行自由,巴尔干问题,俄国,裁减军备——要想获得令人满意的解决,只能以国际联盟为基础。"④

美国的战后目标是领导世界,这严重挑战英、法这两大欧洲传统霸主的地位,因此在国际联盟问题上美国与这两个国家多有分歧和摩擦。而意大利则不同,它对自己的边界问题更感兴趣,奥匈又是一个战败国,对美国来说出卖一个敌国的利益来换回意大利对国联政策的支持绝对是一笔划算的买卖。

1919年1月3日,威尔逊在罗马发表演说,高度评价了意大利人民在战争中做出的贡献。更为重要的是,美国总统有机会向意大利民众兜售他的国联思想。他说:"我们必须用其他东西代替均势(Balance of Power),我高兴地发现,在各国的空气中都已经认识到了这一点,只有各国的完全联合才能代替这种均势。"⑤1月25日,巴黎和会全体会议通过了由最高委员会提出的关于建立国际联盟的建议,并决定把它作为总体和平条约不可分割的一部分。在

---

① From the Diary of Dr.Grayson, Sunday, December 8, 1918, *PWW*, *Vol. 53*, p.339.

② The President Wilson to the Secretary of State, Washington, 29 January, 1918, United States Department of State, *Papers Relating to the Foreign Relations of the United States*, *Lansing Papers*, *Vol.II*, Washington: United States Government Printing Office, 1940, p.94.

③ From the Diary of William Christian Bullitt, On Board the George Washington, Tuesday, December 9 [10], 1918, *PWW*, *Vol.* 53, p.351.

④ Sir William Wiseman to the Foreign Office, Paris, December 15, 1918, *PWW*, *Vol. 53*, pp. 394-395.

⑤ An address to the Italian Parliament, *PWW*, *Vol.* 53.pp.597-599.

美国的支持下，奥兰多被选入国际联盟委员会，这一举动赢得了意大利对国际联盟的支持，奥兰多在会上激动地说："请允许我对今天大会讨论的重要原则表达最热烈的支持……这是一个历史性的时刻。"①1 月 27 日，国联十人委员会会议因英自治领对德国殖民地的托管权问题争吵不休。而恰恰在第二天，威尔逊就做出对意妥协的姿态，显然有争取意大利支持的意味。这种交易的痕迹在威尔逊和奥兰多 1 月 30 日的会谈中体现得更加明显，奥兰多极力向威尔逊表达他对国际联盟的支持，但也同时表示担心威尔逊国联草案中关于托管的条款会把特伦蒂诺和的里雅斯特置于国际联盟的托管下，这是意大利不能容忍的。对此，威尔逊表示他愿意在国际联盟建立前解决这个问题，并且明确表示"特伦蒂诺地区和的里雅斯特已经是意大利的了"。②

美国对意妥协，其意在于以此换取意大利在国联问题上与美国的合作，在南蒂罗尔问题上得到好处的意大利也的确在和会初期处处与美国配合。总统在国际联盟委员会(Commission on the League of Nations)的会议上迫切希望得到奥兰多的支持，戴维 · 米勒注意到威尔逊在会上明显地十分尊重坐在他右手边的奥兰多的态度。③ 1919 年 2 月 14 日，盟约草案提交大会，此后，威尔逊短暂返美，由于盟约草案没有对"门罗主义"作出保留，这引起了国内的不满，并给了威尔逊的政敌们攻击他的口实。威尔逊回到巴黎后，狡猾的劳合 · 乔治希望利用威尔逊的困境迫使美国在海军军备问题上做出妥协。但奥兰多却始终与威尔逊保持一致立场。④ 意大利对美国的善意很大程度上得益于美国在南蒂罗尔问题上对它的支持。

综上所述，美国的确曾经是"民族自决"原则的大力鼓吹者，但却从来不是"民族自决"原则的坚定执行者。美国的总体战略目标是夺取战后世界的

---

① Preliminary Peace Conference, Protocol No. 2, Plenary Session of January 25, 1919, United States Department of State, *Papers Relating to the Foreign Relations of the United States*, 1919, *The Paris Peace Conference*, *Vol.III*, Washington: United States Government Printing Office, 1943, pp.182-183.

② Notes of a Conversation by Arthur Hugh Frazier, January 30, 1919, *PWW*, *Vol. 54*, p.387.

③ David Hunter Miller, *The Drafting of the Covenant*, *Vol.* 1, New York: G. P. Putnam's Sons, 1928, p.126.

④ Tillman, *Anglo-American Relations at the Paris Peace Conference*, N. J.: Princeton University Press, 1961, pp.283, 297.

领导权,任何原则和政策都必须服务于这一目标的实现。参战后,保证对德战争的胜利是美国实现世界领导权的首要条件,如果在此时大谈"民族自决"反对意大利的领土要求,必然有损美意乃至美国与协约国的盟友关系,不利于对德战争的胜利,美国聪明地采取了回避态度。而到大战结束后的巴黎和会上,建立国联又成为美国通往世界领袖道路上最关键的一环,为了换取意大利的支持,威尔逊总统竟将"民族自决"原则完全抛到脑后,不顾当地人民的意愿,在奥地利代表不在场的情况下把南蒂罗尔承诺给意大利。正如人们评价的那样,威尔逊"像一个母亲一样不得不把自己年幼的儿子拿去喂狼,以拯救自己的长子(国联)","在一系列对帝国主义利益和抱负要求的妥协中出卖了自己的原则"。①

① 杨生茂主编:《美国外交政策史 1775—1989》,人民出版社 1991 年版,第 288、289 页。

列宁时期的苏美关系探析

曹广金①

十月革命胜利后,新生的第一个社会主义国家如何处理与其他资本主义国家的外交关系,成为摆在苏俄领导人面前的一个非常重要的问题。以列宁为首的布尔什维克对此进行了认真的探索,实现了从以确保政权生存为目标而实施的世界革命外交到和平共处外交方式的转变。本文利用最新解密的俄、美档案等文献对社会主义国家外交实践与理论起源进行一次尝试性的探讨。

一、十月革命后苏俄的外交形势

苏维埃俄国建国初期所面临的国内外形势非常严峻。当时第一次世界大战还在进行,苏俄与德奥集团仍然处于交战状态。两大帝国主义集团对新生的苏维埃政权极为仇视,只是当时它们没有时间也抽不出力量来进行干涉。同时,由于三年的帝国主义战争,俄国国民经济几近崩溃的边缘。因此,苏维埃俄国初期的对外政策最重要的任务是:退出帝国主义战争,争取一个和平的国际环境,巩固新生的苏维埃政权。因而在政权一建立就采取了一系列措施来完成这一任务。

1917 年 11 月 8 日,全俄工兵苏维埃第二次代表大会通过了列宁起草的《和平法令》。它指出,“各富强民族为了如何瓜分它们所侵占的弱小民族而

① 曹广金,男,安徽肥东人,湛江师范学院法政学院教师。

继续进行战争,是反人类的滔天罪行",[①]因此,苏维埃政府建议:各交战国立即就公正的民主和平进行谈判,以便缔结和约,实现不割地、不赔款的和平。《和平法令》不仅向交战国政府呼吁,而且还向交战各国的人民,特别是各交战国先进的和觉悟的无产阶级呼吁,号召他们直接参加到苏维埃政府所进行的争取和平的斗争中去,以便尽快结束战争。另外,《和平法令》还公开宣布,苏维埃政府废除资产阶级的秘密外交。1917 年 11 月 9 日,苏俄成立了外交人民委员部,在其成立第一天就发表了公布秘密外交文件的声明,接着在仅仅一个多月的时间内,就公布了一百多件秘密外交文件。

苏俄试图通过《和平法令》来得到各大国的响应,各国对此却不予理睬,相反各国驻俄军事大本营的军事使团团长在 1917 年 11 月 10 日遵照本国政府指示,抗议苏俄撕毁 1914 年 8 月 23 日订立的俄、英、法三国条约。[②] 而德国给予了积极的回应,这样苏俄和德国通过艰苦的谈判,最终于 1918 年 3 月签订了布列斯特和约,苏俄单方面退出了世界大战。

1918 年 1 月 25 日,全俄苏维埃第三次代表大会通过了列宁起草的《被剥削劳动人民权利宣言》。宣言重申苏维埃政府对外政策的目的是"争取在各国人民之间缔结以自由的民族自决为基础的没有兼并没有赔款的民主的和约。"它宣布"同资产阶级文明世界的野蛮政策彻底决裂",并指出,"这种政策把不多几个特殊民族的剥削者的幸福建筑在对亚洲和一切殖民地以及小国亿万劳动人民的奴役之上。"[③]依据以上文件的精神,苏俄政府在 1917 年 12 月 31 日通过了关于承认芬兰独立的决议;在 1918 年 8 月 29 日承认了波兰民族独立;在 1918 年 12 月 25 日又承认了爱沙尼亚、立陶宛和拉脱维亚独立;之后,在 1921 年 2 月至 3 月,苏维埃政府先后同伊朗、阿富汗和土耳其签订了友好条约。这些举措使苏俄以一个崭新的面貌出现在国际舞台上。

为了摆脱外国资本主义国家对新政权的经济控制,苏维埃政府还颁布了一系列经济法令。这对苏俄初期的外交产生了一定的影响。1917 年 12 月,

---

① 《列宁全集》第 33 卷,人民出版社 1985 年版,第 10 页。

② 即条约中规定的非经各缔约国相互同意,协约国不得签定停战协定。

③ 《列宁全集》第 33 卷,人民出版社 1985 年版,第 227 页。

苏维埃政府宣布了银行国有化法令。宣布国内银行业务由国家专营，所有私人银行都并入了国家银行，建立单一的俄罗斯共和国人民银行。1918 年 1 月 26 日又公布了没收私人银行的股份资本法令，所有股份资本被没收交给国家银行，这样就剥夺了俄国和外国资本主义国家在财政资本上的资金联系。1918 年 1 月 28 日，苏维埃政府颁布了废除国债的法令，宣布废除沙皇政府和临时政府所借的一切外债。这项法令使苏维埃政府免除了每年支付这些债务的 30 亿卢布的利息。① 1917 年底，苏维埃就开始了工业企业国有化。1918 年 5 月 26 日全俄国民经济委员会召开第一次代表大会，大会确认了国有化政策。6 月 28 日，人民委员会通过法令，把属于股份公司的矿山、冶金、金属加工、纺织、电机、制木、烟草、橡胶等所有主要工业部门的大企业收归国有。到 12 月，工业国有化基本上完成。1918 年 4 月 22 日，苏维埃政府宣布对外贸易国有化法令。根据这些法令，资本主义国家在俄国经营的企业、矿山和占有的一切财产被没收。外国在苏俄的利益受到损失，引起了它们的不满。各国外交代表以本国政府的名义宣布："凡属废除国债的一切法令，由于它们涉及外籍国民的利益，故而不承认其存在。"②从此，有关债务、外国人财产赔偿的问题成为苏(俄)联与西方资本主义国家关系正常化的一大障碍，同时这也是帝国主义国家干涉苏俄的一个重要原因。

苏俄同德国单独媾和后不久，英、法、美、日的干涉军就进入俄国。特别是 1918 年 11 月第一次世界大战结束之后，战胜的协约国进一步扩大了直接的武装干涉并加强了对苏俄反革命势力的支持，这对苏维埃政权的生存构成新的威胁。正如当时列宁在分析苏俄所面临的新形势时所说："我们的处境也从来没有像现在这样危险。从前帝国主义者忙于互相厮杀，现在一个集团被英、法、美集团搞掉了。现在英、法、美集团把消灭世界布尔什维主义、摧毁它的主要根据地俄罗斯苏维埃共和国当成他们的主要任务。"③在双方力量对比

① Ким, *История СССР—эпоха социализима 1917—1957*, Государственное издательство политической литературы, Москва, 1957г, с. 138.

② А. А. Громыко, *Документы внешней политики СССР Том первый*, Государственное издательство политической литературы, Москва, 1959г, с. 98.

③ 周尚文等:《苏联兴亡史》,上海人民出版社 2002 年版,第 225 页。

悬殊、国际形势孤立无援的不利条件下，苏维埃政府在1918年11月23日向英、法、美、意、日各国政府发出开始和平谈判的建议书，此后又多次向各大国呼吁进行和平谈判。即便如此，资本主义各国还是没有太大的兴趣，继续进行干涉行动。但它们的目的没有得逞，苏俄取得了国内战争的胜利。这一时期的苏俄除了积极地武装抵抗、向各国提出停战和谈的建议外，还在外交上进行世界革命的实践，努力争取国际无产阶级和被压迫民族从帝国主义的前线、后方阻止协约国对苏俄的武装进攻，保卫世界上第一个社会主义国家。因此，在1918年底到1919年在欧洲的各国无产阶级掀起了革命风暴，并且发动了“不许干涉苏俄”的群众运动，从而为苏俄反武装干涉的胜利起到了一定的积极作用。

外国武装干涉结束后，在两种制度的国家谁也没有足够力量消灭对方的情况下，双方进入了相对和平时期，这为双方发展政治、经济关系提供了良好的条件。虽然这时主要资本主义国家出于孤立、消灭苏俄的目的，很难在政治上接受苏俄。但出于各自的实际需要，双方首先在经济领域加强了联系。

1920年1月16日，协约国最高委员会宣布解除对苏俄的经济封锁。在此情况下，列宁在1920年2月18日宣布苏维埃俄国愿同各国人民和平共处，愿同所有国家无一例外地建立经济联系。接着英国率先同苏俄进行了经济谈判，双方在1921年3月签订了英苏贸易协定。之后，1921年5月6日苏德签订了恢复贸易关系的临时协定。1921年苏俄还同奥地利、挪威、意大利、丹麦和捷克斯洛伐克等12个国家签订了贸易协定。这些贸易协定结束了苏俄外交孤立的状态，大大改善了苏俄的国际环境，对苏俄国民经济的恢复起到了积极作用。1922年，苏联被邀请参加了为解决欧洲经济问题的热那亚会议。苏联开始重返际政治舞台，并取得了欧洲主要资本主义国家事实上的承认。

二、列宁倡导同美国建立良好的外交关系

(一)十月革命前美俄关系概况

1809年美俄建立了外交关系，之后双方又在1832年签订了俄美商约。俄美之间的友好关系一直保持到19世纪末，直至双方在远东的利益发生冲突

为止。俄美关系危机在1904—1905年的日俄战争之后进一步加深。日俄战争爆发后,美国曾表示"善意中立",但在日俄战争期间暗中支持日本:美国曾给日本4.5亿美元的军事贷款,①供给日本大量武器、战略原料、燃料、铁路设备和粮食。另外,美国总统西奥多·罗斯福曾警告德国和法国,一旦它们站在俄国方面干涉日俄冲突,美国就将站在日本方面反对它们。② 后来日俄双方在美国的调停下,在1905年签订了《朴次茅斯和约》。在这之后,由于认为是西奥多·罗斯福偏袒日本人,使俄国在朴次茅斯的和谈中吃了亏,俄国掀起了一股反美浪潮。此后,俄国和日本于1907、1910和1912年3次签订日俄协约和密约,联手抵制美国的"门户开放"政策。针对俄国此举,美国决定从1912年1月1日开始终止1832年以来的俄美商约。俄美关系降到了历史最低点,直到第一次世界大战爆发后,双方的关系才开始好转。

1914年9月15日,美国向俄、比、德、奥发出了订立《促进和平条约》的外交文件。早些时候,美国已经把同样的信函发给了英、法。俄国是最早接受这一建议的国家之一。1914年10月1日,俄国驻美大使代表俄国政府在华盛顿与美国签订了《促进和平条约》,条约于1915年3月25日正式生效。③ 美国提出签订《促进和平条约》当然是为了维护美国的利益,但俄国积极参加这一条约,说明俄国对美俄关系的重视。俄国在参加第一次世界大战后不久就吃了败仗,如果没有外援,要想继续进行战争是不可想象的,而美国是当时世界上能提供援助的最理想的国家。这一条约的签订使俄美关系上了一个新台阶,俄国于1915年1月从美国获得1.2亿美元的贷款。④ 俄美之间的贸易额也有很大的增长,俄国从美国进口的货物所占俄国从国外进口货物的比重由1913年的5.8%上升到1916年的40%。战争期间,俄国向美国出口的物资价值约2000万美元,而同期从美国进口的产品价值10亿美元。⑤

---

① 刘大年:《美国侵华史》,人民出版社1951年版,第73页。

② J.W.Pratt, *A History of United States Foreign Policy*, New York: Prentice-Hall, Inc., 1955, p. 422.

③ 董小川:《美俄关系史研究1648—1917》,东北师范大学出版社1999年版,第356页。

④ B.L.Grayson, *Russian—American Relations in World War I*, New York: Ungar, 1979, p.31.

⑤ 董小川:《美俄关系史研究1648—1917》,东北师范大学出版社1999年版,第361页

二月革命后,美国立即于1917年3月22日承认了临时政府,并竭力支持它。美国总统伍罗德·威尔逊4月2日在国会发表的演说中和5月22日给临时政府的信件中都表示欢迎临时政府的成立,并号召俄国继续进行战争,①并向临时政府提供了4.5亿美元的贷款。但临时政府很快被布尔什维克推翻,俄国建立了苏维埃政权,并宣布退出大战,与德国单独媾和,这引起美国的愤怒。美国不承认俄国的新政府,俄美关系中断。

(二)苏俄谋求与美国建立外交关系

十月革命胜利后,苏俄在对外关系上,其战略任务主要是创造一个巩固政权、维护国家独立的良好外部环境。在推动世界革命外交的同时,苏维埃政府还在其他方面做了很多的努力。正如契切林所说,同资本主义国家建立正常关系"正是为了加快我国生产力发展速度",因而"在对外关系方面主张同外国资本实行经济合作"。② 1919年2月4日,苏维埃政府在给英、法、美、意、日政府的照会中指出:"尽管苏维埃俄国的军事形势和国内的形势日益好转,但苏维埃政府仍然认为有必要签订能够结束军事行动的协议,它仍然准备为此目的立即开始谈判,并且正如它多次声明的那样,为达成这一协议不惜作出重大让步。"照会特别强调:只要协约国不干涉苏俄内政、外国军队立即撤出俄国领土,苏俄可以承认以前各届政府的债务,同意偿付旧债利息,提供矿山、森林的租让权,同时准备商谈有关领土问题。③

其中苏俄更加重视同美国的关系。一战后的美国是世界上最富有的国家,正在成为资本主义世界的中心。如果能得到美国的援助,无疑将有利于苏俄国内的经济建设;苏美关系的改善,也必将带动苏俄同其他资本主义国家关系的改善,从而改善苏俄的外部环境。因此苏维埃政府和列宁本人都主动地努力促使苏美关系正常化。

---

① В. А. Вальков, *СССР и США* (*их политические и экономические отношения—1917—1941*), Москва, 1965г, с. 13.

② А. А. Громыко, Б. Н. Пономарев, *История внешей политики СССР* (*1917—1945гг*), Том первый, Москва, 1980г, с. 233.

③ 周尚文等:《苏联兴亡史》,上海人民出版社2002年版,第226页。

1919年10月,列宁在接见美国记者时说,苏俄决不干涉别国内政,"完全同意同美国(同一切国家,但特别是同美国)达成经济协议。"①1920年2月,列宁在回答《纽约时报》记者的问题"同美国保持和平的基础是什么?"时说:"请美国资本家不要触犯我们。我们是不会触犯他们的。我们甚至准备用黄金向他们购买运输和生产用的机器、工具及其他东西。而且不仅用黄金买,还要用原料买。"②列宁的这些话反映了苏维埃政权希图通过经济联系促进政治联系,实现同美国等资本主义国家建立外交关系。这一策略在苏联以后的对外关系中一直发挥着重要作用。

为了同美国建立外交关系,苏维埃政府曾多次主动向美国政府表达建立正常关系的愿望。苏俄政府就任命驻美领事及外交代表事宜向美国提出多次探询。1918年1月16日,苏俄在给美国驻俄大使馆的照会中说:"俄罗斯外交人民委员会很荣幸地通知驻彼得格勒的美国大使馆:免去俄罗斯驻纽约总领事乌斯金若夫之职,而任命公民约翰·里德为俄罗斯苏维埃社会主义联邦共和国驻纽约总领事。人民委员会请求确认收到此通知。"③但约翰·里德的总领事地位没有得到美国的认可。同年4月11日,苏维埃政府又向美国提出全权委托美国作家维里扬姆斯基在美国组建信息咨询处,同样由于美国国务院反对也没有成功。④ 6月,外交人民委员会又就苏维埃政府任命李维诺夫为苏俄驻美国的全权代表的事项向美国政府探询。而在稍后美国国务卿兰辛给驻俄大使佛朗西斯的指示中说,对此探询不要回答。⑤ 1919年3月马尔腾斯向美国政府递交了苏维埃政府颁发给他的授权书,授权他为苏俄驻美国全权代表,美国政府再次拒绝。⑥ 除此以外,苏俄政府还在多种情况下表达了与美国恢复关系的愿望。

① 《列宁全集》第37卷,人民出版社1986年版,第200页。

② 《列宁全集》第38卷,人民出版社1986年版,第158页。

③ АВП РФ.Ф. 129.Оп. 2.П. 2.Д. 11.Л. 1-2.Копия.

④ АВП РФ.Ф. 129.Оп. 2.П. 2.Д. 13.Л. 4.Копия.

⑤ United States Department of State, *Papers relating to the Foreign Relations of the United States* (以下简称 *FRUS*), *1918*, *Russia*, *Vol.I*, Washington: United States Government Printing Office, 1931, p.551.

⑥ АВП РФ.Ф. 507.Оп. 5.П. 2.Д. 6.Л. 11-12.Копия.

1919年5月,李维诺夫给苏俄驻美国全权代表马尔腾斯的信件中说:"尽力与美国政府接近是近几年贯穿我们外交政策的一根红线。"①1920年,苏俄政府责成当时任对外贸易人民委员的克拉辛同美国政府进行谈判。1920年7月18日,列宁在签发的全权委托书中指出,人民委员会委任克拉辛"同美利坚合众国政府进行有关与俄罗斯苏维埃联邦社会主义共和国签订关于完全恢复两国间的和平关系的政治协定和条约以及各种经济协定的谈判,并代表俄罗斯苏维埃联邦社会主义共和国签署上述协定"。②

1921年全俄中央执行委员会又向美国政府提出关系正常化的建议,并着重指出,"同美国没有正常的事务关系,这在苏维埃俄国看来,对于两国人民是特别不正常和有害的"。③ 表示"要派专门代表团去美国进行谈判,解决关于苏俄同美国的事务关系和恢复贸易问题"。④ 布尔什维克党和列宁本人都认为,苏维埃俄国同美国没有正式的外交关系,使两国间难于建立经济关系和其他关系。

1923年12月16日,外交人民委员契切林在给美国总统柯立芝的电报中重申,通过友好途径解决苏联同美国间现存的有关归还一战时俄国所欠美国的债务等争端。契切林在电报中说:"以双方互不干涉内政的原则为谈判基础","愿意商讨一切争端"。⑤ 苏联政府不止一次地声明,如果两国有正常的关系,一切争议问题都能更顺利更迅速地解决。此后苏联政府多次就同美国建立外交关系提出自己的建议,但都没有得到美国政府积极的回应。

(三)苏俄与美国经济联系的建立

苏维埃政府曾多次主动要求同美国建立经济联系。正如列宁所说:"社会主义国家同资本主义国家的贸易经济关系是不同社会制度国家和平共处的

---

① АВП РФ.Ф. 507.Оп. 5.П. 2.Д. 2.Л. 1-3.Копия.

② А.А.Громыко, Б.Н.Пономарев.*История внешей политики СССР(1917—1945гг)*, *Том первый*, с. 142.

③ Докуметы, *Советско-Американский отношения1919—1933гг*, Москва, 1934г, с. 44.

④ Белов Г.А., Гармаш Е.С.т.д, *Документы внешней политики СССР* Ⅳ, Москва, 1959г, с. 9-10.

⑤ В.Иванов В.Леонян, *В Интересах Народов*, Москва, 1957г, с. 5.

经济基础”，他强调指出，这种贸易经济关系不仅对苏维埃国家有利，也对美国有利，拒绝同苏维埃国家发展贸易关系的政策，将使美国本身遭受损失。①

早在1918年3月中旬，苏维埃政府就向当时在俄的美国红十字会代表团领导人雷蒙德·罗宾斯上校提出过关于苏美建立贸易关系的可能性问题。②1918年5月14日，即在罗宾斯离俄前，列宁在致他的信件中附上了一份最高国民经济委员会对外贸易委员会制定的苏俄同美国建立经济关系的初步计划。计划规定，俄国可提供给美国大约价值三十亿外汇卢布（可兑换外国货币的卢布）的商品，美国可以参加东西伯利亚海上资源的开发、煤矿开采以及西伯利亚和欧俄北部的铁路建设和海运建设。③ 罗宾斯未能将该计划上交到国务院，该计划没有实施。苏俄非常希望同美国达成经济协议，1920年2月14日，苏俄政府在给美国政府的电报中称：“可以断言，苏美之间的这种关系一定会给双方带来极大的好处”。④ 1921年美国解除了对苏俄的禁运，但却没有再向前一步。为了促进双方贸易关系的发展，克拉辛在1924年2月22日给外交部的信中建议在美国建立一个商务代表处，以协调苏美之间的经济事务的往来。⑤ 此外，由于美国将在费城举办美国独立150周年国际展览会，苏联打算派代表参加，克拉辛在1925年10月1日给政治局的报告中建议，苏联应通过驻美全权代表斯克维尔斯基向美国会表达，苏联不该被排除在被正式邀请国之外。⑥ 通过这些努力，20世纪20年代苏美经济关系还是有所发展：苏联自美国进口产品价值占进口总额由1921年的19.2%上升到1925年的27.9%，之后一般都维持在20%以上。⑦ 而且苏美贸易的有关组织在美国

① А.А.Громыко，Б.Н.Пономарев.*История внешей политики СССР（1917—1945гг），Том первый*，с. 142.

② А.А.Громыко，*Документы внешней политики СССР Том первый*，с. 717.

③ А.А.Громыко.*Документы внешней политики СССР Том первый*，с. 299-301.

④ А.А.Громыко.*Документы внешней политики СССР Том второй*，с. 387-388.

⑤ А.Н. Яковлев，*Россия XX Век Докумеmы*：*Советско-Американский отношения годы непризнания（1918—1926гг.）*，Москва，2002г，с. 380.

⑥ А.Н. Яковлев，*Россия XX Век Докумеmы*：*Советско-Американский отношения годы непризнания（1918—1926гг.）*，с. 456.

⑦ В.А. Вальков，*СССР и США（их политические и экономические отношения—1917—1941）*，с. 147.

纷纷建立,如1919年创办的"易贸公司"在1922年变为苏俄国家进出口贸易局在美国的代表;1924年5月成立了苏美两国间贸易机构——苏美贸易股份公司等。[①] 但由于美国政府的阻挠,也由于两国没有建立正式的外交关系,这种经济联系一直属于民间交往,没有达到应有的水平。

(四)列宁倡导与美国建立良好外交关系的原因

列宁之所以如此重视发展与美国的关系,除了当时苏俄在外交方面处于困境之外,还与当时苏俄的国内经济状况不无联系。经过第一次世界大战和国内战争,本来经济水平就不高的俄国更是雪上加霜,到1921年春天,苏俄的国民经济已濒于崩溃的边缘。国民收入从1917年的110亿卢布下降到1920年的40亿卢布;[②]1920年工业产值为14亿卢布,只及战前的13.8%,同年的煤和铁的产量分别是870万吨和12万吨,为1917年的28%和4%,棉织品产量下降到战前的5%,农业生产直线下降,1920年的粮食产量只及1913年的一半。[③] 苏俄在1920—1921年又发生了大饥荒,约有3300万人面临饥饿和死亡。苏俄的这种经济形势使得美国人认为,布尔什维克不会执政很久,十月革命只不过是一个短暂的插曲。也许正是由于这样的一种认识,美国政府才不承认苏俄,而继续与原俄大使保持联系。

为了恢复、发展国民经济,以列宁为首的布尔什维克党人除了在国内实行一系列措施外,还非常注重同西方资本主义国家发展联系,特别是经济联系,而其中又很重视同当时最富有的美国发生联系。正如美国专家凯勒在俄考察后于1920年3月2日写给列宁的信中所说:"没有外国帮助,俄国将走不出现在所处的经济和工业的破坏的处境",因此"俄国最近五年应从国外购买其需要的工业设备,为此,俄国应同别的国家发展广泛的商业上的、生意上的联

① В. А. Вальков, *СССР и США* (*их политические и экономические отношения—1917—1941*) ,с. 146.

② 武正红:《美国长期拒不承认苏联的原因》,《历史教学》1987年11期,第22页。

③ 吴于廑、齐世荣主编:《世界史·现代史》上卷,高等教育出版社1994年版,第175页。

系”。[①] 苏俄虽然努力要得到美国从各方面的支持,但美国政府拒绝同苏俄发展经济联系,虽然美国后来解除了对苏的封锁,但还是为苏美贸易设置障碍,使苏美之间的贸易始终处于民间经济往来的水平,试图以此给苏联的国内经济建设制造困难,最终促使苏联的体制发生变化,转入西方“民主”阵营。虽然有美国政府的阻挠,苏联还是克服了经济的困难,而且还在20年代中后期开展了大规模的社会主义改造和建设,在经济建设方面取得了一定的成绩。

三、美国对苏俄的外交政策

(一)美国对苏俄的武装干涉

苏俄政权成立之后所采取的措施,损害了各主要资本主义国家的利益,导致它们不愿意承认苏俄,并在1917年12月达成了关于干涉俄国的协议。[②]对于英法的干涉,美国政府最初还有些犹豫不决,总统伍罗德·威尔逊在给他的顾问豪斯上校的信件中写道:“我对在俄国怎样做才对、才行得通的问题感到万分的忧虑。我一想到这个问题就不知如何是好。”[③]但美国最终还是赞同英法等国制定的对俄政策。1918年3月,美、英、法军队在俄北方登陆。美国巡洋舰“奥林匹亚号”于5月开进摩尔曼斯克港。7月11日,美、英、法军队由摩尔曼斯克开往阿尔汉格尔斯克,并于8月2日占领该地。到1918年秋天,在苏俄北方的干涉军人数已超过4万人,其中美军有5千人以上。[④] 他们侵占了摩尔曼斯克、阿尔汉格尔斯克、克姆、奥涅加、索罗卡等地。

此外,美国还同日本等国在苏俄远东地区进行武装干涉。1917年11月美国军舰“布鲁克林号”抵达了海参崴港。1918年3月,美、日、英等国扩大了对远东的侵略。美国与协约国其他成员在1918年5月挑起了沿西伯利亚铁

---

① А. Н. Яковлев, *Россия XX Век Докуметы*: *Советско-Американский отношения годы непризнания*(*1918—1926гг.*),с. 126-128.

② *FRUS*,*1918*,*Russia*,*Vol.I*,p.330-331.

③ [美]托马斯·帕特森:《美国外交政策》(下),李庆余译,中国社会科学出版社1989年版,第444页。

④ В. А. Вальков, *СССР и США*(*их политические и экономические отношения—1917—1941*),с. 41.

路开往东方的捷克斯洛伐克军团的反革命叛乱。美国政府以各种方式援助捷克斯洛伐克叛军来反对苏维埃国家,如提供贷款、供给武器和军事装备等。

美国及协约国对苏俄的直接武装干涉失败后,采取支持苏俄国内反革命势力的措施来达到消灭苏维埃社会主义共和国的目的。首先是资助高尔察克。1919年5月26日,协约国最高委员在给高尔察克的信中表示:协约国及参战各国愿意"以军火、供应品和食品援助海军上将高尔察克政府及其盟友,使它有可能作为全俄政府而得到巩固"。① 美国向高尔察克提供了数亿美元的贷款,向他运送了几十万支步枪,几千门炮和机枪,大量的飞机、装甲车和汽车,以及大量的弹药和其他军事装备。② 美国认为高尔察克能在俄国很好地为美国服务,所以,美国国务卿兰辛在1919年11月19日给美国驻东京大使罗·摩里斯的信件中写道,"我非常希望高尔察克领导任何西伯利亚政府"。③ 美国政府除了援助高尔察克的反革命"政府"外,还资助邓尼金和尤登尼奇的军队以及弗兰格尔的白卫军,并供应他们武器、弹药和服装,拨付巨款给英法和其他国家用于武装干涉和供应白卫军。

另外,美国还支持别的国家来对苏俄进行武装干涉。美国向拉脱维亚、立陶宛和爱沙尼亚供应武器和装备,并在这些国家里进行了广泛的反苏宣传。单由胡佛领导的美国救济总署在1919年至1920年初以贷款形式给爱沙尼亚的援助额就有680万美元,以赠送形式提供的为150万美元,给拉脱维亚的分别为590万美元和160万美元,给立陶宛的分别为550万和50万美元。④ 美国还支持芬兰同苏维埃俄国作战,美国给芬兰的款项达1070万美元,其中980万美元是以贷款方式提供的,90万美元是以赠送的方式提供的。美国还鼓动波兰发动对苏俄的武装侵略,给波兰以精神上、物质上和军事上的援助,

---

① United States Department of State, *FRUS*, 1919, *Russia*, Washington: United States Government Printing Office, 1937, pp.367-370.

② В. А. Вальков, *СССР и США* (*их политические и экономические отношения—1917—1941*), с. 55.

③ United States Department of State, *FRUS*, *Russia*, 1920, *vol.* Ⅲ, Washington: United States Government Printing Office, 1936, p.481.

④ В. А. Вальков, *СССР и США* (*их политические и экономические отношения—1917—1941*), с. 58.

其中1920年2月初就给波兰运去了100车皮的美国军用品，帮助波兰改组军队，派去了许多代表和顾问。正如1919年1月2日的《纽约时报》报道的那样："编制起来的波兰军队是在为美国政府打仗"。①

（二）美国不承认苏俄的政策

苏维埃政府为了同美国建立外交关系，曾多次主动向美国政府提出建立正常关系的愿望。但美国政府在武装干涉失败后，对苏维埃政府采取不承认政策。

早在1917—1919年间美国政府就不止一次地在声明中强调指出，美国不承认苏维埃政府。对苏维埃政府在1917年11月至12月间提出的关于停止世界大战和签订普遍的民主和约的许多建议，美国政府拒不答复。而且，美国政府在给驻俄大使弗朗西斯的电报中写道："总统希望美国代表不要同布尔什维克政府保持直接联系。"②因此美国对苏俄向美国派驻代表的探询不做任何答复。1918年6月13日，国务卿兰辛指示驻俄大使弗朗西斯，不要回答苏外交人民委员关于苏维埃政府任命李维诺夫为苏俄驻美全权代表的探询。③美国对实际存在的苏俄政府不予承认，反而继续承认临时政府，仍然把临时政府派往美国的巴赫美捷耶夫作为俄国驻美大使对待。1919年4月19日，美国代理国务卿波尔克在给美国律师库杰尔特（Кудерт）的信件中称："巴赫美捷耶夫递交的国书得到总统承认为俄驻美大使。"④相反，对于苏俄任命的驻美国的代表马尔腾斯递交的国书不但不予接受，反而称："美国政府没有收到任何有关任命马尔腾斯为驻美国代表的委托书原件。"⑤后来马尔腾斯在1920年12月16日被驱逐出美国。

此后，美国进一步阐明了它对苏俄的政策。驻俄大使弗朗西斯在苏俄同

---

① В. А. Вальков, *СССР и США*（*их политические и экономические отношения—1917—1941*），с. 87.

② *FRUS*，1918，*Russia*，*Vol.I*，p.289.

③ *FRUS*，*1918*，*Russia*，*Vol.I*，p.551.

④ АВП РФ.Ф. 507.Оп. 5.П. 2.Д. 6.Л. 11-12.Копия.

⑤ АВП РФ.Ф. 507.Оп. 5.П. 2.Д. 6.Л. 11-12.Копия.

德国于1919年3月签订了布列斯特和约之后,马上发表声明说:"俄国的单独媾和给美国承认它设下了不可逾越的障碍。"兰辛也声明:"那个与德国人缔结和约的所谓苏维埃政府,决不能被承认为即使是事实上的政府,对它的任何行动都不给予官方承认。"①1918年3月10日,威尔逊致信代理国务卿波尔克说,在俄国"事实上并不存在着与之交往的任何政府",因此苏维埃政权的"行动无须要得到本政府的官方承认"。②

1920年8月,国务卿科尔比回复了意大利政府就苏波战争问题要美国表态的备忘录,科尔比全面阐述了美国对苏俄的不承认政策。他首先指出,苏维埃政权不是基于普遍支持之上,而是借助于"暴力和欺诈"上台的,并靠"残暴镇压苟延残喘。"科尔比还在备忘录中指控苏俄"拒绝履行国际义务",并"苦心孤诣地企图煽动世界革命"。又说:"他们的用心昭然若揭,就是企图利用各种方式,当然包括利用外交机构,在他国煽动革命运动"。科尔比最后宣称:"对于一个坚决而势必要策划反对我们的制度代理人,我们既不能承认也不能与之保持联系,或给予友好接待。"③稍后,国务卿休斯1921年3月25日的声明进一步完善了这一观念,他称:讨论贸易关系的前提是"俄国实行根本改变,即保证人身的不可侵犯,承认并充分保障私有财产、契约神圣的不可侵犯和自由劳动的权利"。④ 休斯的这项声明和此前的科尔比备忘录成为1933年以前美国对苏联全面不承认政策的基础。美国是想借助承认问题迫使苏俄改变社会制度。休斯毫不掩饰地说,只有在恢复了资本主义的条件下,"俄国才能在国际经济生活中占据应有的地位"。⑤

以后的各届政府无论是哈定政府,还是柯立芝政府和胡佛政府,都奉行着

---

① R. P. Browder, *The Origins of Soviet-American Diplomacy*, Princeton: Princeton University Prees, 1953, p.7.

② R.P.Browder, *The Origins of Soviet-American Diplomacy*, p.7.

③ United States Department of State, *FRUS*, 1920, *Vol. III*, Washington: United States Government Printing Office, 1936, pp.464-468.

④ United States Department of State, *FRUS*, 1920, *Vol.II*, Washington: United States Government Printing Office, 1936, p.786.

⑤ *FRUS*, 1920, *Vol.II*, p.773.

这种政策,“不愿意同苏维埃政权进行超越停战谈判的最狭窄范围的任何交往”。[①] 美国政府领导人强调说,美国拒绝承认苏维埃政权,正是因为那里存在着“布尔什维主义制度”和它推行的世界革命[②]。

(三)美国在国际上孤立苏联

美国政府不但自己对苏联持不承认政策,而且还试图干扰其他国家同苏联关系的正常化,阻挠和反对苏联以国际法主体身份参加各种国际会议,以便在国际政治舞台上孤立苏维埃政权。

1923 年底,当欧洲的一些资本主义国家,如英、法、意、奥等国表现出与苏联建立正常关系的倾向的时候,柯立芝便对那些国家的政府施加压力,他在 1923 年 12 月 6 日致国会的咨文中声明,美国政府“无意同拒绝承认国际义务的政府建交”,[③]试图要别的国家都效仿它,对苏联不予承认。美国不仅在言论上而且还在行动上干涉别国同苏联建交。1924 年在苏英建交过程中,美国就竭力阻挠英国同苏联接近,而且还反对苏英条约中宣布废除战时债务的主张。[④] 但苏英两国还是在 1924 年 2 月建立了外交关系,同年 8 月,签订了苏英条约。虽然英国政府最终没有批准该条约,却不能否认英国“承认苏联”的事实。当时英国的半官方报纸《每日电讯报》报道说,美国国务院认为英国政府决定同苏联断绝关系的立场是完全正确的。[⑤] 美国还对苏法建交进行了直接的干涉。1924 年 1 月,法国表达了同苏联建立外交关系的愿望,苏法双方就此问题进行了接触、谈判。《纽约先驱论坛报》写道:“美国政府已告知法国

---

① *FRUS*, *1920*, *Vol.III*, p.466.

② В. Иванов, В. Леонян, В Интересах Народов к вопросу об установлении дипломатических отношений между СССР и США, Москва: Государственное издательство политической литературы, 1957г, с. 8.

③ Советско-американские отношения 1919—1933 гг, Сборник документов по международной политике и международному праву №9, Москва: Издание НКИД, 1934, с. 73.

④ А.А.Громыко, Б.Н.Пономарев, *История внешей политики СССР(1917—1945гг)*, *Том первый*, с. 228.

⑤ В.Иванов В.Леонян, *В Интересах Народов к вопросу об установлении дипломатических отношений между СССР и США*, Москва, 1957г, с. 14.

当局,在俄国既不承认它的社会义务,又不承认它的财政义务,并且不承认私有财产神圣不可侵犯的条件下,美国丝毫不打算改变它在法律上承认问题的立场。"①当法国驻华盛顿大使正式向休斯询问美国对法国承认苏联问题的意见时,休斯说,这种行为是一个错误。② 1924年夏,休斯还专程访问欧洲,其目的就是为了阻止苏法外交关系的恢复。这最终导致了法国承认苏联一再拖延。

美国不仅在欧洲而且还在亚洲和拉丁美洲推行其不承认、孤立苏联的政策,对那里的国家施加影响,如对苏中恢复关系的干涉。1924年,当苏中打算建立正常关系时,美国统治集团担心苏联和中国接近会削弱美国在中国的势力。因此,驻北京的美国大使馆向中国政府递交了一份照会,警告说,中国承认苏联政府,"可能引起国际纠纷"。③ 对苏中协定中已解决的中东铁路问题,美国政府向中国政府提出了抗议,在中东铁路问题上向中国提出了蛮横无理的要求,实际上就是要求废除已经签署了的苏中协定。外交人民委员部驻美国全权代表斯克维尔斯基当时向苏联报界代表说,苏联政府拥有确凿证据,可以证明美国施加了压力,破坏了苏中友谊的恢复。④ 但当时中国政府在中国人民的压力下,不顾美国的压制,最后还是同苏联建立了正常关系。

在国际上孤立苏联的另一个措施就是阻挠苏联作为国际法主体参加国际会议,或是不参加有苏联参与的国际会议。

1921年11月召开的华盛顿会议涉及太平洋问题和远东问题,但作为太平洋国家的苏俄和在太平洋沿岸拥有广阔领土的远东共和国,美国却没有邀请它们参加。为此,苏维埃政府在1921年7月19日向美国等国发了照会,照会中称:"俄国政府对于将其排除于与自己有直接关系的会议之外,同时对于任何大国打算背着俄国通过有关太平洋的决议的任何企图提出公开抗议。俄

---

① А.А.Громыко, Б.Н.Пономарев, *История внешей политики СССР(1917—1945гг)*, *Том первый*, с. 236.

② А.А.Громыко, Б.Н.Пономарев, *История внешей политики СССР(1917—1945гг)*, *Том первый*, с. 236.

③ А.А.Громыко, *Документы внешней политики СССР Том второй*, с. 897.

④ А.А.Громыко, Б.Н.Пономарев, *История внешей политики СССР(1917—1945гг)*, *Том первый*, с. 242.

国政府郑重声明：俄政府将不承认会议中通过的任何决议，因为这个会议是在没有俄国政府参加的情况下举行的。”①对此，美国国务院发表的声明称，“由于缺乏统一的俄国政府，俄国人民的合法权益只能由全体会议作为俄国人民道义上的代表来保护。”②这完全是一种不顾事实的、为其不承认政策寻找借口的声明，反映了美国排斥、孤立苏俄的立场。虽然后来美国允许远东共和国派代表进入美国，但却并不打算让这个代表团与其他代表团处于同等地位和参加华盛顿会议。

为了解决1920—1921年经济危机对欧洲国家的打击，协约国于1922年1月在坎恩通过决议，决定在热那亚召开有苏俄参加的国际会议。国务卿休斯拒绝了通过意大利驻华盛顿大使转交给美国政府的正式邀请，并于1922年3月8日声称：美国参加会议是于事无益的，因为会议与其说是经济性的，不如说是政治性的，而美国人民不愿卷入欧洲的政治事务中。③ 对于参加海牙会议的邀请，美国政府也作了同样的答复。实际上，美国拒绝参加这两次会议的主要理由之一是美国力求继续执行从经济上抵制和从政治上孤立苏维埃俄国的政策，不愿同苏俄进行正面的接触。正如休斯在谈到苏俄参加热那亚会议这件事时所说：两种经济制度和政治制度是不能妥协的，在俄国资本主义制度的基础还没有恢复以前，美国不可能同苏维埃国家建立经济联系。④ 但美国为了干扰其他国家同苏俄达成协议，还是派人以观察员的身份参加了两次会议，并且展开了十分频繁的活动，“活像一只警犬，盯住那块它认为只有它自己有权去啃的骨头，生怕被别人叼走”。⑤

美国不但从政治上对苏联孤立、不承认，而且还从经济上加以封锁，以图达到消灭苏联的目的。

---

① А.А.Громыко, *Документы внешней политики СССР Том 04* (*19 марта 1921—31 декабря 1921*), Москва: Государственное издательство политической литературы, 1960г, с. 225.

② А.А.Громыко.*Документы внешней политики СССР* (*Том 04*), с. 11.

③ United States Department of State, *FRUS*, 1922, *Vol.I*, Washington: United States Government Printing Office, 1938, pp.392-394.

④ *FRUS*, 1922, *Vol.I*, 1938, pp.807-808.

⑤ [苏]维戈兹基：《外交史》第3卷，三联书店1979年版，第379页。

(四)美国对苏联的经济政策

美国对苏政策,在经济方面表现为封锁、限制以及歧视,这阻碍了苏美间经济关系的发展。

美国对苏维埃俄国在建国之初建立经济关系的呼吁置之不理,还不同意协约国最高委员会1920年1月16日的有关解除对俄封锁的决定,打算继续封锁苏俄,到1920年年底,一直拒绝放宽禁运。只是由于1920—1921年经济危机的打击,美国才取消了禁运,但也没有谋求同苏建立正常的贸易关系。不但如此,美国政府还采取种种限制手段(如警告各商行,进行这种贸易要自行担负风险;拒绝发给前往苏俄的许可证件),破坏苏维埃政府所采取的试图使苏美关系经济正常化的措施。

1920年3月17日,马尔腾斯从美国给外交人民委员部的信件中谈到美国对苏俄的态度,他在信中写道:"近6周来,美国对苏俄的政策没有发生大的变化,美国政府坚持以前的政策。美国不允许开通与苏俄的邮政、电报联系,不发给开往苏俄港口的船只出港证。美国压制那些坚持同苏俄恢复商业联系的商业代表。"①同年6月,马尔腾斯给外交人民委员部的信件中写道:"现今,美国政府正想依法取缔苏维埃国家在美国的联络处。美国在报刊上掀起了反对我们的强大运动并且直接向那些对苏俄感兴趣的企业集团施加压力。"②正是由于美国对待苏俄的这种经济政策,使得苏俄和美国在20世纪20年代的经济交往处于非常低的水平。这可以从下表中得到较好的反映。从表中我们不但可以发现苏美之间的贸易额非常小,所占美国的对外贸易比例可谓微乎其微,还可以看出苏美之间贸易的不平衡。

---

① А. Н. Яковлев, *Россия XX Век Докуметы*: *Советско-Американский отношения годы непризнания*, (*1918—1926гг.*), с. 128.

② А. Н. Яковлев, *Россия XX Век Докуметы*: *Советско-Американский отношения годы непризнания*, (*1918—1926гг.*), с. 133.

苏联与美国贸易的进出口额及百分比表①

年度	苏俄对美国出口		苏俄自美国进口	
	单位一千卢布（根据各年度兑换率计算）	对出口总额的百分比	单位一千卢布（根据各年度兑换率计算）	对进口总额的百分比
1921	4	—	40,434	19.2
1921/22	3	—	43,990	16.2
1922/23	546	4	2,429	3.0
1923/24	7,183	1.9	50,001	21.8
1924/25	28,355	4.9	201,821	27.9

在美国与苏联关系不和谐的历史阶段，虽然美国有少数政府官员、工商金融界人士和民间团体等主张承认苏联并与苏联建立经济关系，但这些都没有对美国政府的对苏政策产生太大的影响。特别是在罗斯福执政以前，美国在政治上、经济上都否定苏俄倡导的两种不同制度国家可以"和平共处"的理论，而采取对抗措施。

四、列宁时期苏(俄)与美非正常关系的原因

列宁时期，苏(俄)曾多次试探着同美国建立外交关系，但都被没有能够成功，其原因是多方面的，既有苏俄和美国在意识形态方面的对立，又有双方在有关经济债务等方面的矛盾，而苏俄建立初期列宁所推行的世界革命外交政策也恶化了苏美关系。

(一)意识形态的对立

从国家关系的层面上来说，当时的苏俄和美国在国家利益方面和地缘政治方面都不存在着根本的冲突。影响苏俄和美国这一时期关系正常化发展的一个根本性因素就是列宁的世界革命观与美国的革命观的差异，也就是在苏

① В. А. Вальков, *СССР и США (их политические и экономические отношения—1917—1941)*, c. 133.

俄革命胜利之后,双方对"革命"这一意识形态认识的根本对立是导致早期苏美关系严重对立的根源。

十月革命胜利后,以列宁为首的布尔什维克党人认为,资本主义制度本身是腐朽的、垂死的,而这种制度所依存的"自由、民主、平等","私有财产神圣不可侵犯"等理论是为"人剥削人"的制度服务的,应予以推翻。苏俄在革命成功之初发动的"世界革命",就期望很快在世界上建立起与之相同的社会主义国家,来达到巩固自身政权的目的。以列宁为首的布尔什维克在国外"进行世界革命,鼓励各国的共产党尽早夺取政权"①。为此目的,各国共产党于1919年3月在莫斯科成立了第三国际。用西方历史学家的说法,布尔什维克党人"在国际范围内力图推广使他们在俄国掌权的策略","使得它看起来好像俄国的一只胳膊"②。1922年6月7日,苏俄对外贸易人民委员会驻英国代表克拉辛在给美国驻意大利大使蔡尔德的信件中谈到契切林关于共产主义宣传的问题,他说:看不出有什么理由会使苏俄拒绝使用这个武器,特别是在西方政府对苏俄进行武装干涉和经济封锁的那些岁月里。③ 第三国际成立后,苏联政府号召工人用武力手段推翻所在国的现政府。④ 美国认为第三国际是一个以推进布尔什维克世界革命为目标的组织,而这个组织"主要靠布尔什维克政府用俄国的公共税收来资助"。这与"美国的道德意识如此大相径庭和针锋相对",美国"不能容忍这样一个权力","也不能与这样一个政府保持官方联系"。⑤ 因此美国政府一直把推动世界革命的"共产主义宣传问题"视为苏美关系正常化障碍中的中心问题。

而美国所认为的革命应该是这样的:革命是神圣的事业,指导革命必须将混乱控制在最小限度,愉快的结局只能是制定权力均衡的宪法,最主要是保证公民权利与财产权,各种事情都妥帖地放在应有的位置。"革命,尽管可能是

---

① [美]布莱克等:《二十世纪欧洲史》,山东大学外文系英语翻译组译,人民出版社1984年版,第261页。

② [美]布莱克等:《二十世纪欧洲史》,山东大学外文系英语翻译组译,人民出版社1984年版,第261页。

③ АВП РФ.Ф. 0528.Оп. 1.П. 7.Д. 45.Л. 15-26.Копия.

④ АВП РФ.Ф. 0129.Оп. 9.П. 115.Д. 185.Л. 6-12.Копия.

⑤ *FRUS*, 1920, *Vol.III*, pp.467-468.

向善的力量，却很容易发展到危险的方向。"这样就会"令人恐惧"，这是因为这种革命"既有普遍的暴力，有专制手段，又有正面攻击个人自由与私有财产的激进理论"。① 而苏俄的革命显然与美国的认识是大相径庭的，这种革命不再符合美国的国家利益，是对美国价值观的直接挑战。同时美国也因害怕俄国的革命精神传染到美国，而对俄国革命进行攻击：说俄国革命"是一阵龙卷风，一路上留下来的是被毁的房屋与数百万妇孺的尸体"②；是由"凶手、罪犯和堕落分子"煽动起来的"野蛮的无法无天的暴民"行动。③ 苏维埃建立无产阶级专政、废除等级制度、实行国有化政策等措施被西方国家视为洪水猛兽，看成是对自己现存制度最大的威胁。各资本主义国家，尤其是美国，"更不能容忍社会主义对它的思想意识、政治制度、经济制度等方面提出的挑战，不能容忍莫斯科在一切方面对它的否定"④。

为了攻击、诋毁苏俄，美国进行了很多不实的宣传。十月革命后，美国报刊连篇累牍地发表反共反苏的文章。《纽约时报》1917 年 11 月宣称，布尔什维克是"我们凶恶的无耻的敌人"。两个月后，该报号召人们行动起来，强调说："这不仅是挽救俄罗斯的问题，而且是在保卫文明"。⑤ 1919 年春，《纽约时报》报道："赤色分子统治下的俄国是一个巨大的疯人院……死里逃生的受难者说，疯子在莫斯科街头高视阔步，狂呼乱叫……与野狗争食腐肉。"⑥另外，还有些报纸都公布一些伪造的"真实文件"，试图以此证明，在俄国"资产阶级的年轻妇人和少女被征集送往军营以供炮兵团受用！"⑦有的报刊漫骂布尔什维克是"赤魔"，"毁灭俄国文化"，"迫害宗教人士"，并大肆进行造谣诽谤。兰辛曾说过：布尔什维克是"人类头脑中从来未有过的最骇人听闻的、最

---

① ［美］迈克尔·H.亨特：《意识形态与美国外交政策》，褚律元译，世界知识出版社 1999 年版，第 20、122—123 页。

② ［美］迈克尔·H.亨特：《意识形态与美国外交政策》，褚律元译，世界知识出版社 1999 年版，第 147 页。

③ ［美］迈克尔·塞耶斯等：《反苏大阴谋》，邹如山译，商务印书馆 1984 年版，第 340 页。

④ R.P.Browder, *The Origins of Soviet-American Diplomacy*, p.12.

⑤ 桂立：《共存与共处：70 多年来美苏关系述评》，华东师范大学 2001 年博士学位论文，第 21 页。

⑥ ［美］迈克尔·塞耶斯等：《反苏大阴谋》，邹如山译，商务印书馆 1984 年版，第 66 页。

⑦ ［美］迈克尔·塞耶斯等：《反苏大阴谋》，邹如山译，商务印书馆 1984 年版，第 66 页。

可怕的东西,已经使俄罗斯道德沦丧,内战不休,经济崩溃”。① 在十月革命后的两年内,像《纽约时报》这样通常严肃的有影响的报刊,竟发表了9次布尔什维克要垮台的报道,13次关于列宁与托洛茨基逃亡、死亡、辞职或被监禁的消息。② 所以福斯特在《美洲政治史纲》中写道:“反苏诽谤运动在别的国家都没有像在美国达到这样的深度,这样恶毒的程度,并使这些诽谤的言论的作者们获得如此丰厚的报酬。”③这些宣传导致美国人民对苏俄的误解,引起美国民众对苏(俄)联“赤潮”的恐惧心理,引发了1919年在美国发生的“红色恐怖事件”。1919年2月,西雅图爆发的工人罢工被认为是受到了布尔什维克指使和支持,美国因此对布尔什维克的行动进行调查,后来逮捕了53名外国共产党人并将他们驱逐出境。4月发生了一起暗杀佐治亚州州长、法官、阁员和其他政府官员的邮包炸弹事件,引起美国公众“迅速地、不分青红皂白地进行报复”。一千多名世界产业工人联合会的领导人被捕,11名世界产业工人联合会会员被判处长期徒刑。④

美国的这种行为必然使苏俄的真实信息无法传达给美国民众,无疑阻碍了两国关系正常化。例如迈克尔·塞耶斯在《反苏大阴谋》一书中谈到:关于俄国实际情况的真实报导,统统被扣压,或者不予理睬。谁胆敢怀疑反布尔什维克宣传活动,就会自然地被谴责为“布尔什维克”⑤。这种状况在1919年5月27日李维诺夫给苏俄驻美国的代表马尔腾斯的信中也谈到:“我们没有任何有关这方面的信息(指驻美办事处的成立——笔者注),因为美国报刊到我们这儿太少了”。⑥ 1925年11月4日,托洛茨基在给联共(布)中央和外交部

---

① [美]迈克尔·H.亨特:《意识形态与美国外交政策》,褚律元译,世界知识出版社1999年版,第121页。

② [美]迈克尔·H.亨特:《意识形态与美国外交政策》,褚律元译,世界知识出版社1999年版,第122页。

③ [美]福斯特:《美洲政治史纲》,冯明芳译,人民出版社1956年版,第498页。

④ [美]阿瑟·林克等:《1900年以来的美国史》上册,刘绪贻等译,中国社会科学出版社1983年版,第277页。

⑤ [美]迈克尔·塞耶斯等:《反苏大阴谋》,邹如山译,商务印书馆1984年版,第66页。

⑥ А. Н. Яковлев, *Россия XX Век Докуметы*: *Советско-Американский отношения годы непризнания*, (*1918—1926гг.*), с. 99.

的信件的附件中阐述了他接受美国记者采访的原因："美国社会到现今对我们在做什么知之甚少，也完全想象不了我们经济的发展前景。"莫斯科地区电力托拉斯驻纽约的代表在给托洛茨基的信中写道："令人惊奇的是，一部分想同我们做生意的美国人竟不了解苏联的情况。美国商人对我们的工业发展、经济计划、电气化和我们的生活条件没有任何概念。"①这些都充分说明了由于意识形态的对立，双方的这种先入为主的印象，隔绝了双方相互交流的可能性。

（二）债务问题

双方除了形而上的东西之外，还存在着一些实际的问题和矛盾，这其中最主要的就是苏俄偿还债务问题和苏俄偿还国有化过程中没收的美国公民私有财产问题。十月革命后不久，苏俄政府为了摆脱外国资本主义国家的经济盘剥，在1918年1月颁布法令，宣布无条件和无例外地废除沙皇俄国和资产阶级临时政府所借的一切外债。由此，债务问题成为了苏俄同资本主义国家恢复外交关系的一大障碍。

在国内战争初期，苏俄政府为了同干涉自己的资本主义国家达成和平停战协定，在1919年2月4日向英、法、美、意、日政府发出的照会中就它们感兴趣的债务问题作了如下陈述："苏俄可承认以前各届政府的债务，同意偿付旧债利息，只要协约国不干涉苏俄内政，外国军队立即撤出苏俄领土。"②但这并没有得到资本主义国家的积极响应。后来随着苏俄局势的好转，苏俄调整了对协约国的外交策略，不再以经济等方面的单方面重大让步来求得同协约国签订不平等和约，而是坚持以平等互利为原则，通过协商谈判，在双方互相让步的基础上妥协，建立正常的政治经济关系。

1921年9月，苏俄中央政治局通过了关于承认俄国所欠外国债务（战时债务除外）的可能性的决定。决定指出：实现这一可能性的条件是各国在原则上承认苏俄方面提出的各项要求；赔偿外国武装干涉造成的损失；向苏俄提

① А. Н. Яковлев, *Россия XX Век Докуметы*: *Советско-Американский отношения годы непризнания*, (*1918—1926гг.*), с. 444-445.

② 周尚文等：《苏联兴亡史》，上海人民出版社2002年版，第226页。

供贷款并从法律上承认苏维埃政府。[①] 接着,苏俄在热那亚会议上对此作了具体的阐述,“苏维埃政府愿意讨论关于承认俄国战前债务的问题”,但“必须给予苏俄以保证实际可能履行这些义务的适当条件”。而对于临时政府的债务,苏俄政府则予以否认:苏维埃政府决不能对被革命推翻的反人民政府的债务负责,何况这些借款的很大一部分是被用来援助反对苏维埃政权的反革命军队的,而且,苏联人民已经用鲜血偿还了这一部分债务。苏联政府把这作为一个“原则立场”来对待。

美国对苏俄宣布废除债务甚为恼火,认定苏俄是不愿“承担国际义务”的政府。美国赞同协约国最高委员会于 1922 年 1 月在戛纳通过的决议:每个国家都承认一切外债,归还一切被没收的外国人的财产。休斯在 1923 年 12 月 18 日称:美国政府不打算改变自己关于苏联政府承认债务,发还已被没收的美国公民财产或给予他们以相应赔偿一事的原则。后来又称:阻碍苏美谈判的是苏联废除旧债的法令。[②] 这就是说苏俄必须归还以前各届政府所欠美国的债务,虽然数量要比其他国家少许多。这些债务包括被布尔什维克没收的价值 3.36 亿美元的美国人的财产,俄国欠美国政府的 1.92 亿美元,欠美国公民的 1.07 亿美元(沙皇和临时政府的债券),共约 6.36 亿美元,[③]而欧洲其他国家则高达 100 多亿。俄国如不归还,则容易使别的债务国效仿苏俄,从而使美国的战债收不回。这就是为什么美国把苏联偿还美国债务作为恢复苏美关系的一个前提条件的原因。

对于被苏俄国有化过程中所没收的美国公民的财产赔偿问题,美国政府曾表示:“美国不对苏维埃政府对苏俄公民的私有财产的国有化行动和实施这一政策提出异议。但美国有权对那些针对美国公民的行动进行指控。我们不理解这些行动的法理问题,但我们要说对待别国的公民(的私有财产)应有所区别,并且美国政府也不会承认任何有意不经一定的程序和给予补偿而没

---

① А.А.Громыко, Б.Н.Пономарев, *История внешей политики СССР(1917—1945гг)*, *Том первый*, с. 183.

② 武正红:《美国长期拒不承认苏联的原因》,《历史教学》1987 年 11 期,第 23 页。

③ [美]托马斯·帕特森:《美国外交政策》(下),李庆余译,中国社会科学出版社 1989 年版,第 448 页。

收美国公民的私有财产行动”。[①] 美国参议员佛尔在同契切林谈话时谈到:“关于政府的债务问题不是那么重要,相反赔偿被没收的美国公民私人财产才是重要的问题。主要是没有这些也就没有诚信,这样美国资本就不会投资到没有诚信的地方。”[②]苏俄政府在热那亚会议上曾表示,这些要求是“不具备任何法律和道义根据的空想”,但“愿意以向原企业主提供对他们原有企业或其他企业租让权的方式来满足原外国企业主提出的要求”。[③] 另外,苏俄政府“非常慎重”,“特别是对美国的私人企业”,“并尽力使之与被国有化的其他国家企业区分开来”。[④] 而且表示:“美国政府同苏联解决债务问题要比同其他政府解决这一问题要容易得多,因为我们所欠美国债务不多而给予的却比较多。”[⑤]即便如此,美国在提及苏美关系时都要将这一问题列为苏美关系正常化的障碍。

(三)列宁世界革命外交的影响

世界革命外交是俄国十月革命胜利初期列宁所推行的一个非常重要的外交手段,是在列宁的世界革命理论基础上建立的一种外交范式。列宁试图通过世界革命外交来推动其他国家,特别是欧洲各主要资本主义国家也如俄国一样爆发革命,推翻资本主义统治,建立社会主义国家,从而帮助苏俄走出十月革命胜利后所面临的困境。但这一政策的推行并没有取得预期的效果,相反却使得新生政权面临更加险恶的境地:资本主义国家对这个新生政权更加不信任,并在一战结束后就开始对苏俄进行武装干涉,而美国则长期不承认苏

---

① А. Н. Яковлев, *Россия XX Век Документы*: *Советско-Американский отношения годы непризнания*, (*1918—1926гг.*), с. 472.

② А. Н. Яковлев, *Россия XX Век Документы*: *Советско-Американский отношения годы непризнания*, (*1918—1926гг.*), с. 318.

③ А.А.Громыко, Б.Н.Пономарев, *История внешей политики СССР*(*1917—1945гг*), *Том первый*, с. 202.

④ А. Н. Яковлев, *Россия XX Век Документы*: *Советско-Американский отношения годы непризнания*, (*1918—1926гг.*), с. 229.

⑤ А. Н. Яковлев, *Россия XX Век Документы*: *Советско-Американский отношения годы непризнания*, (*1927—1933гг.*), с. 22.

联政权,直至1933年苏美两国才建立外交关系。

十月革命后,列宁为了让苏俄摆脱困境,开始以世界革命思想为指导在外交方面展开了一系列的行动。前文提到的《和平法令》呼吁“不割地”、“不赔款”的和平,其目的之一也在于宣传社会主义,扩大十月革命的影响,因为列宁认为帝国主义国家难以接受这项和平建议,“要结束这场战争,就必须进行反对资产阶级政府的革命。”①这是以间接的方式呼吁世界革命。为了更为直接地呼吁和推动世界革命的发生,激发各资本主义国家的人民起来推翻本国的资产阶级统治者,外交人民委员托洛茨基在1917年11月22日发表了《关于公布秘密外交文件的声明》,苏俄政府从1917年11月23日在《消息报》和《真理报》开始公布秘密条约和协定,无条件地废除了沙皇俄国政府为瓜分波兰而签订的一切协定、英俄关于瓜分伊朗和阿富汗的条约、俄法关于萨尔和莱茵地区以及关于君士坦丁堡和土耳其其他领土的协定,废除了沙皇政府强加在中国身上的一切奴役性条约和协定,等等。这是俄国史无前例的伟大革命行动,因为这不仅废除了“多半是为俄国地主和资本家谋利益和特权的,为大俄罗斯人保持和扩大兼并的领土的”条约,而且是对帝国主义“秘密外交”的彻底揭露和打击。正如列宁所说:“苏维埃政权用革命手段揭露了对外政策的黑幕。”②这一行动使各国人民认清了本国政府及其进行的战争的实质,这也令各资本主义国家的政府极为震动。而之后公布的《告俄国及东方全体穆斯林劳动人民书》,以及进行的苏波战争等,都体现了苏俄政权推行世界革命的这一战略意图。

十月革命后世界革命之所以成为苏俄的对外政策,正如列宁所强调的,“现在历史使我们处于非常困难的境地。从全世界历史范围来看,如果我国革命始终孤立无援,如果其他国家不发生革命运动,那么毫无疑问,我国革命的最后胜利是没有希望的”,③因此,列宁指出,“俄国革命最大的困难,最大的历史课题就是:必须唤起国际革命,必须从我们仅仅一国的革命转变成世界革命”,“只有把已在俄国取得胜利的社会主义革命转变为国际工人革命,才是

① 《列宁全集》第35卷,人民出版社1985年版,第143页。

② 《列宁全集》第35卷,人民出版社1985年版,第633页。

③ 《列宁全集》第34卷,人民出版社1985年版,第8页。

这个革命能够巩固的最可靠的保证。”①布尔什维克的任务是“尽力做到在一个国家内所能做到的一切,以便发展、援助和激起世界各国的革命”。② 列宁决定:“进行世界革命,鼓励世界各国的共产党尽早夺取政权”。③

在缔结布列斯特和约期间,推行世界革命依然是苏维埃政府对外政策的指导思想。缔约谈判初始,列宁并没有考虑“单独媾和”问题,而是认为应该尽可能地利用谈判过程“以便使其他国家的人民有时间来响应”苏俄缔结公正和约的建议。④ 只是当德国提出最后通牒、苏俄面临战争威胁时,列宁才认为应该立即缔结和约。所以列宁后来说,“我们为了故意拖延谈判,已经用尽了一切可能的和不可能的办法。”⑤签订布列斯特和约是列宁的一种策略手段,是暂时的退却。

布列斯特和约签订以后,在 1918 年 3 月 6 至 8 日举行的俄共(布)第七次代表大会上列宁重申了党的世界革命基本路线。大会通过的党纲草案公开宣告:在国际政策上,“首先支持先进国家的社会主义无产阶级的革命运动”,同时要“支持一切国家特别是殖民地和附属国的民主革命运动。”⑥大会通过的另一项决议表示,“俄国社会主义无产阶级将竭尽全力并用自己拥有的一切手段来支持一切国家无产阶级兄弟的革命运动。”⑦因此,当 1918 年 11 月德国革命爆发,1919 年春夏匈牙利苏维埃共和国、巴伐利亚苏维埃共和国、斯洛伐克苏维埃共和国先后成立时,列宁以极大的热情关注这些国家的革命并满怀信心地认为:“共产主义在全世界的胜利已为期不远。”⑧

此外,为了支持和领导世界革命和国际共产主义运动,1919 年 3 月,共产国际在莫斯科成立。共产国际实际上就是各国共产党的联盟,是世界革命和

---

① 《列宁全集》第 34 卷,人民出版社 1985 年版,第 6、33 页。

② 《列宁全集》第 35 卷,人民出版社 1985 年版,第 294 页。

③ [美]布莱克等:《二十世纪欧洲史》,山东大学外文系英语翻译组译,人民出版社 1984 年版,第 261 页。

④ 《列宁全集》第 33 卷,人民出版社 1985 年版,第 252 页。

⑤ 《列宁全集》第 33 卷,人民出版社 1985 年版,第 249 页。

⑥ 《列宁全集》第 34 卷,人民出版社 1985 年版,第 70 —71 页。

⑦ 《列宁全集》第 34 卷,人民出版社 1985 年版,第 33 页。

⑧ 《列宁全集》第 36 卷,人民出版社 1985 年版,第 177 页。

国际共运的领导中心,直接支持各国的革命运动。在共产国际第一次代表大会上,列宁说:"第三国际即共产国际的成立是国际苏维埃共和国即将诞生的前兆,是共产主义即将在国际范围内取得胜利的前兆。"①从此,以列宁为首的布尔什维克党人"成了欧洲革命运动的指导力量"。②

列宁的预言没有实现,原因不只是革命力量不足、工人革命觉悟不高,更深层的原因在于资本主义还有发展的潜力。苏俄初期列宁所执行的世界革命外交并没有能够改变苏俄的外交环境,反而招致资本主义国家对苏俄的武装干涉、使苏俄的国家特性在西方资本主义国家心目中受到了质疑,从而在一定程度上,阻碍了苏俄同其他资本主义国家建立正常的外交关系。

综上所述,十月革命后,列宁面对苏俄所处的困境,首先考虑的当然是苏维埃政权的生存问题,其次是新生政权所面临的外交困境。而处理与资本主义强国美国的关系无疑又成为外交工作中的重中之重,为此苏俄做出了不懈的努力,但却招致美国的拒绝、武装干涉和不承认。产生这种局面的根源是两国在意识形态上的根本对立,同时债务问题、列宁的世界革命外交也起到一定的影响。正是由于上述种种原因,苏美在苏俄革命胜利长达 16 年之后才建立正常的外交关系。

---

① 《列宁全集》第 35 卷,人民出版社 1985 年版,第 506 页。

② [美]布莱克等:《二十世纪欧洲史》,山东大学外文系英语翻译组译,人民出版社 1984 年版,第 261 页。

二十世纪三十年代法西斯主义在中国的传播[①]

——以《我的奋斗》中译本发行为例

陈 瑜[②]

法西斯主义的产生和传播是二十世纪世界历史上一个值得深入探讨的重要现象。国内以往的研究多集中于分析法西斯主义在中国得以传播的原因以及法西斯主义在蒋介石集团利用下的发展嬗变,鲜有从希特勒个人著作《我的奋斗》的角度来研究德国法西斯主义在中国的传播情况的著作。[③] 同时,关于《我的奋斗》的研究也往往是单纯分析其本身内容及其反映出的希特勒思想,很少有人注意到它在中国的出版发行及对法西斯主义在中国的传播和发展起到的影响。[④] 而《我的奋斗》中译本的出版发行,在一定程度上折射出了

---

① 本文为2011年"北京市大学生科学研究与创业行动计划"项目:《二十世纪三十年代法西斯主义在中国的传播——以〈我的奋斗〉中译本发行为例》(项目批准号:BJS-1110028018)最终成果。

② 陈瑜,女,北京师范大学历史学院硕士生。

③ 关于法西斯主义在中国传播的相关研究有白纯:《蒋介石与法西斯主义在中国的传播(1931—1937)》,《求索》2003年第5期;陈卓:《法西斯主义在中国的困境及原因分析》,西北大学2008年硕士学位论文;侯宜岭、孙海泉:《试析蒋介石法西斯主义的思想体系》,《中国矿业大学学报(社会科学版)》2001年第4期;李体煜、王兆良:《蒋介石法西斯主义的政治纲领及其特征》,《聊城大学学报(社会科学版)》1987年第4期;马金玲:《法西斯主义在中国的产生及其嬗变》,《商洛师范专科学校学报》2000年第1期;潘国华:《叶青与蒋介石的法西斯主义》,《国际政治研究》1984年第2期;潘国琪:《三十年代国民党内法西斯主义的泛起及其原因初探》,《浙江大学学报(人文社会科学版)》1993年第2期;王志连、郭学旺:《三、四十年代两个中国之命运的斗争与中国共产党对中国法西斯主义的批判》,《当代世界社会主义回顾》2000年第2期,等等。

④ 关于《我的奋斗》研究的相关论文有董鼎山:《出版自由与希特勒思想——对〈我的奋斗〉仍在不断再版的思考》,《博览群书》1998年第11期;姜德昌:《历史的镜子——评希特勒的〈我的奋斗〉》,《东北师大学报(哲学社会科学版)》1987年第6期,等等。

当时德国法西斯主义对中国的影响。本文拟围绕二十世纪三十年代《我的奋斗》中译本的翻译、出版和发行情况,探讨法西斯主义在中国的传播情况。

一、二十世纪三十年代法西斯主义在中国的传播情况

法西斯一词源于拉丁文 fasces,意为“束棒”或“权标”。法西斯主义是二十世纪初期在西欧泛起的一股以国家主义、民族主义为特征,而以独裁专制主义为实质的政治思潮。从广义上讲,它也是一种倾向、运动或体制。法西斯主义者为缓和政治危机,对内反对共产主义运动和人民民主运动,对外实行武力侵略和民族压迫。法西斯主义最早于二十世纪二十年代传入中国,三十年代在蒋介石集团的公开鼓吹下得到广泛传播。

法西斯主义之所以能够在二十世纪三十年代的中国得以传播和发展,是因为中国当时特定的历史社会环境为法西斯主义提供了生长的土壤。首先是延续了两千多年的封建专制统治为法西斯主义提供了历史基础。长期的君主制度造成中国的“民主”力量薄弱,无法与专制主义抗衡。第二,当时中国正处在内忧外患的时期,这就为法西斯主义的发展提供了社会基础和现实需要。一方面,半殖民地半封建社会的旧中国经济落后,工业水平低,自然经济占绝对优势,占社会阶层大多数的小生产者有着自身的局限性,其中的堕落分子容易被法西斯势力所利用;加之民初以来的社会动荡,特别是军阀混战给人民带来深重的灾难,人们开始呼吁一种新的力量来帮助中国国民党实现中国革命,而“这种新的力量,正就是现在掀动世界的法西斯蒂。”①另一方面,“九一八”事变发生后,日本帝国主义侵占东北,构成对中国的主要威胁,而蒋介石国民党政权恰在此时与苏联断交,英美对日的纵容政策与美国的“孤立主义”又无助于南京政府解决中国的问题,德、意遂成为蒋介石寻找盟友的重要对象。与此同时,法西斯主义的强权政治和复兴国家等宣传正好迎合了人们迫切希望找到一个能挽救国家、民族于危难之时的道路的需要,也迎合了一些对法西斯主义不甚了解的爱国人士与部分极端民族主义人士的心理。

① 杨树标、杨菁:《蒋介石传(1887—1949)》,浙江大学出版社 2008 年版,第 130 页。

法西斯主义在中国的最早传播,可以追溯到1922年《东方杂志》第19卷第20号上发表的《意大利政潮之剖析》与《意国政界之大变革》两篇报道,以及1923年胡愈之(化名化鲁)在该刊第20卷第19号上发表的《棒喝主义与中国》的评论。① 但直到1931年5月5日南京政府召开的国民会议上,法西斯主义才第一次在中国被正式公开提出,蒋介石在开幕词中说,“综察现在统治世界各国之政府,虽形式互殊,而其理论之立场,大要除传统的君权神圣说不必计议外,约可概分为三”,即“法西斯蒂之政治理论”、“共产主义之政治理论”和“自由民治主义之政治理论”。蒋介石对这三种政治理论一一作了比较,得出“唯法西斯蒂足以救中国”的结论。②

随后,法西斯主义开始在中国广泛传播。当时知识界及军政界人士普遍对法西斯主义很感兴趣,国民政府党政军大员如胡汉民、汪精卫、戴季陶、宋子文、孔祥熙、张学良等人纷纷出访德意,考察学习。大批中国留学生、军校学员、商界、军界专访团被派往德意学习,试图全盘移植法西斯主义模式到中国。③ 国民党内的一些主要政治派系,如陈立夫与陈果夫的“CC系”以及政学系、汪精卫的“改组派”等,都不同程度地颂扬过德意法西斯的“治国”成绩,表示过要向它们学习的意愿。作为国民党军队中央军核心的“黄埔系”,更是极力鼓吹法西斯领袖对军队的高度独裁统治,努力效仿。甚至在军事教育领域内,把法西斯主义作为“正面教育”的课程之一,由来华德国顾问中一些纳粹分子担任讲师,教授有关的课程,这种法西斯主义理论教育产生了不小的影响。

1932年1月,蒋介石决心赞助只有六十余名成员的“力行社”④,并将之改造为效仿德国纳粹党、意大利“黑衫党”的秘密组织。在他的支持下,“力行社”的成员很快发展到三百名左右,其下属组织“革军会”、“革青会”和“中华复兴社”,成员多达五十万。“复兴社”是一个完全法西斯化的特务组织,其13

---

① 白纯:《蒋介石与法西斯主义在中国的传播(1931—1937)》,《求索》2003年第5期。

② 刘健清、李振亚主编:《中国近现代政治思想史》,南开大学出版社1993年版,第309页。

③ 马振犊主编:《反法西斯战争时期的中国与世界·第九卷·战时德国对华政策》,武汉大学出版社2010年版,第135页。

④ 30年代初,国民党内具有理想主义、刻苦清廉的人士发起成立蓝衣社,又称“力行社”,企图克服日本入侵危机,制止国民党腐化堕落。

名核心成员以后便被人们戏称为蒋介石的“十三太保”①。

在法西斯主义传播过程中,大批相关的理论著作也相继出现。在1933—1935年短短三年时间里,国内出版的关于法西斯主义的书籍就有:《法西斯的经济政策》②、《法西斯蒂及其政治》③、《法西斯蒂教育》④、《法西斯蒂与中国革命》⑤、《法西斯主义浅说》⑥、《法西斯意大利政治制度》⑦、《墨索里尼自传》⑧及相关著作等百余种。这些书籍纷纷以“民众运动研究丛书”、“独裁政治论丛书”、“社会科学小丛书”、“法西斯蒂小丛书”、“国际名人传记丛书”、“初中学生文库”等名目出版,风靡一时。1937年,南京“外交学会”甚至编纂出版了德国国社党官方文件和声明专集《希特勒执政后之德意志》。出版发行法西斯主义书籍的书店和出版社遍布全国,主要有:商务印书馆、拔提书店、文化书店、前途书局、新生命书局、黎明书局、民友书局、文艺书局、民族书局、新阵地图书社、国际译报社、四社出版社、正中书局、神舟国光社、光华书局、新光书局、辛垦书店、华通书店等数十家。另外,各种报纸杂志都在不同程度上刊载了法西斯主义的内容。如《中国日报》、《晨报》、《血汗月刊》、《前途》、《社会主义月刊》⑨等200多种报刊,充斥各个角落。在文化界传播法西斯主义的热潮中,《我的奋斗》中译本应运而生。

① 指刘健群、贺衷寒、邓文仪、康泽、桂永清、酆悌、郑介民、曾扩情、梁干乔、肖赞育、滕杰、戴笠、胡宗南。

② 郑英中、张一梦:《法西斯的经济政策》,青岛中国政治经济学社1933年版。

③ 萧文哲:《法西斯蒂及其政治》,上海神舟国光社1933年版。

④ 萧文哲:《法西斯蒂教育》,上海光华书局1933年版。

⑤ 周毓英:《法西斯蒂与中国革命》,上海民族书局1934年版。

⑥ 卫仁译:《法西斯主义浅说》,上海文艺书局1934年版。

⑦ 萧文哲:《法西斯意大利政治制度》,上海商务印书馆1935年版。

⑧ [意]墨索里尼:《墨索里尼自传》,魏谷译,上海光明书局1931年版。

⑨ 这其中,以《社会主义月刊》最为典型,它不仅是中国唯一专门“研究法西斯蒂”的刊物,而且还是第一个在中国公开宣传法西斯主义的刊物。《社会主义月刊》又名《民族与社会》,1933年3月1日创刊于上海,主编和社长都是周毓英,由民族书局出版。

二、《我的奋斗》其书及其在中国的出版发行

《我的奋斗》(德文 Mein Kampf)原名为《四年半来对谎言、愚蠢和胆怯的斗争》,是1924年希特勒被囚于兰兹堡要塞时,经他口述由鲁道夫·赫斯记录整理而成的。第一卷的副标题是《重要问题的解决》,由慕尼黑弗兰茨·艾赫出版社于1925年7月18日出版。第二卷的副标题为《国家社会主义运动》,1926年11月11日出版。在1925年到1931年纳粹党掌权之前,《我的奋斗》发行量不大,只在德国销售了28.7万册。1933年1月30日希特勒上台执政后销量猛增,从1933年2月到12月31日,该书共出售了150万册。也正是从这个秋季开始出现了海外版《我的奋斗》。截止到1945年,《我的奋斗》被译为16种语言,原作与译本共计发行了约1000万册,是当时发行量最高、译文文本最多的书籍。

希特勒写这本书的目的是阐述"本党的计划和意见",使纳粹党党员"窥见本党发展的经过和目的"①。主要思想包括:打起民族社会主义的旗帜,把党改为民族社会主义德国工人党;攻击马克思主义、资产阶级议会民主和德国人民的革命力量;对外扩张理论以及典型的主观意志和英雄史观。他在书中喋喋不休地宣扬雅利安种族优越论,污蔑犹太人是寄生虫;鼓吹"领袖原则"和独裁统治;露骨地谈论扩张有理的"生存空间"论,宣称德国必须与法国算账,向俄国扩张。这本集法西斯主义之大成的书籍为未来的第三帝国描绘了"宏伟"的蓝图,成了纳粹党的"圣经"。② 后来的德国正是"因为一个人的意志不能自拔,被此人带领着沿着毁灭的道路准确无误地走下去"的。③ 一位历史学家曾说:"《我的奋斗》是20世纪最有影响力的一本书,为了这本书中的每一个字有125人丧失了生命,每一页有4700人,每一章死亡人数在120万

① [德]希特勒:《我的奋斗——一代枭雄的自述·原序》,台南大行出版社1988年版,第7页。

② 徐蓝:《埋葬法西斯》,华夏出版社1996年版,第11页。

③ [英]伊恩·克肖:《希特勒·上卷·傲慢》,廖丽玲、方遒等译,世界知识出版社2005年版,封二。

以上。因为德意志第三帝国毁灭生灵,推本溯源,莫不由此而生。”[①]1928 年,希特勒又开始口授《我的奋斗》续篇,由马克斯·阿曼打字记录,后来经过 30 余年的周折,1958 年在西德出版,书名为《希特勒的第二本书》[②]。

在希特勒上台执政以前,《我的奋斗》并未引起国外出版商的关注,因此,最早的英译本“My Battle”出现于 1933 年 10 月——比在德国出版晚了 7 年,比希特勒上台晚了 9 个月——而且是节译本,并非全文。[③] 到 1939 年才出现由詹姆斯·摩菲翻译,赫斯特和布莱克特有限公司和休依顿·米夫林出版社联合发行的完整译本。[④]

中译本使用的是美国休依顿·米夫林出版社出版的 E.T.S.达格代尔英文节译本,于 1934 年 4 月由曾多次译、著法西斯主义书籍的董霖[⑤]、佩萱[⑥]合译,上海黎明书局出版,共 366 页,32 开,有照片。发行者是徐毓源,各埠大书店

① 罗威:《旧话重提:从希特勒〈我的奋斗〉谈起》,《开放时代》1995 年第 3 期。

② 1958 年,格哈特·温伯格(Gerhard Weinberg)在美国陆军档案馆查阅缴获的德国军队文件时发现。

③ James Barnes and Patience Barnes, *Mein Kampf in Britain and America: A publishing history 1930—1939*, Cambridge: Cambridge University Press, 1980,封二。

④ James Barnes and Patience Barnes, *Mein Kampf in Britain and America: A publishing history 1930—1939*, p.2.

⑤ 译者董霖生于 1907 年 11 月 4 日,卒于 1998 年 10 月 18 日,是江苏海门县津桥镇人。字为公,笔名董如公、董惠林、魏谷。他毕业于私立上海复旦大学,获学士学位。在校时参加国民党秘密工作。后留学美国,获意利诺(伊利诺伊)大学政治公法学博士学位。曾任纽约市立大学研究院及昆士学院国际公法教授。其译/著有《帝国主义与中华民族》、《中国政府》、《什么是三民主义》、《什么是法西斯蒂》、《战前之中国宪政制度》、《董霖中国与国际问题论著》、《中国与国际公法》、《国际公法例案》、《近代中国之政治制度》、《联合国制度下之国际组织》、《中国与列强》、《中国革命的回忆,一九二六——一九四九》、《顾维钧与中国战时外交》等,早前还曾主持过《西北杂志》等。

⑥ 译者佩萱,原名徐宗汉,广东香山拱北北岭村人,1876 年(清光绪二年)生,1944 年卒。她是上海招商轮船总局买办徐雨之(徐润)的侄女。幼时跟随父亲在上海家塾读书。1894 年嫁给两广总督洋务委员李庆春的次子李晋一为妻,生有一女一子。几年后,李晋一病逝,徐宗汉并没有悲切守寡,而是毅然脱离家庭,投入到民主革命的洪流中去。她受民主思想影响,提倡女权,倡办女学。后加入同盟会,参与发动 1910 年 2 月的广州新军起义,失败后逃往香港,后与黄兴结成革命伴侣。辛亥革命后,她随黄兴回武汉、南京,从事女界运动。国民党南京临时政府成立后,接办南京贫民教养院,从事贫民教育。“九·一八”事变时,为东北义勇军募捐。1944 年 3 月病逝于重庆。

代售，实价一元一角。内分两部分：第一部分 12 章，主要是希特勒对自己“奋斗的回顾”，第二部分 15 章，主要介绍所谓的“民族社会主义运动”。卷首有希特勒年表，书末有译后。封面及扉页见图 1、图 2。

（图 1　1934 年第一版《我的奋斗》封面）

（图 2　1934 年第一版《我的奋斗》扉页）

《我的奋斗》第一版中译本是在希特勒上台执政、影响力迅速扩大之后临时翻译而成的。译者将希特勒看做是“欧洲大陆上列宁、墨索里尼之后的第一人”；“德国在战后政治经济极度紊乱之中”，希特勒“以他政治的天才与国家主义的热诚，组织国社党，一心想要恢复德国已往的光荣”。黎明书局在 1934 年 4 月 8 日的《申报》上特意为此书刊登了一则广告，不同于其他新书信息，这则广告十分具体详细：“凡注意世界大事者没有不知道希特勒这名字，最近德国的退出国联，奥国的大暴动，莫不与希特勒有深切关系，他时刻想实行下列三大政策，为达到恢复德国已经的光荣，（一）德奥合并，（二）取消凡尔赛条约，（三）反对犹太人，如要明白这三种政策所根据的思想如何发生，如何进展，就不得不读希特勒的自传《我的奋斗》……我们要明了这位与将来世界大战最有密切关系的人的政治思想和外交策略,以推测未来大战之阵容,就不得不看这本《我的奋斗》"①。而这也正是译者"翻译这本书的用意"②。

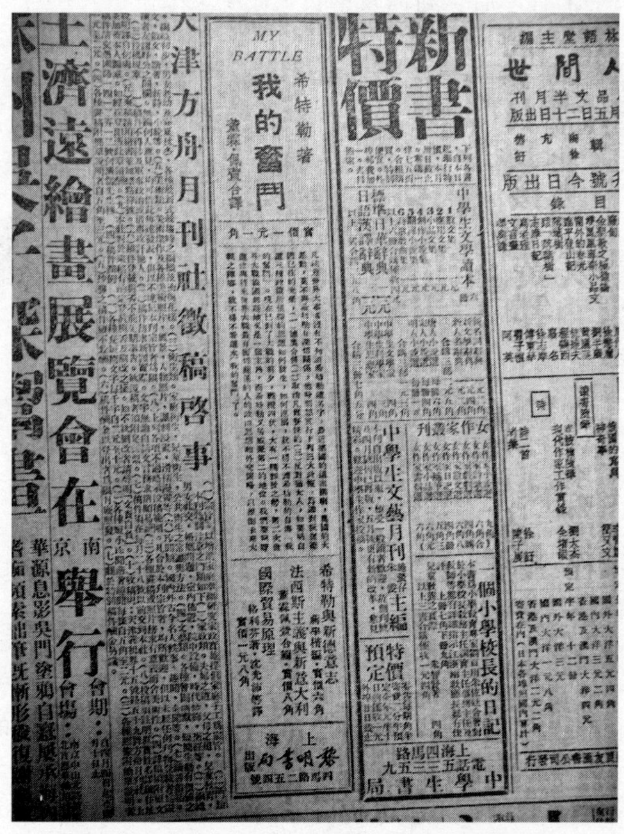

濟遠繪畫展覽會在南京舉行

天津方舟月刊社徵稿啓事

MY BATTLE
我的奮鬥
希特勒著
董霖·佩萱合譯
實價一元一角

希特勒與新德意志
法西斯主義與新意大利
國際貿易原理

上海 黎明書局

新書特價

中學生文學讀本

女作家叢刊

中學生文藝月刊

一個小學校長的日記

預定 特價

上海四馬路 中學生書局

人間世

(图3　1934年4月8日上海《申报》第四版)

此书发行后仅一个月,即1934年5月便再版,可见其十分畅销。此后8年间又先后出现了其他四个不同的版本,说明当时中国各界对法西斯主义非常关注。其中比较重要的有:

1935年7月,南京国立编译馆行使其编译专著的职能,翻译《我的奋斗》并出版发行。抗日战争爆发后,国立编译馆奉令迁至庐山,不久迁往长沙,于

① 《申报》1934年4月8日。

② [德]希特勒:《我的奋斗》,董霖、佩萱译,上海黎明书局1934年版,第369页译后。

（图 4　1940 年版《我的奋斗》封面）

（图 5　1988 年版《我的奋斗》封面）

1938 年 5 月在长沙了发行了第 5 版。共 14+346 页，23 开，是该书的另一种译本。内分上、下两卷，上卷：奋斗之回顾，下卷：民族社会主义运动，共 27 章，卷首有《罗家伦先生对于本书之介绍》、译者序（周其勋）、著者原序、英译本言和《希特勒年谱》。

1940 年 1 月，上海天下书店出版发行了由郭清晨翻译的第三个版本，1941 年 2 月再版，共 127 页，32 开。出版家在再版版权页和书名页题了“激流书店”四个字。封面如图 4。

第四个版本是 1941 年 5 月，由李雅森翻译、伪满政权的长春大东文化协会出版的《我之奋斗》，共 302 页，有照片，32 开。此译本为伪满出版物，卷首有韩云阶序，书末有译后记。①

新中国成立后，大陆至今没有正式出版《我的奋斗》。台湾地区则在 20 世纪 80 年代出版，现今国家图书馆藏有 1988 年版《我的奋斗——一代枭雄的

① 北京图书馆编：《民国时期总书目（1911—1949）历史 · 传记 · 考古 · 地理》下册，书目文献出版社 1994 年版，第 684—685 页。

自述》，由台南大行出版社于1988年2月出版，211页，有照片。分为上、下两部，上部为：奋斗的回顾，12章；下部为民族社会主义运动，15章。卷首有希特勒于勒希河畔兰芝贝尔克要塞狱中所写的原序。卷尾有希特勒1945年4月所写遗嘱全文。此书最后一页上印的出版信息遵照"中华民国"纪年法，为中华民国七十七年二月，发行人是裴振九，售价为新台币六十五元。封面如图5。

三、《我的奋斗》对法西斯主义在中国传播的影响

《我的奋斗》在1925年问世，直到1933年希特勒上台执政后销量才开始猛增，说明它作为希特勒思想的一种表达，其影响是通过希特勒的法西斯政治实践逐步产生并发展的。德文版发行后7年才出现的英译本是这样，中译本的发行也是如此。20世纪30年代《我的奋斗》中译本的发行既是当时法西斯主义在中国传播的产物，同时，在某些方面也促进了中国法西斯主义的发展。

在当时的国人眼中，中国需要一种力量来巩固国民党统治，而在此时国际上的各种思潮中，德国法西斯主义对中国吸引力是最大的，有些人认为"法西斯主义是帮助实现三民主义的。"①所谓"中国法西斯主义"的历史，在很大程度上也就是中国对德国国家主义领悟的历史。② 在这一了解和领悟的过程中，希特勒及《我的奋斗》发挥了重要作用。

概括起来，《我的奋斗》对中国的影响主要表现在以下几个方面。第一，政治上专制、独裁的"成效"显著。希特勒在《我的奋斗》中写道："假如要使维持这个国家的奋斗严重化，并且坚持到底，那么只有坚决的，一致的中央集权才能达到这个目的。但是形式的统一，必定在原则上先要建立一个统一的国家文字，达到这个目的之技术的工具，必定要操在行政的手中，假如做不到这一点，则统一的国家不能持久。产生一个统一与持久的国家观念之唯一方法，

---

① 萧文哲：《法西斯蒂及其政治》，上海神舟国光社1933年版，第4页。

② ［美］柯伟林：《德国与中华民国》，陈谦平等译，江苏人民出版社2006年版，第177页。

只有由学校与教育来做。”①1932年9月，国民政府军事委员会政训队举办了一期“政训研究班”，班主任就是“十三太保”之一的刘健群，在他的主持下，“训练班”成为地道的法西斯主义理论训练班，全部课程都以“一个主义，一个政党，一个领袖”为中心，公开以《我的奋斗》、《墨索里尼》为教材，号召学员“振作精神，干一番事业”，使已经“老化”的国民党“起死回生”。

第二，文化的作用不可忽视。在《我的奋斗》中有这么一段话：“在政治教育中最有效的方法——在此可称为宣传——就在于报纸，报纸有‘启发文明的工作’，并且是成年人的一种学校。”②正如上文所提到的，当时中国的文化市场充斥着各种宣扬法西斯主义的报纸杂志。蒋介石及其政府对意识形态的控制也是在承继了古代文化专制手法的同时，渗进了近代法西斯主义文化禁锢的强暴，具有浓重的“党化”色彩，是国民党一党专政不可或缺的一环。蒋介石对意识形态的控制主要体现在以下方面：一是强化思想管制；二是加强文化围剿；三是教育的党化。③

第三，国民精神面貌的改善和国民素质的提高有助于国家的振兴。希特勒认为，“经过四年与全世对敌的困苦的战斗，而德国还胜利的原因，除了英雄主义与良好的组织外，完全因为有极好的领袖。德国军队之组织与领导，是世界上空前的伟大的。……国家是否仅由战争之失败就可崩溃？这个问题可以很简单地答复。假如一国的军事失败，是因为懒惰，懦弱，缺乏品格等——总之，是国民方面的卑劣——那么这是时常可能的。假如不是如此，则军事的失败，反可鼓励将来更伟大的复兴，绝不会是国民的墓碑。”④“国民比军械更能保卫国家。炮台不足恃，所可恃者只是男男女女对国家的爱敬和热情。”⑤为了消除国民中的陋习，提高民众素质，蒋介石于1934年亲自在南昌发动闻名一时的“新生活运动”。表面上要唤起民众，改变人民的精神面貌，借此提倡纪律、品德、秩序、整洁等等，实际上蒋介石想借此统一全国意志，服从他的

---

① ［德］希特勒：《我的奋斗》，董霖、佩萱译，上海黎明书局1934年版，第37页。
② ［德］希特勒：《我的奋斗》，董霖、佩萱译，上海黎明书局1934年版，第46页。
③ 何虎生：《蒋介石传》，华文出版社2005年版，第294页。
④ ［德］希特勒：《我的奋斗》，董霖、佩萱译，上海黎明书局1934年版，第132页。
⑤ ［德］希特勒：《我的奋斗》，董霖、佩萱译，上海黎明书局1934年版，第221页。

领导,完成"消灭共匪"的使命,然而后来由于不切实际、流于肤浅,难有实效,终于无疾而终。[①] 可见在当时社会经济、政治水平还未达到应有程度,甚至在国家仍处于半殖民地半封建社会、独立尚未完成之时,只求皮毛地改变国民素质是不符合现实需要的,必将失败。

第四,希特勒的"民族主义"被盲目地引用了。希特勒在《我的奋斗》中坚持认为"日耳曼民族的奥大利(奥地利),将来必须归并于大日耳曼的母国,但并不是因为经济的缘故,不是不是!"而是"同一血族,应同归于一个国家之下"[②]。"我们不要忘记,人类生存的最高目的,不是去维持一个国或者一个政府而是要保持它的民族性。"[③]"因为国家或种族,并不是什么语言的问题,而是血液的问题。"[④]而蒋介石竟然也在《中国之命运》中写道:"我们中华民族是多数宗族融合而成的。这多数的宗族,本是一个种族和一个体系的分支……然而五千年来,他们彼此之间,随接触机会之多,与迁徙往复之繁,乃不断相与融合而成为一个民族。"[⑤]不仅盲从于希特勒鼓吹血统论残酷屠杀犹太人的极端民族主义——国家主义,而且与中国多民族国家的事实完全不符。[⑥] 对于希特勒臭名昭著的"种族灭绝"政策及迫害犹太人的暴行,国民党内的"崇德者"们或视而不见,避而不谈,或以赞赏的口吻来联系中国的实际评论一番。"复兴社"半月刊《社会新闻》驻柏林的记者曾写道:"德国的银行、报纸及其他商务事业几乎全被犹太人控制住了"。[⑦] 当然,在这其中,希特勒巧妙地将矛头指向马克思主义也赢得了蒋介石势力的共鸣:"马克思主义以为正确的地方,引起我的愤怒。马克思主义之最终的和永久的目的,就是要毁灭所

① 汪荣祖、李敖:《蒋介石评传》,中国友谊出版公司2000年版,第268页。

② [德]希特勒:《我的奋斗》,董霖、佩萱译,上海黎明书局1934年版,第1页。

③ [德]希特勒:《我的奋斗》,董霖、佩萱译,上海黎明书局1934年版,第52页。

④ [德]希特勒:《我的奋斗》,董霖、佩萱译,上海黎明书局1934年版,第203页。

⑤ 蒋介石:《中国之命运》,青年军出版社1943年版,第2页。

⑥ 国民党甚至把《中国之命运》作为全国各界的必读书,搞了几个研究大纲,列了一大堆参考书目,供中学教师、大学教师讲授和大学教授研究之用。这本书的出版,标志着蒋介石的中国封建买办法西斯主义理论形态更加完备了。这样,蒋介石就把法西斯主义经过一番打扮,同当时的国际环境和中国的国情结合起来,披着三民主义的外衣而抬到救中国的牌位上来。

⑦ 吴景平:《从胶澳被占到科尔访华——中德关系1861至1992》,福建人民出版社1993年版,第205页。

有一切非犹太民族的国家”。① 还有的文章公然号召“我们必须认识到种族的崇高和优越地位,恢复其古老的荣耀,排斥破坏种族的畸形变种”。② “必须尽快完成中国种族统一任务,特别是考虑到这样的事实;那些少数民族都聚居在边境地区,他们所占的共和国领土与其人口比例极不相称”。③ 这完全是无视中华民族大家庭几千年来和平共处、共同创造中华文明史的言论,意欲为推行国民党一党专政和蒋介石个人独裁扫除障碍。

第五,国内稳定之后再行对外扩张。希特勒认为“日耳曼人民,当他们不能集合自己的子孙于一个统一国之下以前,是无权再计及殖民政策的。不等到国家的边界,包括了任何日耳曼人民,并且能教养他们时,当人民犹在困难中,德国没有在海外获得领土的道德权能。”④这显然是希特勒为其合并奥地利所找出的借口,他自己也并没有在完成国家富强之后再行扩张。蒋介石在“九一八事变”后竟然认为中国当时无力抵抗,所谓“人必自侮,然后人侮之;国必自伐,然后人伐之”,以“未有国不能统一而能取胜于外者”,于是,他以先“复兴民族”(“剿共”)后抗日为由,扼杀抗日舆论,压制抗日要求,借助法西斯主义“扫荡国内动荡不安”,并以此“更生国家的灵魂”,“发扬我们中国的固有道统”,以达到“复兴民族”的目的。⑤然而与希特勒在一定程度上促进了德意志的统一和撕毁不平等的凡尔赛和约相比,蒋介石“攘外必先安内”之举只是局限于阶级斗争层面,造成了大批人员伤亡,损耗抵御日本侵略的力量,无一益处。

第六,希特勒在狱中“回溯到当时我自身的行事”,标榜自己“是一个国家主义者”⑥。同样的,蒋介石是一位深受中国传统文化熏陶且领袖欲极强的政治家,于公于私,他都不愿意让自己的民族遭受厄运。早在“九一八”事变后,

① [德]希特勒:《我的奋斗》,董霖、佩萱译,上海黎明书局1934年版,第92页。

② 吴景平:《从胶澳被占到科尔访华——中德关系1861至1992》,福建人民出版社1993年版,第205页。

③ 吴景平:《从胶澳被占到科尔访华——中德关系1861至1992》,福建人民出版社1993年版,第205页。

④ [德]希特勒:《我的奋斗》,董霖、佩萱译,上海黎明书局1934年版,第2页。

⑤ 刘健清、李振亚主编:《中国近现代政治思想史》,南开大学出版社1993年版,第314页。

⑥ [德]希特勒:《我的奋斗》,董霖、佩萱合译,上海黎明书局1934年版,第3页。

他就提出“宁为玉碎,不为瓦全;与其生而辱,不如死而荣”;“如日寇相迫过甚,吾必与之一战,以存我民族之气”。七七事变后5天,他致电宋哲元,令其就地抵抗:“中央已决心运用全力抗战,宁为玉碎,不为瓦全,以保持我国家之人格”。[①] 值此内忧外患之际,德意两国运用暴力手段夺取政权,实行专制独裁取得胜利,开展对外扩张走向复兴对蒋介石产生了巨大的吸引。他迫不及待地从希特勒和墨索里尼那里学习经验,来作为“救国”的武器。

然而,虽说《我的奋斗》在中国喧嚣一时,且颇获蒋介石推崇,但是中国却并未走上法西斯的道路,主要是由于这几方面原因。首先,法西斯主义在中国更多地表现为对内集权统治、仇视进步势力、崇尚暴力残杀等恐怖行为,带有封建性、买办性以及欺骗性,遭到了中国各界很多有识之士的坚决反对。陈独秀、周恩来等中国共产党人通过对法西斯主义的关注,发现了其反动的本质,不断利用历史和现实依据反驳并批判中国的法西斯运动,维护中华民族和中国人民的根本利益。孙中山的夫人宋庆龄坚持反对独裁、保卫民权,组织了中国民权保障同盟,得到社会政治界人士的帮助。后来又担任世界反法西斯委员会副主席,坚定地反对法西斯主义思想及其运动。国民党内人士胡汉民等人出于反蒋政治需要,也对这股“法西斯化”运动进行了抨击。胡汉民分析了德意法西斯主义产生的历史背景与原因,断然指出德意法西斯主义还有对外扩张国家利益的一面,而蒋介石却不顾国家利益而完全为了个人利益,实无前途。他号召“一切三民主义的信徒,必须抱着坚定的信念,不与法西斯蒂共存亡”。[②] 而且当时国民党各派系斗争,人们担心“黄埔系”会在蒋介石的公开独裁下地位显赫,损害自己的利益,西南政务委员会也由于他们的自治受到阻碍而反对独裁。

其次,崇信法西斯的中国人是以国家利益作为出发点,按照自己的民族复兴的愿望去解释法西斯主义的。从严格意义上来说,三十年代蒋介石集团倡导的所谓“法西斯化”的运动,并非是真正地要学习法西斯主义,而是用以巩固其统治的手段,它就如同胡汉民“反法西斯主义”的实用性一样,是国民党

① 张丰清、王鹏程:《论抗战时期蒋介石的民族主义思想》,《党史研究与教学》1999年第1期。

② 陈红民等:《胡汉民评传》,广东人民出版社1989年版,第263页。

内部斗争的工具而已。事实上,就连蒋介石本人推崇德国法西斯主义也只是要把来自外国的思想与组织形式与根本依靠中国传统道德来建设他的“新国家”的思想有机地结合起来,对于所谓“纯法西斯主义”概念,他并没有特别的信仰,因此一旦处在国内外及党内外反对力量的联合压迫之下,他也就“后退”了——除了最终抛弃“复兴社”组织以外,1934 年 11 月 27 日,蒋介石在国民党五全大会前策动“独裁集权”运动失败之后,他在接见日本记者时公开宣称:“中国的情况与德国、土耳其、意大利不同,所以不需要独裁”。①

此外,中国掀起的“法西斯化”运动也自然引起了列强各国的关注。美国《中国每周评论》杂志发表文章,对蒋介石“在中国推行法西斯主义”表示“忧虑”,就连日本也对这场旨在加强独裁的中国政治运动表示“不安”。② 抗日战争开始以后,特别是在太平洋战争爆发后,全世界人民已完全认清了法西斯主义的侵略扩张本质,“法西斯主义”逐渐成了人人喊打的“过街老鼠”。中国因为最早反抗日本野蛮侵略而成为世界反法西斯同盟主力之一,蒋介石被推举为“盟军中国战区最高司令”。尽管他对德意两国法西斯政权的“好感”没有消失,但在全世界反法西斯浪潮推动下,不得不因时而异,抛弃了公开的法西斯主义旗号。战后,法西斯主义成为不齿于人类的历史垃圾,蒋介石自然要极力删改、回避他过去一切颂扬法西斯主义的言论,并将他对德意法西斯的推崇效仿行为深藏于历史黑匣子之中,以维护其“领袖”形象。

20 世纪 20 年代以后,德、意两国在法西斯主义的刺激下先后振兴并走上对外扩张的道路,令处于内忧外患中的中国统治集团和知识分子心向往之;同时,中国具体的历史、社会背景也为法西斯主义提供了成长的环境,从而使法西斯主义在中国得到了传播和发展。在这种形势下,《我的奋斗》中译本应运而生,并在短短 8 年间不断再版重印,将希特勒的思想带到了中国大地,在一定程度上影响了蒋介石集团的态度,促进了法西斯主义在中国的发展。然而,由于法西斯主义的侵略面目不断暴露,与社会发展潮流背道而驰,国际上反法西斯力量不断壮大,正义战争最终取得了胜利。蒋介石集团在中国推行的法

① 马振犊、戚如高:《蒋介石与希特勒》,台北东大图书公司 1996 年版,第 38 页。

② 马振犊、戚如高:《蒋介石与希特勒》,台北东大图书公司 1996 年版,第 37 页。

西斯主义也由于从根本上违背了中华民族的利益,遭到了全国人民的反对和彻底的失败,中国并未走上法西斯的道路。中国共产党人运用新民主主义理论带领中国人民走上了独立、民主、自由、富强的道路。

1935 年英法伦敦会谈

梁占军①

一、问题的提出

1935 年 2 月英法两国首脑在伦敦举行会晤的建议最初是由英国提出的，其主要目的是协调两国的对德政策。

1933 年希特勒在德国上台后，急于打破凡尔赛和约对德国军备的限制，在当时国联主持召开的裁军大会②上强硬要求法德军备平等。对此，英法两国采取了不同的对策。英国主张以裁减法国军备的方法满足德国军备平等的要求，进而通过达成一项全面的裁军协定来消除欧洲的不稳定因素；法国则慑于德国的威胁，希望通过巩固自身军备的对德优势来维护国家安全，拒不接受德国的要求。由于法德两国在军备问题上的尖锐对立，裁军大会最终于 1934 年 6 月彻底失败，这不仅使得英国的对外政策遭到了一次严重的挫折，而且加剧了欧洲局势的恶化：德国私下加快了重整军备的步伐，而法国则针锋相对地走上了类似于第一次世界大战前夕的结盟之路：开始筹建以法苏联盟为核心

---

① 梁占军，男，首都师范大学历史学院教授，博士生导师。

② 1932 年 2 月 2 日国联裁军大会在日内瓦召开，但由于各国矛盾、尤其是法德矛盾不可调和，大会进展缓慢。1933 年希特勒上台后德国于 10 月 14 日借口其军备平等的要求没有得到满足而退出大会，使大会实际上遭到失败。1934 年 6 月 11 日，裁军大会举行最后一次全体会议，宣布无限期休会。

的东方公约①。形势的发展迫使英国开始重新考虑调整其对外政策,尤其是对德政策。

1934 年 11 月 24 日,英国外交部拟定了一份关于对德政策的备忘录,详细分析了英国对于德国重整军备问题可能采取的对策,并相应地提出了四种选择方案:1.不采取外交行动,只是重整军备以保卫帝国及承担义务;2.政府反对考虑修正凡尔赛和约的军事条款;3.政府努力使修正和约第五部有关军事条款的新协定成为可能;4.政府抢在德国破坏和约之前,运用外交手段迫使德国事先作出妥协或挑战。备忘录认为第一种选择只有在德国不再增加军备的前提下才可以运用,但这显然是幻想;第二种选择有可能使德国再次单方面违约从而使政府在新一轮大选之前威望受损;第三种选择无疑会遇到法国的反对,然而如果法国拒绝合作,那么即使英德之间单独达成协定也无助于欧洲局势的缓和。在这种情况下,第四种选择应该成为政府的首选,其好处在于可以使英国占据主动:如果德国继续进行挑战,英国可以立即与法国结盟并对防卫荷兰、比利时等国家作出相应安排;如果德国妥协,则可以趁机与之达成全面协定。②

外交部的意见得到了内阁的重视并很快付诸实施。11 月 27 日英国驻德大使菲普斯奉命向德国政府提交照会,对德国重整军备表示关注。同一天英国外交大臣西蒙也召见德国驻英大使利奥波德·冯·赫斯奇转达了同样的照会。对此,德国外长牛赖特坚决否认德国重整军备的问题并建议在萨尔公决后恢复裁军谈判。③

德国的反应促使英国开始进一步考虑与德国妥协的条件。11 月 29 日,英国外交大臣西蒙亲自起草了一份备忘录,主张承认德国重新武装合法化以换取德国的妥协。他写道:“最好的办法是承认德国武装是一个不可更改的

---

① 所谓东方公约是指法国外长巴都在任时期为遏制德国的侵略野心而致力推进的一项旨在确保东欧安全的地区性互助条约体系,它包括两部分:第一部分是由苏联、德国、波兰、捷克斯洛伐克、芬兰、爱沙尼亚、拉脱维亚等国缔结互助条约,共同维护东欧边界现状;第二部分由法国和苏联单独缔结互助条约,相互承担安全保证义务。该公约的核心是法苏互助条约。

② 《英国外交文件集》(*Documents on British Foreign Policy*)第 2 辑第 12 卷(以下简写为 *DBFP*,2/XII),No. 211,第 249—251 页。

③ *DBFP*,2/XII,No.216,第 254—255 页。

事实,并由此得出结论,即最好是毫不拖延地承认它,以便期望——作为对这个合法化的回报——我们可以从德国得到一些有价值的条款。”在西蒙看来,有价值的条款就是德国返回国联及裁军大会,并在此前提下通过谈判限制德国军备的规模,从而建立一个新的欧洲军备控制体系。但是,西蒙认为,对于英德两国来说,这些目标是可能实现的,唯一的困难在于如何说服法国采取合作态度。他在备忘录中写道:“如果我们准备使德国重新武装合法化,我们应该对法国说些什么?什么时候说及怎样说?”①

12月11日英国内阁德国重整军备问题委员会②研究了西蒙的备忘录,并决定寻求法国的合作共同与德国进行谈判。次日内阁批准了上述建议,并要求外交部邀请法国总理弗朗丹和外长赖伐尔访问伦敦。12月13日,西蒙电令驻法大使克拉克敦促法国政府同意在12月21日前赴伦敦举行首脑会晤。

但是英国的建议却遭到了法国的拒绝。13日,法国外长赖伐尔向克拉克明确指出,法国外交政策的当务之急是寻求法意共同保卫奥地利的独立,其次是进一步推进由前任外长巴都倡导的东方公约。对于德国的军备问题,法国只有在德国接受东方公约以后才有可能与英国进行讨论。他强调在法国的安全没有得到保证之前谈论德国的军备问题是主次不分,前后颠倒。③

法国的态度迫使英国人采取主动。12月14日,英国外交大臣西蒙通知克拉克转告法国政府,他将于当月22日上午赴巴黎与弗朗丹和赖伐尔会晤。西蒙在给克拉克的指示中针对此举的动机解释说:英国不应该在时间允许其有所作为的情况下一味拖延,因为“如果我们不行动,时间将于事无补,而且只能使事情变得更糟。”④

12月21日,西蒙在他启程赴法的前一天,写下了一份全面阐述英国外交政策的备忘录,明确指出1935年英国外交的“重大任务”就是“在还有时间的时候缔结一项使德国返回日内瓦的协定。”至于具体的策略,他写道:“这意味

① *DBFP*,2/XII,No.235,第274页。

② 该委员会于1934年11月21日成立,成员包括首相麦克唐纳、外交大臣西蒙、陆军大臣黑尔什姆、印度大臣霍尔。

③ *DBFP*,2/XII,No.288,第322—323页。

④ *DBFP*,2/XII,No.291,第326页。

着我们必须首先劝说法国,并且为这种劝说付出必要的代价,然后再使意大利参加进来……德国重新武装的合法化以及废除凡尔赛和约第五部的军备条款是法国要咽下的苦果,尤其是在他们不相信德国的诺言的时候,但是其他任何替代政策都不能阻止德国的重整军备,而只能使之在幕后加速进行。德国在国联之外远较它在国联之内更加危险。"①由此可见,西蒙的巴黎之行实质上是劝说法国同意德国重新武装的第一步。

1934 年 12 月 22 日西蒙在巴黎会见了弗朗丹和赖伐尔。会谈中,西蒙以劝说意大利加快与法国谈判为条件换取了法国对举行英法双边会谈的同意。双方约定如果法意谈判进展顺利,英法会谈可以在明年 1 月 7 日或 8 日进行。②

二、英法会谈前的准备

1935 年 1 月 7 日罗马协定缔结后,英法会谈自然被提上日程。

法国首先采取行动。1 月 8 日,法国总理弗朗丹的亲信、曾为法国出席裁军大会代表团成员之一的众议院议员皮埃尔·维耶诺访问伦敦,就法国在德国军备问题上的态度传递信息说:如果英国能够主动采取措施确保法国的安全,法国准备接受英国的倡议,在承认德国重整军备已成事实的基础上举行军备谈判。至于法国希望英国采取的具体措施,维耶诺明确表示有两个方面:一是希望英国对可能缔结的新的军备条约的实施和监督提供保证,二是要求英国同意举行英法参谋会谈,就具体的军事保证义务进行磋商。③ 两天以后,法国外交部政务司副司长马西格利又向英国方面重申了上述意见。

英国对法国传递的信息非常重视。1 月 9 日,英国内阁召开会议讨论法国的建议。由于会上对于法国的建议存在分歧,此次内阁会议只是笼统地强调英国会谈的目的应当是在不承担额外义务的基础上劝说法国接受英国的意

① 帕克:《大不列颠、法国与 1935—1936 年埃塞俄比亚危机》(Parker, Great Britain, France and the Ethiopan Crisis 1935—36)载《英国历史评论》(*English Historical Review*),1974 年第 7 期。

② 参见 *DBFP*, 2/XII, No. 311, 第 352—354 页。

③ *DBFP*, 2/XII, No. 359, 注 3, 第 398 页。

见:即在强调“重新武装德国和增进欧洲安全的一揽子计划是符合欧洲的利益”的同时,“不应在洛迦诺公约之外再增加英国的义务”①。至于具体措施,内阁要求外交部提交一份书面材料以供日后讨论。当日,西蒙便起草了一份备忘录,全面分析了英国在德国军备问题上的立场及与法国会谈的策略。西蒙指出,在英国看来,以承认德国重整军备来换取德国恢复在国联的席位是没有可替代办法的办法。为了换取法国对英国政策的支持,英国应该满足法国的要求:同意给予军备条约的执行和监督保证的建议,支持法国劝说德国加入中欧互不干涉条约的努力以及鼓励德国和波兰加入东方公约。但是,由于西蒙必须出席在日内瓦召开的国联行政院会议讨论萨尔问题,该备忘录未能得到及时讨论。

1月12日,西蒙在日内瓦与法国外长赖伐尔就原定的伦敦会谈初步交换了意见,双方约定会晤时间为1月24日。

1935年1月13日,在国联的主持下实行萨尔公决,其结果是90%的人投票赞成萨尔地区立即并入德国。两天以后,国联作出决议:萨尔将于1935年3月1日并入德国。这一结果不仅大大鼓励了希特勒的野心,也推动了英法会谈的准备工作。

1月14日,英国内阁开会讨论西蒙1月9日的备忘录。内阁认为,西蒙提出的大多数建议都可以得到考虑,但对于英法举行参谋会谈的建议以及有关英国在莱因兰承担军事义务的问题,则拒绝采纳。为此,西蒙于1月21日指示驻法大使克拉克回绝法国有关参谋会谈的建议。1月24日,英国内阁最终明确了参加英法会谈的原则立场。内阁决议指出:英国必须面对德国已经重整军备的事实,通过谈判就军备问题寻求有效的解决方式,要求英国代表时刻“牢记德国重返国联及裁军大会是建立和维持欧洲和平的重要基础”,“有限制的重整军备比无限制的重整军备要好得多”。决议同时规定了如下具体策略:1.支持罗马协定;2.支持法国关于东方公约的计划,但反对将该计划作为与德国谈判的重点部分;3.原则上提议支持东欧互不侵犯条约;4.避免明确

---

① 罗斯托:《英法关系1934—36》(Rostow, *Anglo-French Relations*, 1934—36),伦敦,1984年,第86页。

承担洛迦诺公约的义务;5.回避讨论莱因兰问题;6.拒绝法国举行参谋会谈的建议等。①

次日,英国外交大臣西蒙将有关英法会谈公告草案递交法国政府,宣布英法会谈的目的是依据 1932 年 12 月 11 日关于平等权利的声明,愿意就凡尔赛条约第五部进行谈判以换取德国重返国联。西蒙向英国大使克拉克解释了英国如此拟就草案措辞的用意,是认为要使军备协定获得成功,就不能向德国要求过多,故东方公约等在公告草案中只字未提,他同时叮嘱克拉克不要在法国接受英国方案之前透露英国准备在罗马协定及奥地利问题上支持法国的信息。②

与此同时,法国也在加紧考虑伦敦会谈的指导方针。为了有充分的时间考虑对德政策,1 月 16 日,法国外长赖伐尔通知英国大使将伦敦会谈日期推迟到 2 月 1—2 日。

从 1 月 8 日法国议员皮埃尔·维耶诺的伦敦之行可以看出,法国同意参加伦敦会谈的主要目的是希望借机促使英国对法国的安全承担义务。但是,1 月 21 日英国拒绝与法国进行军事参谋会谈的消息却使法国人倍感失望。1 月 22—23 日,法国总理弗朗丹连续与英国代办坎贝尔进行会谈,继续其争取英国合作的努力。会谈中,弗朗丹强调法国接受德国军备平等的前提是英国对法国的安全提供保证,并询问英国政府可能为法国提供什么样的保证以及以何种形式提供保证。此外,弗朗丹还坦言法国政府内部存在着以不管部部长赫里欧及总参谋长莫兰等为代表的对德强硬派,称他们"与任何形式的对德协定都势不两立"。弗朗丹认为要废除凡尔赛和约第五部必须满足三个条件:"1.德国加入中东欧协定;2.法国拥有人力和物力上两方面的对德优势;3.包括保证和监督条款的国际裁军协定以及英国政府明确援助法国的方式和时间。弗朗丹还警告说:"除非上述条件都得到满足,他们(法国政府)将通过更快地建立和加强他们的联盟并与俄国缔结明确的协定来增进自己的安全"③。

① *DBFP*,2/XII,No. 366,第 410—414 页。

② *DBFP*,2/XII,No. 368,第 417 页。

③ *DBFP*,2/XII,No. 371,第 419—422 页。

1 月 26 日,当英国大使将英国有关伦敦会谈公告草案递交法国的时候,法国也同时提交了一份草案文本。法国的草案共 6 条,最重要的是第 5 条,突出强调东方公约的重要性,宣称英法两国一致认为“迅速达成一项旨在增加安全,特别是中、东欧安全的条约是达成一项有关军备问题的协定所不可缺少的”①。弗朗丹和赖伐尔还对英国大使明确表示:“除非德国通过赞成罗马协定和东方公约以证明它在领土方面的诚意”,法国不会同意废除凡尔赛条约第五部的相关条款。② 1 月 28 日,法国外长赖伐尔向克拉克表示法国无法接受英国的草案。赖伐尔强调“尽管两国原则上一致,但在限制德国军备的最佳方法上有不同看法。”他解释到,法国外交政策的目标是寻求尽可能多地将欧洲国家团结在一起,以维护各国的领土主权和政治独立;法国希望以条约的形式实现上述目的,但不同意以承认德国重整军备为基础的谈判,因为缔约的目的是为了增进安全,而“没有安全的和平就是战争”。③

英法两国的声明草案反映了两国政府在德国问题上存在着不小的分歧。英国急于与法国达成一致意见,1 月 29 日,英国重新修订公告草案,将法国文本中的第 5 条内容添加在英国的草案中,并且着重强调要把缔结新的安全协定、废除凡尔赛和约第五部、缔结新的军备条款等内容并列为一项全面解决的不可分割的部分。④ 法国在第二天同意了英国的方案。⑤ 1 月 31 日,法国总理弗朗丹与外长赖伐尔启程赴伦敦与英国首脑会谈。

三、英法伦敦会谈与 2 月 3 日联合声明

1935 年 2 月 1 日上午英法首脑会谈正式开始。但由于英法在德国军备问题上存在分歧,会谈开始不久就陷入僵局。

会谈伊始,英国外交大臣西蒙首先指出英国外交的目的就是希望能够以

---

① *DBFP*,2/XII,No. 375,第 434 页。

② *DBFP*,2/XII,No. 374,第 433—434 页。

③ *DBFP*,2/XII,No. 376,第 435—436 页。

④ *DBFP*,2/XII,No.389,第 451—452 页。

⑤ 参见 *DBFP*,2/XII,No. 382,No. 84,No. 389。

谈判的方式就德国军备问题达成一项全面协定。他表示英国设想中的协定是将实现德国军备平等、增进欧洲安全、废除凡尔赛和约第五部及德国重返国联发挥作用等方面内容作为一个整体的有机组成部分同时加以处理,要求法国就此进行磋商。同时,西蒙还不失时机地点明法国事先已同意放弃压制德国的政策。法国外长赖伐尔则表示法国反对在未获得安全保障的情况下解决德国的军备平等问题,他强调说,如果德国的军备平等问题得到解决,凡尔赛和约第五部被废除而没有任何附加的安全保证的话,英法两国将无法为和平继续作出贡献。因此,他强调法国希望以东方公约作为检验德国诚意的试金石。赖伐尔认为"如果德国被给予平等权而她拒绝在东欧承担责任,这将意味着她隐藏着某种罪恶的企图";而"如果德国打算在欧洲的那个地区制造麻烦,这种麻烦都会全面演变并扩散到西欧"①。从西蒙与赖伐尔的会谈中可以明显看出,英法两国在希望通过谈判与德国达成协议的问题上没有什么分歧,但在以什么样的条件展开对德谈判方面却大不相同。对于赖伐尔的建议,西蒙只是评价说东方公约的初衷是好的,但其形式值得探讨。经过几番唇枪舌战,赖伐尔拿出了两份事先准备好的文件,一份是关于对军备条约提供监督和保证的协定草案,一份是关于德国重整军备及其意义的文件,赖伐尔要求英国方面认真考虑这两份文件,但是英国首相麦克唐纳却以事先约定不讨论具体问题为由拒绝了法国的建议,英法会谈一时陷入僵局。

为了打破僵局,法国总理弗朗丹转而提出了缔结一项空防条约的建议,并明确表示"缔结某种有关空袭的协定将非常有助于建立普遍的安全,即赖伐尔曾经提到的可以同意讨论全面协定所需要的安全"②。由于法国的建议事出意外,英国方面事前没有准备,遂宣布休会以便商讨对策。

事实上,法国提议的空防条约也是筹划不久的。1 月 21 日英国拒绝法国关于举行参谋会谈的建议后,法国就一直在考虑促使英国增加对法国的安全所承担的义务的方法。1 月 26 日,法国驻英大使科尔宾向国内建议说,一项作为洛迦诺公约补充内容的空防条约有可能使英国政府接受。他的建议受到

① *DBFP*,2/XII,No. 397,第 460—461 页。

② *DBFP*,2/XII,No. 397,第 463 页。

马西格利的支持。马西格利认为这个建议可以作为一个间接的试探方式弄清英国对于洛迦诺公约义务的态度，甚至有可能使英法达成一项空防联盟。[①]他自己在1月23日与英国代办坎贝尔的会谈中也曾委婉地提出过这个建议。但由于法国政府一心关注东方公约，当时对此事未予重视。1月31日，法国大使科尔宾在迎接弗朗丹与赖伐尔赴伦敦的途中向他们力陈空防条约，强调英国出于对空战的恐惧极有可能接受一项空防条约，这才使弗朗丹和赖伐尔意识到该建议的可行性。[②] 因此当法国关于东方公约的主张遭到拒绝后，弗朗丹随即打出了空防条约这张牌。

英国方面对法国的建议很重视，西蒙利用休会时间召集航空大臣伦敦德瑞、内阁秘书汉基等军政代表开会讨论对策，枢密大臣鲍尔温与外交部常务次长范西塔特随后也参加了会议。会上分歧明显。西蒙起初支持签订空防条约，认为该约不会扩大英国在洛迦诺公约中承担的义务，相反在英国遭到德国空袭时还可以立即得到法国的援助。但是西蒙的观点遭到了汉基及军方代表的反对。汉基认为在十年或至少五年内不会发生英德战争。因此不存在签订该约的必要性。他强调此刻签约有可能过早地把英国拖入战争。[③] 空军参谋长埃林顿甚至夸张地说：一旦英国签定该约，那么"一颗落在法国领土上的炸弹也将会使我们动用全部武装力量"[④]。由于汉基等人的坚持，会议的结果是反对与法国签订空防条约的主张占了上风，连西蒙也改变了态度，认为不应追随法国行事。

在西蒙等人关于空防条约的讨论还未结束的时候，麦克唐纳已重新开始了与法国人的会谈。但是会谈很快在发表联合声明的问题上再次遇到了困难。双方虽然一致认为需要在会后发布一份带有宣传目的的"好声明"，用来

---

① 罗斯托：《英法关系 1934—36》(Rostow, *Anglo-French Relations*, 1934—36)，伦敦，1984年，第102页。

② 罗斯托：《英法关系 1934—36》(Rostow, *Anglo-French Relations*, 1934—36)，伦敦，1984年，第105—106页。

③ 罗斯基尔：《汉基：机要人员》(Stephen Roskill, *Hankey*: *Man of Secrets* 1931—63)，第3卷，科林斯，1974年，第156—164页。

④ 罗斯托：《英法关系 1934—36》(Rostow, *Anglo-French Relations*, 1934—36)，伦敦，1984年，第112页。

反驳"德国自认为有权武装到它所需要的程度的看法"①,但在具体措辞方面争吵激烈,以至于不得不再次休会。

休会期间,已获悉英国反对空防条约的范西塔特,为避免会谈彻底破裂,私下建议法国人将空防条约列入声明。因此,当会谈再次开始后,赖伐尔便坚持在声明中列入空防条约计划,并要求英国同意与法国率先缔结空防条约。对此,英国首相麦克唐纳借口时值周末无法召开内阁会议加以推脱。但当赖伐尔执意表示他将在伦敦停留等待英国内阁会议作出明确答复后,麦克唐纳被迫让步,宣布于次日召开内阁会议。

2月2日上午,经过讨论,英国内阁决定原则上接受空防条约计划,但强调英国不应在德国拒绝的情况下参加空防条约。会后英国外交大臣西蒙向法国代表通报了内阁决议,同时提出两点保留意见:1.空防条约只在洛迦诺公约范围内有效,本身并不意味着英国义务的扩大;2.为使德国接受该建议,有关细节应待日后谈判决定。② 英国原则上接受空防条约扫清了法国与英国合作道路上的障碍。英法会谈的联合声明也随即达成,并于2月3日公诸于众。

英法联合声明主要包括以下几个要点:1.英国支持罗马协定,宣布一旦奥地利独立受到威胁,英国愿意与其他有关国家协商行动。2.英国支持法国为维护和平而希望对军备竞赛加以控制的立场,反对任何对和约的单方面修改;同时呼吁德国与其他相关国家自由谈判以达成一项全面协定。3.同意将废弃凡尔赛和约第五部条款及德国恢复在国联的席位一并作为全面解决的组成部分。4.英法建议签订一项空防互助条约,以便为空袭受害者提供援助。③ 英法联合声明的公布标志着英法在对德谈判的政策上初步达成了共识。当天晚上,英法两国驻德大使共同将伦敦联合声明递交德国政府。

1935年2月英法伦敦会谈及其联合声明的发布标志着英法在彼此合作谋求与德国达成妥协的道路上迈出了重要的一步。

2月3日英法联合声明实际上是公开提出了英法与德国重开军备谈判的

---

① *DBFP*,2/XII,No. 398,第470页。

② *DBFP*,2/XII,No. 400,第478—479页。

③ 《国际条约集1934—1944》,世界知识出版社1961年版,第26—28页。

四个条件:即德国参加军备谈判,参加东方公约,重返国联与参加空防协定。它意味着英法两国准备在德国军备问题上作出让步,即通过谈判,有条件地承认德国重新武装的合法性。这一结果主要是英国对德政策的产物。1934年裁军大会失败后,英国尽管对德国重新武装感到不安,但总体上仍然对通过谈判与德国达成和解抱有幻想。英国驻德大使菲普斯在德国宣布退出裁军大会后曾固执地认为:"凭借高明的手腕可以诱使希特勒和他的运动对欧洲的发展作出一些新的促进",而且他还相信,"与现在的德国达成一项有效的裁军协定也许并不完全是乌托邦的想法。"①与此同时,他们还将造成裁军协定落空的责任归罪于法国的不合作,甚至在一年后英国外交部官员萨金特仍抱怨说:"我们一直敦促法国人在还有时间的时候与德国进行谈判,他们却拒绝这样做,最明显的就是1934年4月他们拒绝德国建议的时候。"②因此,裁军大会失败后英国一直把如何劝说法国同意重新开始与德国进行军备谈判作为外交的首要任务。法国在伦敦会谈中同意有条件废除凡尔赛和约第五部无疑是英国外交的一大进展。

相对而言,1935年英法伦敦声明也标志着法国对德政策发生了重大的调整。1934年2月上台的杜梅尔格政府曾一度关闭了与德国进行军备谈判的大门。当时的法国外长巴都主要致力于筹建东方公约,其目的在于孤立德国。但是由于德国的反对,尤其是作为法国盟国的波兰的反对,东方公约在1934年底已经陷入停滞状态,10月巴都的遇刺身亡更宣布了法国强硬外交的结束,法国不得不开始考虑与德国重新进行谈判。1934年12月22日,巴都的继任者赖伐尔在会见英国外交大臣西蒙时就曾明确表示法国已经放弃了巴都外交的立场。次年1月12日,赖伐尔在日内瓦与西蒙协商伦敦会谈的计划时又曾具体解释了法国调整政策的原因。他指出,法国在对德政策问题上有三种选择:第一,任其发展,无所作为;第二,诉诸战争;第三,进行谈判。他表示:"最好的办法是英法意三国共同告诉希特勒,除非他裁军否则它们将诉诸战

① 梅德利科特:《英国与德国》(Medlicott, Britain and Germany),迪尔克斯编《从大国地位撤退》(Dilks, ed., *Retreat From Power*)第1卷,麦克米伦,1981年,第82页。

② 帕克:《张伯伦与绥靖:英国的政策与第二次世界大战的来临》(Parker, *Chamberlain and Appeasement: British Policy and the Coming of the Second World War*),伦敦,1993年,第18页。

争”,但是由于没有一个国家准备这样做,这个选择不可能实现。而第一个选择根本不能考虑,所以第三种选择,也就是与德国进行谈判成了法国“唯一可行的政策”。① 1月18日,英国驻法大使克拉克在发往伦敦的报告中谈到法国国内舆论时也强调:“理智的法国人,如我遇到的所有人,都在私下会谈中承认德国已经在重整军备而且没有人想制止它,同时承认最好的、也是唯一可行的政策就是承认事实并试着与德国达成协议,以期达成某种限制和控制(军备)的体系”②。

英法在对德谈判问题上的共识奠定了1935年2月英法联合声明的基础,但是纵观英法会谈的筹备及联合声明的拟定的全过程,可以看出两国在如何开展对德谈判以及在什么条件下开展对德谈判等具体问题上仍然存在着不小的分歧,而且这些分歧并未因联合声明的发布而消除。法国虽然同意与德国重开谈判,但其外交的首要目标,即确保自己的安全得到切实保障却没有丝毫改变。1935年1月30日,赖伐尔在启程赴伦敦之前向法国众议院解释法国政府的外交政策时强调:“一个虚弱的法国将不会有过多的朋友,一个孤立的法国将不会强大,……他们(指法国政府)愿意担负起他们在欧洲坚实的和平体系中的责任,而且是巨大的责任,但是他们不相信没有安全保证的和平。他们没有自私自利的想法,安全,……是他们要求的全部!”③显而易见,尽管伦敦会谈使英法两国在合作对德谈判的道路上取得了一定进展,但是双方合作的基础并不牢固。事实证明,当德国出于分化英法的目的在2月14日提出与英国单独进行会谈的建议后,英法两国的反应截然相反:英国迫不及待地接受了德国的邀请,而法国则心存疑虑。虽然法国在得到英国的保证后勉强接受了被排斥在英德会谈之外的事实,但是它对英国的政策却疑心日重。短短一个月后,随着德国在1935年3月16日宣布重新武装,公然单方面撕毁凡尔赛和约,英法的对德政策再次出现了分歧。

---

① *DBFP*,2/XII,No.335,第378页。

② 罗斯托:《英法关系1934—36》(Rostow, *Anglo-French Relations*, 1934—36),伦敦,1984年,第95—96页。

③ 《英国外交事务文件:外交部绝密报告与文件》第2部F辑第21卷,第297页。

西班牙与美国“棉花贷款”问题初探

吴　涵[①]

1936年7月18日，西班牙内战爆发，这场由内部矛盾引发的斗争很快在外国干涉下发展为国际事务。战争中，美国与西班牙共和政府维持着正式外交关系，并且秘密支持政府一方。佛朗哥领导的叛军赢得内战胜利后，于1939年4月1日宣布内战结束建立新政权。不久，美国政府承认佛朗哥政权[②]，双方开始了正式的往来。由于国内经济困难，西班牙首先向美国提出棉花贷款的申请，而这个问题就成为了佛朗哥政府最初与美国交往的重要内容。双方围绕棉花贷款及相关问题展开的外交活动，成为之后两国交往的探路石。本文试图立足于美西两国相关外交文件，具体分析这一时期围绕棉花贷款问题的美西交涉。[③]

---

① 吴涵，女，首都师范大学历史学院硕士研究生。

② 在许多外文专著中用“regime”或者“régimen”表示佛朗哥统治下的西班牙，而该词带有贬义色彩。在本文中，美国政府承认佛朗哥政权之前（1939年4月1日）用“政权”，之后用“政府”。

③ 魏兰连曾在其文章中提到了围绕美国公司在西班牙所受待遇问题的美西交涉。参见魏兰连：《没有硝烟的战争——1939年5月至1940年8月美国与西班牙的外交纠纷》，《首都师范大学学报（社会科学版）》2010年增刊。至于美国对西班牙的政策研究，国外的学者多将注意力集中在战后的1953年至1995年期间，如 Angel Viñas, *En las garras del águila, Los pactos con Estados Unidos de Francisco Franco a Felipe González*（1945—1995）, Barcelona, Crítica, 2003; C. Elordel, *El amigo americano, De Franco a Aznar: una adhesión inquebrantable*, Madrid: Temas de Hoy, 2003 等等。近年来，专注于第二次世界大战期间美西关系的代表性研究成果为 Joan Maria Thomás（琼·玛丽亚·托马斯），*Roosevelt and Franco during the Second World War: from the Spanish Civil War to Pearl Harbor*, New York: Palgrave Macmillan, 2008。

一、棉花贷款问题的背景

1936 年至 1939 年的西班牙内战给西班牙造成了巨大的破坏。在内战后期,已经占据优势的佛朗哥一方就已经认识到战后西班牙将面临粮食及工业原料严重短缺,于是通过非官方渠道与美方进行沟通。1939 年 3 月 31 日,西班牙财政部外汇委员会副经理(sub manager)曼努埃尔·阿武鲁亚(Manuel Arburua)通过一位巴黎的私人银行家,与当时的美国驻法大使小威廉·布利特(William Christian Bullitt)进行接触。在与布利特的会面中,阿武鲁亚谈到了西班牙的总体形势,特别是西班牙急需生产原料,提到他作为西班牙的代表曾到过意大利,去寻求意大利人的支持,但同时还考虑要调整西班牙对意大利的义务。也谈到了西班牙经过内战缺乏外汇与黄金,没有获得贷款的便利条件。最后,他向美国驻法大使试探能否从美国获得棉花贷款,并提出了具体的贷款条件,即最少 300000 包棉花以供西班牙一年的消耗,用 3 年期的低息贷款支付棉花,这笔贷款从棉花到达西班牙港口之时算起,第一批需要的 60000 包棉花要 1939 年 5 月到达西班牙港口,另外西班牙方面需要尽快知道美国政府对于这笔贷款的态度与相应的条件。由于此时美国政府还未承认佛朗哥政权,布利特以此为理由并未立即给予回复。①

由于内战消耗了大量生产原料和物资,短时期内国内的农业生产无法立即满足工业生产的需要,如果西班牙要进行战后重建,必须从国外大量进口工业原料。西班牙是一个资本主义经济并不发达的国家,以轻工业为主,只有巴斯克和加泰罗尼亚两个工业中心。加泰罗尼亚地区的纺织业是西班牙工业的支柱之一,其中棉纺织业占主要地位,因此战后购买棉花来恢复加泰罗尼亚地区的纺织业生产成为佛朗哥政府的当务之急。佛朗哥政府向许多国家购买当地生产的棉花,但是又无法立即支付,于是就将这些购买棉花所需款项变成贷

① Telegram No. 7000T From American Embassy, Paris, France, April 10, 1939, William E. Leuchtenburg ed., *The Morgenthau Diaries, Depression and the New Deal*, 1933—1939(以下简称 *Morgenthau Diaries, DND*), Bethesda, MD: UPA, 2000, reel 49, document 180, pp. 218-221.(北京大学藏缩微胶卷)

款,这被称为“棉花贷款”。

虽然佛朗哥政权在西班牙内战期间获得了德意的大量援助,但是它并不希望在战后受制于人。佛朗哥政权经济政策的目标是保证国家经济的自给自足。对内他们以长枪党党章倡导的“反对大财团、投机商人滥用财产,重建资本主义体系,改善全民的生活条件”①为指导,颁布法令没收外国在西班牙的资产,包括铁路、石油、通信等方面。对外,则致力于保证国家独立,消除贸易逆差。

美国幅员辽阔,生产力先进,棉花产量高,可以供应给西班牙大量的棉花,因此成为西班牙寻求棉花贷款的主要对象。此时美国还处在经济危机时期,物资供大于求,有大量出口棉花的需要。因此棉花贷款交易既可以解决西班牙的经济困难,又有利于美国缓解经济危机,对于双方而言都有益处。此外,美国希望保护从西班牙共和政府那里获得的既得利益。尤其是美国国务院,希望同西班牙保持并继续发展经济关系,认为需要尽快地与西班牙新政府建立经济联系,力主促成与西班牙这笔棉花贷款交易②。

在同西班牙方面接触之后,布利特对西班牙从美国方面购买棉花的情况进行了了解,知道了美国的安德森·克莱顿(Anderson Clayton)公司已经运了13500包棉花到巴塞罗那港,并且以付现的方式卖给了佛朗哥政权2000包棉花,但是私人商行无法满足西班牙对棉花的需求。由于美国的进出口银行(Export-Import Bank)不直接向外国政府提供贷款,因此佛朗哥政权希望能以棉纺织委员会(Cotton Textile Committee)的名义提出贷款申请,该委员会是西班牙工业的代表,同时享有政府的支持与担保。如果美国允许的话它将通过美国银行在巴黎的分行提出申请。此后的一次会面中,西班牙人还向布利特表示,尽管有困难,但是他们还是希望通过西班牙自己的力量去重建西班牙。③ 这实际上是向美国表明他们独立于德意的态度。

---

① José Manuel Sabín Rodríguez, *La Dictadura Franquista* (1936—1975): *texots y documentos*, Madrid: Akal, 1997, pp.74-75.

② June 19, 1939, *Morgenthau Diaries*, *DND*, reel 54, document 197, p.236.

③ Telegram No. 7000T from Paris, April 18, 1939, *Morgenthau Diaries*, *DND*, reel 49, document 180, p.231.

二、棉花贷款谈判始末

1939年4月1日,美国政府承认佛朗哥政权,4月3日双方正式签约。西班牙方面继续在棉花贷款问题上同美国保持接触与沟通。最终由新的西班牙驻美大使向美国政府提出以西班牙棉花联合会(Cotton Syndicate of Spain)的名义向美国进出口银行申请300000包棉花的贷款。

1939年5月3日,在一次美国财政部与副国务卿萨姆纳·韦尔斯(Sumner Welles)举行的会议上他们讨论了关于是否给予西班牙棉花贷款的问题。韦尔斯说道:"国务院基本上同意西班牙提出的这些条件,只是希望时间比他们所要求的要短一些……一年(而不是三年)。……以及需要保证这些棉花仅用于西班牙国内,不会被转卖或转运(到其他地方)。"①财政部表示,佛朗哥政府针对美国政府的诉讼至今悬而未决。之前财政部曾要求国务院要以撤销这项诉讼为条件来承认新的西班牙政府,但是国务院对此无所作为。这次,美国财政部长小摩根索(Henry Morgenthau)强硬地表示,在撤销该项诉讼前不会批准任何给予西班牙的贷款。同时他还得到了进出口银行行长杰西·琼斯(Jesse Jones)的支持与许诺,即不撤销诉讼绝不谈贷款及棉花交易。②

这项诉讼是西班牙银行对1938年西班牙共和政府卖给美国政府白银一案的诉讼。根据《白银收购法案》与总统的授权,财政部长小摩根索于1938年分五次从当时的西班牙政府手中购买了近35000000盎司白银,总价值15000000美元。当时的西班牙驻美大使德·洛斯里奥斯(Fernando De Los Ríos)在财政部兑现了一半的购银款。而在当时,一些声称代表布尔戈斯政府(即佛朗哥政权)的人就对此表示抗议,认为美国从西班牙银行取走白银侵犯了西班牙的法律。于是,他们对美国的三家机构提起了诉讼,这三家机构分别

① Re certain financial arrangements with governments of Spain and Poland, May 3, 1939, *Morgenthau Diaries*, *DND*, reel 50, document 187, pp.403-404.

② Re certain financial arrangements with governments of Spain and Poland, May 3, 1939, *Morgenthau Diaries*, *DND*, reel 50, document 187, pp.404-405.

是,这批白银储存地纽约金属检验所监督处(Superintendent of the United States Assay Office at New York),运输方美国航运(the United States Shipping Lines)和银行代理纽约美国联邦储备银行(the Federal Reserve Bank of New York),佛朗哥政权要求追回这批白银,或者是由美国赔偿15000000美元的损失。① 让美国政府更为不快的是原告提出的诉讼书中含沙射影地说美国政府默许了西班牙共和政府的非法行为。原告在诉讼中说:“西班牙银行(的白银)在巴塞罗那被偷了,这不是官方行为,而是共产主义团体领导的所为。我们认为他们(共产主义者)利用德·洛斯里奥斯去促成这笔买卖并让他从官方渠道转入在美国的秘密代理这一过程中得到好处。”②这种指桑骂槐的方式让美国人感到屈辱与愤怒。

1939年5月10日,西班牙驻美国大使胡安·弗朗西斯科·德·卡德纳斯(Juan Francisco de Cárdenas)与美国副国务卿韦尔斯进行会面,并通过韦尔斯向美国进出口银行提交了一份要求2年期共300000包棉花的贷款申请。这批棉花将主要供应加泰罗尼亚地区的纺织工厂。在会面中,韦尔斯首先针对白银诉讼案向卡德纳斯提出了抗议。他指出,对于白银诉讼一案,西班牙不可能胜诉,因为美国政府购买白银的时候没有义务去调查一个国家银行对白银的买卖权。对此,卡德纳斯向韦尔斯解释道:“(西班牙)白银的买卖权从来就不属于西班牙共和国政府,只属于西班牙银行,而现在西班牙希望挽回白银的损失。”③从谈判一开始,美国就向西班牙提出了给予棉花贷款的附加条件,希望通过这笔贷款解决西班牙与美国之间存在的一些外交纠纷。负责向西班牙购买白银的美国财政部在1939年5月24日举行的一次会议上提出,除非

---

① Spanish Silver Litigation [OF971:T], June 21, 1939, Donald B.Schewe, Franklin D.Roosevelt Library ed. *Franklin D. Roosevelt and Foreign Affairs* (以下简称FDRFA), *Second Series*, New York, Hyde Park: Clearwater Publishing Company, Inc., 1969, *Vol.* 15, 1883a, p.284.

② Spanish Silver Litigation[OF971:T], June 21, 1939, *FDRFA*, *Second Series*, *Vol.* 15, 1883a, p. 285.

③ Joan Maria Thomás, *Roosevelt and Franco during the Second World War: From the Spanish Civil War to Pearl Harbor*, p.62.

西班牙政府撤销白银诉讼案,否则将拒绝批准向西班牙提供棉花贷款。[①] 面对压力,西班牙却依然保持着强硬的态度。

5月29日,美国又将西班牙政府批准索斯特内斯·贝恩(Sosthenes Behn)入境与美国批准西班牙的棉花贷款联系到一起。[②] 贝恩是美国ITT公司(International Telephone and Telegraph Cooperation,国际电话电报公司)的大股东[③],同时ITT公司是CTNE(Compañía Telefónica Nacional de España,西班牙国家电话公司)最大的股东,CTNE公司一亿一千五百万比塞塔的股票中有一亿一千四百四十万为ITT公司所有。佛朗哥政府在战后为了将CTNE收为国有,除索要两家公司签订合同的副本外,还禁止这两家公司的大股东贝恩入境,[④]以便促成CTNE收归国有。佛朗哥等国家主义者对于CTNE掌握在外国人的手中始终耿耿于怀。

面对美国政府同样强硬的态度,卡德纳斯提出应把贝恩入境一事归为政治事务,并强调在两国的外交中,经济与政治事务要分开处理。他与韦尔斯会面时提到,"在西班牙内战期间,贝恩与西班牙共和国政府往来密切,这是目前不允许他进入西班牙的原因。"[⑤]他还进一步解释,内战期间贝恩以及ITT公司高层为西班牙共和政府提供便利,把电话公司的大楼借给共和政府用来进行军事活动,这两点政治上的原因是西班牙政府禁止贝恩入境的关键。卡德纳斯想表明,西班牙无意针对美国政府。但是韦尔斯则强调,ITT和美国其他公司在西班牙应该像在美国一样都能受到公平地对待。[⑥]

西班牙大使与美国进出口银行行长杰西·琼斯就西班牙申请棉花贷款一

---

① Joan Maria Thomás, *Roosevelt and Franco during the Second World War: From the Spanish Civil War to Pearl Harbor*, p.62.

② U.S Department of State, *Foreign Relations of the United States*(以下简称*FRUS*), *1939*, *Vol. 2*, Washington D.C.: USGPO, 1956, p.838.

③ ITT公司是美国的著名通信企业,受摩根家族控制。大股东贝恩曾在美国陆军服役,授中校军衔,退役以后他创办了波多黎各电话公司,也就是ITT的前身。ITT公司在西班牙拥有广泛的业务,除了电话、电报等通信业务,大股东贝恩和他的兄弟还在西班牙的圣胡安修建了一座名为"两兄弟"的大桥。

④ *FRUS*, 1939, *Vol.* 2, p.826.

⑤ *FRUS*, 1939, *Vol.* 2, p.828.

⑥ *FRUS*, 1939, *Vol.* 2, p.834.

事进行协商时,琼斯表示美国同意这批贷款,但是贷款条件为其中15万包可以用2年期贷款,另外15万包需要像别的国家一样,每发货三个月进行一次结算。同样的,在这次协商中,琼斯也试探性地问西班牙大使,如果棉花贷款一事圆满解决了,西班牙政府是否能撤回白银诉讼案。但是卡德纳斯表示这是一件政治事务,恐怕需要与(美国)国务院商讨。琼斯又提出美国可能会用15万包短期还贷棉花减少至5万包这一条件作为交换。但是,实际上在当时的情况下这种商讨不可能有结果。① 大概是看出了财政部与国务院在白银诉讼上的不同立场,卡德纳斯巧妙地把这件事情推回到国务院。

面对美国把白银诉讼案、贝恩入境与棉花贷款联系在一起的现实,西班牙大使卡德纳斯颇费功夫,力图把三件事情分开处理。终于在6月12日,在与卡德纳斯的会面中,韦尔斯初步答复说,他会再同总统讨论是否将白银诉讼案与棉花贷款联系起来,这最终取决于总统,有结果就答复卡德纳斯。② 而此时的美国财政部也从竭力反对,到对此事开始提出具体的交易细则,双方进入商谈的实质阶段。财政部汲取白银诉讼纠纷的教训,在几次讨论后最终由部长小摩根索定下一系列的条件,包括得到贷款需要一份西班牙银行的书面保证,一份西班牙财政部的书面保证,以及比利时银行及财政部的保证,将用一个三方达成协议的形式来作为这次贷款的保证。③ 从而防止西班牙方面用别的形式将贷款抵消。

此时,西班牙与美国除了以上纠纷,还存在着释放在押美国战俘的问题。参加了西班牙内战的国际纵队林肯旅中有少数美国人在战后成为佛朗哥政府的战俘,美国政府要求西班牙释放他们。根据1903年4月20日美国与西班牙双方签订并宣布生效的友好条约第15条之规定:双方所有的外交官、公民或者国民除非是构成犯罪,否则都应当受到军事豁免的待遇。④ 美国要求西班牙无条件释放林肯旅俘虏。西班牙以正在调查这些俘虏是否构成犯罪为

---

① *FRUS*, 1939, *Vol.* 2, pp.832-833.

② *FRUS*, 1939, *Vol.* 2, p.833.

③ Mr. Pierson and Henry Morgenthau, June 19, 1939, *Morgenthau Diaries*, *DND*, reel 54, document 197, p.234.

④ Treaties Conventions etc. 1776—1906, January 16, 1940, Robert E. Lester ed., *Confidential U.S. State Department Central Files* (以下简称 *CUSSDCF*), *Spain*, 1940—1944, *Internal and Foreign Affairs* (以下简称 *IFA*), Bethesda, MD: LexisNexis, 2009, reel 36, p.972. (首都师范大学藏缩微胶卷)

由,拒绝立即释放。

6月22日,美国驻西班牙大使亚历山大·韦德尔(Alexander W.Weddell)与西班牙外交部长会面时,以上几件事情没有任何进展,双方坚持各自的立场,没有任何一方妥协。6月26日,美国收到了西班牙政府关于购买的棉花仅用于西班牙国内生产,以及一定单独支付所申请贷款的保证。① 西班牙积极处理棉花贷款一事,对其他的事情一再拖延。6月28日,卡德纳斯与国务卿赫尔(Cordell Hull)进行了会面,抱怨美国拖延批准贷款一事造成了西班牙棉纺织业原料的供应困难,甚至威胁说:"西班牙希望美国告知为何推迟批准贷款,然后考虑问题能否解决,如果解决不了就重新考虑从美国购买棉花一事。"富有经验的卡德纳斯甚至对韦尔斯说:"……如果这次协商能成功,无异于告诉现在的西班牙政府,美国愿意同他们合作,没有必要将自己完全投入德国与意大利的怀抱。"②而这一点也正是部分美国官员所看重的。

之后,美国驻西班牙大使应赫尔的要求询问西班牙外交部长关于贝恩入境一事,并于7月3日向华盛顿发回电报,指出西班牙对此事仍在推脱。于是此次谈判再次陷入僵局。

美国国内对于与西班牙恢复经济关系的意见并不统一,以财政部长小摩根索及罗斯福为代表的一派人认为西班牙是一个法西斯政权,应该对其实行经济封锁;以国务卿赫尔、副国务卿韦尔斯为代表的一派则认为应该与佛朗哥政府建立经济关系。在大战爆发前的这一时期,美国还是以国内经济发展为主要任务,着重于解决1929年经济大危机带来的一系列问题。即使是一直对批准棉花贷款持坚决反对意见的财政部长小摩根索,也不得不依据1940年新政(New Deal)的施行情况,重新考虑将生产过剩的棉花以贷款的形式卖给西班牙。③ 在美国政府内部,同意批准西班牙棉花贷款的一方在争论中占据上风。虽然此时韦德尔还没有与佛朗哥会面,但是美国已经先做出了让步。赫

① Sumner Welles, Under Secretary of State, to Roosevelt, June 26, 1939[OF422:TS], *FDRFA, Second Series, Vol. 15*, 1895, pp.320-324.

② *FRUS*, 1939, *Vol.* 2, p.835.

③ Meeting of Fiscal and Monetary Advisory Board, June 6, 1939, *Morgenthau Diaries*, *DND*, reel 53, document 194, p.93.

尔在7月22日给韦德尔发送的电报中说道，同佛朗哥见面的时候可以告诉他，西班牙驻美大使已经同美国进出口银行达成了框架协议。①

从整体上看，佛朗哥政府对美国一贯没有好感。甚至当时在法国的前美国大使鲍尔斯（Claude G.Bowers）都感觉到这一点，认为佛朗哥统治下的西班牙无疑是敌视美国的。② 除了因在内战中美国秘密地帮助过西班牙共和政府外，两者意识形态上的差异是主要原因。西班牙长枪党党章中批评当时的资本主义体系“不管人民的需求，让私人财产冷酷无情”③。他们在报纸、广播中侮辱性地称美国人为美国佬（los yanquis），批判美国的资本主义。在西班牙政府内部，有两派主要的力量，一派以当时的外交部长贝格贝德尔上校（Juan Beigbeder）为代表，虽然他也是一个倾向于专制统治的人，并且在北非的战事中有过功绩，但是在外交上他倾向于同西方民主国家建立良好关系。另一派则是以内政部长塞拉诺·苏内（Serrano Ramón Suñer）为代表，他是一名狂热的长枪党人，一直希望西班牙的长枪党能像意大利的法西斯党一样掌握国内大权，外交上倾向于加入德意集团。他是佛朗哥的妻弟，因为这层特殊关系手握重权。苏内一直在CTNE事务上推脱阻拦，给外交部与美国的交涉带来了极大的困难。

虽然双方的交涉如此艰难，但是由于西班牙和美国都有棉花买卖的需要，纵使艰难也要继续。西班牙银行在1938年提出的白银诉讼案最终于1939年7月14日被美国纽约联邦法庭驳回，④白银诉讼纠纷最终告停。西班牙对此也不再纠缠，因为棉花对于此时的西班牙似乎更为重要。

西班牙外交部副秘书长巴尔塞纳斯（Domingo de las Bárcenas）在同美国驻西班牙大使馆参赞罗伯特·M.斯科腾（Robert M.Scotten）的一系列会面中态度尚好，表示战俘名单已经在调查之中，还表示只要美国方面能安排好棉花

---

① *FRUS*, 1939, *Vol.* 2, p.840.

② *FRUS*, 1939, *Vol.* 2, p.716.

③ José Manuel Sabín Rodríguez, *La Dictadura Franquista*(1936—1975): *texots y documentos*, p. 74.

④ *FRUS*, 1939, *Vol.* 2, p.832.

贷款一事,佛朗哥就会同意贝恩入境,并且豁免美国俘虏。① 很快,7 月 25 日西班牙就表示已经准许贝恩入境,贝恩在 27 日之后就能在法西边境的昂代领事馆拿到他的签证。②

随后,1939 年 8 月 7 日美国进出口银行发表关于西班牙棉花贷款的正式声明,向西班牙提供一年期的棉花贷款 25 万包。附加条件是这批棉花仅供西班牙国内使用,西班牙政府根据合同支付贷款,西班牙政府、西班牙银行或是其他金融机构、利益集团不得以任何理由不支付或反对支付棉花贷款。③ 8 月 28 日,美国参议院通过了对西班牙的棉花贷款案。④ 终于,西班牙可以通过这批棉花一解燃眉之急。同样,在艰难的交往之后,西班牙佛朗哥政府正式与美国建立起经济联系。

三、棉花贷款后续问题的解决与影响

西班牙与美国的关系并没有因为棉花贷款的通过而朝着好的方向发展,西班牙的经济也并没有因为这笔贷款得以改善。西班牙政府并没有如美国人所期望的那样无条件释放所有在押俘虏,只释放了 19 名中的 11 名,还滞留下 8 名,理由是“犯有其他罪行的(美国林肯旅俘虏)不包括在释放人员之内”⑤。此外,西班牙政府对于调查美国失踪公民的工作并不配合,例如,有一位“林肯旅”成员保罗 · 沙克特(Paul Schachter,又名菲利普 · 沙克特),他的兄弟从 1938 年起开始给美国国务院写信要求帮助寻找保罗,美国国务院、美国驻西班牙大使馆以及美国红十字会经过几年努力,并且与西班牙军方多次交涉,直到 1941 年 2 月 27 日,韦德尔收到西班牙军队对外事务处的答复仅仅是“查无此人”。⑥

① *FRUS*,1939,*Vol.* 2,pp.838-839.

② *FRUS*,1939,*Vol.* 2,p.842.

③ *FRUS*,1939,*Vol.* 2,p.841.

④ Joan Maria Thomás,*Roosevelt and Franco during the Second World War*:*From the Spanish Civil War to Pearl Harbor*,p.70.

⑤ *FRUS*,1939,*Vol.* 2,pp.815-816.

⑥ Files of Schachter Philip,*CUSSDCF*,*Spain*,1940—1944,*IFA*,reel 13,pp.8-13.

西班牙尽力让 ITT 与 CTNE 一事沿着它最初的计划发展,即由西班牙方面掌握此公司。不仅派秘密警察监视贝恩的活动,还完全掌控着 CTNE 公司的运营,同时还借助德国公司的力量排挤 ITT 在西班牙通信市场上的份额①。西班牙政府还借着“红色法规”,对曾经参与到“红色政权”中的 ITT 公司员工进行“清理”,西班牙军方还对包括贝恩在内的 5 名公司管理人员提起了军事诉讼。但是西班牙的这些强硬措施最终没有顺利实施。1940 年西班牙政府又向美国的私人银行——摩根银行(J.P.Morgan)申请一笔 10 万吨的小麦贷款,以及向美国政府申请约 2 亿美元的贷款用以购买粮食及其他必需品,美国政府将此视为快速解决电话公司问题的新契机,通过摩根银行给西班牙申请的贷款设置障碍,向西班牙施压。在双方经过几番协商、斗争与妥协之后,直到 1940 年 5 月 15 日西班牙才同美国达成协议,让贝恩在这项长达一年的纠纷中获得了比较满意的结果:ITT 公司保留了对 CTNE 的管理权和控制权,恢复到西班牙内战以前的状态,并且公司美国籍人员的权利将以条约的形式得到保证。②

在双方围绕上述问题进行的交涉中,西班牙在每一个问题上的强硬态度以及不妥协行为让美国人头疼,进一步加深了美国对西班牙的不信任。之后的交往中,美国政府的态度变得强硬起来,方式也变得更加直接。只要西班牙在经济方面有求于美国,西班牙必须做出让步,多半是政治事务上的让步,然后美国才会再给西班牙一些甜头,好像是鼓励西班牙配合美国。例如,在西班牙向美国妥协,双方最终达成电话公司事务的协议后,美国又允许西班牙在不触犯美国“中立法案”同时获得英国颁发的许可证的情况下,可不受限地购买美国的石油。很快,双方在 8 月 19 日完成了关于电话公司的处理③。

西班牙在得到美国的棉花贷款以后,纺织业并没有恢复或者说有好转的迹象。虽然西班牙已能自己生产 4%的纺织品④,但距离佛朗哥想象的自给自足的经济还有很长一段距离。美国大使韦德尔 1940 年 7 月 30 日发回华盛顿

---

① *FRUS*,1939,*Vol.* 2,p.837.

② U.S Department of State,*FRUS*,1940,*Vol.* 2,Washington D.C.:USGPO,1957,pp.885-886.

③ *FRUS*,1940,*Vol.* 2,pp.895-897.

④ From American Consulate General about negotiations for purchase of raw cotton by Spain in Egypt and South America,June 1,1940,*CUSSDCF*,*Spain*,1940—1944,*IFA*,reel 28,p.1002.

的报告显示“(加泰罗尼亚地区)许多工厂现在已经完全关闭,其余未关闭的每周只开工两天为政府制造基本战备物资。棉花的供应仍然不足,也没有任何迹象表明这种状况会有所好转。”①工厂开工不足也意味着失业,失业使西班牙人民收入不足。整个西班牙的经济也没有复苏的迹象。同时,为了不让自己过度依赖美国,平衡西班牙的对外贸易,也为了密切与拉美国家的联系,西班牙还以较美国棉花贷款更高的价格向阿根廷、巴西分别购买了 3 万包与 10 万包棉花。这引起了美国政府对自己棉花销售市场的担忧,并且据韦德尔推测,巴西可能是将美国或者英国给它的贷款再转贷给西班牙。②

1939 年 9 月 1 日,德国闪击波兰,第二次世界大战爆发。鉴于西班牙与德意的密切关系,美国也更加关注西班牙的参战动向。1939 年 10 月从美国驻巴塞罗那领事馆发回的两篇连续的分析报告中说道,由于战争的爆发,西班牙从德意获得的棉花原料减少,棉花原料供应更紧张。西班牙纺织工业的商人对美国的棉花原料兴趣增加。另外考虑到美国的中立法案,以及欧洲战事的日趋紧张,西班牙认为它在战时只可能从美国持续购买到原料,德意、英法都没有像美国一样丰富的物资储备。美国领事认为如果西班牙加入轴心国,则不仅切断了所有从美国进口的物资,也无法从德意那里得到物资。所以对于西班牙而言,如果想要获得物资最好就是加入同盟国一方。另外报告中还提到巴塞罗那市长说西班牙面临严重的食品短缺问题,西班牙现在的经济能自给自足绝对是幻想,报纸上说西班牙的食物大概只能供应全国的三分之二,谷物、糖都很缺乏。③ 就当时西班牙国内长枪党势力日益扩大,天主教及军队的势力依然占主要地位而言,让这个憎恶自由主义的国家加入英美一方参战是不可能的,何况,此时的德国在战争中处于上风。不过西班牙需要美国的物资也是不争的事实。

随着战场形势的变化,德国同西班牙之间的联系越来越紧密。ITT 公司

① The Spain Cotton Situation, July 30, 1940, *CUSSDCF*, *Spain*, 1940—1944, *IFA*, reel 24, p.129.

② The Spain Cotton Situation, July 30, 1940; Telegram sent by Hull, September 9, 1940, *CUSSDCF*, *Spain*, 1940—1944, *IFA*, reel 24, pp.130, 131, 141, 145.

③ Spanish Attitude toward the United States, October 4, 1939, Michael Davis ed., *CUSSDCF*, *Spain*, 1930—1939, *Foreign Affairs*, Bethesda, MD: UPA, 1986, reel 3, pp.430-436.

高层包括贝恩以及副董事长弗兰克·佩吉(Frank Page)同美国国务院及财政部官员的来往信件表明,德国可能从幕后出资,让西班牙政府出面购买ITT公司。虽然ITT公司有意出卖其在西班牙的那些股份,但是考虑到德国在幕后操纵,美国国务院对此表示反对,因为美国政府认为,德国控制西班牙的电信业将损害自己的国家利益。① ITT公司部分被“红色法规”清理的美国员工中有些属于公司高层,这些人对ITT的经营有重要意义。在西班牙政府宣布进入“非交战状态”后,为了给西班牙施压,英美断了其石油供应。直到1940年8月佛朗哥以ITT电话公司为筹码做出妥协让步,ITT公司贝恩借着这个机会让之前被“清理”的弗雷德·卡尔德维尔(Fred Caldwell)出任副执行董事,并且得到西班牙政府的许可,最终解决了这件长达一年多的纠纷。美国在发现“胡萝卜加大棒”的方式对西班牙很管用之后,便更多采取这样的方式与佛朗哥政权进行交往。

佛朗哥政府在内战结束后面临着西班牙的重建工作,但是粮食与物资的缺乏让重建工作举步维艰。虽然西班牙人对美国充满了敌意,但是迫于国内经济形势他们需要美国人的商品。所以一方面西班牙向美国申请贷款,另一方面又表现得非常强硬。起初,美国希望通过贷款与西班牙建立较好的联系,但是在几次以优越的条件与西班牙进行协商的过程中,发现西班牙并不买账,向西班牙示好却没有得到回应,美国也开始变得强硬。同西班牙急需的物资相比,美国要解决的问题远不如趋于崩溃的经济那么严重,所以西班牙就成了双方中天然的弱者。只要西班牙在经济上有求于美国,美国就能运用它的经济实力向西班牙施压,换取西班牙在一些政治问题上的妥协,这是美国探索出来同西班牙交往的有效手段。由于经济是西班牙面临的根本问题,所以无论起初西班牙如何强硬,最后都不得不屈服于美国的经济条件。以此为基础,双方逐渐形成了以西班牙的政治让步换取美国的经济实惠的模式。

---

① Memorandum of conversation, March 20, 1941; Adviser on international economic affairs, July 11, 1941; Telegrams, November 14, November 24, November 26, November 27 in 1941, *CUSSDCF, Spain*, 1940—1944, *IFA*, reel 30, p.16, pp.389-391, pp.395-401.

英国与《瓦尔基扎协定》的实施(1945—1946)[①]

冯一鸣[②]

1946年3月举行的希腊政府选举与当年9月的全民公决不仅决定了战后希腊的政体形式及相关政治制度,同时成为二战末期至冷战初期英、美、苏等大国政治力量接触碰撞的重要国际事件。英、美、法三国联合监督希腊选举始于1945年9月,至1946年9月正式结束,前后持续近一年时间。对于这场涉及战后欧洲被解放国家政治架构重建及大国地区战略利益角力的政府选举,时任盟国联合监督希腊选举使团(Allied Mission to Observe the Greek Elections,AMTOGE)美方代表团团长的亨利·格雷迪(Henry F.Grady)曾这样评价:"希腊政府邀请英、法、美三国参与监督选举并为上述三国所接受,这在自由独立国家的外交史上还是前所未见的。……毫无疑问,这是外部各个大国首次在不寻求己方利益的情况下向一个相对弱小的国家提供政治援助"。[③]当然,希腊大选前后相关各国的政策考量决非格雷迪所说那般"不为己谋",其中英美均为对战后希腊事务影响深远的大国,而希腊大选又恰恰处在二战末直至冷战前夕这段微妙的历史时期。因此,英美针对希腊选举事务及其相关问题所采取的策略态度,实为涉及冷战起源这一重大论题的现实案例。

相较而言,自二战后期开始,英国便通过各种手段控制了希腊的经济、军

---

① 本文初稿曾提交2011年3月首都师范大学历史学院世界史学科举办的"首届国际关系史青年论坛"。

② 冯一鸣,男,首都师范大学历史学院本科生。

③ John T.McNay ed.,*The Memoirs of Ambassador Henry F.Grady:from the Great War to the Cold War*,Columbia,Missouri:University of Missouri Press,2009,pp.85,98.

事、民政等多方面事务,成为战后希腊政治生活中一大决定性因素,而美国对希腊事务的大规模干预则迟至1947年初,因此,自1944年年末至1946年下半年,英国对希腊事务的介入程度及影响作用均远在美国之上。而与英国方面在希腊问题,特别是希腊选举事务上的重要地位相比,希腊问题的研究者大多仍将关注点置于杜鲁门主义出台后美国的对希政策①,而涉及英国作用地位的学术论著数量较少,且主要是从战后英国宏观外交政策角度出发,缺乏针对此一时段具体史实的专题研究②,偶有所及,论述也较为泛泛,少有深入分析③,且多未充分挖掘利用英国外交档案资源。

① Stephen George Xydis, *Greece and the Great Powers*, 1944—1947, Thessaloniki: Institute for Balkan Studies, 1963; Lawrence S. Wittner, *American Intervention in Greece*, 1943—1949, New York: Columbia University Press, 1982; David H. Close ed., *The Greek Civil War*, 1943—1950, *Studies of Polarization*, London and New York: Routledge, 1993; John O. Iatrides, Linda Wrigley, *Greece at the Crossroads: The Civil War and its Legacy*, Pennsylvania: Penn State Press 1995; A. Aritom, "Soviet War Perceptions of Turkey and Greece, 1945—1958", *Cold War History*, Vol. 3, Issue 2 (Jan. 2003), pp. 35-52; Ioannis D. Stefanidis, *Stirring the Greek Nation: Political Culture, Irredentism and Anti-Americanism in Post-war Greece*, 1945—1967, Aldershot, England; Burlington, VT: Ashgate, 2007.

② Procopis Papastratis, *British Policy Towards Greece during the Second World War*, 1941—1944, Cambridge University Press, 1984; Allan Bullock, *Ernest Bevin: Foreign Secretary*, 1945—1951, London: Heinemann Publishes, 1983; John Saville, *The policy of Continuity: British Foreign Policy and the Labour Government*, 1945—46, London: New York: Verso, 1993; Amikam Nachnami, "Civil War and Foreign Intervention in Greece: 1946—49", *Journal of Contemporary History*, Vol. 25, No. 4 (Oct., 1990), pp.489-522.此外,中国学者对此问题亦有一定关注,较典型者如任东来《大国干预与共产党的革命战略——对于中国和希腊的比较研究(1944—1946)》(《美国历史问题新探:杨生茂教授八十寿辰纪念文集》,中国社会科学出版社1996年版,第309—329页)及雷满妹《论二战后期英国对希腊的干涉(1944.12—1945.2)》(徐蓝主编:《近现代国际关系史研究》第2辑,人民出版社2012年版),任文从内战结束后希腊共产党的种种失误入手,重点分析革命战略与外部政治势力的互动关系,雷文则全面回顾了英国介入希腊内战的前后经过,两文均论及了《瓦尔基扎协定》签订以降英国及希腊共产党方面应对协定条款的若干举措,但叙述殊为简略。

③ George Th. Mavrogordatos, "The 1946 Election and Plebiscite: Prelude to Civil War", in John O. Iatrides, (ed.), *Greece in the* 1940: *A Nation in Crisiss*, London: University Press of New England, 1981, pp.181-194; Richard Clogg, *Parties and Elections in Greece: the Search for Legitimacy*, London: C. Hurst& Co., 1987; Esche Matthias, *Die Kommunistche Partei Griechenlands* 1941—1949: *ein B eitrag zur Politik der KKE vom Beginn der Resistance bis zum Ende des Bürgerkriegs*, München: Oldenbourg, 1982; Polymeris Voglis, "Political Prisoners in the Greek Civil War, 1945—1950: Greece in Comparative Perspective", *Journal of Contemporary History*, Vol. 37, No. 4 (Oct., 2002), pp.523-540.

鉴于这一时期英国参与希腊事务的重要意义及学术界的研究现状,本文拟以现有英国外交档案文件为基础,围绕《瓦尔基扎协定》的实施为中心,探究冷战前夕英国对希腊内部事务的分析嬗变及其对希腊大选最终结果的影响。

一

自1944年12月英军进入雅典至1945年2月《瓦尔基扎协定》(Varkiza Agreement)签字,英国对希腊共产党(K.K.E)及希腊民族解放阵线(E.A.M)的态度事实上成为英涉足希腊内部政治事务的政策前奏。具体来说,1944年12月英军介入希腊并与希腊民族解放军(E.L.A.S)作战一度招致了诸多国际舆论的非议。至1945年初,虽然英国方面重建其在希腊政治影响的目的业已达成①,但由于民族解放阵线及其同情者在世界各地的积极宣传,加之盟国方面对欧洲各被占领国抵抗组织的肯定与支持,使得英美两国的大众舆论普遍被民族解放阵线所"误导","英国广播公司及泰晤士报的报道将民族解放阵线与民族解放军描绘成遭受英国反动官僚迫害的理想主义者,就连驻雅典的英美记者都不太愿意报道有关民族解放阵线的负面新闻"。② 为此丘吉尔被迫大费周章地在下院为其希腊政策进行辩护。③ 出于对政治舆论的考虑,英国方面不得不做出让步。正如英国驻希腊大使雷金纳德·利珀(Raginald Leeper)在致英国外交大臣贝文(Ernest Bevin)的报告中所说:"我们从未像过去的几天那样深刻意识到忽视英国公众的意见将会给这里的形势带来多大的

---

① Procopis Papastratis, *British Policy Towards Greece during the Second World War*, 1941—1944, p.225.

② Political Summary, 1945, Paul Preston and Michael Partridge, ed., *British Documents on Foreign Affairs*(*BDFA*), *Part* Ⅳ, *Series F*, *Volume* 5, Md: University Publicatons of America, 2002, p.68.

③ 丘吉尔在其演讲中完全否认了希腊民族解放军在抵抗德军问题上发挥的作用,并称"他们(民族解放军)拿着我们给的武器,蛰伏起来,等着有朝一日可以通过武力或阴谋夺取政权,从而把希腊变成一个共产党国家,并用极权手段翦除异己。他们对德军的反抗微不足道,连我都被他们误导了。" Mr. Eden to Mr. Leeper, 19th January, 1945, No. 207, [R 1300/39/19], Paul Preston and Michael Partridge ed., *BDFA*, *Part* Ⅲ, *Series F*, *Volume* 25, Bethesda, Md: University Publicatons of America, 1998, p.64.

不利影响。英国公众拒绝接受活生生的事实,从而使那些声名狼藉的家伙得以伪装成爱国者,并能在力量崩溃后逃脱惩罚。我们被迫允许他们后撤至北部边境地带重整力量,他们甚至可能在当地建立一个独立的共产党国家。"①

另一方面,在对德作战尚未结束的情况下,英国方面已很难继续动用军事力量根除民族解放军。② 早在 1944 年 12 月,地中海战区盟军最高指挥官亚历山大元帅(Field Marshall Harold Alexander)就曾指出:"就在'民族解放军'部队背后,有一个顽强的抵抗核心,性质上是属于共产党的。它要比我们所预料的更为坚强,要消灭它是十分困难的。我们虽能把'民族解放军'的部队逐出雅典周边地区,但若想把他们完全消灭,我们面临的将是一项艰巨的任务。"③对于这一点,丘吉尔在 1945 年 1 月 18 日的议会演讲中也提到:"他们(希共)是一群非常可怕的人。在其他人都在竭力保住性命的时候,他们还能以无情的手段推行他们的政策与目标。我本人就犯了低估共产党人领导的民族解放军力量的错误。"④考虑到当时的希共及民族解放阵线仍拥有相当的政治能量与军事实力⑤,英国为不使冲突过分延长以使自身行为受到误解,只得

---

① Mr.Leeper to Mr.Bevin, 12th January, 1945, No. 160, [R 936/4/G], *BDFA*, *Part* Ⅲ, *Series F*, *Volume* 25, p.21.

② 事实上,在 1945 年 2 月 15 日盟军最高司令部给驻希腊英军最高指挥官的命令中即明确指出"尽早解除英国在希腊的义务将是你的长期目标……将我们的部队自希腊调出用于对德作战是重中之重。你应集中精力在希腊本国的基础上组建希腊国家武装力量。" Discussion on Greece at the British Embassy, Athens, 15th Faburary, 1945, [R 3559/4/G], Annex Ⅱ, *BDFA*, *Part* Ⅲ, *Series F*, *Volume* 25, p.79; U.S.Department of State, *Foreign Relations of United States*(*FRUS*), 1945, *Volume* Ⅷ, Washington D.C.: USGPO, 1969, p.103.

③ [英]温斯顿·丘吉尔:《第二次世界大战回忆录》第 6 卷《胜利与悲剧》,吴万沈译,南方出版社 2003 年版,第 286 页。

④ Mr.Eden to Mr.Leeper, 19th January, 1945, No. 207, [R 1300/39/19], *BDFA*, *Part* Ⅲ, *Series F*, *Volume* 25, p.64.

⑤ 据英国方面统计,希腊民族解放军投降后上缴的武器装备包括 41,500 枝步枪、650 枝冲锋枪、1365 挺机枪以及 195 门火炮,其中相当一部分为英国援助欧洲抵抗组织的空投装备,且英方估计这还只是民族解放军持有武器总数的 75%。截至次年 5 月 10 日,希腊政府又发现了民族解放阵线藏匿的包括 15 门野战炮和大约 550 挺轻重机枪在内的大量军火。事实上,在普拉斯蒂拉斯政府成立后还有相当一部分希腊共产党成员决心继续战斗。Political Summary, 1945, *BDFA*, *Part* Ⅳ, *Series F*, *Volume* 5, p.72; Discussion on Greece at the British Embassy, Athens, 15th Faburary, 1945, [R 3559/4/G], Annex Ⅱ, *BDFA*, *Part* Ⅲ, *Series F*, *Volume* 25, p.80; *FRUS*, *1945*, *Volume* Ⅷ, p.104.

做出一定让步,即在民族解放军手中的上万名人质仍未获释的情况下便同意停火①,并组建一个非右派的希腊临时政府②以协助摄政大主教③"完成(迅速稳定希腊的)艰巨任务"④。

尽管1944年10月英苏双方讨论划分巴尔干地区势力范围的"百分比协定"时,斯大林仍对战时英国因德国切断地中海交通要道而遭到的巨大损失表示同情,并同意:为保证地中海航线,英国"应该在希腊拥有主要的发言权"⑤,但在英国方面看来,自战争结束以来,世界似乎没有一块地方不在苏联人的兴趣范畴内,"基于这一点,苏联人定会以愈加旺盛的精力来维护他们在不同地区的利益",自博斯普鲁斯海峡直至印度,这一毗邻苏联南部边境延展开来的条状地带业已构成英苏两国间潜在冲突摩擦的主要来源⑥,苏联的宣传攻势已成功地在中近东地区唤起同情和钦佩苏联的群体情绪,并加紧在这

① 民族解放军在撤离雅典时抓走了大约15,000至20,000名人质,以老弱妇孺为主,在与驻希英军斯科比将军的谈判中,民族解放军始终不愿释放他们。Political Summary,1945,*BDFA*,*Part* Ⅳ,*Series F*,*Volume* 5,pp.66-67.

② 1945年1月1日反对保王党的普拉斯蒂拉斯组建政府,大部分部长级官员都是左倾或持相对温和的政治态度的。Political Summary,1945,*BDFA*,*Part* Ⅳ,*Series F*,*Volume* 5,p.66.

③ 希腊解放后,为暂时填补希腊的政治权力真空,英国方面在与居留伦敦的希腊国王乔治二世(King George Ⅱ)沟通协商后,由国王任命雅典大主教达玛斯基诺斯(Archbishop Damaskinos)为摄政(Regent),在此后相当一段时间里,达玛斯基诺斯在希腊事务上发挥了重要作用。

④ Mr.Eden to Mr.Leeper,3rd January,Foreign Office,Greek Political Situation,[R 277/4/G],*BDFA*,*Part* Ⅲ,*Series F*,*Volume* 25,p.12.

⑤ 《斯大林文选》(下),人民出版社1963年版,第398页。尽管如此,在英国驻苏联临时代办弗兰克·罗伯茨(Frank K.Roberts)看来,苏联在中近东地区的主要政策驱动力便是获取通往地中海及印度洋的出海通道。美方的看法也基本一致:(希腊)局势在苏联及其卫星国煽动下已近乎难以补救,苏联控制希腊程度的加深会让苏联得到通往爱琴海的通道,从而从侧翼包围达达尼尔海峡。Mr.Roberts to Mr.Bevin,16th January,1946,[F 797/797/65],*BDFA*,*Part* Ⅳ,*Series A*,*Volume* 1,p.20;General Situations upon the Near East Area,Decemeber 18th,1944,Thomas Gale,*Declassified Documents Reference System*(*DDRS*),document number:CK2069460001.

⑥ Mr.Roberts to Mr.Bevin,16th January,1946,[F 797/797/65],Paul Preston and Michael Partridge ed.,*BDFA*,*Part* Ⅳ,*Series A*,*Volume* 1,Bethesda,Md:University Publicatons of America,2002,pp.18-19.

一地区对英国虚弱的势力范围施加压力①,处于上述条状地带最西端的希腊自然也不例外,英美对此形成的共识是:苏联不会通过直接参与主要冲突来实现它的目的,它会唆使其“卫星国”(阿尔巴尼亚、南斯拉夫、保加利亚)通过向希腊左翼提供秘密援助、反对希腊右翼政府及英国在希腊驻军、并在希腊北部边境部署军队作为心理威慑以加剧希腊国内的不满与骚动②,希腊国内的政治问题也将因此更加复杂,希腊的公众舆论也确实对希腊共产党及民族解放阵线的过火行为及俄国“泛斯拉夫主义”席卷巴尔干恐惧异常③。对此利珀的分析可谓一针见血:“由于俄国正竭尽全力搅扰英王陛下政府在希腊的一切努力,左派与右派之间的仇恨不断升温几乎不可避免,这些都对英王陛下政府在中间派内扶植起强大政治声音的企图极其不利。1945 年的希腊问题已在很大程度上成为英苏关系问题,因此,除非英苏关系能出现真正的改善,否则不要指望希腊国内局势能有真正意义上的改善。”④

有鉴于希共与苏联方面的密切联系,同时考虑到在战争尚未结束的情况下维持英苏关系的必要性,英国方面通过选择公信力较高的希腊政治人物抵制极左政治势力,为此丘吉尔与艾登专门与摄政大主教举行了秘密会谈,摄政在会谈中提出了如下几点认识:(1)摄政大主教对暴乱分子非常敌视;(2)摄政无意让共产党或民族解放战线的代表进入新政府;(3)在叛军放下武器之前摄政不会与他们谈判;(4)新政府将由各个党派中的显要人物组成;(5)摄政将与国王保持联系并听取国王的指示;(6)希腊将组建一支 10 万人的军

---

① Union of Soviet Socialist Republics:Relations of USSR with UK,France and China,15th May,http://www.foia.ucia.gov/search.asp.(引用日期:2011 年 2 月 23 日,以下引用网址在此日期均有效,不再一一注明)

② Situations in Greece,January 6th,1945,*DDRS*,document number:CK2881370001;关于苏联方面对希腊的政治宣传,详见 Philip Carabott and Thanasis D.Sfikas ed.,*The Greek Civil War:essats on a conflict of exceptionalism and silences*, Aldershot,Hampshire,UK.;Burlington,Vt:Ashgate,2004,pp.75-80。

③ Mr.Leeper to Mr.Churchill,1st May,1945,No. 72,[R 7954/4/19],*BDFA*,*Part* Ⅲ,*Series F*,*Volume* 25,p.252.

④ Sir R.Leeper to Mr.Bevin,1st March,1946,No. 59,[R 4219/1/19],*BDFA*,*Part* Ⅳ,*Series F*,*Volume* 5,p.65.

队,并由英国负责装备。① 这实际上是希腊国内停战前的政治基调。正如利珀在1945年1月12日,也就是希腊停战协定生效的第二天所说的那样:“我们已迫使摄政大主教同意在希共及民族解放阵线愿意的情况下与他们举行会谈,但我想在一开始便把话讲明,希腊政府与民族解放阵线中的左翼强硬派之间是不可能存在谅解的。在希腊的内外政策上不会对他们作任何妥协。正如大主教所说,双方代表的是两个世界。英国政府采取的行动也许会延长或缩短这场斗争,但不管怎样这都是一场至死方休的斗争。希腊的未来操在英王陛下政府的手里,我们可以帮助希腊人重建秩序,否则,在当下巴尔干地区形势不确定的情况下,我们面临的将会是一场包含各种危险因素的内战。”②地中海战区盟军司令部英方代表哈罗德·麦克米伦(Harold Macmillan)1月16日再度向摄政大主教及普拉斯蒂拉斯强调,对民族解放军应持强硬态度,坚决不作让步。③

在英国方面的持续压力下,2月12日希腊政府与民族解放阵线签订了《瓦尔基扎协定》,协定除规定引入民主方法、释放人质、实行大赦、联合游击队员以组成一支希腊国家军队外,还特别加入了有关通过民主选举手段决定希腊未来的政治前途的条文,即“一场真正自由的全民公决应当尽早在今年

---

① Mr.Eden to Mr.Leeper, 3rd January, Foreign Office, Greek Political Situation, [R 277/4/G], Annex A, Mr.Leeper to Mr.Eden, 1st January, 1945, Athens, *BDFA*, *Part* Ⅲ, *Series F*, *Volume* 25, p.13.按英方计划,希腊政府军的武器装备将由日后撤离希腊的英国步兵师提供,如果这些英国师无法尽早撤离,那么英国方面将考虑其他的装备来源。参见:Discussion on Greece at the British Embassy, Athens, 15th Faburary, 1945, [R 3559/4/G], Annex Ⅱ, *BDFA*, *Part* Ⅲ, *Series F*, *Volume* 25, p.75。值得一提的是,希腊国王乔治二世向英国方面索要摄政大主教关于希腊问题的看法,英方要求乔治二世绝不能向外界透露,乔治二世却未听从英方劝告,擅自决定将他本人关于希腊问题的指示及对摄政看法的意见发给摄政本人,并要求摄政与普拉斯蒂拉斯及各党派领袖沟通,结果国王电报的内容被公诸于众,摄政大主教非常尴尬。就此艾登专门于1月3日晚拜访乔治二世,称这一做法导致的直接后果便是艾登与丘吉尔可能会因就希腊问题开列出的条件而遭到议会质询,那样一来,艾登与丘吉尔只得不认账,即否认这些报告与他们就希腊问题的谈话有关。Mr. Eden to Mr.Leeper, 3rd January, Foreign Office, Greek Political Situation, [R 277/4/G], *BDFA*, *Part* Ⅲ, *Series F*, *Volume* 25, p.12.

② Mr.Leeper to Mr.Bevin, 12th January, 1945, No. 160, [R 936/4/G], *BDFA*, *Part* Ⅲ, *Series F*, *Volume* 25, p.21.

③ *FRUS*, 1945, *Volume* Ⅷ, p.104.

年内举行,从而根据希腊人民的意愿决定希腊的宪政政体问题。全民公决结束后将尽早举行议会选举以产生制宪会议。……双方代表均同意邀请各大盟国派出观察员监督选举以保证选举能够真正反映希腊人民的意愿”。① 而在《瓦尔基扎协定》签署的前一天,英美苏三国已在针对被解放欧洲的雅尔塔宣言中通过正式担负起“组成广泛代表人民大众中所有民主因素的临时性政府机构”,以及“通过自由选举尽早成立能够响应人民要求的政府,并在必要的情况下推动此类选举进行”②的责任,为其参与选举监督活动奠定了基础,特别是对英国而言,丘吉尔已在雅尔塔宣称他已做好准备,要使英国在希腊面对由三大国监督的选举的考验③,“除非全体希腊人能通过一场最严格最公正的选举决定自己的未来,我们是绝不会离开希腊的。至于他们是选择君主制还是共和制,左派还是右派,那是他们的事情”。④ 尽管英美承认“单单一次选举绝对不能解决希腊所有的问题”,但它的确可以使民主政府得以重建,“为政治斗争从街头对抗到在立法机构的会场中进行辩论的转变提供了机会”。⑤ 随着民族解放阵线的代表机构于2月13日回到雅典⑥,并于4月24日宣布将以“纯粹的政党团体”的形式存在,“该组织中的每个党派均保有其政治独立性,并在民阵中央委员会中拥有一名代表”⑦,自此各方对希腊问题的主要关注点便由武力对抗转移至通过民主程序(包括议会选举与全民公决)解决战后希腊的政权建设问题。

---

① *FRUS*,1945,*Volume* Ⅷ,pp.109-113.

② [美]威廉·麦克尼尔:《美国、英国和俄国:它们的合作和冲突,1941—1946年》(下),叶佐译,上海译文出版社1978年版,第854—856页。

③ [美]威廉·麦克尼尔:《美国、英国和俄国:它们的合作和冲突,1941—1946年》(下),叶佐译,上海译文出版社1978年版,第856页。

④ Mr.Eden to Mr.Bevin, 19th January, 1945, No. 207, [R 1300/39/19], *BDFA*, *Part* Ⅲ, *Series F*, *Volume* 25, p.67.

⑤ John T.McNay edited, *The Memoirs of Ambassador Henry F. Grady: from the Great War to the Cold War*, p.88.

⑥ *FRUS*, 1945, *Volume* Ⅷ, p.114.

⑦ 这也就意味着民族解放阵线从其中央委员会中排除了青年团、工人联合会这样的非党派性质共产主义团体。详见 Mr.Leeper to Mr.Churchill, 1st Mat, 1945, No. 72, [R 7954/1/19], *BDFA*, *Part* Ⅲ, *Series F*, *Volume* 25, p.21.

二

虽然希腊政府通过与民族解放阵线签订《瓦尔基扎协定》结束了希腊内战,但希腊国内的政治意见仍然千差万别。各种政治党派均在为全民公决与议会选举做准备,试图通过"法理手段"为己方谋取政治利益,《瓦尔基扎协定》中所包含的各项条款便成为1945—1946年希腊政界的核心关注点。

1945年《瓦尔基扎协定》签署后,希腊存在着六股主要的政治势力,即极左翼的托派①、左翼的民族解放阵线、与民族解放阵线结盟的偏右翼政党(包括社会民主同盟(E.L.D)、社会党(S.K.E)、土地均分党(A.K.E))、中间派、右翼的保王党、极右翼恐怖组织("X"组织),其中民族解放阵线、中间派与保王党对希腊政局的影响尤为突出。针对上述三方的基本政治态度,美国战略情报局在1945年初曾做出如下评估:民族解放阵线的领导人的确在内战中失去了一部分追随者,但这些人也并未转而加入反对派的阵营中,因此民解还有反败为胜的机会。希腊政府官员特别是警察对民族解放阵线及其同情者持敌持态度,这在民族解放阵线眼中也是一大有利因素;……特别是希腊政府应对经济衰退的无能,这将把大批低收入群体推向左派阵营,"希腊的右翼保王党曾在内战中强烈支持政府反对民族解放阵线与民族解放军,现在则因普拉斯蒂拉斯总理反对君主制的政治态度而基本不再与政府合作。到二月中旬,人民党已经成功统一了所有保王派小党","由于内战中左派的可怕势力,希腊的很多富人都加入了保王党。此外,目前还很难说保王派不会吸引一贫如洗的中产阶级、农民及工人的加入。"②

希腊的中间党派在轴心国占领期间受到沉重打击,之后由于内部分歧而进一步削弱。经过内战,中间派的温和观点开始逐渐向左派或右派靠拢。如自由党中的保守派对内战中左派的力量记忆犹新,现已滑向右翼,并倾向于允

① 该团体成员不承认《瓦尔基扎协定》,仍坚持与英军战斗,反对民族解放阵线的"投降"政策并与之脱离,因其人数过少且正面临严重困难,因此可不作过多关注。

② *The Balance of Political Forces in Greece*, 6th Apirl, 1945, http://www.foia.ucia.gov/search.asp.

许国王回国。自由党中的左派则保持了其传统的共和主义政策,并希望在共和制民主的口号下组织统一的民众战线。对于中间派而言,有关宪政问题的争论也已引起了自由党内部的分裂,自由党的索菲利斯更倾向于共和制,而自由党另一元老冈纳塔斯(Gonatas)则较倾向君主制。自由党一主要成员韦尼泽洛斯(Veniselos)也已倒向保王党。①

在英国方面看来,除去政客的个人问题,所谓的右派与中间派的区别主要在于:(1)关于采取君主政体还是共和政体的分歧;(2)如何应对共产主义。有鉴于希腊国内存在组织严密且极富革命性的共产党,一个右派占多数的希腊政府势必会采取极端措施来对付共党分子,这样一来,共产党则势必会将其斥为法西斯独裁政府。“共产党方面的宣传攻势极易模糊通过宪法程序选举产生的政府与通过非法程序上台的政府之间的区别”。英方估计,由于选后成立的新政府将有更强大的权力,因此共产党与多数派之间的宿怨将通过更为激烈的武力冲突加以解决。倘若相对温和的中间派能在1945年占据优势,激烈的政治对抗本是可以避免的,而现在,中间派势力已大大削弱,成为实力最弱的政治团体。②

以上英美两国的分析表明,内战结束后,希腊国内政治势力分野有了不同程度的变化,而导致这种变化的主要因素,其一为希腊共产党、民族解放阵线及民族解放军在此前内战中的过激行为,其二为希腊战后极度恶化的经济形势。这两大因素事实上成为了1945—1946年间希腊各方关于落实《瓦尔基扎协定》问题态度的基准点以及英国涉足希腊选举事务的政策落脚点,特别是希腊经济形势的变化直接决定了这一时期希腊政府的政治命运。正如时任美国驻英大使的吉尔伯特·维南特(Gilbert Winant)引述英国外交部官员的话说:“希腊的悲剧在于所有试图恢复经济的财政与金融措施却要由一个自身尚且立足不稳的政府来执行。”③在笔者看来,此语事实上道出了希腊自《瓦尔

① Mr.Leeper to Mr.Eden, 15th March, 1945, No. 756, [R 5105/4/19], *BDFA*, *Part* Ⅲ, *Series F*, *Volume* 25, p.89.

② Sir R Leeper to Mr.Bevin, 22nd February, 1946, No. 53, [R 3338/1/19], *BDFA*, *Part* Ⅳ, *Series F*, *Volume* 5, pp.62-63.

③ *FRUS*, 1945, *Volume* Ⅷ, p.120.

基扎协定》签署至大选前夕连续三任政府①所处的尴尬境地。

希共在内战期间的部分过激行为直接导致了右派在英军占领雅典后对民族解放阵线成员或其同情者的大肆反攻倒算。1945年1月希腊停战时,考虑到希腊民族主义者的过火行为“将给俄国方面对希腊现政府的敌意提供更多借口”②,英军曾暂时阻止了反对派对民族解放军的复仇。③ 在英方看来,内战结束后将对共产党行为的激烈反应限制在合理的范畴内无疑是最困难的。“希腊过去的民主生活业已中断,且在经济和行政上都没有保障。现在不仅要重建民主,还要以令挑剔的英国舆论和议会满意的方式加以重建”。④ 因此,如何在内战结束后应对曾经与己方作战的希腊共产党势力遂成为这一时期英国仍须着重考虑的问题,特别是在希腊政府与摄政大主教的政治态度都开始“逐渐右偏”⑤的情况下,如何能够说服在相当程度上敌视英国的希共及民族解放阵线作为希腊“最广大政治基础”的一部分参加大选,以实现尽快稳定希腊局势的初衷,无疑是摆在英国外交人员面前的一道难题。

在利珀看来,尽管1945年5月29日刚刚返回国内的希腊共产党新任总书记萨查利阿第斯在其声明中抨击依靠恐怖主义及“英国托利党极端主义集团”的希腊“保王—法西斯”反动派。⑥ 希共政治局宣称,如果选举投票的自由状况不令人满意的话,希共将考虑抵制选举,⑦但一些共产党的领导人已向英国大使表达了他们希望参加政府的意愿,这种反差显示出共产党方面非常

① 即普拉斯蒂拉斯政府、瓦尔加里斯政府与索菲利斯政府。

② Political Summary, 1945, *BDFA*, *Part* Ⅳ, *Series F*, *Volume* 5, p.77.

③ Sir R Leeper to Mr. Bevin, 22nd February, No. 53, [R 3338/1/19], *BDFA*, *Part* Ⅳ, *Series F*, *Volume* 5, p.64; *FRUS*, 1945, *Volume* Ⅷ, p.122.

④ Sir R Leeper to Mr. Bevin, 1st March, 1946, No. 59, [R 4219/1/19], *BDFA*, *Part* Ⅳ, *Series F*, *Volume* 5, p.64.

⑤ *FRUS*, 1945, *Volume* Ⅷ, p.116.

⑥ Mr. Leeper to Mr. Churchill, 4th June, 1945, No. 293, [R 9885/4/19], *BDFA*, *Part* Ⅲ, *Series F*, *Volume* 25, p.265.

⑦ Mr. Caccia to Mr. Churchill, 22nd June, 1945, No. 116, [R 10682/4/19], *BDFA*, *Part* Ⅲ, *Series F*, *Volume* 25, p.271.

清楚自己的虚弱。[①] 基于上述情况,萨查利阿第斯于6月4日晚求见利珀,利珀向他解释了英国在希腊的目标,从中可见英国对希政策的要点。即:(1)重建希腊支离破碎的经济;(2)帮助创造必要的条件,以使一场平等的选举尽早举行。利珀对萨查利阿第斯说,英国方面的指导政策是在战后维系英国、美国及俄国之间的友谊。英国决心实现这一目标。"我们之所以在(1944年)12月与希共作战,其原因是他们想为自己攫取权力。如果萨查利阿第斯当时在雅典的话,那么这场战斗是不会发生的"。萨查利阿第斯随即向利珀保证,希共不会再挑起事端,并保证"会努力使局势更加安定,并不再挑拨大不列颠与俄国之间的关系"。利珀随即问道:"以当下希共在民众中的印象,希共及民族解放阵线可能在选举中落败,民众的意见可能更倾向国王,届时希共将采取怎样的态度?希共是否会以选举不公平为由加以抵制亦或声称英国人的阴谋诡计使得国王回到了希腊?"利珀特别强调,就这些问题他需要明确的答复,可见英国方面对希共关于选举事务态度的关注程度。对此,萨查利阿第斯均给了利珀以明确保证。利珀随后在致英国外交部的总结报告中提到,"不仅是意图,英国政府在希腊的行动也会以创造能使选举得以进行的条件为指导,我个人从未游离于这一目标原则。英国首相非常清楚他所谓民主的含义,并将像1945年12月一样狠狠打击任何(民主的)敌人。"[②]

此次谈话虽然远未弥合双方之间的矛盾,但毕竟是希腊大选前后英国驻希腊外交代表与希共总书记的唯一一次长谈,从中不难看出英国并不因意识形态因素放弃与共产党势力的接触,但由于希腊对于英国的重要性以及希腊选举的特殊性,考虑到希腊共产党与希腊普拉斯蒂拉斯政府不甚情愿的合作[③],英国对希共的态度此时也格外强硬,甚至不惜以武力直接恫吓。而出于尽快成立民选政府的需求,英国方面实际上已在尽力关注希共政治态度中流

① Mr. Leeper to Mr. Eden, 28th May, 1945, No. 97, [R 9518/4/19], *BDFA*, *Part* Ⅲ, *Series F*, *Volume* 25, p.264.

② Mr. Leeper to Mr. Eden, 4th June, No. 1325, [R 9722/8001/19], Paul Preston and Michael Partridge ed., *BDFA*, *Part* Ⅲ, *Series F*, *Volume* 26, Bethesda, Md: University Publications of America, 1998, p.28.

③ *FRUS*, 1945, *Volume* Ⅷ, p.117.

露出的任何合作意向,然而受到苏联及其巴尔干“卫星国”宣传攻势的影响①,加之民族解放阵线内部对放下武器的谴责声音,希共始终未能按照英方的意愿通过宪政手段参与选举。希共中央政治局7月20日发表决议,称“尽管官方一再否认,希腊就是处在保王党及其武装恐怖分子的手中。最糟糕的是,英国在希腊的民政及军事机构事实上默许了上述恐怖行为”,“希腊人可以建立一个政党联盟政府,从而与盟国委员会进行合作以重建秩序,并为一场真正的选举进行准备。共产党将不寻求党派优势以支持这样一个政府。如果自由不能适当地加以保证,希共将放弃参加全民公决和议会选举”。② 希共中央政治局于8月1日召开会议。会议决定对摄政大主教及瓦尔加里斯政府进行全方位的攻击并要求其下台。但他们同样也对共和派领导人,特别是普拉斯蒂拉斯和索菲利斯进行了攻击,指责他们试图使保王党加入“伪代表制政府”。③继8月6日的抵制决议后,希腊政府制定的《选举名册修订校对法》中包含成立包括保王派、共和派及共产党三股势力的监督委员会。希共现命令其所有代表从这些委员会撤出并“停止参加这种误导人民意愿与意见的滑稽剧”。④ 12月11日民族解放阵线中央委员会发表了一份措辞强硬的声明,指责希腊现政府在缓解经济状况方面毫无作为,并称政府与保王党法西斯分子一道导演了所谓“选举闹剧”,在这份声明中,民解再度申明了其拒绝参加内阁的意愿。与此同时,民族解放阵线指责英国在希腊的官方代表,民解宣称,索菲利斯政府应当为一个民族解放运动组织占决定性比重的代议政体所取代,并呼吁民众为新的代议制政府和针对抵抗运动的大赦而斗争,抵制选举登记并拒

---

① Sir R Leeper to Mr. Bevin, 4th January, 1946, No. 283, [R 466/1/19], *BDFA*, *Part* Ⅳ, *Series F*, *Volume* 5, p.53.

② Mr.Caccia to Sir J Anderson, 23rd July, 1945, No. 134, [R 12732/4/19], *BDFA*, *Part* Ⅲ, *Series F*, *Volume* 26, p.42.

③ Mr.Caccia to Mr.Bevin, 5th August, 1945, No. 148, [R 13447/4/19], *BDFA*, *Part* Ⅲ, *Series F*, *Volume* 26, p.46.

④ Mr.Caccia to Mr.Bevin, 13th August, 1945, No. 160, [R 13927/4/19], *BDFA*, *Part* Ⅲ, *Series F*, *Volume* 26, p.49.

绝投票。① 此外,1946 年 1 月民族解放阵线还试图在伦敦联合国组织及希腊经济问题会谈进行期间在雅典与萨洛尼卡等地通过罢工制造紧张局势。② 以上希共及民族解放阵线的不合作直接指向了英国正力图稳定的希腊看守政府,这无疑加深了英国对于希腊共产党势力的不信任感。

就战后希腊的政治环境而言,由于民主政治生活至少中断了十年,战后的希腊事实上并不具备相对成熟务实的政治运作机制,希腊政客的素质也大多称不上老道。对此,英国大使利珀在 1946 年 2 月离职回国前曾有这样的评述:“希腊的政治生活即便在和平时期也是毫无规矩且极不稳定的。民主在希腊人手中变得更具破坏性而非建设性。雅典的政客(地方省份的政客也正是这样)对于如何整垮对手显然比如何使人民脱离苦海有热情得多。由于每个成功政客的野心都是要领导一个政党”,“希腊解放后又成立大量新党派,原有的政党也出现了分裂,从而使得政治局面更加复杂化。”③

在利珀看来,由于希腊政客缺乏领导才能却热衷于彼此攻讦,处理与希腊相关的外交事务需要异乎寻常的耐心,利珀在给贝文的报告中不禁抱怨道:“希腊政治家的毛病是出了名的,我想我的前任们一定在他们的电报中多次提到他们的痛苦经历,但我还是要说,我所经历的痛苦绝对在他们之上。当下没有议会对政治活动进行质询与管制,在这一最易催生不负责行为的环境下,希腊的政客们正在以多年沉寂中积聚起来的热情进行着他们最喜欢的活动。所以,不要指望我们所做的大多数努力都能取得成功”,“对于一群厌倦稳定的人来说,为他们的国家谋求稳定着实是一件困难的事情。我并不是说全体希腊人都是这样……但对于一些我们必须与之打交道的希腊政客来说,情况却恰恰如此”。④ 对于在希腊任职期间频繁接触的政治人物,利珀的看法是:

① Sir R Leeper to Mr. Bevin, 21st December, 1945, No. 283, [R 155/1/19], *BDFA*, *Part* Ⅳ, *Series F*, *Volume* 5, p.44.

② Sir R Leeper to Mr. Bevin, 19th January, 1946, No. 20, [R 1375/1/19], *BDFA*, *Part* Ⅳ, *Series F*, *Volume* 5, p.97.

③ Sir R. Leeper to Mr. Bevin, 22nd Feburary, 1946, No. 53, [R 3338/1/19], *BDFA*, *Part* Ⅳ, *Series F*, *Volume* 5, p.61.

④ Sir R. Leeper to Mr. Bevin, 27th December, 1945, No. 567, [R 245/1/19], *BDFA*, *Part* Ⅳ, *Series F*, *Volume* 5, p.57.

"真正让我感到头疼的是希腊人的短视和陈腐的乡土观念。即便是能够置身政治之外的摄政大主教,他看问题的观点也和普通的希腊农民差不了多少,因而不能从更为宽广的国际视角来判断希腊国内的问题。在所有的希腊政客中,最接近政治家标准的也许只有索菲利斯,但他年纪太大,不能采取强力有效的举措①。帕潘德里欧倒是有一些政治才能,但他虚荣心太强、太爱出风头,很多时候显得捏揉造作。"②此外,《瓦尔基扎协定》签订后出任希腊总理的普拉斯蒂拉斯可谓重任在肩,但他能力有限且任人唯亲。③ 美国战略情报局有关希腊政治力量状况的报告也称,军人出身的普拉斯蒂拉斯根本无力应对希腊战后的社会及政治变化,"他仍按照战前共和派与保王派两家对峙的思路评估当下的形势,敌视民族解放阵线,试图在业已衰落的中间派自由党中寻找支持",因此,普拉斯蒂拉斯的政治前途十分黯淡。果然,就在该份报告提交的次日,普拉斯蒂拉斯即宣布辞职。④

在此情况下,希腊政坛很难就关乎国家实际利益的核心问题进行切实有效的沟通协商。譬如希腊日后的政体问题,在英国方面看来,希腊政界争论胶着的核心并非君主立宪制是否比共和制更适用于希腊,而是回到希腊的乔治二世国王能否成为其支持者击败政府选举对手的筹码,"事实上国王是被利用了"⑤。在应对希腊共产党及苏联方面的"威胁"这一问题上,希腊的政客

① 在索菲利斯组阁一个月后,利珀曾对他评价道:索菲利斯毕竟是在这个无比艰难的时刻承担起了这个艰巨的任务,我也确实为他能够在日益严重的财政困难——注定会更加严重——面前仍难保持冷静惊讶不已,但他的年龄实在是限制了他在应对危急局面时所能投入的热情。通过与他的接触,我认为他冷静、理性且思维开阔。他的亲英情绪很浓,而且这种情绪业已贯穿了很长一段时间。参见:Sir R Leeper to Mr. Bevin, 27th December, 1945, No. 567, [R 245/1/19], *BDFA, Part* Ⅳ, *Series F, Volume* 5, p.57。索菲利斯政府的一大问题便是缺乏凝聚力,各部部长习惯各行其是,少有配合协调,如外交部长索菲阿诺普洛斯就一再公开宣扬政府内左派的独立政策。参见:Political Summary, 1945, *BDFA, Part* Ⅳ, *Series F, Volume 5*, p.86。

② Sir R.Leeper to Mr.Bevin, 22nd Feburary, 1946, No. 53, [R 3338/1/19], *BDFA, Part* Ⅳ, *Series F, Volume* 5, p.62.

③ Political Summary, 1945, *BDFA, Part* Ⅳ, *Series F, Volume* 5, pp.69-70.

④ *The Balance of Political Forces in Greece*, 6th Apirl, 1945, http://www.foia.ucia.gov/search.asp.

⑤ Mr.Leeper to Mr.Eden, 15th March, 1945, No. 756, [R 5105/4/19], *BDFA, Part* Ⅲ, *Series F, Volume* 25, p.89.

们口头上均表示要团结,“但他们想的都是按自己的方式实现团结。如索菲利斯希望建立一个以中间派为主导的广泛的政党同盟,从而使他的自由党发挥决定性作用。人民党则想把自由党的人拉到自己的阵营中来。帕潘德里欧则在中间派与右派之间斡旋,但其目的则是积累政治资本,以便能通过选举当上总理”。① 而每况愈下的国民经济成为左右两派攻击政府的由头。“由于索菲利斯政府内阁的中间派也分化为左右两翼,因此左、右两派都在竭力拉拢附己者从而干扰破坏现政府”。② 值得注意的是,在驻英大使利珀眼中,英国本可利用以下三个机会“使希腊得以拥有一个新的开端”的,即二月份《瓦尔基扎协定》的签订、六月份瓦瓦莱索斯的经济改革、还有十一月索菲利斯组织政党政府。但英国没能抓住这些机会,其中很重要的原因即为希腊政坛的无序状态以及政客的无能,“《瓦尔基扎协定》确实反映了民众意见,但时任首相的普拉斯蒂拉斯将军却没能将协定内容落实。瓦瓦莱索斯的六月经济改革本来极有望成功,但却因其支持者的个人缺点而以失败告终。索菲利斯领导下的政党政府初建时,摄政大主教便要求辞职,后来大主教虽不再坚持辞职,但他对索菲利斯政府始终充满敌意,加之经济局势已然失控、政府内部以卡潘达里斯为首的密谋,都使得索菲利斯政府一开始便已遭受打击”。③

8 月 4 日,英国首相艾德礼(Clement Attlee)在致摄政大主教的信中保证,英国仍将致力于希腊的福祉,并强调彻底履行《瓦尔基扎协定》的必要性。英国政府对右翼的过火行为深表关切,并认为瓦尔扎里斯政府应切实采取措施防止任一极端势力侵犯协定。摄政大主教表示他完全同意上述精神。8 月 4 日至 7 日大主教与各个党派的领袖及抵抗运动成员进行了冗长的会谈,这些会谈显示,由于人民党与自由党均不愿与希共及民族解放战线合作,一个包含全体党派的政府是根本不可能成立的;此外由于人民党的反对,人民党与共和

① Sir R.Leeper to Mr.Bevin, 22nd Feburary, 1946, No. 53, [R 3338/1/19], *BDFA*, *Part* Ⅳ, *Series F*, *Volume* 5, p.62.

② Sir C.Norton to Mr. Bevin, 23rd March, 1946, No. 634, [R 4626/143/19], *BDFA*, *Part* Ⅳ, *Series F*, *Volume* 5, p.94.

③ Sir R Leeper to Mr.Bevin, 1st March, No. 59, [R 4219/1/19], *BDFA*, *Part* Ⅳ, *Series F*, *Volume* 5, p.64.

派亦无法组成联合政府①。

1945年8月11日,贝文提交英国内阁的希腊事务备忘录再度明确了英国应就希腊问题采取的态度,贝文建议英国政府对希腊政府施加压力"以使议会选举和全民公决尽早举行,议会选举应先于全民公决,但希腊人必须自己带头提出这一点并担起责任";"瓦尔加里斯政府应当继续掌权直至议会选举并帮助我们制定出令人满意的希腊政策,应针对左翼党派合理的批评采取一切可行的措施,从而使法律与秩序能够在中立的基础上得以维持";"为了稳定希腊的局势并帮助我们制定出令人满意的希腊政策,必须邀请摄政大主教访英并与英王陛下政府进行协商";"如果俄国继续通过宣传向希腊局势施加压力,则有必要把我们的立场向俄国人讲明";"我们应当竭尽全力确保自治领对我们希腊政策的支持,并不失时机地与美国政府进行沟通。"对于提出上述建议的原因,贝文称:"希腊必须尽早出现一个稳定的政府,这个问题若不解决,政客们就会继续争吵不休";"我强烈赞成维持瓦尔加里斯政府,否则选举就会无休止地延迟,这也就意味着英军将无限期地驻扎在希腊";"如果选举能够在监督下进行,那么将给世界舆论以信心。出于这一目的,我想我们应该邀请自治领的代表与联合王国一道参与选举监督,澳大利亚与新西兰都参与了希腊的战斗并在希腊有一定的影响力,邀请他们(参与监督选举)将鼓舞(世界的)信心";"在所有的原因中,最为重要的即是保持我们在希腊的地位,这是我们中东政策的一部分,希腊问题若得不到解决将给我们在中东的整体形势带来不利影响。②

8月13日英国驻英代办卡奇亚③与摄政大主教进行了会谈,摄政称改组后的瓦尔加里斯政府是一届令他很满意的政府,但对这届政府和摄政本人的

① 按人民党的说法,即便由他们的一名领导人出任总理,人民党仍将拒绝与共和派组成联合政府。From Athens to Foreign Office, No. 1664, 8th August, 1945, Rohan d' Olier Butler and M.E. Pelly ed., *Documenst on British Policy Overseas* (*DBPO*), *Series* 1, *Volume* 6, London: H.M.S.O., 1984, p.95.

② C.P.(45)107, 11th August, 1945, CAB 129, http://www.nationalarchives.gov.uk.

③ 驻希腊大使利珀于1945年6月10日回国,期间由驻希英国陆军总部政治顾问H.A.卡奇亚代任使馆代办一职。From Athens to Foreign Office, No. 1694, 15th August, 1945, *DBPO*, *Series* 1, *Volume* 6, pp.129–131.

批评却未曾消减。为缓和摄政本人的忧虑情绪,进一步明确当前英国政府的对希政策,卡奇亚向摄政秘密透露了贝文近期将在议会就希腊问题的演讲内容,摄政听后很受鼓舞:(1)(希腊)政府几个月一次的更迭只会使经济恢复工作受挫,正式投票开始前,没有一个政府是可以宣称自己是真正代表民意的。因此一个基于民众意愿的政府尽早成立无疑是十分必要的。(2)这样的民意表达必须是公平的,只有这样才能在中立的基础上建立秩序。(3)经过多年的独裁、占领与暴乱,做到上述这些确实不容易,但贝文已经表明了英国新政府的坚决意图,即遏止任一极端势力的过分行径,并保证未来所有的希腊政府军都将共同应对右派或左派的非法行为。卡奇亚认为,共和派与保王派之所以不肯与隶属于民族解放阵线的任何组织合作,其主要原因有二:第一,他们认为所有这样的组织都是为希腊共产党所操控的,而由于去年十二月所发生的一系列事件,所有疑似与共产党有瓜葛的政党团体都将在日后的议会选举中铩羽而归;第二,两派人士都认为他们与民族解放阵线在国内外事务上均没有长期的共同利益。①

从政治上看,希腊长久以来一直从属于英帝国的势力范围,希腊民众的政治观念也深受英国影响,但二战末期以来的社会动荡与经济恶化在一定程度上影响了希腊民众对英国的印象。特别是英国出于在最广泛基础上建立希腊代表制政府,以实现希腊政权平稳过渡的目的,需维持表面上一视同仁的姿态,因而不可能在内战结束后仍对希共采取过激的政治态度,这不同于希腊右派对共产党势力的一贯仇视。对此利珀评价道,“在战前,除了极右派中的一小撮亲德势力和极左派中的一小撮亲俄势力,绝大多数希腊人都是亲英的。战后亲德派已不复存在,亲俄派的势力则有所增长,最为亲英的中间派则成了实力最弱的一方。”“亲英情绪最浓的政治力量恰是实力最弱的,出现这种现象的原因是我们以前的许多朋友出于对共产党的愤怒或恐惧,纷纷与右派势力联手,并对英国的政策持怀疑批判态度,认为英国对极左派包庇过多。他们因恐惧而丧失了判断力,以至于他们忘了,希腊单靠自己不能打赢对共产主义的战争,而英国公众不愿看到的是英王陛下政府在希腊支持着一个公开反俄

① From Athens to Foreign Office, No. 1671, 9th August, 1945, *DBPO*, *Series* 1, *Volume* 6, p.103.

的政府或政党团体”。①

对于这一时期希腊的党派政治形势,利珀后来曾作了这样的陈述:“自1945年1月内战结束,我一直在竭尽全力防止希腊的政治态度过度右摆,鼓励并增强温和的中间派。在从早春到仲夏这段时间内,前景尚且堪称喜人。然而,由于瓦瓦莱索斯经济改革的失败、经济的持续恶化,加之俄国对希腊的态度愈加逼人,使得中间派的温和力量失去了立足之地,右派和左派则开始彼此仇视恶斗”。“现在要想成立一个中间派政府为时已晚”,导致希腊局势不可收拾的因素有:恶化的经济形势、不断增多的非法武装团体以及政府内部的虚弱。“那边经济协议正在伦敦谈判,这边希腊现政府正命悬一线,能否撑过今冬都成问题。许多人害怕现政府的垮台会引发右派与左派的武装冲突,并最终导致右翼独裁政权的出现”。利珀仍认为,希腊不会和平渡过选后时期,两派之间仇恨太深,血流成河,以至于双方根本不可能和平共处,也无人能加以调和。②

三

在上述政治斡旋与多边沟通的基础上,针对《瓦尔基扎协定》所包含的诸项具体内容,英国方面为尽快稳定希腊国内局势,本着“为人谋以为己”的原则动因,在希腊的经济、政治、军事等诸个领域采取了一系列具体措施。

二战使得希腊经济遭受重创,全国有两千多个村庄被毁,整个国家的工业和对外贸易基本处于停滞状态,三分之一的商船沉没,经济总损失超过八十五亿美元。③ 至1945年12月,随着希腊共产党及民族解放阵线从政府中退出,全国局势再度紧张,希腊的经济状况也愈加恶化。12月13日,英国驻希腊经济代表团(British Economic Mission)分管供给与财政工作的博德(Board)与格

---

① Sir R.Leeper to Mr.Bevin, 22nd Feburary, 1946, No. 53, [R 3338/1/19], *BDFA*, *Part* Ⅳ, *Series F*, *Volume* 5, p.63.

② Sir R Leeper to Mr. Bevin, 22nd February, 1946, No. 53, [R 3338/1/19], *BDFA*, *Part* Ⅳ, *Series F*, *Volume 5*, pp.62-63.

③ Amikam Nachnami, “Civil War and Foreign Intervention in Greece: 1946—49”, *Journal of Contemporary History*, Vol. 25, No. 4(Oct., 1990), p.491.

罗夫(Grove)收到希腊财政部的来信,信中称希腊的重建复兴工作所需开支根本无法仅仅通过税收获得,大规模的公共建设必须仰赖外国贷款。事实上,希腊本国的财政收支从未平衡,政府财政赤字巨大①,货币不断贬值,一金本位英镑储备货币的汇价在一周内由70000德拉克玛上涨至80000德拉克玛,随即又涨至91000德拉克玛,希腊国家银行被迫将20000英镑紧急注入市场以维系商贸活动的进行。但到12月7日,希腊国家银行已无任何外币可供投放。伴随货币贬值的是全国性物价飞涨,物价指数在12月7日至12月15日由4949上涨至6060(1940年为100)。② 而"两手空空赶赴希腊的英国经济使团却使希腊德拉克玛的储备金进一步外流"。③

相当一部分希腊民众认为,英国政府是要通过贷款的手段支持她所扶植的政府。英国在希腊的威望与利益能否维系完全取决于能够提供多少财政援助。④ 而英国力不从心的援助不仅使经济问题迟迟得不到解决⑤,而且已使得希腊政界对英国对希政策本身的坚定性产生了怀疑。虽然博德与格罗夫12月21日自雅典回国前声称,希腊经济的恢复仍是可能的,英国及其盟友不会置希腊于不顾,但经济情况的恶化仍使雅典民众的情绪在新闻记者及政客的煽动下愈加激动。意图推翻索菲里斯政府的人则借机宣称英国方面令人失望的表现,并以希腊的民族自豪感为由向现政府发难。⑥ 利珀在希腊解放一

---

① 至1945年12月27日,希腊政府的财政赤字已高达660.4亿德拉克玛。Sir R.Leeper to Mr.Bevin, 4th January, 1946, No. 5, [R 466/1/19], *BDFA*, *Part* Ⅳ, *Series F*, *Volume* 5, p.53.

② Sir R.Leeper to Mr. Bevin, 21st December, 1945, No. 283, [R 155/1/19], *BDFA*, *Part* Ⅳ, *Series F*, *Volume* 5, p.47.

③ Sir R.Leeper to Mr. Bevin, 21st December, 1945, No. 283, [R 155/1/19], *BDFA*, *Part* Ⅳ, *Series F*, *Volume* 5, p.43.

④ Sir R.Leeper to Mr. Bevin, 21st December, 1945, No. 283, [R 155/1/19], *BDFA*, *Part* Ⅳ, *Series F*, *Volume* 5, p.43.

⑤ 根据1945年8月14日英国财政部提交的海外财务前景报告,英国海外开支的大幅压缩是避免出现战后"经济敦刻尔克"的必要条件。C.P.(45)112, 14th August, 1945, CAB 129, Our Overseas Financial Prospect, Note by the Chancellor of the Exchequer, http://www.nationalarchives.gov.uk.

⑥ Sir R. Leeper to Mr. Bevin, 29th December, 1945, No. 288, [R 465/1/19], *BDFA*, *Part* Ⅳ, *Series F*, *Volume* 5, p.48.

周年之际明确指出,尽管“我们为希腊做出的贡献使我们付出了相当的代价”,但希腊人却并未因此而感恩戴德,“这一方面是因为在希腊人看来,我们来到希腊纯粹是为了自己的利益,希腊对我们的重要性不言自喻,另一方面是为了夸大他们的苦难、贬低我们的援助价值,从而为自己的失败找借口。在希腊的英国人一而再、再而三地见识了这种心态,久而久之,内心的愤懑便难以遏止。英国与希腊的关系总体不像去年那般和睦了。希腊人极少自己动手,总是等着我们为他们服务,驻希英军也对这种做法颇为愤慨,而当地混乱的经济状况更使这种愤怒有一触即发之势”。① 而与此同时,令英国方面十分不满的是,“希腊媒体几乎完全忽视了英美贷款谈判过程期间英国方面的财政状况,希腊民众更是对此一无所知;而希腊政府自身对于外国财政影响的敏感则体现在12月22日颁布的一项法律,规定在两年内终止给予外国公司的任何特权。这项法律对英国在希腊的利益影响十分有限,但在英王陛下政府看来,希腊政府在急需英国贷款的情况下宣布这样一项措施无疑是不合时宜的”。②

为缓解希腊严重的经济及财政问题,为政治问题的解决奠定基础③,英国外交大臣贝文一方面于1945年末邀请以希腊财政部长佐德罗斯(Tsouderos)、供给部长卡塔里斯(Kartalis)为首的希腊代表团赴伦敦谈判,一方面在下院辩论中声称“我深信民主无法自上灌输,只能自下生成。如不能保障普通民众的合理生活水准,民主是不会在为人民大众拥护的情况下发展繁盛的。当下签署的协议可为希腊民众提供全新的开端,从而打开希腊的复

① Sir R. Leeper to Mr. Bevin, 27th December, 1945, No. 567, [R 245/1/19], *BDFA*, *Part* Ⅳ, *Series F*, *Volume* 5, p.56.

② Political Summary, 1945, *BDFA*, *Part* Ⅳ, *Series F*, *Volume* 5, p.91.

③ 12月19日,英国驻希腊的各个职能机构再次强调,英国维持驻希军事力量的成本业已大幅增长,英镑对德拉克玛的汇率问题也给英方人员带来了诸多困难,因而建议实行基于标准英国货币市场比价的可变汇率,或是像美国方面那样直接支付美金。希腊财政部对此表示无异议。至1946年初,希腊银行的储备金更是少得可怜,以至于银行很快无法满足驻希英军部队的需求了。参见:Sir R. Leeper to Mr. Bevin, 29th December, 1945, No. 5, [R 465/1/19], *BDFA*, *Part* Ⅳ, *Series F*, *Volume* 5, p.54; Sir R. Leeper to Mr. Bevin, 1st January, 1946, No. 5, [R 466/1/19], *BDFA*, *Part* Ⅳ, *Series F*, *Volume* 5, p.56。

兴之路。我们很乐于给予希腊财政及经济援助”。① 在英国方面看来,这一举动“表现出英国政府帮助丧失行动理念的希腊政府寻找解决问题办法的努力”。② 次年1月25日,贝文与佐德罗斯签署了《希英经济合作协议》(Græco-British Economic Agreement),根据协议,英国将向希腊提供一千万英镑贷款以稳定希腊货币③,该笔贷款为无息贷款且可迟至1951年偿还;英国方面还免除了希腊1940至1941年的四千六百万英镑贷款,从而使得希腊国家银行的外汇持有量达到一千九百万英镑,可以用来在一定程度上稳定德拉克玛并进口部分必需物资;英国支援希腊价值五十万英镑包括大量衣物在内的日用品;使用其军事储备中的物资以建设希腊的路上交通体系、港口和住房,承诺提升希腊港口的货物吞吐能力。④ 在英国给予希腊大量实质性援助的情况下,右派也开始承认英国现阶段存在着经济困难,强调经济援助的重要性。而在希腊全国,舆论各界都开始承认,英希经济合作协定的确代表着英国实实在在的援助努力。⑤ 但希腊舆论的和缓并未使英方松一口气,利珀在希英经济合作协议签订后说:“伦敦经济协议签署后,我们将迎来英希关系的严峻考验,希腊人翘首期盼英国方面的贷款,而英国方面的贷款却已十分紧张了。”⑥

与虚弱不堪的希腊经济相比,空前严重的治安局势则使得战后希腊国内形势雪上加霜。事实上,希腊内战甫一结束,英国方面便受普拉斯蒂拉斯政府

---

① Speech by the Secretary of State for Foreign Affairs during Debate in the House of Commons, 25th January, 1946, [R 1352/1/19], *BDFA*, *Part* Ⅳ, *Series F*, *Volume* 5, p.60.由于当时英镑在国际金融流通中尚占有较高地位,加之希腊与英国间的密切联系,使得希腊金融系统极易受英国方面影响。如1月8日至1月18日,德拉克玛的贬值速度及物价上涨速度均有了大幅回落。在利珀看来,出现这种现象的原因仍是模糊不清的,或许是出于经济与政治两重因素,包括有关伦敦会议成果的媒体报道催生的乐观情绪,以及英国向希腊提供了一千五百万英镑贷款用以稳定希腊货币。参见:Political Summary, 1945, *BDFA*, *Part* Ⅳ, *Series F*, *Volume* 5, p.103。

② Political Summary, 1945, *BDFA*, *Part* Ⅳ, *Series F*, *Volume* 5, p.90.

③ 1945财年英国外交部名下的所有互惠贷款、对外援助总计仅为七千五百万英镑。参见:C.P.(45)112, 14th August, 1945, *CAB 129*, http://www.nationalarchives.gov.uk。

④ Speech by the Secretary of State for Foreign Affairs during Debate in the House of Commons, 25th January, 1946, [R 1352/1/19], *BDFA*, *Part* Ⅳ, *Series F*, *Volume* 5, p.59.

⑤ Sir R.Leeper to Mr.Bevin, 2nd February, 1946, No. 40a, [R 2169/1/19], *BDFA*, *Part* Ⅳ, *Series F*, *Volume* 5, p.105.

⑥ Political Summary, 1945, *BDFA*, *Part* Ⅳ, *Series F*, *Volume* 5, p.98.

邀请派出使团,协助希腊方面重建警力、宪兵队并管理监狱事务。① 希腊政府后又提出请求,称英国军事使团的职责不应仅限于建议与支援,还应拥有包括组织、行政、训练军队在内的一切权力。② 6月5日,希腊内政部长在与英国大使讨论选举法时说,在十月份举行选举希望很大,选举不应再向后推迟,若希腊宪兵能够有效地组织起来并在选举时担负起安保工作的话,那么议会选举的日期或许还能提前一点。内阁防务委员会在给外交大臣贝文的机密备忘录中亦称:当下希腊仍面临着两大急迫问题,第一,在全国范围内建立并维持法律与秩序,这几乎完全仰赖希腊宪兵的部署速度。第二,希腊边境面临的突袭威胁以及南斯拉夫或保加利亚在苏联怂恿下的入侵行动。③

而事实上,宪兵部队的重组工作进度并不尽如人意。希腊内政部长塔萨特索斯(Tsatsos)称,计划在7月1日前将希腊宪兵兵力由现在的7,000人增加至16000人。④ 增加希腊宪兵兵力计划的进展令人满意。加上自国民警卫队中挑选出的2000人,目前宪兵部队的总兵力已达到12000人。此外,还有4000名新兵正在接受训练。⑤ 但希腊宪兵战斗力的形成却严重受阻,这一方面是由于英方所供装备的延迟,另一方面是由于培养训练有素的警官需要时间。内阁防务委员会的备忘录称,"现在最急迫的问题是希腊宪兵部队和英国驻希腊警务使团的交通运输装备严重匮乏,这个问题若得不到解决,希腊宪兵就根本无法发挥功用,希腊的全民公决与议会选举也就不可能在年内举行。由于没有陆军,希腊边境的安全保卫工作实际上是由英军负责的,为支援我们

---

① Mr.Leeper to Mr.Eden, 16th May, 1945, No. 293, [R 9193/1918/19], Annex Ⅰ, *BDFA*, *Part* Ⅲ, *Series F*, *Volume* 25, p.257.

② Mr.Leeper to Mr.Churchill, 4th June, 1945, No. 293, [R 9885/4/19], *BDFA*, *Part* Ⅲ, *Series F*, *Volume* 25, p.265.

③ Mr.Caccia to Mr.Churchill, 11th June, 1945, No. 107, [R 10344/4/19], *BDFA*, *Part* Ⅲ, *Series F*, *Volume* 25, p.270.

④ Mr.Caccia to Mr.Churchill, 22nd June, 1945, No. 116, [R 10682/4/19], *BDFA*, *Part* Ⅲ, *Series F*, *Volume* 25, p.271.

⑤ Mr.Caccia to Mr.Churchill, 16th July, 1945, No. 131, [R 12399/4/19], *BDFA*, *Part* Ⅲ, *Series F*, *Volume* 26, pp.35-36; Mr.Lascelles to Mr.Bevin, 18th September, 1945, No. 181, [R 14320/4/19], *BDFA*, *Part* Ⅲ, *Series F*, *Volume* 26, p.78.

的外交行动,必须适时地展示我们的力量,因此驻希腊的英国部队必须保持现有水平,直到议会选举与全民公决结束”。“如果希腊的内部与外部安全能分别由希腊宪兵部队与英军加以确保,那么按希腊政府的计划在今秋举办全民公决与政府选举还有希望。”①

特萨特索斯(Tsatsos)任希腊内政部长期间,希腊政府确实为改善公共安全做出了艰难的努力。由查尔斯·维克海姆(Charles Wickham)爵士领导的英国警务使团于七月份开始正式运作,希腊城市警察及宪兵的重组工作逐步展开。据英国军官的报告,在宪兵取代了训练无素的国民警卫队后,希腊各省的秩序“均有很大程度的改善,并能在公正的条件下得以维持”。事实上,在英方看来,希腊政府消除右翼恐怖活动的失败并非由于其自身缺乏善意,而是由于其未能控制下属人员的党派情绪,“共产党方面的舆论宣传除了对失败耿耿于怀之外丝毫没有流露出对其过分行径的悔意。”②而在希腊大选临近之时,治安状况的混乱使得恐怖活动有了可乘之机。有证据显示,秘密的保王派“X”组织在雅典及拉弥亚(Lamia)地区的活动正呈现系统化的急剧增长趋势。伯罗奔尼撒地区也出现了国民警卫队与民族解放军残余武装的冲突。③ 至1945年末,共产党武装人员针对希腊宪兵的袭击呈上升趋势。希内政部长斯沃罗斯(Svolos)在视察完各省情况后称,保王党的恐怖活动已经使任何选举都成了“悲惨的闹剧”。④ 针对这一现象,希腊警察开始着手关闭“X”组织在雅典及其他地方的办公室。而希共、民解的媒体则称这些行动是在警察内部右翼同情者的默许下进行的。“X”组织成员与左派成员之间的流血冲突与日俱增。1月18日在卡拉马塔(Kalamata)发生了针对共产党人的爆炸事件,千余名“X”组织的武装人员封锁了当地的道路并将部分村民扣作人质。公共秩序部长宣布在拉康尼亚(Lakonia)及麦斯尼亚(Messinia)两地实行戒严,并派

---

① D.O.(45).4,R 13904,8th August,1945,*DBPO*,*Series* 1,*Volume* 6,p.134.

② Political Summary,1945,*BDFA*,*Part* Ⅳ,*Series F*,*Volume* 5,p.68.

③ Mr.Leeper to Mr.Eden,28th May,1945,No. 97,[R 9518/4/19],*BDFA*,*Part* Ⅲ,*Series F*,*Volume* 25,p.264.

④ Sir R Leeper to Mr.Bevin,4th January,1946,No. 283,[R 466/1/19],*BDFA*,*Part* Ⅳ,*Series F*,*Volume* 5,p.53.

遣一个营的希腊军队及一连希腊宪兵前往卡拉马塔镇压“X”组织的武装暴动。16人在此次冲突中丧生。这场冲突使很多人看到,“对于一个能在短时间内动员起超过两千名装备精良的武装人员封锁一个省份,且几乎未引起当局注意的组织而言,它是完全可以不把政府放在眼里的。政府所能做的仅仅是等待该组织发起下一次行动”①,足见此一时期希腊政府对公共治安的无能为力。

不仅是每况愈下的治安形势,根据《瓦尔基扎协定》,自1944年12月3日至大赦法公布这一时期内所犯政治罪行将被赦免。② 利珀也承认,与选举事务的安排相比,大赦问题要困难得多,在这个问题上,左右两派希腊人的情感都是刻骨铭心的。③ 至1945年7月,民族解放阵线宣称尚有30,000名囚犯在押(卡奇亚称尚未核实)④。针对大赦问题,贝文与驻希大使利珀讨论的结果是,赦免人员的范围应尽可能扩大,不仅包括投敌者,还应包括前民族解放阵线成员,贝文称,“我们承认这会涉及许多投敌者及民解成员中臭名昭著的案例,但大赦的范畴不能太过狭窄,这是十分重要的,不能给国内及希腊的舆论以批评《瓦尔基扎协定》大赦条款业已失效的口实”。⑤ 事实上,英国出于尽快稳定希腊局势的目的,在大赦问题上已一再松口。8月18日卡奇亚在电报中称:考虑到英国本土及希腊的公众舆论,大赦包含所有前民族解放阵线成员就显得更为重要。他认为,如果想结束因德军占领和随后的内战诱发的怨恨,并使希腊获得一个新开端,那么不单单是左翼分子,所有的政治犯都应当被赦免。就算这其中包含了原先与德军合作的人,他也不会反对。⑥ 在英国方面的一再施压下,部分赦免的法令最终于8月25日公布。8月29日,希腊政府开始大规模处理大赦事务,贝文对此表示欢迎,并称据他所知新的大赦法令仅仅能使18000名囚犯中的5000人享有获释机会。如果大主教能在访英前的

---

① Sir R Leeper to Mr. Bevin, 2nd February, No. 40a, [R 2169/1/19], *BDFA*, *Part* Ⅳ, *Series F*, *Volume* 5, p.105.

② Political Summary, 1945, *BDFA*, *Part* Ⅳ, *Series F*, *Volume* 5, p.68.

③ Political Summary, 1945, *BDFA*, *Part* Ⅳ, *Series F*, *Volume* 5, p.87.

④ Mr. Caccia to Mr. Morrison, 30th July, 1945, No. 139, [R 13134/4/19], *BDFA*, *Part* Ⅲ, *Series F*, *Volume* 26, p.45.

⑤ Foreign Office to Athens, 14th August, 1945, No. 1711, *DBPO*, *Series* 1, *Volume* 6, p.99.

⑥ Athens to Foreign Office, 18th August, 1945, No. 1741, *DBPO*, *Series* 1, *Volume* 6, p.118.

一周将可被赦免人数扩大一倍,那在贝文看来将会很有帮助,①因为这将有助于缓和英国国内舆论的批评论调。但大赦效果并不显著。在释放部分囚犯的同时,又不断有新囚犯填充到各个监狱。截至9月17日,希腊共有16700名囚犯,其中14252名正待审判,只有1949人业已获释。摄政大主教于9月25日宣称,鉴于希腊的公众舆论并不赞同,他并不考虑全面大赦,因为这会诱发"私自报复"的浪潮。②

英国方面在大赦问题上的复杂态度在1945年9月摄政大主教访英期间体现尤著。具体来说,英国一方面急欲自希腊抽身,一方面又对如何对待极左派势力(主要指希腊共产党)等关乎战后希腊长期稳定以及英国在希腊利益的现实问题顾虑重重。外交大臣贝文在会谈开始后即向摄政大主教明确表示:英国政府希望能够尽快成立一个"基于希腊民意的政府",以使"英军能够尽早撤离"③。对此摄政大主教则颇不以为然,在其看来,装备匮乏的希腊警察及宪兵④不仅无力接替驻希英军维持治安,甚至无法取代希腊国民警卫队以"确保宪法及法律的有效施行",⑤这也就意味着希腊宪法第五款中有关"司法审理先于刑事裁判"的条文仅能在雅典及皮雷埃夫斯(Pireus)两地勉强施行,根本无法扩展至希腊全境。⑥ 有鉴于希腊政府宪警部队实力不足,加之缺乏合理的法律程序,尽管贝文出于营造选举前"广泛政党同盟"⑦的考虑而

---

① Athens to Foreign Office, 29th August, 1945, No. 1817, *DBPO*, *Series* 1, *Volume* 6, p.120.

② Political Summary, 1945, *BDFA*, *Part* Ⅳ, *Series F*, *Volume* 5, p.80.

③ Mr.Bevin to Mr.Caccia (Athens), 7th September, 1945 [R 15382/4/19], *BDFA*, *Part* Ⅲ, *Series F*, *Volume* 26, p.71.

④ 希腊临时政府的警察及宪兵基本由英国负责装备,但因英国提供的武器弹药迟迟未能到位,使得这一时期临时政府所掌握的宪警部队根本无法有效地履行其职责。Mr.Bevin to Mr. Caccia (Athens), 7th September, 1945 [R 15383/4/19], *BDFA*, *Part* Ⅲ, *Series F*, *Volume* 26, p.71.

⑤ Mr.Bevin to Mr.Caccia (Athens), 7th September, 1945 [R 15383/4/19], *BDFA*, *Part* Ⅲ, *Series F*, *Volume* 26, p.71.

⑥ Mr.Bevin to Mr.Caccia (Athens), 7th September, 1945 [R 15382/4/19], *BDFA*, *Part* Ⅲ, *Series F*, *Volume 26*, p.71.

⑦ 在贝文看来,惟有广泛的政党同盟方可保证在希腊出现一个"为当地人和美国人所支持的理想政府"。Mr.Bevin to Sir C.Norton (Athens), 1st Apirl, 1946 [R 5023/1/19], *BDFA*, *Part* Ⅳ, *Series F*, *Volume* 5, p.314.

一再建议摄政大主教按照《瓦尔基扎协定》释放内战中被捕的一万八千多名希腊囚犯,并声称其中一部分囚犯拥有英国陆军元帅亚历山大签发的反抗德军证明,但帕潘德里欧仍以“(大赦)只会带来这群杀人犯的肆意报复”、“去年十二月以来共产党分子的种种暴行骇人听闻”为由拒绝实行大赦,并称希腊政府对于防止国内出现混乱甚感吃力,“唯一的解决办法是向希腊派遣更多的英国军队”①——此语无疑正中英国软肋。在随后的磋商中,贝文便少有谈及大赦问题,从而未能自根本上解决《瓦尔基扎协定》中希腊共产党提出的大赦政治犯问题。

至1945年年末,希腊政界的热点议题则是被希腊共产党、民族解放阵线及希腊民族解放军称作“监狱净空”的部分赦免行动。12月10日希腊司法部长公开声称希腊监狱中共有17984名囚犯,计有八万多人正待起诉,其中15596人尚未进行审判,因考虑到存在部分重案犯逃脱惩处的风险,政府方面决定只保留谋杀一项起诉指控。② 事实上,“监狱净空”行动招致了左右两派的不满——右派坚持维持现状不作变更,左派则坚持全面赦免众多因莫须有的罪名而被捕入狱的囚犯,甚至连温和的中间派亦认为,这超过八万名囚犯中的许多人仅仅是因同情共产党而被捕,并非均系极左翼分子。在十二月的一周内,希共与民族解放阵线在沃勒斯和萨洛尼卡两地举行露天示威,要求实行大赦,参加人数约有五千余人,同时决意打破政府当局禁止在首都雅典举行集会的命令,甚至办公室附近也出现了集会游行,游行队伍与希腊军警发生了冲突。③ 而在押囚犯的释放工作进度十分滞后,至12月27日,仅有185名囚犯被释放;④至1946年1月16日在押的16621名希腊囚犯中,获释总人数也只

① Mr.Bevin to Mr.Caccia(Athens),7th September,1945 [R 15383/4/19],*BDFA*,*Part* Ⅲ,*Series F*,*Volume* 26,p.71.

② Political Summary,1945,*BDFA*,*Part*Ⅳ,*Series F*,*Volume* 5,p.72.

③ Sir R Leeper to Mr.Bevin,21st December,1945,No.283,[R 155/1/19],*BDFA*,*Part* Ⅳ,*Series F*,*Volume* 5,pp.44-45.

④ Sir R Leeper to Mr.Bevin,4th January,1946,No.283,[R 466/1/19],*BDFA*,*Part* Ⅳ,*Series F*,*Volume* 5,p.53.

有1717人。①

除去以上涉及经济、治安、大赦诸项具体问题的应对举措,《瓦尔基扎协定》中影响希腊未来政治发展轨迹的关键性因素则是全民公决与议会选举的先后顺序及其间隔、选举形式及选举名册的修订、选举目的及选后议会的组成模式。对此利珀深有感触:“希望国王回到希腊的人都在鼓吹尽早举行全民公决,因为他们知道,倘若希腊人民对于共产党的过分行为仍记忆犹新,国王则有望获得广泛的支持。在我看来他们的估计是正确的,现在希腊的确存在着对国王的广泛支持。更为不幸的是,在现有条件下,国王回到希腊并不能促进当地的稳定,而这种稳定恰恰是希腊人民的莫大愿望,同时也是希腊的战后重建所必需的。”②关于全民公决与议会选举孰先孰后的争论正在不断发展。希腊内政部长认为由于十年的废弃,组织建立选举机构及选举登记的工作均存在困难,在九月前举行政府选举的可能性不大。③

1945年7月2日,希腊内政部长向英国代办卡奇亚秘密透露,希腊政府当下根本无意致力于全民公决及比例代表制问题。这些问题都因各个党派的利益考量而引起很大的争议。瓦尔加里斯称,有鉴于左右两派不断挑起事端,政府决心以完全中立的态度采取措施加以阻止,从而履行政府的职责。④

在全民公决与政府大选的先后顺序问题上,美国曾建议先进行政府大选,半年后再全民公决。1945年7月9日,英国外交部在致美国国务院的电报中明确表示,“强烈反对”这一建议,英国给出的原因有三:其一,选举时序属于希腊内政,外界的干涉会引起希腊国内的憎恨;其二,“《瓦尔基扎协定》是迄今为止为希腊各政党接受的唯一政策声明”,按与协定内容相反的顺序进行选举会使盟国方面承担巨大的责任风险;其三,全民公决与政府选举或可同日

---

① Sir R Leeper to Mr. Bevin, 2nd February, No. 40a, [R 2169/1/19], *BDFA*, *Part* Ⅳ, *Series F*, *Volume* 5, p.107.

② Mr. Leeper to Mr. Eden, 15th March, 1945, No. 756, [R 5105/4/19], *BDFA*, *Part* Ⅲ, *Series F*, *Volume* 25, p.89.

③ Mr. Leeper to Mr. Eden, 21st May, 1945, No. 86, [R 9322/4/19], *BDFA*, *Part* Ⅲ, *Series F*, *Volume* 25, p.263.

④ Mr. Caccia to Mr. Churchill, 2nd July, 1945, No. 124, [R 11552/4/19], *BDFA*, *Part* Ⅲ, *Series F*, *Volume* 26, pp.31-32.

举行,而盟国方面则应静观希腊国内的意见发展,在此基础上就选举问题作出决定。①

英国对希腊选举时序问题所表现出的强硬态度反映出其对希腊问题的诸多考量。其中很重要的一点便是,二战使英国元气大伤,英国舆论强烈要求政府从希腊撤军,工党政府(尤其是贝文)为了免遭来自国内及国际方面的舆论批评,同时不给苏联方面在保加利亚及罗马尼亚继续驻军提供借口,也希望能够尽早从希腊撤军,②对此贝文认为,鉴于希腊的政治问题是影响战后希腊稳定发展的核心问题,只有在一个代表民众意愿、切实履行职责并有能力捍卫本国独立的希腊政府业已成立,"希腊已不存在落入俄国势力范围的危险"③的情况下,英军方可从希腊撤出,实现上述目标的最佳方法是在希腊"尽早举行全国性选举",从而增强希腊新政府的实际权力。④ 除此之外,这一时期的英国政界存在以奥姆·萨根特(Orme Sargent)"调查"备忘录为代表的"原则外交"观点,即英国若想在遏止俄国渗透方面赢得美国的支持,应向美国公众宣扬"我们面临的挑战源于我们试图在欧洲事务中倡导的自由民主理念,而非保持自身大国地位的自私目的",⑤通过对部分原则的反复强调迫使美国进行援助——"这并不是说美国的政策总是以若干原则为依据的,但事实上倘若我们以别的东西为依据,英国的政策就会显得很可疑"。⑥ 对于英国方面而言,坚持按照体现雅尔塔会议针对欧洲被解放国家战后民主政治建设相关精神的《瓦尔基扎协定》进行选举无疑十分契合美国方面一再宣扬的"民主自由"观念,从而有利于保持英国在希腊事务上的发言权。有鉴于美国方面一

① Ibid.,p.661.

② Peter Weiler,*Ernest Bevin*,p.158.

③ Alan Bullock,*Ernest Bevin:a biography*,pp.160-161.

④ Ibid.,p.161.

⑤ 美国舆论普遍认为,丘吉尔对君主政体的偏爱致使其"动用英国部队扶植起一个不受欢迎的右翼政府,并强行镇压了来自左翼共和派的挑战"。Alan Bullock,*Ernest Bevin:a biography*,p.375.

⑥ 1945年7月奥姆·萨根特备忘录,转引自Saville John:*The politics of continuity*, p.31。

再坚持“没有议会制政府,就没有希腊国内的稳定”,①英国态度的改变不啻在相当程度上弥合了双方关于选举时序问题的分歧。而希腊政界对选举结果的急切期待更是使得政府选举的提前势在必行。

为使自己的访英之行切实有所收获,摄政大主教请卡奇亚务必向英国外交部强调:希腊的一切都有赖于议会选举与全民公决的时间问题,希望英国方面能做如下表述,即“英方不愿预先设定选举的最佳结果”,英方已经意识到,希腊国内倾向于更改《瓦尔基扎协定》中有关全民公决先于议会选举的条款,在今年年内同时举行两场选举的呼声很高;尽管选举事务完全属于希腊人的责任范畴,但因英国已经同意与美法两国一道对希腊大选实行监督,那么英国方面的目标便是确保选举产生的结果能为绝大多数希腊人所接受。② 贝文随即指示卡奇亚,在英国与美国方面尚未就选举时间等问题达成一致之前,不要向摄政大主教就选举事务展开更多讨论。③ 9月4日夜,摄政大主教与英美两国驻希腊大使进行了会谈。摄政请两位大使转告英美两国政府,他打算在伦敦提交有关宪政问题的备忘录。这在摄政看来是有望和平终结希腊人民苦难的唯一方案:(1)议会选举应尽早举行。希腊政府职能部门提交大主教的报告显示今年十二月末至明年一月前后是举行选举的最早日期。(2)此类选举应是通过地方投票直接产生修宪会议(Revisionary Assembly)而非正常的立法会议(Legislative Assembly)。选举将不采用比例代表制,且不会产生等同于全民公决的立宪会议。(3)全民公决应被推迟三到五年。(4)如果这一方案被采纳,那么英美两国政府须发表联合声明加以支援,在声明中两国政府应提到在听取了摄政关于各方面问题的阐述后,为和平解决希腊国内问题,英美两国政府向希腊人民推荐这一方案。④ 美国大使麦克维在与卡奇亚讨论时表示,

---

① John T.McNay edited, The *Memoirs of Ambassador Henry F.Grady: from the Great War to the Cold War*, p.93.

② From Athens to Foreign Office, No. 1710, 17th August, 1945, *DBPO*, *Series* 1, *Volume* 6, pp. 132-133. Mr. Caccia to Mr. Bevin, 20th August, 1945, No. 163, [R 14320/4/19], *BDFA*, *Part* Ⅲ, *Series F*, *Volume* 26, p.49.

③ From Athens to Foreign Office, No. 1751, 20th August, 1945, *DBPO*, *Series* 1, *Volume* 6, p.134.

④ Mr. Caccia to Mr. Bevin, 5th September, 1945, No. 1830, [R 15066/4/19], *BDFA*, *Part* Ⅲ, *Series F*, *Volume* 26, p.71.

他认为大主教的办法是经过深思熟虑的,并说他打算告知美国政府"在希腊十年来结识的人物中,摄政大主教是唯一能以全局眼光考虑希腊的国家利益问题的"。他因此强烈建议美国政府严肃考虑大主教提出的办法。由于"在希腊工作的经验远不及美国大使",卡奇亚便接受了他的判断。①

关于议会选举制度,希腊政府明显更倾向于1936年选举时采用的比例代表制。② 索菲利斯在历次新闻发布会上一再重申他坚持这些决定。与此同时,政府各部门部长有时间来考虑是否直接采用瓦尔加里斯时期编制的选举名册,司法部长宣称,这些选举名册既不很好也不很差,但经过修订还是可以用于选举的,修订工作将持续至1946年1月10日。这未能满足民族解放阵线关于重新编订选举名册的要求,民解遂再次重申其抵制选举的决定并指示其支持者不要进行选举登记(尽管几乎可以确定,他们中的很多人已经进行了选举登记)。尽管如此,在一番犹豫不决后,就像在上届希腊政府在任时期一样,民解最后还是向监督选举名册修订工作的跨党派委员会派出了代表,并称这样做纯粹是为了在该委员会面前宣告它的根本不可信性。根据官方声明,共有2,085,594人为登记选民。这与1936年超过1,300,000人参加投票相比还是可以接受的。民族解放阵线的宣传机器则坚称后一统计数字代表当时"有资格"③参与选举的人数,称在成千上万希腊人在占领期间死去,更多人逃离本国未能登记,或由于党派的禁令而没有登记的情况下,现政府公布的选民登记数字居然如此庞大,这无疑说明了大量右翼支持者登记了不止一次。④

---

① Mr. Caccia to Mr. Bevin, 5th September, 1945, No. 1830, [R 15066/4/19], *BDFA*, *Part* Ⅲ, *Series F*, *Volume* 26, pp.69-72.

② 该制度按照各政党所获选票数在总票数中所占比例分配议员席位。此制与名单提名相结合,以大选区制为基础,一轮投票就可以得出结果。但由于选民是投各政党所提候选人的票,所以必须先统计各政党所得选票总数,再按比例分配议员席位。比例代表制分配议席的方法很复杂,其基本特点是,首先确定产生一个席位所需要的票数即当选基数(又称当选商数),然后用当选基数去除各政党所得的票数,得出各政党应得的议席分配数。比例代表制使各政党所得选票和所得席位成正比,有利小党发展而且能比较客观反映政治组织的实力,但容易滋生激进情绪。与之相对的为多数代表制,多数制的原则是"胜者全取",如甲党于某选区得票10000,乙党得票9999,甲党将取得选区的所有议席。选区可以只有单一议席或者有多个选席。

③ 原文为斜体。

④ Political Summary, 1945, *BDFA*, *Part* Ⅳ, *Series F*, *Volume* 5, p.87.

关于选举时间问题,1946 年 1 月 19 日,摄政大主教签署了一项法令,将选举登记截止时间延后至 1946 年 1 月 20 日,并授权内政部长必要时再将选举注册时间延长 10 天。之后的一段时间将用于记录有关选举登记事务的反对与抗议,随后选举登记工作将在 3 月 1 日前正式结束。接下来的三十天将是选举名册修订完成与正式选举之间的法定时期①。

经过对《瓦尔基扎协定》所涉及诸项事务的逐一落实与往复磋商,希腊政府选举与全民公决最终于 1946 年 3 月 31 日及当年 9 月间分别举行,尽管选举期间盟国监选使团与希腊安全部队实施了较为严密的安保措施,但还是发生了以里托克霍隆(Litokholn)爆炸案为代表的诸起暴力事件。最终,在投票人数与选举程序皆令美英两国观察员较为满意的情况下,人民党在大选中以绝对优势胜出。当年,君主立宪制在希腊复辟,希腊国王保罗二世返回国内。②

四

综观英国针对《瓦尔基扎协定》的实施所采取的诸多外交动作,我们似可得出如下三点结论:第一,自从《瓦尔基扎协定》签署直至希腊大选举行,英国凭借其对希腊政治历史嬗变及现状的深入了解,其围绕战后民主政治构建这一核心问题所采取的一系列措施确在一定程度上符合当时希腊的特殊国情,加之此间美国尚未大举介入希腊事务,故英国在《瓦尔基扎协定》的推行过程中扮演着他国无法取代的关键作用。第二,就英国采取上述政策的目的而言,英国自始至终都希望再度纳入自身势力范围的希腊能够尽快恢复稳定,实现国内政治的良性有效运作,进而使得经济军事实力无不捉襟见肘的英国可放

① Sir R Leeper to Mr.Bevin, 24th January, 1946, No. 29, [R 1735/1/19], *BDFA*, *Part* Ⅳ, *Series F*, *Volume* 5, p.101.

② 对于此次选举的具体实施过程,亨利·格雷迪在其回忆录中有着详尽的记述,参见 John T.McNay edited, The *Memoirs of Ambassador Henry F. Grady: from the Great War to the Cold War*, pp. 85-98。中译本见:《亨利·格雷迪对 1946 年希腊选举的回忆》,冯一鸣译,华东师范大学冷战国际史研究中心编:《冷战国际史研究》第 10 辑,世界知识出版社 2010 年版,第 306—318 页。

心地自希腊抽身,《瓦尔基扎协定》的实施则为英国提供了实现上述动机的重要机会,英国遂借“为他国谋福祉”之名,行“为己牟利”之实,意识形态的遏制动因反倒居于次要地位。选举后一个月,英军开始自希腊撤出①,从某种程度上说,英国达成了其干涉希腊政权建设的一大目的,也使得选后产生的“基于人民自由意愿的”希腊政府得以维系。② 而希腊大选在相对平静的环境下结束,这对于英国方面获得来自美国的更多援助,无疑具有现实意义。③ 第三,就英国此一时期干涉的结果而言,尽管在《瓦尔基扎协定》推行落实期间,特别是在希腊选举事务筹备阶段,英国凭借其对近东巴尔干地区形势的准确把握及对希腊事务的熟稔,以相对务实的眼光追求希腊局势的尽快稳定,而未以意识形态作为重要考量因素,从而将希腊事务纳入到此一时期英国维持英苏同盟关系战略的大框架中,具有很强的现实主义色彩,但英国自身实力的下降使得这套本应付诸实施的建构方案无法得到有效落实,英国提出的涉及政治、经济、军事多方面的模式亦备受诟病,进而丧失了推进效力,希腊亦未能由此实现长期稳定,而是在内战重起后再度政治动荡。

---

① 参见:Sir C.Norton to Mr.Bevin, 1st June, 1946, No. 153, [R 8386/1/19], *BDFA*, *Part* Ⅳ, *Series F*, *Volume* 5, pp.329-331。

② Sir C.Norton to Mr.Bevin, 30th May, 1946, No. 153, [R 8332/1/19], *BDFA*, *Part* Ⅳ, *Series F*, *Volume* 5, p.328.

③ Sir C.Norton to Mr.Bevin, 1st April, 1946, No. 153, [R 5023/1/19], *BDFA*, *Part* Ⅳ, *Series F*, *Volume* 5, p.314.

1948年:美国谋求中苏分裂之肇始[①]

——杜鲁门政府"楔子战略"出台述论

滕 帅[②]

自1948年至1953年,"楔子战略"(theWedge Strategy)一直贯穿于杜鲁门政府对华政策的过程中,许多重大的决策和行动的背后都有这一战略的作用和影响。特别是"楔子战略"的出台,不仅为杜鲁门政府对华政策的转变提供了新的方向和目标,而且为此后该战略的持续存在和实施提供了依据和指导。本文试图在前人研究的基础上[③],利用相关美国外交档案资料,对"楔子战略"的形成原因、依据、制定和出台过程进行考察,以期揭示该时段杜鲁门政府对华政策的某些特点与规律。

一

"楔子战略"是杜鲁门政府时期(1945年4月至1953年1月)美国企图利用中苏之间的分歧和矛盾离间中苏关系的政策。它旨在运用政治、经济、文化

① 本文所提到的"中苏分裂"与"中苏关系"中的"中",在1949年10月之前指中国共产党及其领导的解放区政权,在此之后,则是指中国共产党领导的新中国。

② 滕帅,男,中南民族大学马克思主义学院讲师,历史学博士。

③ 关于"楔子战略"的研究可参见John L.Gaddis,*The Long Peace*:*Inquiries into the History of the Cold War*,Oxford:Oxford University Press,1987,pp.147-194;Nancy Tucker,*Patterns in the Dust*:*Chinese-American Relations and the Recognition Controversy 1949—1950*,New York:Columbia University Press,1983,pp.173-194;翟强:《论美国对中苏的"楔子战略"》,《南京大学学报》1988年第2期。

等手段,加深和扩大中苏两国的分歧和摩擦,在中苏之间打入"楔子",削弱苏联的力量并遏制其势力在东亚的"扩张",从而达到维护美国在东亚的利益和政治格局的目的。"楔子战略"虽以分裂中苏关系为最终目标,但其切入点和重心却在中国一方,即美国主要是对中国共产党和社会主义中国施加影响,使其加深与苏联的矛盾。而要做到这一点,首先要对中国共产党和中苏关系有一定的认识和估计,以判断美国在多大程度上可以施加这种影响,这也是美国政府制定"楔子战略"的重要前提和依据。

关于中国共产党与苏联的关系,战后的美国政府内部就有一种意见认为,中苏矛盾不可克服,美国大可利用。其依据有二:

其一,美国政府认为,中国共产党既受苏联的影响,又具有很强的独立性。早在 1944 年 6 月,罗斯福政府就曾派遣"美军延安观察组"(U. S. Army Observer Group),即"迪克西使团"(the Dixie Mission)与中共进行过交涉。[①] 经过考察,使团发现,中国的共产主义是土生土长的,是建立在民族主义的基础上的,并且是独立的。因为"中国共产党从苏联党那里所得到的帮助极少,而有害的劝告却很多;多数在战争期间与毛泽东和他的同志们有过接触的美国人,回来时自然都对他们的能力、廉洁和对莫斯科的明显的独立性有着深刻的印象"[②]。其中时任美国驻华外交官的约翰·谢伟斯(John Service)和约翰·戴维斯(John Davis)也是使团的重要成员,他们基于对中共的认识和对远东国际关系的判断,主张美国必须改变对中共的态度,与其合作。[③]

杜鲁门政府时期,乔治·凯南(George Kennan)对中共的独立性也有深刻的理解。1945 年 4 月 13 日,时任美国驻苏使馆代办的乔治·凯南给在华盛

① 此使团于 1944 年 7 月至 1947 年 3 月期间访问了延安,其主要成果是向美国政府提交了大量报告,为美国制定对华政策提供了可靠的一手材料。"迪克西"是美国人对南北战争中南方邦联的称谓,在这里指中共领导的解放区。关于美军观察组的研究具体可参见[美]卡罗尔·卡特:《延安使命:1944—1947 美军观察组延安 963 天》,陈发兵译,世界知识出版社 2004 年版;[美]D.包瑞德:《美军观察组在延安》,万高潮、魏明康等译,解放军出版社 1984 年版。

② Harry Harding and Yuan Ming(ed.), *Sino-American relations, 1945—1955: A Joint Reassessment of a Critical Decade*, Wilmington, Del.: Scholarly Resources Imprint, 1989, p.159.

③ 徐畅、赵志伟:《"迪克西使团"访问延安评析》,《山东大学学报(哲学社会科学版)》2005 年第 4 期。

顿的哈里曼(Averell Harriman)发了一份电报,评论了美国驻中国大使赫尔利关于他同斯大林会晤的报告。他认为,美国不应该相信斯大林会无条件地支持美国的对华政策,而采取行动使中共的武装力量统一于蒋介石领导的国民政府之下,因为"只有在中国共产党可接受的条件下,统一实际上才可能实现"①。1946年初,凯南在一份报告中再次指出,"莫斯科和延安的关系如何"是一个重要问题,因为美国的对华政策在很大程度上是以这一问题为转移的,但是至今没有材料可以证明或者否定中共受苏联控制。他认为,从历史上看,中共没有理由感谢莫斯科,而有种种理由显示它对莫斯科有"惊人的独立性"。尽管如此,由于延安在对外关系上没有多少选择余地,因此事态的发展会迫使延安不脱离莫斯科的轨道,在决定性时刻莫斯科可以对它施加有效影响,但这显然不是延安共产党人的主观愿望。② 总之,在1947年之前,凯南就认为,中共既受苏联的影响又具有相当大的独立性。他的这种认知也在其出任国务院政策计划室主任之后成为杜鲁门政府制定对华政策的出发点和重要依据。

其二,美国政府认为,中共与苏共之间存在分歧与矛盾,中国不会无条件地倒向苏联。其理由在于:

第一,苏联认为,中国共产党并不是自己可靠的盟友。这主要是由于以斯大林为首的苏联领导人认为,中国共产党信仰的不是真正的社会主义,中国共产党人也不是真正的共产主义者。斯大林在美国驻苏大使艾夫里尔·哈里曼面前曾明确指出:"中国共产党并非真正的共产主义者。他们是'麦淇淋'式的共产主义者。"③苏联外交部长莫洛托夫也对美国外交官表示,尽管有些人(暗指中共)称自己为共产主义者,但实际上他们跟共产主义没有任何关系。④

① 《美国与中国的关系》(白皮书),世界知识出版社辑:《中美关系资料汇编》第1辑,世界知识出版社1957年版,第161—162页。

② The Charge in the Soviet Union(Kennan)to the Secretary of State, January 10, 1946, U.S.Department of State ed., *Foreign Relations of the United States*("FRUS" as Abbreviation), *1946*, *Vol. 9*, Washington D.C.: United States Government Printing Office, 1972, pp.116-119.

③ Marvin L.Kalb, *Dragon in the Kremlin: A Report on the Russian-Chinese Alliance*, New York: E.P.Dutton & Co., 1961, p.23.麦淇淋是英文margarin的音译,即人造黄油的意思。

④ Marvin L.Kalb, *Dragon in the Kremlin: A Report on the Russian-Chinese Alliance*, p.23.

正是由于苏联的这种自大和对中共的不信任,使美国人确信,中共和苏共虽然同为社会主义政党,却未必是坚固的社会主义同盟。

第二,毛泽东领导的中国共产党与斯大林领导的苏联共产党之间有相当深刻的矛盾。1944年底,"美军延安军事观察组"在对中苏关系的评价的最后部分指出,中共虽然在信仰上与苏共一致,历史上也奉行过共产国际路线,但是中共所领导的革命运动是中国的民族要求和社会矛盾的产物,对内政策也以土改和民主改革为主,在国内有广泛群众基础。因此,不论苏联支持与否,中共将自行其是。而且在中苏两国之间存在着三北边境问题,如东北问题、新疆问题、外蒙古问题等,这无疑会加深中国国内民众对苏联二战后实行大国沙文主义恶劣形象的记忆。① 此外,一个关键的事件,即1945年8月苏联与国民党政权所签订的《中苏友好同盟条约》,美国认为该条约会给中共留下恶劣的印象,加深中共与苏联之间的矛盾。②

第三,美国政府有理由相信此时的中国共产党愿意与美国合作,并希望美国能为中共和未来中国的发展提供援助。他们认为,"中国共产党人从1944年的秋天到第二年的夏天坚定地寻求博得美国的好感","并不断地强调他们的信条,即一个共产党的中国不会威胁到美国的利益"。③ 1945年3月,毛泽东曾对美国"延安军事观察组"政治顾问约翰·谢伟斯谈到,"美国不仅是最能够援助中国发展经济的国家,而且也完全能够参与这个过程",基于此,"中国人民和美国之间不应该有任何冲突、疏远或是误解"。毛泽东还表示,"(中国)共产党对美国的政策,现在是将来仍然是,寻求友好的美国支持在中国实现民主和在对日作战中进行合作。但是不管美国的行动如何,无论共产党是否得到哪怕是一门炮或者一粒子弹,他们都将用对他们来说任何可能的方式,

---

① Oliver Edmund Clubb, *China & Russia: the "Great Game"*, New York: Columbia University Press, 1971, p.379.

② The Consul General at Shanghai (Cabot) to the Secretary of State, May 31, 1949, U.S. Department of State ed., *FRUS, 1949, Vol. 8*, Washington D.C.: United States Government Printing Office, 1972, p.356.

③ Schaller Michael, *The U.S. Crusade in China* 1938—1945, New York: Columbia University Press, 1979, p.107.

继续寻求和实行与美国合作。”①毫无疑问,这种愿意与美国合作的态度使美国人坚信毛泽东对美国还是有好感的,是希望从美国得到援助来发展中国的,这一看法更使美国人乐观地认为,可以通过援助的方式来施加其对中共和中国的影响。

总之,在蒋介石政权崩溃之前,杜鲁门政府已经认为,尽管中国共产党也是一个共产主义政党,但基于中共的发展特点、斯大林对中共的不信任和中共与苏联之间业已存在的矛盾等因素,即使中国共产党夺取政权,也未必会完全倒向苏联,成为一个像东欧诸国那样的傀儡政权。因此,美国有机会利用中苏之间的分歧和矛盾,来分裂中共与苏联的关系。同时,鉴于毛泽东曾经对美国所表示的好感及中国对美国援助的需要,甚至有可能使中共倒向美国,反对苏联。不过这种认识只是美国高层对中苏关系的一种预测,具体的政策制定还未提上日程。真正加速这一过程,并使美国人相信可以把这一潜在可能变为现实的事件是苏南关系的破裂。

二

1948年6月,苏联和南斯拉夫之间的关系开始破裂,苏联领导的欧洲共产党情报局宣布开除南斯拉夫,并公开批评铁托。这意味着当时的南斯拉夫脱离了以苏联为首的社会主义阵营,走上独立发展的道路。这一事件使美国外交决策者如获至宝,因为它不仅向美国和西方表明了社会主义集团并非铁板一块,而且为美国对苏联和其他社会主义国家外交政策的制定提供了更广阔的视角和事实依据。这一事件加速了美国分裂中苏政策的制定。

南斯拉夫事件在美国政府内部引起了强烈反响,国务院的苏联问题专家乔治·凯南、查尔斯·波伦(Charles Bohlen)和卢埃林·汤普逊(Llewellyn Thompson)等立即认定,这是二战结束后国际共运内部最重要的事态,“可与

---

① [美]约瑟夫·埃谢里克编:《在中国失掉的机会:美国前驻华外交官约翰·S.谢伟思第二次世界大战时期的报告》,罗清、赵仲强译,国际文化出版公司1989年版,第331—341页。

托洛茨基的落难等量齐观”。[1] 6月30日,以凯南为首的国务院政策设计室就草拟了一份文件,题为《我国政府对南斯拉夫事态的态度》,并于翌日获国务卿马歇尔批准。9月2日,这一文件作为国家安全委员会第18号文件得到正式采纳,这是美国在苏南分裂后的第一个对南政策的纲领性文件。国家安委会第18号文件分析了苏南分裂对于西方的意义。它指出,“南斯拉夫共产党领导人对克里姆林宫的藐视给我国政府造成了一个全新的对外政策问题。现在,历史上第一次在国际社会内可能有了一个这样的共产党国家:它建立在苏联组织原则的基础上,并且在极大程度上依据苏联的意识形态,但独立于莫斯科……克里姆林宫可以被它自己的仆从之一成功地违抗——这一示范将一个具有根本的深远意义的新因素引入了世界共产主义运动。由于这个行动,笼罩在克里姆林宫权力周围的神秘的全威全能、永无谬误的气氛已被击破。脱离莫斯科的可能性,迄今为止对外国共产党领导人是不可想象的,从现在起将以这种或那种形式存在于他们每个人的心中。”[2]此后,“铁托主义”很快成为共产主义世界分裂的代名词,也成为杜鲁门政府制定新的对华政策的重要考虑因素。

1948年秋,随着中国人民革命的迅速发展,蒋介石国民政府的统治江河日下,美国领导人意识到中共的胜利已不可逆转。在此情况下,如何应对新生的中国共产党政权,如何遏制苏联势力在亚洲的“扩张”就成为美国的当务之急。有鉴于苏南分裂的例子,分裂中苏的思想开始被迁移到美国对华政策的制定当中。美国国务院就认为,“毛泽东很可能成为另一个铁托……,如果中国走上独立的道路,那就将使苏联集团处于极其尴尬的境地,并将大大降低社会主义在全世界的威胁”。[3]

---

① Wisner to the United States Representative in Europe (Harriman), July 22, 1948, U.S. Department of State ed., *FRUS*, *1948*, *Vol. 4*, Washington D.C.: United States Government Printing Office, 1974, p.1096.文中“托洛茨基的落难”是指国际共产主义运动左翼领袖托洛茨基于1940年8月20日在墨西哥遇害身亡。

② Paper Prepared by the Policy Planning Staff, June 30, 1948, *FRUS*, 1948, *Vol.* 4, pp.1079-1081.

③ Nancy Tucker, *Patterns in the Dust: Chinese-American Relations and the Recognition Controversy 1949—1950*, pp.178-179.

与此同时,美国驻中国和苏联的外交官在给华盛顿的报告中,也多次提到中苏间出现分裂的可能性,从而加强了国务院关于中国有可能出现一个“独立的共产主义运动”的看法。美国驻苏大使馆致电国务院,认为铁托事件“对中国共产党具有绝妙的意义”,因为“铁托和毛有着许多相同之处”。他建议华盛顿抓住时机,动摇中共领导人对苏联的信心,促使中共走铁托的道路。美国驻华大使司徒雷登也十分同意这种观点,他认为这是“上帝给予的良机”,可以用来促使中共内部亲苏和反苏势力的分化。① 上述意见对美国政府是很有价值和说服力的,这不仅是因为南斯拉夫事件所带来的启迪与示范效应,更是因为这些意见来源于职业外交官对中苏关系的实践认知。而且他们的观点与美国政府内部对中苏关系认识的主流看法相契合,并适应了当时杜鲁门政府对华政策转变的需要。尤其值得一提的是在杜鲁门政府中身居要职,正处于其政治生涯巅峰时刻的乔治·凯南,作为分裂中苏思想的代表人物,其主张直接影响了对华政策的制定。

以乔治·凯南为首的国务院政策计划室(Policy Planning Staff,简称 PPS)是“楔子战略”制定与出台的主要机构,其中对“楔子战略”的形成与发展具有重要影响的 NSC34 号文件(PPS39 号文件)和 NSC48 号文件就是由此部门草拟。这个由乔治·凯南亲手组建并在 1947—1949 年间担任首脑的政策计划室,在战后初期的美国政府中是一个十分重要的智囊机构,曾参与了美国全球战略的制定,“马歇尔计划”的构划和起草也出自于此。甚至 1947 至 1948 年底马歇尔担任国务卿期间,凯南及其政策计划室享有直接向国务卿递交报告的特权。②

同时,根据 1947 年由杜鲁门建议和国会通过的“国家安全法案”而组建的国家安全委员会(NSC)一经成立,凯南即被任命为国务院在其中的代表。国家安委会是美国政府的决策机构,其政策建议一旦经总统批准,即成为官方政策。因此可以说,凯南在 1947—1949 年间,是美国政府决策层中具有很

① 郝雨凡:《白宫决策——从杜鲁门到克林顿的对华政策内幕》,东方出版社 2002 年版,第 18 页。

② Walter L. Hixson, *George F. Kennan: Cold War Iconoclast*, New York: Columbia University Press, 1989, p.51.

大影响力的人物。他不但积极参与了对华政策的研究,而且他领导的政策计划室和参与的国家安委会对中国局势的分析实际上也代表了国务院的看法。

乔治·凯南关于分裂中苏关系的思想受其下属约翰·戴维斯的影响很深。戴维斯1945年初被派到美国驻莫斯科使馆工作,充当负责使馆行政事务的公使衔参赞乔治·凯南的部属,并深受他的赞赏。凯南称戴维斯为驻苏使馆中"最了解中国事务"的人。① 凯南经常同戴维斯研究中国及远东问题,并认为自己对苏联远东政策性质的认识主要得益于戴维斯。② 所以,当1947年初凯南受命筹建政策计划室时,便把戴维斯吸纳进来,成为他关于中国及亚洲事务的主要顾问与助手。戴维斯于二战期间曾在史迪威手下工作,通过对中国情况的了解,他揭露和抨击了国民党政权的腐败,认识到中国共产党的活力,主张美国政府直接同中共交往,并采取措施防止出现亲俄反美的共产党政权。关于中共同苏联的关系,戴维斯认为,中共内部的独立倾向与民族主义力量会促使中共同苏联产生矛盾,美国应鼓励中共同苏联闹独立。③ 这样,戴维斯则成为美国制定"楔子战略"的另一重要人物。

1947年以后,凯南领导的政策计划室开始集中力量研究中共与苏联关系的历史、现状和未来。所得的基本结论是,"中共对苏联有明显的独立性,美国可以在中共与苏联之间打进'楔子'。"④此后两年当中,乔治·凯南和约翰·戴维斯作为政策的主要策划者制定了一系列分裂中苏的文件,对分裂中苏的目标、手段和影响都有详尽的阐述,其中的主要意见和基本主张都得到了杜鲁门总统的认可,相关文本也被批准成为国家安全委员会的正式文件,成为指导"楔子战略"具体实施的纲领性文件。

---

① George Kennan, *Memoirs* 1925—1950, Boston: Little Brown, 1967, p.237.

② John Paton Davies Jr., *Dragon by the Tail*, New York: W.W.Norton & Company, 1972, p.184.

③ Tang T'sou, *America's Failure in China*, Chicago: The University of Chicago Press, 1963, pp. 198-203.

④ 张小明:《乔治·凯南对华认识及政策主张》,《美国研究》1993年第1期。

三

在杜鲁门政府制定新的对华政策过程中,NSC34 号文件(PPS39 号文件)具有相当重要的作用和意义。这一文件是美国国务院政策计划室和远东司的中国问题专家于 1948 年 9 月 7 日经过反复商讨论证提出的,原题为《重审并制定美国对华政策的文件》(PPS39),它的形成标志着美国政府“楔子战略”的正式出台。通过对这一文件的分析和解读,可以了解整个“楔子战略”的依据、目标和行动原则。

NSC34 号文件首先对苏联的对华政策和目标做了分析,认为苏联如获得中国,不仅意味着其政治上的胜利,而且从现实方面看,更意味着其获得了“一个人口众多的缓冲区,可由此向东亚的其他地区发起政治攻势”。所以苏联的对华目标是“尽量扩大其在华的影响,并最终控制中国的所有领土”。在美国看来,苏联的对华政策是以苏联在东亚,乃至世界的扩张和威胁为前提的,对中国的控制不过是苏联实现上述目的重要一步。如果中国倒向苏联,必然对美国在东亚的利益造成损害。不过,文件认为苏联要实现这一目标并不容易,原因有二:一是苏联对中国共产党不完全信任,并持怀疑态度。因为“斯大林及其政治局的同志们不大相信人性。他们怀疑一切的倾向得到了经验的确认——从他们每个人获得权力的过程到铁托同志具有启示意义的离经叛道,都是如此”。二是“毛泽东取得政权的时间几乎是铁托取得政权时间的 10 倍”,这意味着毛泽东领导的中国共产党本身具有很强的独立性和自主性,因而莫斯科在试图完全控制他们的时候会面临很大的困难。① 这种分析应和了之前美国政府内部对中苏关系的认识,显示出此种意见已在政府中暂时处于主导地位。但是美国人清醒地认识到,要想利用这种潜在的矛盾,避免苏联对中国的控制,就必须改变美国现有的对华政策。

因此,文件第二部分既对中国的现状和美国对华政策进行了反思,又对中

① Memorandum by the Policy Planning Staff, September 7, 1948, U.S. Department of State ed., *FRUS, 1948, Vol. 8*, Washington D.C.: United States Government Printing Office, 1973, pp.146-149.

国未来的发展情况做了预测。一方面,美国应认识到国民政府的失败是必然的,美国必须从对它承担的政治、军事和经济的责任与重负中解脱出来。这一切使"美国走上了独木桥,无法做其他选择,失去了回旋的余地"。不仅现有的援助不能改变内战的进程,而且"全面援助"也是一种巨大的、不确定的危险行为,美国将不会拿自己的声誉和资源赌博。另一方面,文件对共产党执政后的中国形势做出了预测,认为共产党将在管理国家的各个方面遇到复杂的困难,尤其是与苏联的关系也将因为中共的民族主义倾向而恶化。① 这一部分的分析反映了美国政府对国民党政府已经丧失信心,承认自身能力的有限性,准备实施所谓的"脱身"政策,但这并不意味着美国完全抛弃了国民党。因为当时内战尚未结束,加之对中共掌权后所面临困境的估计,都使美国认为当前及此后的一个时期内,中国的政治局势是混乱的和不确定的,所以美国的短期政策必须是灵活而有原则性的。

基于以上两方面的分析和判断,文件最后得出结论,在可以预见的将来,美国应当奉行的对华政策是:继续承认现在的国民党政府为中国的"合法政府";待国民党政府彻底崩溃后再视情况决定是否承认新政府;尽可能地阻止中国成为苏联的政治、军事"附庸"。其中最后一个政策目标与之前相比发生了一个微妙的变化,就是在中共的胜利已不可逆转的形势下,把"尽力阻止中共在中国取胜"变为"尽力阻止中国变为苏联的附庸"。② 这表明政策计划室已经开始把分裂中苏关系纳入到美国对华政策的制定当中,并作为此后美国对华行动的指导方针。

此外,文件也明确提出了实施上述政策所遵循的指导原则。一是要认识到"中国有不在美国控制之下的、巨大的、根深蒂固的本土力量在战斗",因此,美国要承认自身在影响中国事态发展进程方面有很大的局限性。如果反对这些力量,此局限性会成倍增加,使美国自招失败。相反,如果利用这些力量,美国的影响力则会成倍增加。二是要认识到苏联在影响和利用中国以达到其总体目标的能力也是有限的。只要中国共产党不成为苏联的"附庸",就

① Memorandum by the Policy Planning Staff, September 7, 1948, *FRUS*, 1948, *Vol.* 8, pp. 150-154.

② Memorandum by the Policy Planning Staff, September 7, 1948, *FRUS*, 1948, *Vol.* 8, p.154.

不会形成对美国的威胁。而且至少在五年内,“克里姆林宫不可能随心所欲地动用中国的资源和人力,以达到对美国安全构成严重威胁的程度”。所以,文件认为中国的命运掌握在中国人自己手中,而不取决于外国人,但鉴于形势的复杂性,中国的前景仍不可预测,美国的政策“决不能死守任何一个行动方针,或仅仅对中国的一个派别承担义务而不知变通”。① 这种原则意在强调中国共产党在领导中国革命中的主要作用及其独立性和必然性,既承认了美国和苏联对中国影响的局限性,又肯定了美国影响中国的可能性,并据此认为美国应当顺势而为,尊重这种力量的客观存在,不被国民党政府束缚手脚,为美国今后继续对华发挥作用留有余地。

那么美国应该以何种形式才能有效发挥这种力量呢?文件认为,使用军事力量所需的代价过大,因此主要应该通过政治、经济和文化的手段来实行,而且政治和文化的手段要避免公开的介入,经济援助要能体现出回报和效果,不能变成无偿的“朝贡”。只有这样,美国才能让中国感受到美国政治和经济的影响力。显然,与上文的分析一致,考虑到中国“巨大的、根深蒂固的本土力量”的存在,以及中国尚未被苏联所控制,构不成对美国威胁,所以美国不必在中国运用经济成本过高的军事手段。而运用非公开介入的政治与文化形式,则体现了凯南运用“和平演变”手段的特点,这既避免了美国“干涉者”的形象,减少了中国民众对美国的抵触情绪,又可用灵活多样的方式来增加中苏之间已有的分歧和矛盾。同时,政治手段还要辅以经济手段,注重实效,避免资源的浪费,以保证发挥美国力量的可行性和有效性。②

NSC34 号文件对分裂中苏的依据、目标、原则和手段做了详细的论述,初步勾画出了“楔子战略”的全貌。这一文件表明美国为了维护其在东亚的利益与安全,必须遏制苏联的扩张,而要做到这一点,关键的一步就是要阻止中国共产党领导的中国倒向苏联,因此,调整美国现有的对华政策是必要的。1948 年 10 月 13 日,PPS39 正式成为国家安全委员会文件 NSC 34 号文件,印发有关各部门以备实施。“楔子战略”自此出台。

---

① Memorandum by the Policy Planning Staff, September 7, 1948, *FRUS*, 1948, *Vol.* 8, pp. 154–155.

② Memorandum by the Policy Planning Staff, September 7, 1948, *FRUS*, 1948, *Vol.* 8, p.155.

四

纵观“楔子战略”的出台可以发现,它首先是基于美国对中国共产党和中苏关系有比较客观的认识基础上的,尤其是对两党的各自特点和之间的差异性有深刻的理解的基础上提出的。美国从中国共产党的发展过程以及中苏的交往历史出发,认为中国共产党所具有的民族性、独立性和自主性必然会与苏联共产党所具有的自大、多疑和沙文主义发生冲突与摩擦,因此在“楔子战略”制定者的眼中,中共不同于苏共,中共在全国的胜利也不等于苏联社会主义在中国的胜利,所以美国完全有机会在两者之间的斗争和摩擦中发挥作用并从中获益。这种对不同外交对象差异性的区分,一定程度上弱化了意识形态的色彩,有利于国家利益的界定,进而可以为外交政策制定与实施增加灵活性。从中苏关系发展的长时段来看,美国政府的这一看法无疑预见了20世纪50年代末60年代初的中苏决裂,但从短时间看,也存在严重低估中苏两党之间的联系和国际形势复杂性的缺陷。

其次,“楔子战略”的出台是杜鲁门政府对华政策转变的主要标志之一。这是因为:第一,“楔子战略”的出台是以国民党在中国的垮台为前提的。正是承认了国民政府的必然失败和美国也无法挽救的客观现实,杜鲁门政府才决定放弃原先“扶蒋反共”的政策,而把分裂中苏关系作为美国应对形势变化的主要对策。第二,“楔子战略”的出台为未来美国的对华政策确定了新的目标、行动原则和实施手段。在目标上,从“阻止中共在中国取胜”变为“阻止中国变为苏联的附庸”,即把分裂中苏、阻止两者结盟作为其新政策的主要目标。在行动原则上,承认了美国干涉中国的局限性,并在强调中国自身力量对于中国发展重要性的同时,主张美国要学会并善于利用这种力量为美国服务。与之相联系,在实施手段上,美国放弃了大规模经济与军事援助的方式,强调政治和文化手段的应用。这些新变化与之前美国的对华政策有着极大的不同,显示出美国对华政策即将发生重要的转变。究其原因,这既是杜鲁门政府面对自身支持的国民党政府在中国失败的无奈选择,又是其在亚洲遏制苏联,进行冷战的结果。

再次,“楔子战略”的出台深深地打上了乔治·凯南“遏制思想”的烙印。从对苏南冲突的认识与借鉴到对中苏分裂的设想和政策制定,逐步形成了其遏制理论的重要方面,即为削弱苏联的力量,“美国和西方应采取怀柔的手段,以鼓励其他社会主义国家和共产党同苏联闹矛盾”。[①] 这一思想的形成对美国冷战政策的制定有着重要而深远的影响。

“楔子战略”的目标是遏制苏联势力在东亚的扩张,因此,它的制定与出台必然受到美国亚洲冷战政策的影响。面对即将取得胜利的中国共产党,“楔子战略”却不主张用成本过高的军事手段来推翻它,而且承认了自身能力的局限性。这深刻反映了乔治·凯南“遏制思想”中美国的资源和能力是有限的主张,而且依据这一点,他认为美国“必须确定利益的轻重缓急次序”。由此,他认为美国对苏遏制的重点是除苏联之外的四大中心,尤其是西欧和日本。[②] 所以在他看来,美国在中国的利益有限,而且中国对于美国的威胁只有苏联完全控制它后才能显现出来。所以从亚洲冷战的需要出发,美国既要遏制苏联,又暂时不会为此而投入过多资源,更不会冒与苏联直接对抗的风险而对中国采取军事行动,而用政治、文化和经济手段为杠杆来分裂中苏关系就成为一种低成本且实用的政策。所以说,“楔子战略”目标和手段的确定是受美国整个东亚战略影响和制约的。

此外,“楔子战略”的出台同样体现了凯南以现实主义来界定国家利益的特点。由于他认为美国遏制的目标主要应该是苏联的不安全感和扩张倾向,而不仅仅是共产主义,所以“楔子战略”没有把共产主义的中国排除在美国可利用的范围,而是颇有计划地打算与中共保持接触和施加影响,以达到其激化中苏矛盾削弱苏联力量的目的。

最后,从“楔子战略”出台的影响来看,它实际上确立了一种分裂中苏的思想,这一思想不仅贯穿于 1948 年之后杜鲁门政府对华政策的制定中,而且被此后的艾森豪威尔政府和肯尼迪政府所继承。它们都注意观察、分析和利

---

① 张小明:《乔治·凯南遏制思想研究》,北京语言学院出版社 1994 年版,第 52 页。

② George Kennan, *Memoirs* 1925—1950, pp.351-359.

用中苏之间的摩擦和分歧来扩大中苏矛盾,尽管实施的手段和方法不尽相同①,但其政策依据和理论根源都来自于"楔子战略"出台时所确立的分裂中苏的思想。

不过,"楔子战略"的出台也暴露了杜鲁门政府对华政策的一个致命弱点,即把对华政策从属于对苏关系。出于遏制苏联的需要以及凯南对中国地位的轻视,在"楔子战略"的整个出台过程中,其政策内容更多的是对中苏关系的估计和预测,而极少对中国的价值和作用进行研究和判断。这既反映了美国对中国发展潜力的估计不足,又反映了美国缺少对中国相对独立的认识,导致美国一直不能制定一个客观而正确的对华政策,从而成为此后妨碍中美关系发展的一个重要因素。

尽管如此,"楔子战略"在当时很快就被纳入到杜鲁门政府新的对华政策的实践当中,而且出于遏制苏联和社会主义的紧迫需要,这一政策也被艾森豪威尔政府和肯尼迪政府所肯定并继续予以实施。20 世纪到 50 年代末 60 年代初,中苏关系开始恶化并走向分裂,作为一种外力,这不能不说是美国长期实施"楔子战略"的结果,而其开端无疑要追溯到美国对华政策的这个重要年代——1948 年。

---

① 艾森豪威尔政府强调"压力政策",具体可参看 U.S. Department of State ed., *FRUS, 1952—1954, Vol. 5*, Washington D.C.: United States Government Printing Office, 1983, pp.1808-1809;肯尼迪政府试图采取"联苏制华"的政策,具体可参看牛大勇:《肯尼迪政府是怎样观察和利用中苏分歧的?》,《中国社会科学》2002 年第 2 期。

美国外交政策与英国在埃及地位的衰落[①]

方长明[②]

早在二战爆发之前,美国就积极加强自身在埃及的地位,试图取代英国。在共同对抗法西斯的战争中,美国一方面支持英国在埃及的政策,维护埃及和中东稳定;另一方面又采取各种措施,扩大自己在埃及的影响力。二战结束初期,美国延续战争后期与英国相竞争的政策,加强与埃及的直接联系,肯定埃及对于美国未来战略的重要意义;并拒绝在埃及问题上支持并协助英国。

欧战胜利初期,美国在中东的主要目标是维持该地区在经济和政治上的稳定,以防止再度爆发战争,并确保西方能有效使用这个地区的资源。英国的帝国主义政策疏远了阿拉伯民族主义者,为了防止这种情况殃及美国,美国官员希望减少英国在中东的政治和经济优势,取而代之的是增强美国在中东的政治和经济影响力。由于战后初期美苏关系相对友善,而美英关系相对紧张,使美国的决策者并不认为施行"扬美抑英"的政策会威胁到西方在中东的战略利益。

一

雅尔塔会议中美英苏三巨头将欧洲分为东西两个势力范围,但在中东,东

① 本文受中南民族大学中央高校基金资助,项目编号 CSQ11019;初稿提交 2011 年 3 月首都师范大学世界史学科举办的"首届国际关系史青年论坛"。

② 方长明,男,中南民族大学南方少数民族研究中心讲师,历史学博士,主要研究方向为中东史、现代国际关系史。

西方的势力没有明显的划分。中东的战略地位和大量的石油储藏使美国高度关注这个地区。1945 年 2 月,参加完雅尔塔会议后,罗斯福在苏伊士运河入口不远处的美国军舰上会见了埃及国王法鲁克、沙特阿拉伯国王伊本·沙特和埃塞俄比亚国王海尔·塞拉西。罗斯福的会见标志着美国试图将中东纳入美国的影响之下,进一步削减英帝国在埃及的影响力,代之以美国的价值观和利益。在会见中,罗斯福向法鲁克表示美国将援助埃及,并支持埃及的独立要求。通过这次会面,美国在埃及的影响力大幅提高,也进一步加强了埃及要求独立于英国转而求助于美国的倾向。

根据美国驻埃及特使 S.平克尼·塔克的记载,当时埃及国王要求单独与罗斯福见面,但英国大使兰普森要求任何与埃及国王的会见都应该有一名英国官员出席。因此,塔克明智地以退出会见作为回应,这样不仅拒绝了兰普森的要求,而且也表现出美英之间的区别,为美国赢得了良好的印象,恰如塔克所说:英国在处理英埃之间的关系时从未意识到应该将埃及看成平等的伙伴,而美国从一开始便与英国不同,平等地对待埃及。塔克认为:在中东,威望和武力同样重要,而且前者往往还更为重要。①

罗斯福逝世后,洛伊·亨德森出任美国国务院近东事务司主任,美国继续采取反殖民主义的政策。在思想上亨德森和罗斯福比较接近,他认为美国的民主思想和自由贸易的原则是最好的,而殖民主义、极权主义和共产主义都是魔鬼。因此,美国必须采取一切必要的手段来维持基于自由贸易的民主思想。② 在给陆军准将亨利·H.沃恩的备忘录中,亨德森指出了近东存在的诸多问题,他认为这些问题都是由于没有实施一战后威尔逊提出的政策而导致的。他指出美国这次不能再“袖手旁观”,而应该支持阿拉伯国家驱逐欧洲国家并使它们从不平等的条约中解放出来。这些不平等条约给予了这些帝国主义者以特殊的地位和特权,而这些都是任何一个独立国家所不能接受的。亨

① Extract From Letter of February 20,1945 From the Minister in Egypt(Tuck) to the Under Secretary of State(Grew),20 Feb. 1945,U.S.Department of State,*Foreign Relations of the United States*(以下简称 *FRUS*),*1945*,Vol.VIII,Washtington D.C.:USGPO,1969,p.4.

② H.W.Brands,*Inside the Cold War:Loy Henderson and the Rise of the American Empire*,1918—1961,New York:Oxford,1991,pp.310-313.

德森认为应该将联合国宪章作为国家平等的新秩序的基础。①

从1945年下半年开始，亨德森致力于削减英国在中东的霸权地位，代之以美国的商业和政治影响力。近东事务司官员在解释美国对埃及的政策时指出，美国的主要目标是“保护平等的非歧视性的商业政策，并向埃及提供适当的经济援助，以维护这个在近东具有重要价值的国家的有序和稳定……我们友善的影响是促进埃及朝着政治和经济完全独立的方向发展”。亨德森在向杜鲁门解释其中东政策时指出“美国的政策应当是同情并支持近东的这些国家摆脱以往大国的控制，这些大国通过损害这些国家的主权而获得特权”，美国应当追求经济和政治的门户开放政策，以防止中东国家落入苏联的影响之下。②

亨德森强调美国的政策和英苏在中东的目标存在差异。英国人坚决主张他们在中东的帝国统治是阻止苏联渗透的“大坝”，而苏联的目标恰恰是要打破英国的“大坝”，将势力范围向西从土耳其通过达达尼尔海峡扩大到地中海，向南通过伊朗和波斯湾扩大到印度洋。为了防止英苏之间的敌对状态演变成战争，美国应该促进这个地区的政治独立和经济发展。中东不应该处于任何一个大国的控制之下，任何一个大国想要通过条约来控制这个地区的国家的意图都已经过时，同时也是对和平最大的威胁。③ 1945年11月，亨德森安排了一次会议，与会者包括杜鲁门总统和美驻中东各国的特使，亨德森希望通过这次会议让总统了解到限制英国在中东的帝国主义政策的必要性，并在今后的中东政策上得到总统的支持。驻叙利亚特使乔治·华兹沃斯就指出：“除非美国支持中东国家从英法的统治下获得独立，否则苏联将在阿拉伯国

① The Director of the Office of Near Eastern and African Affairs (Henderson) to Brigadier General H.H. Vaughan, Military Aide to President Truman, 10 Nov. 1945, *FRUS*, 1945, Vol. VIII, pp. 10-11.

② The Director of the Office of Near Eastern and African Affairs (Henderson) to Brigadier General H.H. Vaughan, Military Aide to President Truman, 10 Nov. 1945, *FRUS*, 1945, Vol. VIII, pp. 10-11; D.C. Watt, *Succeeding John Bull: America in Britain's place*, 1900—1975, London: Cambridge University Press, 1984, pp.107-108.

③ Memorandum by the Director of the Office of Near Eastern and African Affairs (Henderson), 28 Dec. 1945, U.S.Department of State, *FRUS*, 1946, Vol.VII, Washington D.C.: USGPO, 1969, pp.1-6.

家中赢得威望。如果美国让这些国家失望了,它们肯定会转向苏联,届时我们将彻底失去这些国家。”①

杜鲁门赞同向英国在埃及乃至整个中东的地位发起挑战,也是与他在1945年后期想和苏联寻求某些调解相一致的。波茨坦会议上杜鲁门没有协助英国解决英苏分歧,他也拒绝同英国联合反对苏联要求在达达尼尔海峡获得基地的权利。此外,他还派遣哈里·霍普金斯前往莫斯科就东欧问题达成妥协,并授权国务卿詹姆斯·伯恩斯在伦敦和莫斯科的外交部长会议上协调美国目标与苏联利益之间的冲突。杜鲁门在1945年6月指出“他不会和英苏任何一方联合起来,只有我们三方进行合作才会有真正的和平”。也正是在这种情况下,华兹沃斯才提出“如果您想找到一个地方使我们的政策和苏联的政策能在最小的分歧情况下达成一致,那么中东是再好不过的地方了”。②美英在1945年后期的紧张关系是杜鲁门决意向英国在中东霸权地位发起挑战的另一个因素。杜鲁门公开要求英国向犹太人发放10万张移民许可证,让英国在巴勒斯坦问题上进退维谷。大量犹太人移民的进入必然使英国失去阿拉伯人的友好关系,破坏英国在中东的战略和商业利益。1945年12月英美贷款问题的谈判更使双方的关系降至最低点。

二

冷战的爆发打破了美国一贯的对埃政策。冷战中美国需要其“大西洋联盟”的援助,在这种战略考虑之下,牺牲埃及的利益在所难免。埃及之于美国的价值远不及英国。因此,美国改变了以往的对埃政策。随着美英五角大楼会谈的展开,美国调整了其中东政策,支持并协助英国巩固其在埃及的地位。但在此过程中,美国也并非一无所获,英国鉴于自身实力的下降,也被迫给予

① Memorandum by the Director of the Office of Near Eastern and African Affairs(Henderson) to the Secretary of State, 13 Nov. 1945, *FRUS*, 1945, Vol. VIII, pp.11-14.

② Memorandum by the Director of the Office of Near Eastern and African Affairs(Henderson) to the Secretary of State, 13 Nov. 1945, *FRUS*, 1945, Vol. VIII, p.14; Terry H. Anderson, *The United States, Great Britain, and the Cold War*, 1944—1947, Columbia: University of Missouri Press, 1981, pp.52-80.

美国在中东问题上拥有与自己平起平坐的地位。然而,美国在中东地位的提高,埃及的抗议及其对朝鲜战争的态度以及中东民族主义浪潮的蓬勃发展都预示着美国不可能一直支持英国在埃及的地位。

埃及对朝鲜战争的态度对美国的外交政策有一定的影响。埃及驻安理会代表马哈茂德·法齐尽管赞同美国对朝鲜的谴责,但在美国建议向朝鲜半岛派遣联合国军时则投了弃权票。而武器供应问题进一步恶化了英埃之间的关系。1950 年 9 月,英国突然中断向埃及提供军用飞机和坦克,理由是这些物资将运用于朝鲜战场,英国实际上希望借此向埃及施压,要求埃及接受基地谈判的条件。10 月 19 日,埃及外长萨拉丁向美国近东事务司主管麦吉抱怨道,英国减少向埃及提供武器反映了美英借口埃及军事能力弱小不能自卫来达到继续占领埃及目的。尽管麦吉否认了埃及的控诉,但无益于安慰埃及,埃及也意识到寻找新的武器来源的重要性。11 月,埃及的民族主义者举行了大规模的游行示威抗议英国的行为。①

由于担心埃及的民族主义和中立主义,美国对英国在埃及的地位问题产生了摇摆。早在 9 月当麦吉得知英国打算以埃及这个"内核"为基础来防御中东时,他就提醒英国外交部的埃及问题官员,埃及的形势不容乐观。他建议英国将地面部队部署在加沙、伊拉克或者昔兰尼加,以满足埃及的要求。但英国外交副大臣迈克尔·赖特拒绝了麦吉的建议,强调埃及基地是最佳的驻军地点。② 1950 年 12 月,美国官员担心贝文—萨拉丁谈判的僵局可能会促进埃及民族主义和中立主义的进一步发展,从而危害到西方的战略利益。美国官员指出:"从长远眼光来看,如果英国不向埃及做出妥协满足埃及民族主义者的要求,英美两国在埃及的利益都将受到损失。""极端的民族主义因素可能威胁到阿拉伯国家的亲西方政策取向。" 12 月 19 日,艾奇逊告知贝文,英国如能与埃及达成协议"将是一件非常好的事"。"近东国家正处于决策的关键

① Minutes of meeting, 23 Nov. 1950, CAB 128/18.

② Memorandum of discussion, 19 Sept. 1950, *FRUS*, 1950, Vol.V, pp.296–300.

点,是与西方合作,保持中立,还是走向苏联。”①

1951 年初,伊朗民族主义势力的迅速崛起加剧了美国的担心。摩萨台提出的石油国有化政策得到了民族主义者的一致赞同。2 月 22 日,萨拉丁告知麦吉:“我相信现在伊朗所发生的一切对于我们,对于你们,对于英国而言应该是一个实际的教训。”近东事务司官员也认为伊朗问题可能会对埃及产生“严重的反响”。如果英埃问题继续得不到解决,可能会产生严重的后果。②

在埃及民族主义势力的压力下,美国向埃及表明美国将支持埃及的立场,会向英国施加压力,要求英国做出让步,并补充说明美国从来都不会允许历史尘埃中的殖民主义在今天复辟。③ 麦吉的话给埃及领导阶层留下这样的印象,即美国将协助他们驱逐英国。5 月 21 日,美国国务院近东事务司官员鼓励英国与埃及达成一个双方都满意的条约,既满足埃及的民族主义意愿又顾及到英国在地中海和近东地区的战略需求。英国应当邀请萨拉丁前往伦敦进行谈判,继续向埃及提供武器以安抚民族主义者。英国对于美国没有予以援助非常生气,拒绝了这些建议。④

在朝鲜战争爆发和埃及民族主义蓬勃发展的情况下,美国逐渐开始犹豫是否继续支持英国在埃及的基地权利。美国认为向英国施压,促使英埃之间达成一个双方都满意的协议更加能够维护西方在中东的利益。然而,英国拒绝了美国的建议,这也为美国寻求新的对埃政策埋下了伏笔。

---

① Stabler to McGhee, 14 Dec. 1950, U.S. Department of State, *FRUS*, 1950, Vol. V, Washington D.C.: USGPO, 1978, pp.330–332; statement by Kopper, 28 Dec. 1950, *FRUS*, 1950, Vol. V, pp.271–278; paper by Kopper, 27 Dec. 1950, *FRUS*, 1950, Vol. V, pp.11–14.

② Benjamin Shwadran, *The Middle East, Oil, and the Great Powers*, Boulder, Colo.: Westview Press, 1985, pp.89–93; David S. Painter, *Oil and the American Century: The Political Economy of U.S. Foreign Oil Policy, 1941—1954*, Baltimore: Johns Hopkins University Press, 1986, pp.172–173.

③ Caffery to Acheson, 1 Apr. 1951, U.S. Department of State, *FRUS*, 1951, Vol. V, Washington D.C.: USGPO, 1982, pp.352–355.

④ Memorandum of conversation by Root, 10 Apr. 1951, *FRUS*, 1951, Vol. V, pp. 356 – 361; minutes of meeting, 2 May 1951, *FRUS*, 1951, Vol. V, pp. 113 – 120; memorandum of conversation by McGhee, 10 Apr. 1951, *FRUS*, 1951, Vol. V, pp. 104 – 109; George C. McGhee, *Envoy to the Middle World: Adventures in Diplomacy*, New York: Joanna Cotler Books, 1984, pp.366–383.

三

在英埃谈判没有实质进展而埃及形势日趋严峻的情况下,英国试图用中东司令部来解决英埃问题。虽然英国方面最初只是打算将中东司令部作为解决地中海舰队指挥权问题的一个途径,但到 1951 年 8 月,也同意运用该组织解决英埃谈判僵局。在埃及于 4 月份拒绝了英国新的谈判条款后,工党政府在保守党强大的压力下没有向埃及做出更多的妥协。因此,英国官员开始考虑达成一个多方协议的可能性,因为在这样一个多方协议当中,埃及不便予以拒绝。① 英国外交大臣赫伯特·莫里森建议,如果埃及能向中东联合司令部提供最基本的设施,司令部将承认埃及作为一个合作伙伴。外交部官员罗杰·艾伦指出,目前唯一能防止埃及废除 1936 年条约的办法就是尽一切可行的手段使我们在埃及的防御协定看起来是"联合的"而不仅仅只是英国的。"我相信我们最好的,也可能是唯一的达成协定的机会是向埃及提出一个新的建议,让埃及参与到新的中东联合司令部当中。"②美国驻伦敦特使朱利叶斯·福尔摩斯指出:"英国外交部现在看起来已经完全依靠"中东司令部来解决目前与埃及的僵局。此外,萨拉丁对中东司令部的评价也增强了英国的信心,萨拉丁指出他非常期待中东防御条约组织能承认埃及的民族愿望。③

埃及民族主义浪潮的高涨,以及英国不愿完全承认埃及的平等地位,破坏了美国国务院试图用中东司令部来解决英阿谈判僵局的打算。10 月 8 日,埃及首相纳哈斯建议议会废除 1936 年英埃条约和 1899 年英埃共管苏丹协定,限制英国人在埃及的特权,宣布法鲁克为埃及和苏丹国王。纳哈斯的举动在埃及获得民众支持,民族主义者高举"摩萨台和纳哈斯万岁"、"埃及苏丹国王万岁"的标语进行游行。

在埃及宣布废除 1936 年条约后,英国认为埃及的做法是不合法的,因此决定将在必要时使用武力来维护英国在埃及的地位。10 月 17 日,英埃士兵

---

① Minutes of meeting, 31 May 1951, CAB 128/19.

② Memorandum by Morrison, 27 July 1951, CAB 129/46.

③ Memorandum by Attlee, 30 Aug. 1951, CAB 129/47.

在伊斯梅利亚发生武装交火,造成五名埃及士兵死亡。这激发了埃及大规模的民族主义运动,包括在运河区向英军展开游击战争以及破坏运河基地的交通、通讯和其他设施。英军则占领了电厂和电讯机构,中断了开罗的燃油供应。燃油供应的中断又进一步恶化了局势,成千上万的开罗民众开展了反西方的游行示威运动。

10月26日,丘吉尔担任英国首相,艾登担任外交大臣,英国再度恢复到对埃及强硬的政策上。工党政府当政以来就一直受到保守党的批评,丘吉尔批评艾德礼的伊朗和埃及政策是胆小怕事。29日,英国再次中断了开罗的燃油供应,导致了埃及民族主义者新一轮的暴乱。美国驻埃大使卡福里在报告中指出:"目前埃及国内的反英情绪已经达到无以复加的地步。"①

英埃之间的武装冲突使美国官员处于尴尬的境地,尤其是英国人寻求美国支持其使用武力来维护他们在运河区的地位。一方面,艾奇逊认为有必要支持英国的决定,因为朝鲜战争的爆发使美国需要英国在远东的支持。但另一方面,艾奇逊担心使用武力会引起阿拉伯国家的反对,也会动摇英国在基地的主导地位。最终,艾奇逊有条件地支持英国使用武力。艾奇逊告知英国官员,"美国将在外交和政治上给予英国完全的支持,以保护运河基地,并保证运河的开放"②。

艾奇逊的有条件支持表明冷战期间英美对埃政策出现了分歧。英国认为使用武力并不仅仅是为了保护运河基地,而且还要废黜纳哈斯政府,阻止民族主义在中东的传播。11月中旬,英国宣布他们每周都会选择一天中断对开罗的燃油供应。美国官员反对英国的断油举措。卡福里也对英国进行了谴责,认为这样只会使"共产主义从中获利"。③ 在此期间,伊朗首相摩萨台访问了开罗,受到了埃及热烈的欢迎,摩萨台表示将与纳哈斯团结一致反对西方帝国主义。蔓延于整个中东的民族主义思潮迫使艾奇逊告知艾登,燃油禁运只会

① Minutes of meeting, 30 Oct. 1951, CAB 128/23; Memorandum by Eden, 2 Nov. 1951, CAB 128/23.

② JSC to Lovett, 22 Oct. 1951, *U.S. Department of State*, *FRUS*, *1951*, Vol.I, Washington D.C.: USGPO, 1980, pp.240-244.

③ Acheson to Webb, 26 Nov. 1951, *FRUS*, *1951*, Vol.V, pp.427-428.

激怒埃及,对军事行动毫无作用,因此应该尽快停止。美国官员也拒绝废黜埃及外交部长萨拉丁的计划,认为这样只会进一步激怒埃及的民族主义者。

随着英埃冲突的升级,萨拉丁向卡福里抱怨,美国在冲突中站在了英国一边。此外,埃及还向其他阿拉伯国家施加压力,要求获得它们的支持,要求这些国家不要参与中东司令部。尽管这些国家没有明确表示支持埃及,但表示在英埃冲突结束之前不会考虑参与中东司令部计划。此外,冲突使埃及的民族主义升级为极端反西方主义。卡福里在报告中指出,埃及的游击部队已经变成了民族英雄,埃及的媒体也号召他们更加仇视英国军队。①

英国的不妥协政策迫使美国重新考虑自己的政策。1951 年 12 月,助理国务卿帮办伯顿·贝里出访开罗。他发现埃及的反英情绪已经威胁到美国在埃及的利益,因此建议美国必须运用其在埃及尚存的威望来迎合埃及民族主义的需求。此外,他还认为在苏丹问题上做出妥协是必要的。"埃及的形势正在不断恶化,如果我们不及时采取措施我们将失去埃及。如果这样的事情发生了,我们将需要重新审视我们对整个阿拉伯世界的政策。"②

艾奇逊也认为英国目前的政策只会导致灾难。随后,艾奇逊提出了"一揽子计划"方案。希望通过这一方案来解决英埃基地和苏丹问题。这个"一揽子计划"包括在运河基地成立中东司令部,邀请埃及参与其中,英军将在 1953 年 7 月前分阶段撤出埃及,英美协助埃及训练管理基地的工作人员,承认法鲁克是苏丹的国王,1953 年在苏丹举行民主选举等。艾奇逊告知艾登,"如果因为苏丹问题而失去解决英埃争端的大好机会将是对西方安全利益的重大打击"③。

1952 年 1 月,英国官员出访华盛顿期间,艾奇逊向他们施加压力。艾奇逊解释道,承认法鲁克为苏丹国王,将打破英埃之间的僵局,消解运河基地的武装冲突,还能使埃及接受中东司令部计划,防止中东的中立主义和共产主

---

① Bruce to State Department, 5, 6 Nov. 1951, *FRUS*, 1951, Vol. V, pp. 243 - 249; Webb to Acheson, 7, 17, 18 Nov. 1951, *FRUS*, 1951, Vol. V, pp. 257 - 263; memorandum of conversation by Palmer, 19 Nov. 1951, Vol.V, pp.419-421; draft NSC study, 27 Dec. 1951, *FRUS*, 1951, Vol.V, p.1015.

② Minutes of meeting, 12 Dec. 1951, *FRUS*, 1951, Vol.V, pp.434-437.

③ Memorandum by Eden, 11 Feb. 1952, CAB 129/49.

义。但英国不愿在苏丹问题上做任何妥协。[①] 非但如此,丘吉尔反而要求美国支持英国在中东采取强硬政策。1月5日,丘吉尔要求杜鲁门派遣"象征性的军队"去防御运河基地。[②] 丘吉尔认为此举将会使埃及认识到英美政策的一致性,从而放弃武装对抗英国军队,重回四国谈判桌之上。但五角大楼坚决予以拒绝。

1月底,艾登和外交部的其他官员开始意识到美国的"一揽子计划"对于结束埃及武装冲突的重要价值。但在艾登说服内阁之前,英埃之间的武装冲突已经打破了任何可能在埃及成立中东司令部的希望。暴力和各种破坏活动最终导致了伊斯梅利亚武装冲突的爆发。1月25日,英国坦克开进了伊斯梅利亚,要求解除埃及警察的武装,遭到拒绝,最终英国军队打死42名埃及警察。次日,开罗爆发了大规模的反英游行。游行示威演变成暴力运动,750栋建筑被焚烧,26名外国人被杀。[③]

开罗动乱爆发后,美国国务院官员决定,必须在局势进一步恶化之前采取措施。美国在中东的战略和经济利益越来越受到这个地区民族主义者的威胁,国务院也认为中东目前的形势为苏联的渗透提供了绝佳的机会,因此美国必须在解决英国和中东国家的冲突问题上担当更加积极的角色。近东事务司主管亨利·拜罗德甚至要求美国打破与英国的同盟政策,或者正式承担中东的防御任务,以解决英埃冲突。[④]

但英国不愿在苏丹问题上向埃及做出让步。美国对于英国的态度非常生气,认为英国与中东国家之间的冲突将使整个地区朝着中立主义的方向发展。艾奇逊向艾登指出:"埃及的局势让我深感不安,我担心如果局势不能迅速改

---

① Minutes of meeting, 9 Jan. 1952, U.S.Department of State, *FRUS*, 1952—1954, Vol.IX, Washtington D.C.: USGPO, 1986, pp.1746-1749; Anthony Eden, *Full Circle: The Memoirs of Anthony Eden*, Boston: Houghton Mifflin, 1960, pp.227-231.

② Minutes of meeting, 12 Nov. 1951, CAB 128/23.

③ Minutes of meeting, 17, 22 Jan. 1952, CAB 128/24; memorandum by Eden, 21 Jan. 1952, CAB 129/49.

④ Hoskins to Byroade, 7 Apr., 25 July 1952, *FRUS, 1952—1954*, Vol.IX, pp.204-213, 256-262.

观，我们将失去与温和主义者谈判的机会。"①与此同时，美国驻埃特使卡福里努力安排英埃就基地问题进行谈判，但英国的苏丹政策使卡福里的努力失败。尽管外交部鼓励卡福里从中调停，但是英国驻喀土穆的官员却向苏丹立法大会递交了一份宪法草案，要求其在6个月内执行。埃及认为此举是非法的，因此拒绝就基地问题进行谈判。美国官员也指责英国此举不适时宜，但艾登拒绝收回宪法草案。英埃僵局继续，艾登于4月17日召回了驻埃及大使拉尔夫·史蒂文森。艾奇逊警告说，即使英国不同意，美国也将承认法鲁克为苏丹国王。但艾登坚决拒绝在苏丹问题上做出让步。②

为了打破僵局，艾奇逊提出一套新的解决方案，一方面要求英国承认法鲁克为苏丹国王，另一方面要求埃及尊重苏丹的自治权益，并建议艾登亲自前往苏丹推销这一方案。艾奇逊强调这个方案不会牺牲苏丹的利益，但艾登指出，他不会"将苏丹卖给埃及"。拜罗德在6月初飞往伦敦说服英国接受这个方案，但英国官员坚决认为承认法鲁克为苏丹国王将导致苏丹的动乱，并且这也有悖于自治的基本原则。艾奇逊在6月出访伦敦的时候再次提及此事，警告说如果英埃问题得不到解决将威胁到整个中东的和平与稳定。他强调："如果问题得不到解决，英埃僵局继续下去，埃及局势将不断恶化，并且这种局势将迅速传播到北非和中东其他国家。"③国防大臣哈罗德·麦克米兰在其回忆录中如此记述："美国人一直在向我们施加压力，要求我们在苏丹问题上做出妥协。"④

艾登拒绝在苏丹问题上妥协。6月28日，艾登向艾奇逊建议组建一个国际委员会监督苏丹的选举，并且恢复埃及在苏丹的影响力。但到了7月，伊朗和埃及的局势让艾登失去了耐心，艾登指出"法鲁克坚决要求成为苏丹国王只会给他以及埃及带来灾难"。⑤ 在英国强硬的态度下，艾奇逊的"一揽子计

① Peter L. Hahn, *The United States, Great Britain, and Egypt*, 1945—1956: *strategy and diplomacy in the early Cold War*, Chapel Hill: University of North Carolina Press, 1991, p.142.

② Minutes of meeting, 1, 20 May 1952, CAB 128/24.

③ Minutes of meeting, 26 May 1952, *FRUS*, 1952—1954, Vol.IX, pp.1807-1809.

④ Anthony Eden, *Full Circle: The Memoirs of Anthony Eden*, pp.233-236.

⑤ Anthony Eden, *Full Circle: The Memoirs of Anthony Eden*, p.244.

划”也没有取得任何实质性进展。随着埃及革命的爆发,中东的环境再次发生变化,美国加大了对埃及的支持。

四

埃及革命在一定程度上被美国视为实施其中东战略的一个机遇,因此美国希望英国尽快与埃及就基地问题达成一致,稳定中东局势以利于美国冷战战略的需要。英国遂提出新的撤军方案,并希望得到美国的支持。但美国拒绝了英国的方案,也拒绝与英国一起向埃及施加压力。在这种情况下,英埃谈判再次破裂。鉴于久拖不决的英埃问题阻碍了美国中东战略的实施,美国开始考虑寻求新的解决途径。杜勒斯担任国务卿之后,更是积极地在中东推行美国的新策略。随着美国战略方向朝着中东北层[①]的转移,美国不再支持英国以埃及为核心的“内核”战略方针。最终在美国的调停之下,英埃签署协议,规定英国在20个月内撤出埃及,这也标志着英国在埃及的影响逐渐消除。

1953年1月,负责美国近东南亚和非洲事务的助理国务卿亨利·拜罗德被派往伦敦解决英美在运河基地谈判问题上的分歧。英国提出三种方案:方案A,将运河基地移交给埃及,使基地置于埃及人的控制之下。基地的库房和设施在和平时期将作为部分中东陆军的工作维修基地。“留驻的陆军人数将不超过5000人,而皇家空军人数将不超过2000人。”这样在战争爆发的情况下,美英盟国就可以迅速启动基地;方案B,允许基地由埃及人控制。但埃及政府在接管这些库房和设施之后,必须使它们保持运行,以便能在短期内投入使用,即在和平时期基地能在60天内恢复运转。为了协助埃及政府从事这项工作,将留驻比方案A更少的管理和技术人员;方案C,基地由埃及控制,埃及政府履行方案B中的职责。但英国有权定期检查基地的状况。实施检查的这些军事人员将部署在埃及,如果埃及坚决反对,也可由派驻在埃及以外的文

① 北层(Northern Tier)是美国于1951年组建“中东司令部”失败后实施的一项新的旨在钳化苏联的计划。它企图将位于中东北部的土耳其、伊拉克、伊朗、巴基斯坦等国家组成“北层联盟”(简称北层),作为组织中东军事集团第一步,然后再将其他阿拉伯国家逐步拉入该联盟之内。

官人员检查基地状况。在这种情况下,至少要用90才能恢复基地的运转。①

拜罗德在与英国外交官员会面的时候强调了两国的基本分歧。拜罗德指出,必须使埃及感觉到它与西方国家的地位是平等的,尤其是在运用外国技师和检查员方面。英国认为必须由英国承担基地防空的全责。拜罗德虽然在总体上同意英国的观点,但怀疑方案A的可行性。此外,他还反对将建立地区防御组织作为"一揽子计划"的一部分,该计划包括英国撤军以及向埃及提供军事和经济援助。拜罗德认为英国的撤军最多能使埃及在原则上同意防御计划。② 此外,美国也不愿在援助埃及问题上向英国做出让步。国务院认为必须迅速向埃及提供援助以巩固纳吉布政权,并推动运河基地的谈判。美国希望向埃及提供一千万美元的武器和配件。③ 尽管华盛顿对英国的担心很敏感,但是拜罗德仍然认为美国有权向埃及提供武器。④

1953年1月14日,艾登错误地向内阁指出美国赞同将方案A作为谈判的基础。艾登声明指出"在埃及表示愿意参加地区防御组织之前",联合王国不会同意撤出军队,美国也不应向埃及提供任何武器。⑤ 在这里,艾登完全错误地判断了美国的态度。华盛顿认为,如果此时美国收回对埃及的承诺,将严重影响埃及政府对美国的信任。如果美国在武器问题上向英国妥协,那么将不可能建立中东防御组织,最终埃及还是会赶走英军并在苏丹境内煽动革命。⑥

1953年1月23日,新上任的国务卿杜勒斯通知美国驻伦敦和开罗的大使馆官员,指出将援助与中东地区防御谈判联系在一起是很不明智的。因此,美国将继续开展援助计划。尽管英国提出了进一步的反对,2月19日,国务院通知埃及政府,埃及有资格从美国获得军事援助(仅限于在军事训练方面的援助)。

---

① No. 1061, Editorial Note, *FRUS*, 1952—1954, Vol.IX, pp.1931-1933.

② Gifford to Acheson, 9 Jan. 1953, *FRUS*, 1952—1954, Vol.IX, pp.1958-1959.

③ Gifford to Acheson, 3 Jan. 1953, *FRUS*, 1952—1954, Vol.IX, pp.1946-1948.

④ Gifford to Acheson, 6 Jan. 1953, *FRUS*, 1952—1954, Vol.IX, pp.1952-1953.

⑤ Memorandum to the Cabinet, 14 Jan. 1953, CAB 128/26.

⑥ Caffery to Acheson, 6 Jan. 1953, *FRUS*, 1952—1954, Vol.IX; pp.1969-1970.

艾森豪威尔上台后,丘吉尔多次给他写信要求美国明确其在英埃谈判中的角色。但艾森豪威尔和杜勒斯告知英国,他们支持杜鲁门政府的态度,即美国不直接参与英埃谈判。只有在谈判涉及地区防御体系以及对埃及的军事和经济援助问题时,美国才会参与其中。① 丘吉尔遂派艾登前往华盛顿以消除英美之间的分歧。3 月初,艾登抵达华盛顿。艾登认为,美国政策的基点可能是它仍然认为埃及是不列颠殖民主义的牺牲品,埃及应当得到美国的同情,②因此他的目标就是力图消除美国的这种思想。艾登希望说服美国参与到英埃谈判当中,因为如果美国向埃及施加压力,那么很可能使埃及接受英国的要求。3 月 6 日,艾登表示,英国内阁将不会放弃方案 A,至多只会进行少量的修改。他的政府宁愿待在运河基地也不愿以放弃条约的权利换取与埃及达成某种协定,因为这个协定无法向英国提供基地或只能提供一个在战时不起作用的基地。③ 杜勒斯指出埃及不可能接受方案 A,他建议英国采纳方案 B。关于美国是否参与谈判,杜勒斯明确表示只有在受到英国和埃及双方邀请的情况下,美国才会参与其中。尽管杜勒斯持消极态度,但艾登仍然坚持中东防御组织应该作为"一揽子计划"的一部分。对此,杜勒斯没有明确地予以拒绝,而是指出美国需要更多的时间来考虑这一地区防御建议。最终美国同意派遣 R.A.赫尔协助英国谈判。④

艾登的华盛顿之行并没有取得预期的效果,他未能赢得美国对中东防御组织的支持,未能取消美国对埃及的援助,也未能说服美国参与到英埃谈判当中。正如艾登在其回忆录里所说的:"我们还没有准备好在单独的情况下讨论撤军的问题。我们没有开展谈判的基础。"他抱怨到:"非常不幸的是美国还没有准备向埃及施加压力,以迫使它参与到防御组织当中……最终使得埃及人能随心所欲,他们更愿意将撤军和联盟分开讨论。"⑤

---

① Steven Z.Freiberger, *Dawn Over Suez: The Rise of American Power in the Middle East*, 1953—1957, Chicago: Ivan R.Dee. 1992, p.62.

② Anthony Eden, *Full Circle: The Memoirs of Anthony Eden*, pp.254-259, p.284.

③ Dulles to Gifford, 7 Mar. 1953, *FRUS*, 1952—1954, Vol.IX, pp.2009-2010.

④ Smith to Caffery, 9 Mar. 1953, *FRUS*, 1952—1954, Vol.IX, pp.2013-2014.

⑤ Anthony Eden, *Full Circle: The Memoirs of Anthony Eden*, pp.254-259, pp.280-281.

随着丘吉尔健康状况的恶化以及他对美国建议的反感,形势进一步复杂化。1953 年 3 月,丘吉尔要求艾森豪威尔委派一名有威望的军事官员陪同陆军元帅威廉·斯利姆前往埃及就军事问题进行谈判。希望以此来向埃及施压,并缓解因从埃及撤军而引起的激进派的不满。① 起初丘吉尔的要求得到了部分美国官员的认可,包括助理国务卿帮办杰尼根。但随后艾森豪威尔和杜勒斯担心美国参与谈判可能会遭到埃及民族主义者的反对,同时怀疑英国别有用心。于是艾森豪威尔表示,他打算委派陆军副总参谋长约翰·赫尔前往开罗参与谈判,但前提条件是受到埃及方面的邀请。② 3 月 14 日,美国驻埃特使卡福里和英国驻埃及大使拉尔夫·史蒂文森共同会见纳吉布和法齐,要求埃及向赫尔将军发出邀请。革命委员会随即表示反对,指出在英国未完全撤军前埃及不会考虑中东防御组织计划。他们指出这是英国试图借助美国向埃及施加压力。随后纳吉布也拒绝了英美大使的请求。③ 埃及公开拒绝了英美的要求,使两国在外交上的距离越来越大。艾森豪威尔指出,埃及的公开拒绝使世界其他国家误认为两国联合起来向一个小国施加压力。但丘吉尔和艾登仍然希望美国向埃及施加压力,并表示在纳吉布没有邀请美国官员参与谈判之前,英国拒绝同埃及进行谈判。艾森豪威尔不赞同英国的建议,指出一个没有受到邀请的客人不大可能进入主人的家里。④ 杜勒斯也认为在没有受到埃及邀请的情况下美国不便参与谈判。

杜勒斯认为英国在中东的统治是殖民主义的历史问题,而殖民主义的存在很容易引发社会主义的革命,因此杜勒斯的目标是一个没有欧洲殖民主义的中东。前助理国务卿罗伯特·墨菲写道:"(丘吉尔)首相没有调整他的思

---

① Minutes of meetings, 17 Feb., 10 Mar. 1953, CAB 128/6; memorandum by Eden, 16 Feb. 1953, CAB 129/59; minutes of meeting, 26 Feb. 1953, CAB 128/26.

② Dulles to Holmes, 7 Mar. 1953, *FRUS*, 1952—1954, Vol. IX, pp. 2001-2002, 2008-11; Miles Copeland, *The Game of Nations: The Amorality of Power Politics*, New York: Simon & Schuster, 1970, pp. 135-137.

③ Philip F Dur, *Jefferson Caffery of Louisiana, ambassador of revolutions: An outline of his career*, Lafayette: University of Southwestern Louisiana, 1998, pp. 67-68.

④ Gail E. Meyer, *Egypt and the United States: the formative years*, Rutherford, [N.J.]: Fairleigh Dickinson University Press, 1980, p. 57.

想以适应已经改变了的英国,他也永远不会。"①杜勒斯认为,艾登希望时间倒流,或至少要使之慢下来。杜勒斯希望按照美国的方式来塑造世界,要求英国接受它只是一个地区大国。然而艾登希望尽可能长久地维护在埃及、约旦、波斯湾等地的帝国疆域。他过高地估计了英国在这个地区的实力和影响,从而导致美国重新评价其中东政策,并导致 1953 年杜勒斯的中东之行。

1953 年初,美国在中东的利益没有受到直接的威胁,而英国实力在这一地区的持续衰落意味着苏联渗透中东的主要障碍正在慢慢消除。此外,中东地区还有很多问题影响到美国的利益。以色列和苏联之间的关系正在恶化,苏联很可能利用美国对以色列的支持来鼓动阿拉伯人反对美国。阿以之间的冲突也不断扩大。各阿拉伯国家国内的不稳也为苏联在中东扩大影响提供了机会。因此,杜勒斯的目标是努力缓和阿以之间的冲突,争取英国从运河基地撤军,以便与革命政权建立新的关系。② 杜勒斯的目标是要使中东免于苏联的威胁,中东的石油能顺利输往欧洲,同时使中东成为美国新的市场和稳定的贸易伙伴。美国不容许英法的殖民政策危害到这一目标。

1953 年 3 月 31 日,国务院向杜勒斯提出一份备忘录指出:"埃及的纳吉布政权……可能会在半年之内垮台,除非美国在此期间有所积极行动。"备忘录建议应停止阿以之间的战争,解决阿拉伯难民问题。美国应向阿拉伯国家说明,美国的政策不是以牺牲阿拉伯国家为代价扩大以色列。③ 杜勒斯对于英国不能稳定中东的局势早已不满。为了制定独立于英国的政策,杜勒斯决定出访中东了解那里的实际情况。

埃及之行使杜勒斯意识到英埃之间完全不信任对方,并相互仇视,想在"不使一方丢失颜面的情况下打破僵局是不可能的"。④ 杜勒斯离开埃及后,形势进一步恶化。纳吉布政府受到国内民众更大的压力,运河区针对英军的

① Robert Murphy, *Diplomat Among Warriors: The unique world of a Foreign Service expert*, New York: Doubleday & Co., 1964, p.382.

② Anthony Nutting, *Nasser*, New York: E.P.Dutton, 1972, pp.60-61.

③ Steven Z.Freiberger, *Dawn Over Suez: The Rise of American Power in the Middle East*, 1953—1957, Chicago: Ivan R.Dee. 1992, pp.50-51.

④ Caffery to Dulles, 12 May 1953, *FRUS*, 1952—1954, Vol.IX, pp.2065-2069.

游击战也日渐激化。此时,美国进退维谷。英国也抱怨美国没有参与到谈判当中,伦敦认为,如果美国与它联合起来,埃及势必会接受英国的条款。

杜勒斯充分意识到英国的"一揽子计划"是不可能成功的,埃及至多能接受英国的C方案。在杜勒斯看来,最好的结果是能得到埃及的书面保证,即英国撤军完毕后,开罗将与美英达成一个地区防御协定。这样的话,所有的问题都将迎刃而解,埃及的新政权获得政治上的胜利;开罗将得到美国的经济和军事援助;而西方的防御问题也得到了解决。①

此行让杜勒斯得出两个不尽相同的结论:一方面,他认为西方的军事力量有必要继续留驻运河基地,以防止苏联的渗透;另一方面,他发现埃及政府没有任何可能会向英国做出让步。

1953年之行后,杜勒斯意识到阿拉伯国家缺少一个组建地区防御组织的基础,"集体安全"的思路目前在中东是不可行的,阿拉伯民族主义者并不愿意接受西方的"集体安全"观念。在阿拉伯人眼里,真正的威胁来自于以色列而不是苏联。因此,回到华盛顿后,杜勒斯认为应该在中东其他地方组建遏制苏联的条约组织,"非正式的双边协定"有可能将中东各国纳入西方的阵营。比较靠近苏联边界的国家,比如伊朗、巴基斯坦以及叙利亚等,要远比埃及及其以南的国家要更加切身地感受到苏联的"威胁"。

在一篇名为《中东之行的结论》的备忘录里,杜勒斯提出必须消除中东的殖民势力,扩大美国在中东的影响。他强调英国在中东的军队与其说是为了维护这个地区的稳定,不如说是导致这个地区不稳定的根源。之前美国支持英法殖民主义和帝国主义的政策成为美国在中东发挥重要作用的严重障碍。因此,今后美国的政策应该是:减轻阿拉伯国家对于以色列的担心,并说服它们美国将执行公正的阿以政策;根据国家安全委员会141号文件的规定向埃及提供军事援助。②

此外,杜勒斯还着手向英国施加压力,要求英国向埃及做出让步。在中东之行前,杜勒斯一直致力于组建一个中东防御组织,但此行之后,杜勒斯开始

---

① Smith to the Embassy in Pakistan, 23 May 1953, *FRUS*, 1952—1954, Vol.IX, pp.2077-2078.

② Geoffrey Aronson Boulder, *From Sideshow to Center Stage: U.S.Policy Towards Egypt, 1946—1956*, Colo., 1986.p.74.

改变他原有的想法。他开始认识到,在此时,阿拉伯国家是不会公开参与有西方大国的防御条约的。因此,美国必须放弃将埃及看做是组建中东防御组织关键性国家的想法。① 6月1日,杜勒斯向国家安全委员会报告说:"总体的构思是,巴基斯坦可以成为一个忠实的盟友。很明显,土耳其也可以。叙利亚和伊拉克由于意识到它们危险的存在,也可能加入我们。至于更南部的国家,它们由于没有充分意识到国际形势的严峻性,因此也很难成为我们的盟友。"②

为了达成这一协定,杜勒斯认为必须采取与英国的以苏伊士为中心的战略不同的政策。如果英国不能就基地问题与埃及达成一致,阿拉伯国家可能会继续将美国与英国的殖民主义联系在一起。由于杜勒斯意识到过分地依赖埃及并无益处,因此希望如果英埃问题得以解决,埃及可能会有助于说服其他阿拉伯国家加入一个以美国为首的反苏集团。但如果英埃问题迟迟得不到解决,那么任何将埃及拉入一个地区防御组织的希望都将破灭。杜勒斯指出英埃争端已经使西方在整个中东地区的威望受到损害,并促使这个地区朝着中立主义和共产主义的方向发展。杜勒斯说服艾森豪威尔要求英国接受解决基地争端的妥协方案。艾森豪威尔告知丘吉尔,埃及的形势不容乐观,英美必须在维护西方最低战略需求和满足埃及民族主义愿望之间找到切合点。美国愿意提供技术人员来维护基地的运转,希望以此来获得英国的让步。③

1953年7月9日,美国出台国家安全委员会第155/1号文件——"美国的近东目标与政策"(NSC-155/1)。这一文件是未来四年的美国中东政策的基础,它反映了杜勒斯中东之行的观点。NSC-155/1号文件最主要的方针是"帮助解决这一地区的问题",其中包括与英国的关系以及阿以冲突问题。如

① Memorandum of Discussion at the 147th Meeting of the National Security Council, 1 June 1953, *FRUS*, 1952—1954, Vol.IX, pp.379-386.

② Memorandum of Discussion at the 147th Meeting of the National Security Council, 1 June 1953, *FRUS*, 1952—1954, Vol.IX, pp.379-386.

③ Memorandum of discussion at the 145th Meeting of the National Security Council, 20 May 1953, *FRUS, 1952—1954*, Vol.IX, pp.2075-2076.

果这两个问题仍然得不到解决，将会为苏联向中东的渗透大开方便之门。相反，随着这些障碍被消除，美国将能够与“联合王国、土耳其以及其他可取的国家”一起开展地区防御的秘密计划。① 文件指出，美国可以通过解决英埃苏伊士基地问题，从而使基地能够为地区防御组织所用。但同时必须意识到，英国军队继续留驻埃及是不可能的。如果这些问题得不到解决，西方将在数年内失去近东。②

与此同时，华盛顿迅速重新开展幕后工作，促进英埃重开谈判解决苏伊士基地问题。艾森豪威尔政府的官员希望，一旦运河基地问题得以解决，埃及政府将会更愿意接受美国在其他关键问题上的建议。最终，在美国的推动下，英埃双方于 1954 年达成协议。由此美埃关系得到了促进，而英国则在规定的时间内撤出埃及，英国的影响力也从顶峰跌至低谷。这样，美国以冷战战略为核心的中东政策终于达到基本目的，为美国在中东构筑一个对抗苏联的相对稳定局面奠定了基础，从而也使美国在中东取得主导性的地位，为二战以来美英在中东以及埃及的力量消长进程画上了句号。

五

二战结束到 1954 年美国的政策发生了一次转变。战争结束初期，美国延续了战时的路线，加强自身在埃及的影响力，积极取代英国，然而冷战的爆发使美英再次面临共同的对手。为了对抗苏联，美国需要美英联盟的共同合作，因此支持英国在埃及的地位。然而，英国在埃及的驻军却对美国战略产生了两个相左的影响。其一，英国在埃及的势力，增强了西方在中东对抗苏联的力量，英国控制了苏伊士运河以及运河基地，确保西方能源源不断地获取中东的石油，并在突发事件爆发的情况下利用埃及的机场对苏联的工业基地实施打击，遏制苏联的战争潜能，这方面对美国而言是积极的。其二，英国在埃及的

① Steven Z.Freiberger, *Dawn Over Suez: The Rise of American Power in the Middle East*, 1953—1957, p.53.

② Steven Z.Freiberger, *Dawn Over Suez: The Rise of American Power in the Middle East*, 1953—1957, p.54.

驻军又造成了埃及乃至整个中东的不稳,这和美国的中东战略相冲突。英国出于自身的利益考虑,为了维系帝国的存续,拒绝向埃及的民族主义者做出让步,导致了埃及的民族主义运动不断,使西方无法有效的运用运河基地。此外,埃及局势的恶化还可能被苏联所利用,从而危害到西方在中东的利益,这方面对美国而言则是消极的。美国权衡了这两者之间的关系,当利大于弊的时候,美国支持英国,并只是向英国施加有限的压力。而当弊大于利的时候,美国则改变战略中心,不再支持英国。

客观地讲,美英在中东的关系是一种合作与竞争交融的关系,合作中隐含着各自在中东地区影响力增减的因素,竞争中蕴藏着利益一致与战略目标相同状态下的协调。从竞争角度讲,即便在英美特殊关系"最辉煌"的时期——二战联盟期间,美英之间在中东也存在着诸多的矛盾与冲突。作为一个后来者,美国人在19世纪和20世纪初在中东的利益主要集中于追求商业、慈善以及宗教利益,但在二战期间他们开始认识到这个地区的石油资源和军事基地在对抗轴心国战争中的战略价值,由此引发许多与英国竞争的问题。

到40年代后期,美国的战略专家开始认识掌控这些资源对于赢得冷战起到关键性作用。因此在战时共同目标的前提下,美国抓住许多机会消除英国的影响,扩大自身的利益,向中东派遣了很多工作组,为随后的经济扩张和政治扩张打下基础。战时英美在门户开放以及中东补给中心等问题上一度发生冲突。由于冷战的爆发,使得英美两国有着对抗苏联问题上的共同目标,这种目标在相当程度上掩盖了它们相互间所存在着的冲突,而美国对英国做出暂时的让步也是由于冷战的背景和战略取向所导致的。

美英两国对于如何保障中东经济和战略资源也存在很大的分歧。美国重视英国在中东的作用,希望英国能够在这个地区对抗苏联的渗透同时维护这个地区的和平,但害怕英国的殖民遗产会引起这个地区的反西方情绪。因此美国小心地保持着同英帝国主义的距离,拒绝承认英国在这个地区传统的特权,还支持当地民族主义者的要求。当然,从总体上看,美国不可能因此而忽略英美冷战联盟的重要价值。然而,艾森豪威尔却并不赞同丘吉尔建议的"不列颠以及大英联邦不应该被美国视同其他国家一样的国家"。英国只是被美国看成是诸多盟友中的一个盟友而已。①

因此,综观二战到50年代中期的英美在中东问题上的关系就是:在经济上相互竞争,在战略要务上的争执,在政治和外交策略上的分歧,以及相互之间的怀疑,这些都构成英美总体合作关系下潜藏的矛盾特征。美英之间的联盟关系没有使美国无条件地支持和援助英国。相反,美国希望不断扩大自身在埃及的利益和影响力,取代英国的地位。虽然冷战的爆发延缓了美国削弱英国势力的进程,但两国目标的差异,最终使两国分道扬镳。同时也表明,在现代国际关系中,国家利益始终扮演着主要角色。联盟或者同盟的存在是由于联盟成员国之间能够为彼此提供所需的援助和协作,而当成员国之间的政策发生分歧的情况下,主要成员国将不惜以牺牲次要成员国的利益来维护自身的利益。二战以及战后美英之间的"特殊关系"只是在面临共同的对手的情况下才得以维系,它更多的是表现为一种战略态势,一种合作的趋势,而不是彼此间利益的一致,或者没有竞争和冲突。

① Robert Ferrell, *The Eisenhower Diaries*, New York: W. W. Norton, 1981, p. 208; Ritchie Ovendale, *Anglo-American Relations in the Twentieth Century*, New York: St. Martin's Press, 1998, p.103.

简论 1947—1968 年美巴关系的发展变迁

张　威①

自 20 世纪五十年代中期以来,美苏开始了争夺南亚的斗争。虽然次大陆并非美苏争夺的至关重要地区,但由于其战略地位十分重要美苏争先恐后地在次大陆扩充势力范围,谋求在次大陆的战略支撑点。冷战时期,美苏对南亚政策的共同点在于对印巴这两个主要国家均有笼络和控制的举措,使得南亚国家与美苏两强的关系错综复杂,盘根错节。全球冷战和印巴矛盾相互影响了南亚战略格局。以美国为例,一方面,对于地处冷战边缘地带的南亚,美国谋求地区利益的不二法门便是花最小的气力与代价,取得最大的利益;另一方面,美国在南亚追求一种"内外平衡"的战略建构:在保证南亚国家独立和安全的基础上,维持南亚次大陆的和平与稳定。既要防范苏联共产主义势力和其他区外大国对南亚的"侵蚀"和"控制",使印巴有足够的政治、经济和防务能力来抵御共产主义威胁,又必须保持印巴之间的权力均衡。

1947 年印巴分治之后,国家安全问题一直是困扰巴基斯坦的最大难题。面对毗邻的强敌——印度,巴基斯坦政府强调以军事联盟和发展盟友的方式破解安全困境。美苏冷战的爆发给巴基斯坦的外交折冲提供了一个难得的机遇,使得巴基斯坦可以充分利用自己在大国全球战略中的地缘政治价值,谋求与"自由世界"最强大的国家结盟。而南亚相对重要的战略地位亦引起了冷战大国的重视。可以说,在美苏冷战的国际背景与印巴敌对的地区紧张氛围的双重影响下,区外大国对次大陆的介入与次大陆国家的安全需要是一个问

① 张威,男,华中师范大学政治学研究院博士后,湖北省黄冈师范学院政法学院副教授,历史学博士,主要从事冷战国际关系的教学与研究。

题的两面:区外大国在自身利益诉求的积极“推动”(push)下向次大陆扩展势力;区内国家则基于自身安全利益积极“拉动”(pull)外部力量介入地区权势纷争。[①]冷战时期美巴关系的发展演变正是上述“推动”和“拉动”作用交互影响的具体表现。对于全球冷战大棋局中的美巴关系,学界已进行了较为深入的研究,取得了一系列研究成果。[②] 本文力图以近年来解密的美国档案文献和相关资料为基础,从冷战国际史的视角探究 1947—1968 年间美巴关系的发展轨迹,并以此求教于各位方家。

一、第一阶段:从“朋友”转变为“盟友”(1947—1954 年)

这一时期美国的南亚政策是以遏制苏联、防范共产主义侵蚀和渗透为主要目标,在印巴之间保持相对平衡,力图通过经济、技术援助与印巴两国均建立友好关系,同时极力希望两国加入美国主导的反苏反共的军事联盟。但印巴两国的不同立场和政策导向,使得美国寄希望于与两国同时建立良好关系的愿望落空,美国与巴基斯坦结为军事联盟,而美印关系则陷入低谷。

伴随着亚洲冷战的烽烟四起,美国对南亚的政策有一个从推行所谓的“英联邦”(*The British Commonwealth*)政策[③]到直接介入政策的渐变过程。

---

① Anita Inder Singh,“the Superpower Global Complex and South Asia”, in Barry Buzan and Gowher Rizvi, eds., *South Asian Insecurity and the Great Powers*, London: The Macmillan Press Ltd., 1986, p.216.

② 相关研究参见 Shirin Tahir-Kheli, *the U.S. and Pakistan——the Evolution of an Influence Relations*, New York: Praeger Publisher, 1982; Leela Yaday, *U.S. policy in South Asia——a Case Study of Pakistan*, New Delhi: Harman Publishing House, 1989; Dennis Kux, *The United States and Pakistan 1947—2000: Disenchangted Allies*, Washington, D. C.: National Defense University Press, 2002; Kanishkan Sathasivam, *Uneasy Neighbors: India, Pakistan and U.S. Foreign Policy*, Burlington: Ashgate Publishing Company, 2005。

③ 所谓“英联邦”政策是指从二战之后到 1940 年代末期,美国仍将英国视为对次大陆最有影响力的大国,其对次大陆的政策规划往往受到英国政策的影响,而未形成美国自己的政策框架。参见 Robert J. Mcmahon, *the Cold War on the Periphery: The United States, India, and Pakistan*, New York: Columbia University Press, 1994, pp.17-18。

1949年12月23日,美国国家安全委员会出台了名为“美国关于亚洲的政策立场”(*The Position of the United States with respect to Asia*)的国家安全委员会第48/1号文件(NSC48/1)。文件指出:“像美国这样一个富足而又权力卓著的大国在与亚洲这样一个贫困饥馑,并且激进民族主义情绪日渐增长的地区打交道时,应当把培植与美国的友好关系,反抗苏联支持下的革命运动作为美国发展与亚洲各国关系的首要任务。”对于次大陆国家,文件认为“把南亚,尤其是印度视为抵御共产主义对亚洲控制和扩张的堡垒,并非明智之举。我们所能做的是让次大陆国家维续西方模式的发展道路,维持基本的国家安全。”① NSC48/1号文件说明美国对南亚政策的基点仍是避免过度卷入,继续“英联邦”政策,由英国而非美国担负起南亚安全责任。

1950年6月25日,朝鲜战争爆发。与印度形成鲜明对比的是,巴基斯坦始终坚决支持美国在朝鲜战争中的政策立场,尽管巴基斯坦委婉地拒绝了美国要求它派兵参加“联合国军”的要求,但它是1950年10月7日授权“联合国军”越过北纬38度线决议的联合提案国之一。② 所以,朝鲜战争爆发后,印巴两国对待美国亚洲冷战政策截然不同的态度使得美国在南亚“权力天平”上向巴基斯坦的倾斜度不断加强。

1951年1月5日,在朝鲜战争爆发的大背景之下,杜鲁门总统批准了国家安全委员会制定的名为“美国对南亚的政策立场”(*The Position of the United States with respect to South Asia*)的国家安全委员会第98号文件(NSC98)。这一文件是在亚洲冷战对抗强度不断加大的形势下,国家安全委员会出台的第一份系统地考察、探究南亚政策的标志性文件,其意义和重要性不可忽视。该文件首先强调美国应根据自身的安全利益在次大陆采取行动,而不仅仅是依托英联邦,与英国协调。该文件称:“美国对次大陆国家政策的基点是维护并

---

① “Appraisal by the National Security Council on the position of the U.S.with respect to Asia ”, December,23,1949,解密文件参考系统(*Declassified Documents Reference System*,以下简称 *DDRS*), Document Number:CK3100454406,available at http://galenet.galegroup.com/servlet/DDRS? locID=ecnu。(以下引用 DDRS 数据库均来自该链接)

② S.M Burke, *Pakistan's Foreign Policy:An Historical Analysis*, London:Oxford University Press,1973,pp.128-129.

增强美国自身的安全利益。若印度成为共产主义阵营的囊中之物,将对美国的安全利益构成最严重、最具威胁性的打击。虽然次大陆国家,尤其是印度并非关乎美国防务安全的至关重要地区,但若让苏联抢占先机将印度吸纳为卫星国,则将意味着共产主义对整个亚洲的全面掌控。”①为此,美国政府必须予以更多、更快的物质投入和政策投入去实现亚洲冷战大势之下在南亚的战略目标。不仅如此,该文件亦对巴基斯坦在美国全球防务体系中的作用做了浓墨重彩的论述,“巴基斯坦是南亚和中东防御的天然屏障”,没有它“自由世界在南亚和中东的安全利益将受到威胁”。②

从 NSC48/1 到 NSC98,美国对次大陆国家的政策导向在不断地变化,这种变动实则反映了美国决策者战略思维的动态轨迹:冷战的触角已经深入到次大陆内部,美国必须有所作为,由“英联邦”政策向直接介入政策的转变是历史的必然。而直接介入的后果则表现在两个方面:其一,南亚成为亚洲冷战的竞技场,美苏之间的意识形态斗争和权势纷争势必会在次大陆掀起一轮又一轮的“暴风骤雨”;其二,美国在向巴基斯坦有所倾斜的同时,势必深陷印巴敌对的泥潭,随着时间的推延,美国的南亚战车将背负过载的负荷,行路甚艰。

1953 年 1 月,德怀特·艾森豪威尔(Dwight D.Eisenhower)入主白宫。时任国务卿的约翰· 杜勒斯(John F.Dulles)在艾森豪威尔政府的外交决策中扮演了相当重要的角色,他将世界非红即黑地划分为亲共和反共两大部分。在他的努力下,美国加快了与巴基斯坦结盟的过程。1953 年 6 月 1 日,在国家安全委员会会议上,杜勒斯规划了他对中东防御的新设想,并提出了著名的“北部防御层”(*The Northern Tier*)概念。他提议,将近东和南亚的主要国家(包括埃及、以色列、伊朗、伊拉克、叙利亚、沙特阿拉伯、印度、巴基斯坦、土耳其、希腊、利比亚)联合起来,组成一个以对抗共产主义为宗旨的、横跨亚欧大陆及地中海地区的防务联盟。不仅如此,巴基斯坦的尚武精神和伊斯兰教所特有的坚韧品格给杜勒斯留下了极其深刻的印象,他认为,“对美国来说,巴

① “The Position of the United States with respect to South Asia ”, National Security Meeting, January 5, 1951, *DDRS*, Document Number: CK3100394987.

② “The Position of the United States with respect to South Asia ”, National Security Meeting, January 5, 1951, *DDRS*, Document Number: CK3100394987.

基斯坦是具有强大潜能的战略支撑点。”①在杜勒斯的推动下,1953年7月9日,国家安全委员会制定的名为“美国对中东的政策与目标”(*United States objectives and policies with respect to the Near East*)的国家安全委员会第155/1号文件(NSC155/1)正式采纳了“北部防御层”战略,联合巴基斯坦、土耳其、伊朗、伊拉克、叙利亚组建中东防务联盟。②

在艾森豪威尔政府决心有所行动的同时,巴基斯坦亦展开对美外交攻势。1953年9月,巴基斯坦武装部队总参谋长穆罕默德·阿尤布·汗(Mohammed Ayub Khan)上将访美,与美国高层进行了一系列会谈。9月30日,阿尤布·汗在同杜勒斯的会晤中直截了当地说明他此行的目的是谋求美国的军事援助,加强巴基斯坦的军事实力。而杜勒斯则向阿尤布·汗保证,即便印度反对,美国也不会改变向巴基斯坦提供军援的决定。③

1954年2月25日,美国正式决定向巴基斯坦提供军事援助。值得注意的是,对巴军事援助政策的确定并未打破美国在南亚的平衡战略。在维持次大陆权力均衡分布的前提下,美国的政策取向由此前的不介入转向为以遏制共产主义在中东和南亚的“进攻”为目的的有条件介入,对巴基斯坦的政策倾斜绝不是以刻意消减印度的权势地位作为代价的。

1954年5月19日,美巴签订《共同防御援助协定》(*The U.S.-Pakistan Mutual Defense Assistance Agreement*),这标志着美巴结盟时代的开始。9月19日,巴基斯坦成为东南亚条约组织的创始成员。1955年9月23日,巴基斯坦加入了由英国、土耳其、伊朗和伊拉克所组成的巴格达条约组织(又称中央条约组织,美国并非该组织的正式成员国,而以观察员的身份参加该组织召开的会议)。至此,巴基斯坦成为美国在南亚地区的主要盟友。当时,身为巴基斯坦总参谋长的阿尤布·汗称巴基斯坦是美国“亚洲盟友中的盟友”(*American's*

---

① “Summary of the NSC6/1/53 Meeting devoted to the situation in the Middle East and South Asia”, June 2, 1953, *DDRS*, Document Number: CK3100184217.

② “A Report to the NSC by the Executive Secretary on U.S.objectives and policies with respect to the Near East”, July 14, 1953, *DDRS*, Document Number: CK310083997.

③ S.M Burke, *Pakistan's Foreign Policy: an Historical Analysis*, p.162.

Most Allied Ally in Asia)。①

这一时期,美国和巴基斯坦在亚洲冷战与次大陆政治变动的交互影响作用下,由"朋友"(*Friends*)转变为"盟友"(*Allies*)。尽管两国在 1954 年结为军事联盟,但联盟的基础并不牢固。从结盟动机来看,美国之所以与巴基斯坦结盟,是因为过分夸大了苏联对中东的"威胁"。所谓"过分夸大",意指来自苏联的威胁经过意识形态的"镜像化"②渲染之后的威胁认知,并表现为"正义的自我意象(*Moral Self-Image*)"与"恶魔般的敌人意象(*Diabolic Enemy-Image*)"的对立统一。③美国认为,只要共产主义存在一天,它对中东的威胁就一天也不会停止。因此,为了缓解中东地区的安全威胁,巴基斯坦这个对美国友好的伊斯兰国家是"自由世界"捍卫中东的最好人选。作为向巴基斯坦提供军援的"收益",美国能够更加便捷地搜集对苏军事情报,以便更有效地遏制和抗衡苏联。对巴基斯坦而言,与美国结盟的目的主要是抗衡印度,而非遏制共产主义。巴基斯坦希望通过结盟从美国获取军事援助和经济援助,壮大自身的实力,增加在克什米尔问题上同印度讨价还价的筹码。为此,两国虽有联盟的形式,但结盟的动机并不重合,实为"同床异梦",但是双方基于自身的利益诉求又都需要这种联盟关系,并利用对方来实现各自的国家利益。

二、第二阶段:貌合神离,渐行渐远(1954—1962 年)

美国在跨出与巴基斯坦结盟的步伐之后,就开始了直接介入印巴纷争、谋求次大陆权势均衡的过程。但次大陆的国际关系十分复杂,除去印巴冲突之外,美国、苏联乃至中国都深深地介入。因此,大国纠葛与矛盾的广泛存在使得美国在南亚的战略筹划难以获得预期目标。首先的表现即为美巴结盟导致苏印关系升温,为此,美国开始加大对印度经济援助的力度,试图抵消苏联的影响。这一举措虽然部分消解了由于美巴结盟对印度造成的消极影响,但对

① Mohammed Ayub Khan, *Friends Not Masters*, London: Oxford University Press, 1976, p.130.

② 有关意识形态的"镜像化"的论述参见拙作:《意识形态的"镜像化":以"一边倒"对外决策为个案考察》,《社会主义研究》2008 年第 3 期。

③ C.R.Mitchell, *The Structure of International Conflict*, London: Macmillan, 1981, p.92.

于美巴关系本身则是一股不断积聚的暗流,使得基础并不十分牢靠的美巴联盟面临巨大的挑战。肯尼迪上台后,美国的南亚政策有较大幅度的调整,认为印度是亚洲民主国家的典范,是"自由世界"与共产主义世界进行制度竞赛的样板,是遏制中国的"桥头堡",因而对印度的经济援助、军事援助都有大幅度的提升,美印关系进一步改善。在印巴争端中,美国在与巴基斯坦有军事盟约的条件下,采取了对印度的倾斜政策,美巴关系逐渐恶化。

自1954年美巴缔结双边安全防务协定之后,美巴之间便围绕军事援助的数量、种类及其使用权限争论不休。①与此同时,巴基斯坦政坛上的权力斗争导致政府更迭频繁、社会动荡、经济低迷,难以有效地参与美国的中东防御体系。因此,美巴关系日趋淡漠,以至于艾森豪威尔声称美巴结盟是"一个错误的决定"。

在美巴关系发生微妙变化的同时,美印关系亦呈现出新的特点。斯大林去世后,莫斯科积极发展苏印关系。1952年—1955年,莫斯科与新德里的关系明显改善。对于美国而言,它不能无视苏联对印度的拉拢。1956年12月尼赫鲁访美,这次成功的出访标志着美印关系的解冻升温。在与尼赫鲁会晤后不久,艾森豪威尔于1957年1月10日批准了名为"美国对南亚政策"(*U.S. Policy toward South Asia*)的国家安全委员会第5701号文件(NSC5701),决定向印度提供大规模经济援助。文件指出:"美国对印度的政策目标是保证国家独立自主,希望温和的、不受共产党支配的政府稳定执政,促进经济发展和社会稳定。虽然印度的不结盟政策有时会使印度反对美国的行动和计划,这会使美国的政策实现遇到麻烦。但美国应当积极鼓励印度的经济、政治发展,促进印度在亚洲民主事业中的成功。""一个虚弱的印度可能成为共产主义进攻南亚和东南亚的突破口,而一个强大的印度将成为在亚洲范围内对抗共产主义的成功范例。通过对印度的经济援助将使得南亚和东南亚在反抗共产党中国时,强化对美国的安全保障"。对于巴基斯坦,文件指出:"巴基斯坦是美国在亚洲的积极盟友,美国的政策将立足于帮助其加快经济发展的速度,维护

① 有关美巴在军事援助问题上的争执可参见王琛教授的博士论文:《美国外交政策与南亚均势(1947—1963)》,南京大学1999年博士学位论文,第72—79页。

国家稳定以及加强防务能力。”但是文件亦承认在巴基斯坦这样一个严重依赖外援，并将军事发展视为国家建设第一要务的落后国家，加大军费投入和保证经济发展难以两全其美。因此，美国政府必须有两手准备，“一方面，为维护美国在巴基斯坦的政治影响力，实现巴基斯坦在次大陆和中东区域联合防务中的作用，美国应继续向巴方提供军事援助；另一方面，为确保巴基斯坦经济稳定发展，减少印度对巴增强军备的担忧，美国不应在已有基础上扩增对巴军援的数量规模。①可以说，以 NSC5701 号文件为美国对印巴政策的新标杆，军事援助巴基斯坦和经济援助印度成为艾森豪威尔第二任期内对南亚政策的两条主线。如何在拉拢印度的同时，维持与巴基斯坦的联盟关系是美国不得不直面的两难选择。“鱼肉”和“熊掌”是否能够兼得呢？这个问题的答案将会在南亚冷战不断演进的过程中逐渐浮出水面。

尽管美国对印度的大规模援助对美巴关系造成一定程度的冲击，但美国并未将对印援助作为降低巴基斯坦战略地位重要性的依据，美巴军事联盟关系还在一颠一簸中向前行进。在阿尤布·汗通过军事政变上台后，1959 年 3 月 5 日，巴基斯坦同美国签署了《双边军事合作协定》(*Agreement of Bilateral Military Cooperation between the Govenment of Pakistan and the Government of the United States of America*)。该协定的第一条规定：“在发生针对巴基斯坦的侵略时，美利坚合众国政府，在巴基斯坦政府的要求下，将按照美利坚合众国政府宪法、按照促进中东和平与稳定联合决议的规定，采取双方同意的、包括使用武装部队在内的适当行动给予援助。”②

1961 年 1 月，约翰·肯尼迪(John Kennedy)就任美国总统之后，对印度的政策倾斜更加明显，力主向印度提供大规模的长期经济援助。③但南亚紧张对抗的地缘政治现实并不利于美国发展与印度的友好关系。美巴联盟是横在美

① “U.S.Policy toward South Asia, NSC Meeting ”, January 10, 1957, *DDRS*, Document Number: CK3100395068.

② Muhammad Afraisab, *U.S. Relations with South Asia (Since Christopher Columbus) and Pakistan—India Interaction* 1492—2002, Islamabad: WordMate, 2002, p.524.

③ 1960—1961 年度，美国对印度的经援为 6.678 亿美元；1961—1962 年度，这一数字上升为 7.751 亿美元。参见 S.M Burke, *Pakistan's Foreign Policy: An Historical Analysis*, p.255。

印关系面前的一座难以逾越的大山。巴基斯坦政府反对美国向印度提供经援,更反对向印度提供军援。1961 年 7 月 11 日—13 日,阿尤布·汗首次以巴基斯坦总统的身份访问美国。此次访美,阿尤布·汗意在加强美巴之间的沟通协调,搞清楚肯尼迪政府对印巴的具体政策导向。两国元首会晤的一个主要议题是美国对印度的军事援助。① 对于这一敏感的问题,肯尼迪表示,如果中印之间因边界问题发生武装冲突,并且新德里向华盛顿提出武器援助请求时,美国会认真予以考虑,若美国做出援助决定,将会在此之前与巴基斯坦政府协商。最后,作为美对巴关系象征性的修补,肯尼迪答应向巴方提供 12 架 F-104 战斗机。②

在印巴持续对峙的紧张氛围中,肯尼迪与阿尤布·汗两人的口头秘密协定无异于一条"猛料"新闻。尽管美巴双方严格保密,但消息还是走漏出去,好事的印度媒体夸大其辞地报道说,美国已向巴基斯坦提供百余架 F-104 战斗机和大量新型空对空导弹。③而新德里则"以牙还牙",在 9 月 21 日与美国大使约翰·肯尼思·加尔布雷思(John Kenneth Galbraith)的会谈中,尼赫鲁表示不能容忍巴基斯坦军事实力的极度膨胀,将立即与苏联政府就订购米格-21(Mig-21)战斗机展开谈判。④透过"F-104 事件"不难看出,美国的南亚政策在争斗激烈且力量博弈关系繁复多变的次大陆政治现实面前,难以"鱼肉"和"熊掌"兼得。客观地讲,"美国难以协调军事援助巴基斯坦和经济援助

① "President Ayub's Visit, Washington, July 11—13, 1961, Constitutional Strategic Concept in South Asia (discussion of US policy toward India and South Asia in general and US-Pakistan relations as affected by this policy)", Position Paper, July 11—13, 1961, *DDRS*, Document Number: CK3100368647.

② "President Ayub's Visit, Washington, July 11—13, 1961, U.S. Military Assistance (discussion of the past and present status of US military aid to Pakistan and the strength of the Pakistani armed forces)", Position Paper, July 11—13, 1961, *DDRS*, Document Number: CK3100368664.

③ "Press reactions to U.S. visit of Pakistani President Ayub; Indian reactions to Ayub's visit", July 19, 1961, *DDRS*, Document Number: CK3100316013.

④ "John Kenneth Galbraith summarizes conversation with Indian Prime Minister Nehru regarding arms to Pakistan, Non-Aggression, and Kashmir Situation", September 21, 1961, *DDRS*, Document Number: CK3100326675.

印度两者之间的矛盾,并且也难以将两者融入到美国整体的冷战战略中去。"①

1962 年 10 月,中印发生边界武装冲突。肯尼迪认为,这次冲突是可资美国利用的绝好机会:促进美印友好、加剧中苏分裂、进一步遏制孤立中国、同时亦有可能力促印巴和解、整合南亚防务。但美国并没有恪守先前对巴基斯坦做出的承诺,在未与巴方协商的情况下,向印度提供了紧急军事和经济援助,巴基斯坦对此大失所望。

冲突爆发之后,印度政府立即向美国和其他国家求助。11 月 3 日,美国开始向印度紧急空运军事物资。在向印度军事援助的同时,美国面临的另一个棘手问题便是如何协调与盟国巴基斯坦的关系。10 月 28 日,肯尼迪亲自致信阿尤布·汗,告知他美国政府决定向印度提供军事援助,"我们保证援助的唯一目的是对付中国,决非针对巴基斯坦。"②

对于肯尼迪违背"事先协商"承诺,独自决定向印度提供军援一事,阿尤布·汗颇有被戏耍之感。在他看来,美国对印度提供军援不仅损害了巴基斯坦的利益,而且美国对中国战略意图的解读也是错误的。美国认为中国将会侵占印度的大片领土,而对印度的侵略是共产主义要压倒自由世界行动步骤中的重要组成部分。而阿尤布·汗指出,中国的意图不是占领印度的领土。"假如中国人的目标更大,这场冲突会开始得更早。由于地区气候条件限制迄至 12 月就要终止军事行动,因为 10 月不是发动进攻的月份。"阿尤布·汗真正担心的是"美英匆匆运到印度的大量军事装备,最终将被用于对付巴基斯坦。"③

1962 年 11 月 21 日,中国政府宣布中国军队单方面停火,中印边界冲突结束。但美国并未因此而停止对印军援,从 1962 年 11 月到 1965 年第二次印

---

① 王昊:《冷战时期美国对印度援助政策研究(1947—1971)》,华东师范大学 2008 年博士学位论文,第 114 页。

② "President Kennedy discusses with President Ayub of Pakistan the China Communist attack India", *DDRS*, Document Number: CK310013473.

③ [巴]阿尔塔夫·高哈:《阿尤布·汗——巴基斯坦首位军人统治者》,邓俊秉译,世界知识出版社 2002 年版,第 143 页。

巴战争前,美国总共向印度提供7600万美元的军援。①鉴于美国的出尔反尔,在中方宣布停火的第二天,巴基斯坦召开国民议会特别会议,在议会大楼外,民众举行大规模的反美示威,要求巴基斯坦退出东南亚条约组织和中央条约组织。在议会上,阿尤布·汗指出:"虽然印度被打败了,却没有被打倒和消灭。对于巴基斯坦来说,还不是前进的时候。"针对民众的强烈情绪,他接着说:"即使与西方的条约不符合巴基斯坦的利益,巴基斯坦也不应该违背。但是如果我们发现这些条约违背了我们的利益,我们应该毫不犹豫地放弃这些条约。"②

从1954年美巴结盟到1962年中印边界冲突,南亚国际关系风云变幻,美巴关系也在全球冷战与地区角逐的双重作用下艰难前行。在艾森豪威尔的第二任期内,美国对南亚政策的主线由此前单一的倚重美巴军事联盟转变为军事援助巴基斯坦和经济援助印度这两条主线并行不悖。这种转变既反映了美国在南亚战略中心的转移:在维持印巴均势的前提下,由向巴基斯坦倾斜转为向印度倾斜;也反映了美国亚洲冷战政策的调整:对抗和遏制中国是其主要目标。而肯尼迪上台后,在偏向印度、敷衍巴基斯坦方面走得更远。美国希望改善与印度的关系,缓解印巴的深厚积怨,建立南亚对共产主义(尤其是中国)的集体防御,以便更好地服务于对共产主义世界的冷战。从战略目标的选择上,美国争取印度而不放弃巴基斯坦。但是,印巴之间的深刻矛盾以及南亚复杂的力量格局注定了以上两个目标是相互矛盾的,"鱼肉"和"熊掌"不可同时得兼。"大国南亚困境"③在美国身上表现得尤为显著。④而对于巴基斯坦来说,与美国结盟的真正动机在于借遏制之名,行抗衡印度之实,这一点自巴基

① Shivaji Ganguly, *U.S.Policy toward South Asia*, Bolder: West view Press, Inc., 1990, p.97.

② [巴]阿尔塔夫·高哈:《阿尤布·汗——巴基斯坦首位军人统治者》,邓俊秉译,世界知识出版社2002年版,第144页。

③ 王琛博士认为"大国南亚困境"是冷战时期次大陆印巴敌对和国际大国间矛盾综合作用的集中表现。这一困境的存在使任何大国都不可能在印巴持续敌对的环境下与它们同时保持良好与持久的关系。参见王琛:《美国外交政策与南亚均势(1947—1963)》,南京大学1999年博士学位论文,第6页。

④ 王琛:《美国外交政策与南亚均势(1947—1963)》,南京大学1999年博士学位论文,第105页。

斯坦独立以来一直都是其不可撼动的国家大战略的首要目标,此动机决定了巴基斯坦不可能因为盟国的冷战利益诉求而牺牲自身的安全利益。从 1958 起,美国提供给巴基斯坦的军援有所下降,在 1962 年之后甚至于比印度还要少。在 1962 年中印边界冲突中,虽然巴基斯坦没有趁火打劫,进攻印度,但阿尤布·汗却失望地看到,巴基斯坦的主要盟友却在积极支持其最大的敌人。因此,巴基斯坦必须得顺应时局变化适时调整自己的对外政策。美国和巴基斯坦在联盟的道路上渐行渐远。

三、第三阶段:积重难返,低位徘徊(1962—1968 年)

1962 年中印边界冲突后,美巴关系持续降温。随着美国深陷越南战争的泥潭,其对次大陆事务的兴趣有所消退。1965 年第二次印巴战争爆发后,美国策略性地采取不介入立场,随即停止了对印巴两国的军事和经济援助。美国对南亚的政策进入到一个减少介入、相对收缩的阶段。60 年代的巴基斯坦对外政策处于转折的十字路口。中印关系恶化及边界武装冲突的爆发、美国对印度输送武器,一方面激起巴基斯坦的不安和愤懑,另一方面亦使巴基斯坦不得不认真反思自己的结盟政策。巴基斯坦著名外交官萨迦德·海德(Sajjad Hyder)精准地指出了这种外交政策调整的必要性,“我们所吹嘘的跟美国的联盟关系在威慑印度的时候已不会有任何价值。”①

1963 年 3 月 15 日,中巴签署了关于边界问题的协议。8 月 29 日,两国又签订航空协定和贸易协议。依据航空协定,两国开通了上海—广州—达卡—卡拉奇的空中航线,对于当时周边安全环境极其险恶的中国来说,这条航线的开通不仅具有商业价值,而且在突破西方冷战封锁方面具有非凡的政治意义。

在华盛顿看来,中巴航空协定被视为打破了“自由世界”团结一致遏制中国的“政治底线”。1963 年 9 月 3 日,在与美国副国务卿约翰·鲍尔(John Ball)的会谈中,阿尤布·汗指出:“那种认为中巴航空协定是向中国打通对外

① Sajjad Hyder, *Foreign Policy of Pakistan—Reflection of an Ambassador*, Lahore: Progressive Publishers, 1987, p.114.

扩张渠道的想法是荒谬的。巴基斯坦之所以同中国解决边界问题是形势所趋,无非是想让自己从险恶局势中脱身。中印边境冲突发生后,中巴谈判达成共识只是一个时间上的巧合,对此无需过分追究”。而且中巴航空协定“纯属商业往来”,“巴基斯坦不明白为什么要把政治因素牵扯进来”。在谈到中国在国际社会中的地位时,阿尤布·汗强调,“你们无法封锁七亿强大的人民;英国人和其他国家巴不得同中国签订航空协定。我们无意损害美国人的利益。相反,如果美国在某个阶段希望同中国和解的话,我们可助一臂之力。”两人会谈的氛围很是沉闷,双方各执一词。阿尤布·汗告诉鲍尔,巴基斯坦不能再履行超出自身能力的军事和政治承诺,巴基斯坦至多保证不做违反美国利益的事情,“作为其全球战略的一部分,美国政府宁愿加强印度的军事实力以便抵抗共产主义。对于巴基斯坦来说,这是直接的威胁。”此外,他直截了当地拒绝了美国提出的扩大在白沙瓦基地电子监听设施的建议。“在目前的政治氛围中,这绝对不行,人们绝对不会接受。”①在美巴关系史上,鲍尔访巴是双边关系的一次重要转折,虽然巴基斯坦并未脱离西方世界,但它在东南亚条约组织和中央条约组织的存在已仅仅是一种政治象征,而无实质内涵。当初美国极力构建的美巴联盟只剩下徒有其表的躯壳,对共产主义“圣战式”的政治激情已经烟消云散。

1965 年 3 月,印巴之间烽烟又起。两国在库奇兰恩地区(*Rann of Kutch*)②围绕领土争端发生军事冲突。为防止冲突扩散,时任美国总统的林登·约翰逊(Lyndon Johnson)加强了对两国军援的监管控制。

在英国首相亚历克·道格拉斯·霍姆(Alex Douglas Home)的调停下,印巴两国在 4 月 27 日非正式停火。7 月 1 日,停火正式生效。但没过多久,印占克什米尔地区动荡又起,自 8 月 5 日开始,大批巴基斯坦“自由战士”向印占克什米尔渗透,再次引发两国的军事冲突。9 月 6 日,印度陆军开始以拉合尔为目标向巴基斯坦发动进攻,第二次印巴战争爆发。同日,阿尤布·汗紧急

① [巴]阿尔塔夫·高哈:《阿尤布·汗——巴基斯坦首位军人统治者》,邓俊秉译,世界知识出版社 2002 年版,第 165—166 页。

② 库奇兰恩现被称为“卡奇沼泽地”,是位于巴基斯坦信德省和印度拉贾斯坦邦之间的盐碱沼泽地区。

召见美国驻巴基斯坦大使沃尔特·马康卫(Walter Mcconaughy)。会谈中,阿尤布·汗要求美国履行 1959 年《双边军事合作协定》,立即采取行动"击退和粉碎印度的侵略。"①面对巴方的求援,约翰逊政府表示美国不会卷入战争,但美国支持联合国有关敦促两国停火的决议。9 月 8 日,美国宣布立即停止对印巴两国所有的军事援助项目。

与华盛顿的政策有所差别的是,北京坚决支持伊斯兰堡。9 月 16 日,中国政府向印度政府递交了一分措辞强硬的外交照会,严厉谴责印军在中印边界和中国——锡金边界违反停火协议修建大批工事,并且不断越境侵扰中国牧民,抢夺中国牧民的羊群和财物。中方要求印方在 3 天内拆除中印边界中国一侧和跨中锡边界线上的所有侵略工事,并立即停止在中印边界和中锡边界的一切入侵活动。在这份被称为"最后通牒"的照会中还强调指出,"中国不介入印巴争端不等于不问是非,绝不等于中国可以同意克什米尔人民的自决权被剥夺,也绝不等于中国可以同意印度借口克什米尔问题侵略巴基斯坦。"②

在美苏的压力下,印巴分别于 9 月 17 日、9 月 22 日接受联合国的停火协议。1966 年 1 月 10 日,在苏联斡旋下,印巴两国签订《塔什干协定》(*Tashkent Agreement*)。

1965 年第二次印巴战争是冷战时代南亚国际关系史上的一个重要事件,它"标志着美国为稳定地区平衡所施加的压力下逐步形成的信任危机已达到顶点。"③印巴两国,特别是巴基斯坦对美国在印巴战争中未履行联盟义务深感不满,有一种强烈的"被出卖"的感觉。事实上,在这次战争的沉重打击下,美国南亚政策的前提——与南亚的两个地缘政治对手同时保持友好关系,为遏制中国的战略目标服务——不攻自破。为此,在印巴战争之后,美国亦着手

---

① Roedad Khan ed., *The American Papers* (*Secret and Confidential*) *India—Pakistan—Bangladesh Documents*, 1965—1973, New York: Oxford University Press, 1999, p.226.

② "Communist China issues New Threat against India, Office of Current Intelligence Memorandum", September 15, 1965, *DDRS*, Document Number: CK3100358964.

③ [美]塞利格·哈里逊:《扩大中的鸿沟:亚洲民族主义和美国政策》,金婉如、王宝玉等译,社会科学文献出版社 1984 年版,第 48 页。

调整其南亚政策。在国务院制订的一份名为“1965 年印巴战争后关于美国军事援助政策评估”(*An Analysis of U.S.Military Supply Policy for India and Paksitan after* 1965 *War*)的研究报告中指出:“当前,共产党中国是严重影响南亚稳定与发展的头号威胁,同时也是美国在南亚地区所要对付的首要目标。基于上述考虑,在美国的南亚战略地图上,印度的战略重要性将超过巴基斯坦。”该文件亦指出,1965 年战争后,美国在南亚的安全目标包括:“第一,维护次大陆的和平与稳定;第二,抑制印巴两国之间的军备竞赛;第三,加强印度在防范共产党中国进攻方面的信心与防务能力;第四,美国必须防止以下局面的出现:在印巴关系未有根本和缓的情况下,美国再次成为对次大陆军备发展起重要作用的武器供应者。”①

1966 年 2 月,约翰逊授权恢复对巴基斯坦的经济援助。1967 年 4 月 5 日,美国政府宣布向印度和巴基斯坦实行新的军事供应政策。这一政策规定美国对印巴的军事供应不再使用无偿援助的形式,印巴两国可以用现金购买先前美国供应的军事装备的零部件,对于杀伤性武器,美国政府原则上同意两国可从其他装备美制武器的国家购买所需装备。② 尽管这一有限军援政策部分满足了印巴两国的防务需求,但两国均不甚满意③,都积极寻求新的武器供应国。

1962 年—1969 年,南亚冷战呈现出危机四伏、权势斗争与意识形态竞争相互缠绕纠结的局面。虽然美国对次大陆的政策完全服务于遏制战略和在亚洲遏制中国的目标,并为之付出巨大努力。但事与愿违的是,美巴原有的联盟关系仅存留一个象征性的称谓;在苏联与印度关系日渐密切之时,拉拢印度的愿望亦难见成效。不仅如此,美国在南亚的影响力也在日渐衰退,它始终无法摆脱地缘政治方面的“大国南亚困境”,约翰逊政府甚至认为,在遏制中国在

---

① “U.S.Military Supply Policy for South Asia — Response to NSSM26, Annex: An Analysis of U.S. Military Supply Policy for India and Pakistan in Johnson Administration after 1965 War”, September 16, 1966, *DDRS*, Document Number: CK3100556708.

② “Instruction on information to be presented to India and Pakistan regarding the U.S.Military Supply Policy for each country”, April 5, 1967, *DDRS*, Document Number: CK3100493576.

③ “Allan Evans provides India and Pakistan's reactions to a new U.S.Policy toward arm aid and sales to that subcontinent”, April 13, 1967, *DDRS*, Document Number: CK3100516091.

南亚的“扩张”方面,美国与其全球争斗的主要对手苏联的利益重叠。这既说明美国深陷冷战与地缘政治相互纠缠的迷宫而深受迷思困扰,难以自拔,也说明美国的南亚政策最终遭到南亚地缘政治的嘲讽,难以成功实行。而作为超级大国弱小盟国的巴基斯坦通过联盟在一定程度上巩固了其在南亚对抗中的地位,但却卷入更凶险的冷战对抗之中,这显然并非巴基斯坦的利益所在。1965 年印巴战争打破了巴基斯坦对美国所抱的幻想,开始重新估量自己的外交政策,自 1966 年开始,巴基斯坦外交进入“双向主义”(*Bilateralism*)时代。①

结　　语

纵观 1947 年到 1968 年的美巴关系,有两个重要因素影响着美巴关系的发展:其一为反共意识形态;其二为印巴并立的地缘政治现实。在反对共产主义的名义之下美巴结盟,但是两国结盟的利益基点却并不重合,这决定了美巴联盟的存在基础相对脆弱。为消解印巴纷争与美国的南亚冷战政策之间的抵触,美国争取印度而不放弃巴基斯坦。但是,次大陆的政治斗争史充分说明,“大国南亚困境”是美国挥之不去的梦魇,“鱼肉”与“熊掌”不可得兼。因此,在反对共产主义“圣战”与次大陆政治角逐的双重影响下,美巴关系呈现出貌合神离的繁复多变进程。

① 所谓“双向主义”是指在大国之间保持平衡,同时审慎地与大国发展双边关系。其具体表现有以下三点:一、积极同中国发展友好关系,不以反华谋求美国的军援;二、谨慎地发展与苏联的关系;三、同美国保持“非盟即友”的关系。参见 S.M Burke, *Pakistan's Foreign Policy: An Historical Analysis*, p.360.

北约华约内部争斗与多边核力量计划的终结(1963—1965)

陈　弢①

由美国提出,以解决北约核武装问题为目的的多边核力量(MLF)计划②,由于其直接牵涉到德国问题、北约结构调整、美苏核不扩散问题谈判等事关欧洲缓和的重大问题,成为二十世纪六十年代初期美苏两大阵营争议的热点。而到约翰逊政府时期,MLF问题则更明显地体现在北约华约内部,以及美苏两大阵营之间对德国问题的争斗上。

到目前为止,国外学者对MLF问题的研究,主要针对美国及西方盟国的对外政策进行探讨,而缺乏对苏联及华约国家政策变化的解释。③ 专门就六

---

① 陈弢,男,华东师范大学冷战国际史研究中心博士研究生,主要研究方向:冷战国际史、德国史、冷战时期社会主义阵营内部关系。

② 1962年12月拿骚会议之后,MLF被规划为一只由25艘水面舰艇,每艘装备8枚北极星导弹,北约各国集体管辖的混编舰队。

③ 代表性的著述有 Helga Haftendorn ed, *The Strategic Triangle, France, Germany, and the United States in the Shaping of the New Europe*, woodrow Wilson Center Press, 2006; Catherine Kelleher, *Germany and the Politics of Nuclear Weapons*, New York, 1975; Thomas Schwartz, *Lyndon Johnson and Europe: In the Shadow of Vietnam*, Harvard University Press, 2003; Lawrence Kaplan, *NATO and the United States, The Enduring Alliance*, Boston, Twayne Publishers, 1988; Helga Haftendorn, *Sicherheit Und Entspannung: Zur Aussenpolitik der Bundesrepublik Deutschland* 1955—1982, Nomos Verlagsgesellschaft, 1983; Andreas Wenger, Christian Nuenlist, Anna Locher, ed., *Transforming NATO in the Cold War, Challenges beyond deterrence in the 1960s*, Routledge, 2007。

十年代中期(约翰逊总统时期)美苏两大阵营进行对比分析的研究则更为少见。① 长期以来,国内学者认为约翰逊政府抛弃 MLF 是出于与苏联在核不扩散问题上妥协的需要。② 然而,随着美国和苏东国家档案相继解密,这样的看法和观点明显存在问题。本文通过对已解密的美国、西德以及相关苏东档案的解析,以这一时期 MLF 问题在美苏两大阵营内部引起的争斗为主线,来对 MLF 计划如何最终走向失败及其影响做出解释。

一

1963 年,肯尼迪政府在得不到大多数欧洲盟友支持的情况下,暂且搁置了 MLF 计划。同年 10 月,艾哈德接替阿登纳,成为西德建国后第二任总理。一个月后,林登·约翰逊成为美国新任总统。北约两大重要成员国西德和美国先后进行的领导人更替,使 MLF 计划重新浮出水面。

1961 年 8 月柏林墙修建后,欧洲冷战态势总体趋向缓和。英国和法国政府都倾向于将与苏联阵营缓和视为政策重点。而处于欧洲冷战中心的东西德,尽管在柏林墙修建后一度在人员交流等领域出现了缓和协商的情况,③但

① 就笔者所见,近几年国外学者主要在 MLF 与苏东阵营关系方面的研究上取得了突破,这方面的研究有 Vojtech Mastny and Malcolm Byrne eds.,*A Cardboard Castle? An Inside Story of the Warsaw Pact*,1955—1991,Budapest,2005;Douglas Selvage,"*The Warsaw Pact and Nuclear Non-Proliferation*",Cold War International History Project Working Paper 32,Washington D.C.:Wilson Center,2002。而主要利用美国档案对双边阵营的对比分析研究,参见 Hal Brands,"Non-Proliferation and the Dynamics of the Middle Cold War:The Super Powers,the MLF,and the NPT",*Cold War History*,Vol. 7,No. 3(August 2007),pp.389-423。

② 例如姜振飞:《美国约翰逊政府与国际核不扩散机制》,中国社会科学出版社 2008 年版,第 272 页;孟晓雪:《浅析 20 世纪 60 年代美国的多边核力量计划》,《兰州学刊》2008 年第 2 期;吴友法:《二十世纪五六十年代联邦德国核武装问题探析》,《武汉理工大学学报(社会科学版)》2006 年第 5 期。

③ 对这段时期东西德的人员交流的研究,参见 Heinrich Potthoff,*Bonn und Ost-Berlin*,1969—1982,Bonn,1997;Detlef Nakath,(Hrsg.),*Deutschlandpolitiker der DDR erinnern sich*,Berlin,1995;Ludwig Rehlinger,*Freikauf:Die Geschäfte der DDR mit politisch Verfolgten*,1963—1989,Frankfurt,1991;Roger Engelmann und Paul Erker,*Annäherung und Abgrenzung*,*Aspekte deutsch-deutscher Beziehungen* 1956—1969,München,1993.

是双方关系随即又由于包括 MLF 在内的一系列问题而恶化。西德并不准备承认欧洲的现存边界,也没放弃旨在孤立和围堵东德的哈尔斯坦主义。艾哈德政府上台后,一改阿登纳的疑虑态度,对于加入美国主导的 MLF 非常热衷。艾哈德认为,全力支持 MLF 方案无疑是改革北约内部矛盾和结构弊病的最理想方式。[①] 他们对与法国的合作不抱热情,认为法国不会给德国提供共享核武器的机会。西德只能在与美国保持紧密联系的大西洋框架内才能获得安全。此时,西德国内大都支持参与核防务,所不同的只在于参与的方式。阿登纳和前国防部长施特劳斯所代表的"戴高乐主义分子"主张,西德应该像法国和英国那样发展独立的核武器,至少该和法国而非美国展开合作,"如果没有核武器,欧洲就没有主权"[②]。在野党社民党并不直接反对 MLF 计划。他们认为,西德应该更加强调核事务上的共同协商(Mitbestimmung)而非共同拥有(Mitbesitz)。社民党非常重视 MLF 在维系美德关系中的纽带作用,"最重要的就是尽可能地融入到美国的潜在实力中去",MLF 还会对德国统一有所帮助。[③]

与肯尼迪一样,约翰逊总统认为必须制止核扩散,也担心德国会发展自己的核武器。在其执政初期,由于对外交事务不熟悉,有关 MLF 的事务主要交由国务院来处理。而此时国务院聚集了诸如副国务卿乔治·波尔、政策设计室主任沃尔特·罗斯托以及驻北约大使托马斯·芬莱特等 MLF 计划的支持者。他们认为,西德是欧洲安全的关键,需要在核武器问题上有发言权。[④] MLF 正是避免西德单独发展核武器的关键所在,"通过 MLF 为德国寻找一个安全的核角色"[⑤]。罗斯托对约翰逊指出:"如果 MLF 失败了,(西德)政权极

① Volkhard Laitenberger, *Ludwig Erhard, Der Nationalökonom als Politiker*, Muster-Schmidt-Verlag, 1986, S. 176.

② Helga Haftendorn, *Sicherheit und Entspannung*, S. 174 – 175; Helga Haftendorn, *Coming of Age: German Foreign Policy Since* 1945, p. 93 – 98; Catherine Kelleher, *Germany and the Politics of Nuclear Weapons*, p.240.

③ George McGhee, *At the Creation of a New Germany, From Adenauer to Brandt, An Ambassador's Account*, Yale University Press, 1989, p. 138; Haftendorn, *Sicherheit und Entspannung*, S. 175; Catherine Kelleher, *Germany and the Politics of Nuclear Weapons*, p.238.

④ George Ball, *The Past Has Another Pattern*, W.W.Norton & Company, 1982, p.334.

⑤ George Ball, *The Past Has Another Pattern*, p.335.

有可能像1932年那样转向右翼”。① 国务卿腊斯克也认为:“放弃推动MLF会迫使德国和法国共同研制核武器”②。11月19日,芬莱特在分析报告中指出,美国可以先和西德及意大利达成协议,然后再以此迫使英国加入,“一旦英国看到美国、西德和意大利都准备行动,那么无论哪个党派赢得英国大选,它都会加入MLF”。③ 尽管国防部长麦克纳马拉和负责核裁军谈判的福斯特等人由于认为MLF与美国核战略以及核不扩散战略相违背,而且也担心西德成为控制核武器国家后可能出现的后果,因此明确反对MLF计划。④ 不过他们的意见此时在美国政府内部并不是主流。同时,尽管五十年代美国同北约国家在核领域展开了一系列合作及交流,但在对战败国西德进行核武装这样的敏感问题上,东西方都存在疑虑。美国政府对国内可能的反对意见也有所顾忌。

1963年下半年,在美国和西德准备重启MLF时,苏联领导人赫鲁晓夫的态度发生了重大变化。一方面,他准备通过表面支持美国的方案(即MLF是签署核不扩散条约的前提),使美国及其西方盟国陷入到内部的争吵中。他指出,鉴于西方近来在MLF上取得了很大进展,“如果我们能以此给其制造困难的话,那就好了。”⑤另一方面,在西德政府推行“前进政策”同苏东国家发展关系的情况下,为了进一步改善同西方的关系,并获取经济和技术上的支

---

① Thomas Schwarz, *Lyndon Johnson and Europe: In the Shadow of Vietnam*, p.41.

② Summary of a meeting regarding procedures for NATO's Multilateral Force (MLF), 6th Dec. 1963, Thomas Gale, *Declassified Documents Reference System*(简称 *DDRS*), Document Number: CK3100475731.

③ Background Paper for U. S. Visit of Chancellor Erhard: Multilateral Nuclear Force, 19th Dec. 1963, *DDRS*, Document Number: CK3100340609.

④ Memorandum of Discussion, 10th Mar. 1964, U.S.Department of State ed., *Foreign Relations of the United States*(简称 *FRUS*), *1964—1968*, *Vol. 13*, Washington D.C.: USGPO, 1995, p.36; Memorandum of Conversation between Mr.Patrick Gordon Walker, Shadow Foreign Minister, British Labor Party and Secretary of defence McNamara, 20th Feb. 1964, *DDRS*, Document Number: CK3100385260.

⑤ Discussion between Kutznetsov and the SED Poliburo, 14th, October, 1963, Nuclear Non-Proliferation Collection, Cold War International History Project, 引自 http://www.wilsoncenter.org/program/cold-war-international-history-project,引用日期:2011—7—9。对于赫鲁晓夫改变态度的另一个解释是,他认为通过将西德的核武器置于美国牢固的控制之下,实现和美国的合作,以应对中共的核威胁。参见 Douglas Selvage, “The Warsaw Pact and Nuclear Non-Proliferation”。

持,赫鲁晓夫在各方面都加强了同西德的接触。① 值得指出的是,赫鲁晓夫对MLF问题态度的变化,并未引起美国政府的注意。至少从目前已经解密的这段时期美国外交文献中并未找到有关赫鲁晓夫态度变化的记载。②

二

1963年12月28—29日,艾哈德访问美国,这是双方关系在阿登纳后期一度恶化之后,重新回暖的重要体现。美国国务院对他此行的分析报告指出,在MLF等问题上,艾哈德迫切需要美国的支持,以恢复阿登纳早期的美德关系。美国政府"需要做出表示,不会在这个问题上给他制造困难。"③会谈中,艾哈德表示西德政府"比以前任何时候都支持MLF"。同时他也认为只有美国和西德参加的MLF条件还不成熟。④ 来自美国的积极信号,使得西德对尽快达成MLF充满乐观。艾哈德对戴高乐表示,"由于害怕自由世界的分裂,英国和意大利都会加入MLF"⑤。1964年4月16日,他乐观地对芬莱特指出,英国、意大利、荷兰等国的态度从长远看来是积极的。在西德联邦议会中,MLF也没受到太多的反对。他希望在9月份德国议会选举之前就达成MLF协

① 有关这一时期苏联和西德接近的研究,参见Angela Stent, *From Embargo to Ostpolitik*, Cambridge University Press, 1981; Aleksandr Fursenko and Timothy Naftali, *Khrushchev's Cold War, The Inside Story of an American Adversary*, W.W.Norton &Company.Ltd, 2006, p.522-523。

② Hal Brands, "Non-Proliferation and the Dynamics of the Middle Cold War: The Super Powers, the MLF, and the NPT", *Cold War History*, Vol. 7, No. 3 (August 2007), pp.389-423; Douglas Selvage, "The Warsaw Pact and Nuclear Non-Proliferation", p.6.

③ Background paper for U.S.visit of Chancellor Erhard: Atlantic partnership and European integration, 20th Dec. 1963, *DDRS*, Document Number: CK3100064226.

④ Details of conversation between President Johnson and Chancellor Erhard on Mlf, 28th Dec. 1963, *DDRS*, Document Number: CK3100038402; Memorandum regarding President Johnson's meeting with Chancellor Erhard to discuss strengthening the partnership between U.S.and West Germany, 28th Dec. 1963, *DDRS*, Document Number: CK3100125006.

⑤ Gespräch des Bundeskanzlers Erhard mit Staatspräsident de Gaulle in Paris, 14 Februar 1964, *Akten zur Auswärtigen Politik der Bundesrepubkik Deutschland* (*AAPBD*), 1964, Band 1, S. 203-215.

议。① 实际上此时西德在 MLF 问题上的外交政策主要有三点策略和目标。第一是努力说服尚未表态但可能争取到的国家如意大利、英国等,向它们表明西德会在多边范围内推动 MLF 的实现。②第二,对于像法国和苏联那样态度强硬的国家,西德也应该表明 MLF 的"多边"立场,至少不加剧这些国家的反对。第三,维持和强化德美关系。同年 2 月访问法国前,艾哈德还主动对美国驻德大使麦克吉(McGhee)表示,无论这次访问如何,"我们对美国的忠诚和友好都不会改变"。③ 4 月 21 日,西德外交部制定了一份文件。文件将当前西方阵营内(不包括法国)的态度分为两种,一种是以英国为代表的国家提出的对现有计划进行审查的方案,另一种则是德美两国提出的在 1964 年年内签署 MLF 的方案。文件认为,联合巡航计划不仅是对将来实施 MLF 计划的一次尝试,也是各个参与国已经接受 MLF 的一次实际操作。尽管英国长期持犹豫不决的态度可能会对美国造成影响,但文件认为约翰逊政府在国内并未遇到太多反对声,因此会尽全力来实现 MLF 计划,甚至可以在不顾及其他盟国的情况下,单独与西德先签署 MLF 协定。因此西德也应该尽力和美国合作。④

1964 年初,美国政府加快了推动 MLF 的步伐。1 月 20 日,白宫批准了作为 MLF 重要标志的联合巡航任务⑤。2 月 7 日,驻英大使发回的电文中表示,鉴于英国目前只强调 MLF 的政治意义,美国应该使它们认识到其同样具有军事上的价值。⑥ 3 月 18 日,腊斯克对来访的北约秘书长斯蒂克表示,无论法国

① Gespräch des Bundeskanzlers Erhard mit dem amerikanischen Botschafter Finletter, 16 April 1964, *AAPBD*, 1964, *Band* 1, S. 429.

② Gespräch des Bundeskanzlers Erhard mit Ministerpräsident Moro in Rom, 27 Januar, 1964, *AAPBD*, *1964*, *Band 1*, S. 137.

③ Telegram From the Embassy in Germany to the Department of State, 13th Feb. 1964, U.S. Department of State ed., *FRUS*, 1964—1968, *Vol.* 15, Washington D.C.: USGPO, 1999, p.20.

④ Aufzeichnung des Vortragenden Legationsrats I. Klasse Luedde-Neurath, 21 April 1964, *AAPBD*, *1964*, Band 1, S. 449-456.

⑤ Memorandum From Secretary of State Rusk to President Johnson, 16th Jan. 1964, *FRUS*, 1964—1968, *Vol.* 13, p.7.

⑥ Telegram From the Department of State to the Embassy in the United Kingdom, 11th Feb. 1964, *FRUS*, 1964—1968, *Vol.* 13, pp.15-16.

支持与否,MLF都将继续下去。① 4月10日下午进行的白宫MLF高层协商会议中,约翰逊认同了大部分国务院官员的看法,并做出了以下指示:一、国务院应该扩大与国会有关MLF的协商范围,并着手筹备相关的委员会;二、告诉西欧盟友,他认为MLF是最好的解决办法;三、尽可能在年内签署MLF的协议。② 4月14日,驻北约大使芬莱特致电国务院表示,如果欧洲各国拖延签署协议,就应该"强迫"它们签署。16日,芬莱特主动拜访了艾哈德,告知10日白宫会议的情况,并指出在国会此时并没遇到太多反对声。为了在年底之前签署MLF协议,美国愿意动用一切可能的手段,包括先与西德签署协议,这样,"尤其像英国和意大利这一类仍然犹豫的国家就会纷纷加入"。③ 5月22日,联合巡航任务(MMD)受命向公众开放展示。这艘名为"比德尔号"的战舰是美国海军最新型的"查尔斯·亚当斯级"驱逐舰,舰上装备有"鞑靼人"舰对空火箭及"阿斯洛克"型反潜导弹等新式武器。舰上共有包括美国(164人)、西德(47人)等七个国家共计350名船员,指挥官由美国海军福特森上校担任。比德尔号战舰的任命和向公众开放展示不但在舆论上产生了轰动,还意在表明MLF不仅在政治上,而且也在军事上可行。④

此时美国政府无论公开还是私下都将MLF作为与苏联达成核不扩散条约的前提,并未顾忌这是否会激怒苏联。美国核不扩散谈判小组多次提交报告,要求将核不扩散协定与MLF挂钩,并在其中加入不生产及不转移核武器

① Memorandum of Conversation, 18th Mar. 1964, *FRUS*, 1964—1968, *Vol.* 13, p.25.

② Gespräch des Bundeskanzlers Erhard mit dem amerikanischen Botschafter McGhee, 10 April 1964, *AAPBD*, 1964, Band 1, S. 411; Memorandum of 4/10/64 White House discussion of the MLF, 11th April 1964, *DDRS*, Document Number: CK3100081090.

③ 美国政府本来已经在13日将白宫会谈的主要内容传达给了西德驻北约大使格雷韦,因此芬莱特的这次访问凸显了美方对此的重视。参见 Gespräch des Bundeskanzlers Erhard mit dem amerikanischen Botschafter Finletter, 16 April 1964, *AAPBD*, *1964*, Band 1, S. 428-430。

④ Andrew Priest, "In Common Cause: The NATO Multilateral Force and the Mixed-Manning Demonstration on the USS Claude V. Ricketts, 1954—1965", *The Journal of Military History*, Vol. 69, No. 3 (Jul., 2005), pp.759-789; Thomas Schwarz, *Lyndon Johnson and Europe: In the Shadow of Vietnam*, pp.41-42.

等条款,但都被政府拒绝。① 8 月 27 日,腊斯克发给苏联外交部的文件中表示,MLF 完全是一个防御性的计划,是为了巩固北约和大西洋联盟的团结和应对苏联核武器威胁才进行的。尽管某些国家目前尚且存在一些误解和反对,美国政府也会重申这一目标。②

赫鲁晓夫对 MLF 态度的改变,在华约国家中引起了巨大的反对声。这尤其体现在华约"北层"国家东德和波兰等国的态度上。③ 东德明确表示反对包括 MLF 在内的任何可能使西德掌控核武的计划,并在宣传报道中影射批判赫鲁晓夫。1964 年 1 月 3 日,乌布利希公开发表讲话指出,西德通过和苏联接近,主要是想使苏联有朝一日出卖东德。④ 此外,东德也通过邀请苏联国防部长马林诺夫斯基等人访问东德,并请其在东德中央党报《新德意志报》上批判了西德的复仇主义,以此来制约赫鲁晓夫的德国政策。⑤ 德国问题的另一紧密攸关方波兰,同样对赫鲁晓夫支持西德发展 MLF 感到愤怒。波兰还认为,为了发展同西德的关系,赫鲁晓夫可能会放弃苏联一直以来在中欧边界和领土问题上的强硬政策。⑥ 1963 年 10 月 8 日,哥穆尔卡致信赫鲁晓夫,指出,"多边核力量毫无疑问会增强波恩对民主德国及其人民的压力,也使其能够对华沙条约国家进行核讹诈"。他认为,赫鲁晓夫的举动是在单方面让步,也

---

① See U.S. Department of State ed., *FRUS*, 1964—1968, *Vol.* 11, Washington D.C.: USGPO, 1997, Doc. 30, Doc. 44, Doc. 46.

② Text of US reply to Soviet note of MLF, 27th Aug. 1964, *DDRS*, Document Number: CK3100415710.

③ 所谓华约"北层"国家(Northern Tier),是指同西德在历史、领土等诸多重大问题上存在争端的波兰、东德及捷克斯洛伐克等三国。同时这三个国家也是欧洲冷战缓和进程中的重大制约者。

④ Neues Deutschland(新德意志报),1964. 1. 3.

⑤ Neues Deutschland, 1964. 4. 3.

⑥ 有关波兰学者对这一时期德波关系的研究,主要参见 Wanda Jarzbek,"Zwischen Eiszeit und Verständigungssuche. Der Standpunkt der polischen Regierung in den Beziehungen mit der BRD in den Jahren 1956—1981", in Gerhard Besier und Katarzyna Stoklosa(Hrsg.), *Partner oder Kontrahenten? Deutsch-polnische Nachbarschaft im Jahrhundert der Diktaturen*, Mittel-und Ostmitteleuropastudien, Band 8, S. 137-154; Wanda Jarzbek, "'Ulbricht-Doktrin' oder 'Gomulka-Doktrin'? Das Bemühen der Volksrepublik Polen um eine geschlossene Politik des kommunistischen Blocks gegenüber der westdeutschen Ostpolitik 1966/67", *Zeitschrift für Ostmitteleuropa*, 55(2006), S. 79-115。

对社会主义阵营造成了严重的危害。此时的波兰,不仅强烈反对 MLF 计划,同时还反对美苏之间达成任何可能的核不扩散条约。在波兰看来,针对中国的核不扩散条约是美国恶化中苏关系的一步棋,是为其“分裂社会主义阵营和国际共产主义运动”服务的。①

为了安抚感到愤怒的盟友,赫鲁晓夫给东德提供了后者一直渴望签署的和约的替代品。6 月 12 日,双方在莫斯科签署了《德苏友好互助协定》。然而,该协定却没有改变赫鲁晓夫对西德的态度。例如,协定中并未满足东德要求西德在法律上承认东德的要求。② 签约后第二天,赫鲁晓夫就和西德驻苏联大使进行长谈,商讨和艾哈德会晤的可能性,并于 7 月 20 日派女婿阿朱别伊访问了西德。此举导致了东德的极大不满和恐慌。8 月 9 日的《新德意志报》指出,“当我们同自己发疯的兄弟在一边进行斗争时,有人却在另一边给这个曾给自己带来过巨大损失的疯子打开了大门,这还有道理么?”③在这种情况下,东德还加强了同中国的接触,以此遏止赫鲁晓夫同西德的接近。9 月 20 日,《新德意志报》全文转载了《人民日报》的文章,指出东德绝对不容许被出卖。④ 10 月,东德邀请中共高层出席了其建国 15 周年庆典活动。乌兰夫率领的代表团受到了中苏分裂以来,中国代表团在东德最高规格的接待。⑤

三

从 1964 年 10 月起,MLF 问题在美苏两大阵营中都遇到了挑战。首先是 10 月 14 日苏联发生了赫鲁晓夫因宫廷政变被赶下台的重大事件。苏共对其下台的解释之一是,赫鲁晓夫不顾中央集体的意见,任用女婿阿朱别伊去和西德等国谈判,“把事情说成似乎为了改善同联邦德国的关系,苏联宁愿损害德

---

① Gomulka to Khushchev, 8th Oct. 1963, Nuclear Non-Proliferation Collection, Cold War International History Project.引自:http://www.wilsoncenter.org/digital-archive, 引用日期:2011—7。

② 该协定主要内容参见 Правда(《真理报》)1964 年 6 月 13 日。

③ Neues Deutschland, 1964. 8. 9.

④ Neues Deutschland, 1964. 9. 20.

⑤ 有关这一时期东德和中国关系问题的最新研究,请参见陈弢:《中苏分裂下中国和民主德国的关系,1964—1966》,《当代中国史研究》2012 年第 3 期。

意志民主共和国和波兰人民而向军国主义分子做出让步,这不能不引起德国和波兰同志们令人完全可以理解的不满。”①勃列日涅夫在11月的苏共中央全会上强调,当前苏共的主要任务是增强社会主义国家间的团结,“任何不和兄弟国家就共同利益进行及时协商的行为都该坚决消除。”②苏联对于MLF的态度终于发生了变化,通过批判MLF来确保其社会主义阵营领导者的地位。苏联及时响应了乌布利西提出的召开华约各国政治协商会议(PCC)的建议。③ 在1965年1月20日召开的这次会议上,波兰和东德等国都向苏联方面提出,对MLF采取更强烈批判的立场。随后发表的会议公报果然对MLF进行了强烈的批判。④

10月16日,中国进行的核爆炸加深了美国对核扩散的恐惧。约翰逊在两天后发表的广播电视讲话中所说,“罗布泊的教训使我们认识到核武器扩散的危险。我们将与苏联和世界各国一起努力阻止核扩散。”⑤29日,他下令成立了专门研究核扩散问题的基尔帕特里克委员会。12月9日,约翰逊对来访的葛罗米柯表示:“我们并不希望向德国人提供核技术,也不想以(MLF外)其他任何方式挑动其对核武器产生兴趣。因为我们已看到了此时正在中国发生的事情。”⑥

---

① 阎明复:《关于赫鲁晓夫下台的分析和解释——当事人的回忆与俄国档案文献》,华东师范大学冷战国际史研究中心编:《冷战国际史研究》第5辑,世界知识出版社2008年版,第311—360页。

② RGANI(俄罗斯当代史国家档案馆),fond2,opis1,delo758,list19,cited from Sergey Radchenko,*Two Suns in the Heavens,the Sino-Soviet Struggle for Supremacy*,1962—1967,woodrow Wilson Center Press,2009,p.139.

③ SAMPO-BArch,(Stiftung Archive der Parteien und Massenorganisationen der DDR im Bundesarchiv),DY 30/3387,Berlin,cited from Vojtech Mastny and Malcolm Byrne eds,*A Cardboard Castle? An Inside Story of the Warsaw Pact*,1955—1991,p.26.

④ Polish Minutes of Discussion at the PCC Meeting in Warsaw 以及 Communiqué, 20th Jan. 1965,Party Leaders Collection, Parallel History Project on NATO and Warsaw Pact,引自http://www.php.isn.ethz.ch/collections/colltopic.cfm? lng=en&id=17127&navinfo=14465,引用日期:2011—7。

⑤ *Documents on Disarmament* 1964,United States Arms Control and Disarmament Agency,1965,pp.467-468.

⑥ Memorandum of Conversation,9th Dec. 1964,*FRUS*,1964—1968,*Vol*. 11,pp.135-140.

10月上台的英国工党政府,出于限制西德以及在欧洲推动缓和等原因,反对西德以任何方式掌控核武器。威尔逊就表示,“我们任何时候都毫无疑问地反对,任何使德国人直接或间接地染指核武器的提议。”①威尔逊政府不仅要阻止法国和西德间可能达成的任何欧洲核军备计划,还要阻止美国和西德结成一种特殊的同盟关系。② 10月26日,外交大臣沃克在华盛顿向美国政府指出,英国不会参加由海面舰艇联合巡航所构成的MLF,而如果美国想和西德在MLF上单干,英国将会非常不高兴。③ 11月15日,沃克又在波恩对西德高层直截了当地指出,MLF问题需要经过英国、美国和西德三方共同协商决定,英国对MLF的海面舰艇巡航计划不感兴趣。④ 而法国继续与美国争夺西德,屡屡向西德表示参加法国的核力量计划比MLF的优越性。⑤ 美国政府原来认为,法国即使不会参加,也不会公开反对MLF。然而,11月13日,法国大使却在腊斯克面前公然指责MLF会分裂整个大西洋同盟。⑥ 对此白宫显然没有好的应对之策。⑦

此时美国与西德也出现了矛盾。出于对各国政府迟疑不决和即将召开的联大可能影响MLF的担心,西德政府提出先在美德双边基础上签订MLF协议。⑧

---

① R.Gerald Hughes, *Britain, Germany and the Cold War, The Search for European Detente, 1949—1967*, Routledge, 2007, pp.128-129.

② Terry Macintyre, *Anglo-German Relations during the Labour Governments 1964—70: NATO Strategy, Detente and European Integration*, Manchester University Press, 2007, p.54.

③ Telegram From the Department of State to the Embassy in Germany, 29th Oct. 1964, *FRUS*, 1964—1968, *Vol.* 13, pp.93-95.

④ Gespräch des Außenministers Gerhard Schröder mit Gordon Walker, 15th Nov. 1964, *AAPBD, 1964*, Band 2, S. 1304-1309.

⑤ Karl Castens, *Erinnerungen und Erfahrungen*, Boldt, 1993, S. 272.

⑥ Circular Telegram From the Department of State to the Embassy in France, 15th Nov. 1964, *FRUS*, 1964—1968, *Vol.* 13, pp.107-109.

⑦ Draft Memorandum of Conversation, 19th Nov. 1964, *FRUS*, 1964—1968, *Vol.* 13, pp.115-119.

⑧ Letter to President Lyndon B. Johnson from Chancellor Ludwig Erhard regarding West Germany's views on the implementation of a Multilateral Nuclear Force, 30th Sept. 1964, *DDRS*, Document Number: CK3100122562.

尽管这份双边协议只能在其他盟国加入后才会生效。① 9月30日,艾哈德致信约翰逊阐述了这一政策。10月2日,格雷韦在华盛顿向美国政府详细描述了这一计划,并提到,荷兰和比利时谈判人员都曾私下向他表示,美国和西德的这种态度会有力地影响其政府。② 10月6日,艾哈德将此方案公诸于众,随即引起了外界及美国政府高层对西德意图及MLF计划本身的怀疑和批判。

此时很多盟国都开始考虑MLF的替代之策。美国已做出承诺并且半年多的时间里积极推动MLF,如若此时转身不顾,将被视为一次"背叛",从而失去盟国的信誉,因此MLF简直成了一个既不能进也不能退的"战略困境"③。国家安全顾问邦迪在解决这一"战略困境"的过程中起了重要作用。10月31日,在政府高层会议中,邦迪明确指出,美国今后的政策不能只考虑满足西德的要求。④ 11月8日,邦迪在给总统的信中表示,绝不能和西德单独签署双边协议,MLF只能在西欧多边协议的基础上达成。⑤ 11月25日,他指出,美国应该着手安排让MLF"移出视线",并对随后的政策进行规划。⑥

其时,西德和英国国内都出现了不利MLF的情况。11月11日,在前总理阿登纳等人的推动下,西德议会通过了推迟表决MLF的决议。⑦ 这意味着,即使同盟国达成MLF协议,西德议会也难以批准。23日,在保守党的压力下,英国首相威尔逊一改执政后不公开批评MLF的作风,在议会演说中指出,

---

① [德]威廉·格雷韦:《西德外交风云纪实》,梅兆荣等译,世界知识出版社1984年版,第608页。

② Memorandum of conversation between U.S. and West German officials regarding multilateral forces (MLF) in Western Europe, 2nd Oct. 1964, *DDRS*, Document Number, CK3100138875.

③ Letter to David Klein, Special Assistant for International Security Affairs, from Martin J. Hillenbrand, Charge d'Affaires in Germany, 25th Nov. 1964, *DDRS*, Document Number: CK3100139307.

④ Memorandum of Conversation, 31st Oct. 1964, *FRUS*, 1964—68, *Vol.* 13, Doc. 44.

⑤ Memorandum From the President's Special Assistant for National Security Affairs (Bundy) to President Johnson, 8th Nov. 1964, *FRUS*, 1964—68, *Vol.* 13, pp. 103-107.

⑥ Memorandum by McGeorge Bundy, Spec. Asst. to the Pres. for Nat. Security Affairs, to Dean Rusk, Secy of State, Robert McNamara, Secy of Defense, and George W. Ball, Under Secy of State, 25th Nov. 1964, *DDRS*, Document Number: CK3100416573.

⑦ Catherine Kelleher, *Germany and the Politics of Nuclear Weapons*, p.250.

MLF将会造成欧洲的分裂。①

威尔逊即将开始的访问使约翰逊必须表明对 MLF 的态度。国务院的腊斯克和波尔等人仍然呼吁总统直接向威尔逊施压,要求英国支持 MLF 的海面联合舰队巡航计划。12 月 5 日,约翰逊表示不希望在英国不愿意的情况下强行推动 MLF。② 6 日的白宫密室会议上,约翰逊表示“一个国家不能推动所有人都反对的东西”,“如果这是在挑衅俄国人,使戴高乐怒火中烧,给斯巴克一耳光,如果我们要强迫英国人却又不能使德国人满意,而且还只能在参议院得到 30 张选票的话,那就让它见鬼去吧。”③12 月 7 日,约翰逊在威尔逊抵达华盛顿后进行的会谈中非但没向英方施压,反而表示“不会在 MLF 问题上采取坚定的行动,也不想再强行推动这一问题了”。④

17 日发布的第 332 号国家安全政策备忘录(NSAM332)指出,除非由总统特别任命,此时不该有任何美国官员以任何形式去推动一份协议,或是制定一份短期内可能使协议生效的时间表。“美国不会把自身的观点强加到任何欧洲国家身上,而是希望找到其他方法来有效达成联盟间最大可能的一致”。⑤此间在北约部长会议上西德与挪威和比利时等国的争吵表明,在美国拒绝积极推动 MLF 的情况下,期望通过欧洲国家自身谈判实现这一点无异于“痴人说梦”。⑥ NSAM332 正式颁布后,MLF 计划就不再被作为一种可行政策来考虑。美国开始寻求解决联盟核武装问题的其他办法。在找到这样的替代途径之前,约翰逊政府并没有公开宣布终止 MLF。5 月 31 日,麦克纳马拉提出了替代性的核计划小组(NPG)方案,1966 年 2 月 NPG 在华盛顿成立,当年 9

---

① Telegram from the Under Secretary of State(Ball) to the Department of State, 2nd Dec. 1964, *FRUS*, 1964—68, *Vol.* 13, Doc, 54.

② Talking paper for British Prime Minister Harold Wilson's U.S.visit, 5th Dec. 1964, *DDRS*, Document Number: CK3100149738.

③ Summary of British Prime Minister Wilson's 12/6/64 meeting with President Johnson, 6th Dec. 1964, *DDRS*, Document Number: CK3100077004.

④ Memorandum for the Record, 7th Dec. 1964, *FRUS, 1964—1968, Vol. 13*, pp.137-139.

⑤ National Security Action Memorandum No. 322, 17th Dec. 1964, *FRUS*, 1964—68, *Vol.* 13, pp. 165-167.

⑥ Minutes of Discussion, 7—8th Jan. 1965, *FRUS*, 1964—1968, *Vol.* 11, pp.163-168.

月,艾哈德认同了该方案。随后,西德与美国、英国、意大利一起成为了该机构的常任成员。NPG 终于取代 MLF 成为了北约核武装问题的解决方式。

四

二十世纪六十年代是东西方阵营内部重新组合调整的年代。围绕 MLF 问题,在两大阵营内部都引起了严重分歧。MLF 计划终结的原因并非是美苏之间的妥协,而在于美苏两国在其阵营中,难以获得盟友及其国内各政治派别的支持,从而只能寻求 MLF 的替代方案。对西方阵营来说,就 MLF 的争论早已有之,尽管约翰逊政府和西德一度都渴望达成 MLF,但除了西德之外的北约国家都不想在 MLF 上挑衅苏联和东欧,以加剧欧洲局势的动荡和东西方的对立。正如邦迪给约翰逊的一份备忘录中所指出的,只有欧洲的冷战重新激烈起来,MLF 才可能获得大多数国家的支持。① 关键在于,美国作为北约同盟的领导者,并未在其他国家不需要 MLF 时强行推行本国的政策,并最终找到了替代性的方案,使西方同盟继续维持下去。而对华约来说,由于赫鲁晓夫对 MLF 的态度令人毫无预料地发生了改变,并一意孤行和西德进行接触。以东德和波兰等为代表的华约国家,自然强烈反对西德任何染指核武器的计划,更不能忍受苏联和西德接近。两国与苏联进行了激烈的博弈和争论,结果是苏联为了维持在华约内部的领导权,对 MLF 的态度重新强硬,而这也成为了苏联领导人更换的原因之一。后来的历史事实证明,苏共新领导层巩固权力后,华约在处理内部危机时的制度性机制缺失和专制随意等弊病再度显现出来。

---

① Memorandum from the president's Special Assistant for National Security Affairs (Bundy) to Prseident Johnson, 6th Dec. 1964, *FRUS*, 1964—68, *Vol.* 13, pp.134-137.

20世纪70年代美国人权外交政策形成史论

郭永虎　薛　丹①

20世纪70年代是美国人权外交政策形成的关键时期，它奠定了当代美国人权外交政策的基石。关于美国人权外交政策的起源问题，学界通常将卡特政府视做美国人权外交实践的开端②。而从近年来美国陆续解密的档案文献来看，尼克松和福特政府时期美国的人权外交政策框架业已酝酿成型，接续到卡特政府时期已水到渠成。本文以美国政府档案文献为依据，拟对20世纪70年代美国人权外交政策的形成过程进行历史的考察和解读。

美国人权外交从理论到实践大致经历三个阶段：第一个阶段——萌芽期，可以追溯到20世纪初威尔逊倡导的"理想主义"人权外交。③ 国际社会一般把威尔逊提出的"十四点原则"作为其"理想主义"人权外交政策的佐证。威尔逊实行"道义外交"，认为美国在世界上承担着一种特殊的使命，他宣称：

---

① 郭永虎，吉林大学马克思主义学院副教授，历史学博士，吉林大学历史学博士后流动站研究人员；薛丹，东北师范大学历史文化学院博士研究生。

② 学界对尼克松和福特政府时期美国人权外交的研究十分薄弱，而对卡特政府的人权外交政策研究成果颇丰，并将其作为美国人权外交政策实践的开端，持这种观点的主要有：周琪：《美国人权外交政策》，上海人民出版社2001年版；洪国起、董国辉：《透视美国人权外交》，世界知识出版社2003年版；大卫·F.施密茨、凡妮莎·沃克尔：《吉米·卡特与人权外交》（David F. Schmitz, Vanessa Walker, "Jimmy Carter and the Foreign Policy of Human Rights"），《外交史》第28卷，2004年1月；大卫·卡尔顿、迈克尔·斯托尔：《人权外交：吉米·卡特到罗纳德·里根时期的说辞与现实》（David Carleton and Michael Stohl, "The Foreign Policy of Human Rights: Rhetoric and Reality from Jimmy Carter to Ronald Reagan"），《人权季刊》第7卷，1985年5月；等等。

③ [美]德怀特·L.杜蒙德：《现代美国（1896—1946）》，宋岳亭译，商务印书馆1984年版，第271—284页。

“我们不是追求自私的目的。我们不想征服领土,也不想统治别人,我们只是捍卫人类权利的战士之一。”①第二阶段——战时人权外交阶段。1941 年 1 月,罗斯福在关于《租借法案》的国情咨文中首次提出:美国外交的目的之一是在世界各国普及“人类四大自由”(即言论和意见,宗教信仰,免于恐怖,免于匮乏的自由),规定凡接受美国军援的国家都必须实行“四大自由”政策。罗斯福称:“自由意味着在世界所有地方人权至上。我们支持为争取或保卫人权而斗争的人民”②。无论是威尔逊的理想主义人权外交,还是罗斯福的战时动员性人权外交宣传,都停留在理论和宣传阶段。直至第三个阶段——20 世纪 70 年代以来,美国人权外交才真正从理论走向实践。

一、国会与美国人权外交政策的提出

战后美国人权外交政策最初是由国会推动行政部门(白宫和国务院)完成的。早在 1961 年制定的《对外援助法》中,国会就明确要求将美国对外援助与受援国人权状况挂钩。其中第 116 节中强调美国对“持续地、严重侵犯国际公认人权的国家”不予援助。③ 该法开美国人权外交实践之先河,此后美国国会对该法进行了多次修订,其中附加的人权条款成为指导美国政府开展人权外交的重要法律依据。应当指出,20 世纪 70 年代以前,国会倡导的人权因素在美国外交中基本是被边缘化的。战后美国外交政策主要是围绕冷战为中心而制定和实施的,其基调是从实力原则出发的现实主义外交。同时,冷战也使总统成为主导美国对外政策制定的权力核心,国会的人权主张在该阶段难有作为。

20 世纪 70 年代,历史赋予国会一个逐渐找回其人权外交“失地”的“翻

① 阿瑟 S.林克特:《伍德罗 · 威尔逊文集》第 36 卷(1916 年 1 月—5 月)(Arthur S.Linked, *The Papers of Woodrow Wilson*, *Volume* 36: *January-May*, 1916),普林斯顿大学出版社 1981 年版,第 36 页。

② 李世安:《美国人权政策的历史考察》,河北人民出版社 2001 年版,第 215 页。

③ [美]托马斯 · 伯根索尔:《国际人权法概论》,潘维煌等译,中国社会科学出版社 1995 年版,第 139—140 页。

身”机会,国会借助越南战争的影响推动了人权外交政策的形成。国会主张,越南战争与美国的基本人权相冲突,不能允许在一个民主国家中执行一项被很大一部分人反对的外交政策①。美国参众两院的部分议员谴责美国外交政策同美国传统价值观念相分离,只关心“非人道的均势”。他们要求在外交中添加反映美国价值观念的内容。② 1974 年,国会在其制定的《关于国际社会中的人权报告》中建议:美国政府在制定对外政策时应该优先考虑人权问题,对“执意侵犯人权”的外国政府停止军事和经济援助;政府的公开声明和秘密外交均应体现以提倡人权为主的精神。③

美国国会众议院对外关系委员会国际组织和运动小组委员会主席唐纳德·弗雷泽(Donald Fraser)在国会人权外交中发挥了重要的作用。他利用自身职权及其影响极力主张将“人道主义因素融入美国对双边关系的考虑”④。从 1973 年起,弗雷泽主持举行了一系列人权问题的听证会,全面探讨美国的外交政策,抨击尼克松行政当局的外交违背了美国传统的价值观念,“人权因素并没有被给予它在美国外交政策中应得的优先地位”,“外交政策中的道德考虑既是道德命令也是实际需要”。⑤ 同年,国会对 18 个国家的人权状况召开了 40 次听证会。⑥ 上述听证会要求“美国政府支持人权事业”,它们为提高人权在美国外交政策中的地位打下了基础。⑦ 不仅如此,弗雷泽还对国务院缺乏对人权价值的关注表示不满,他称“因人权价值屈从于权力政治而感到

---

① 皮特·G.布朗:《人权与美国外交:原则与应用》(Peter G.Brown, *Human rights and U.S. foreign policy:principles and applications*),列克星敦,1979 年,第 5 页。

② 大卫·P.福斯:《人权与美国外交》(David P.Forsy, *The Human Rights and U.S. Foreign Policy*),佛罗里达大学出版社 1988 年版,第 1 页。

③ 孙哲主编:《美国国会研究》,复旦大学出版社 2002 年版,第 165 页。

④ 《美国对外关系文件,1973—1976,全球事务文件》(Foreign Relations of the United States, 1973—1976, Vol.E-3, Documents on Global Issues),第 234 号文件。http://history.state.gov/historicaldocuments/frus1969—76ve03/.以下该书内容均来自该链接,不再一一注明。

⑤ 托尼·埃文斯:《美国霸权与世界人权宣言计划》(Tony Evans, *US Hegemony and the Project of Universal Human Right*),纽约,1996 年,第 164 页。

⑥ 夏旭东等主编:《世界人权纵横》,时事出版社 1993 年版,第 391 页。

⑦ 汤姆·法热主编:《走向人道主义外交:政策入门》(Tom J Farer, ed., *Toward a Humanitarian Diplomacy:A Primer for Policy*),纽约大学出版社 1980 年版,第 57 页。

震惊",主张"美国需要一个更强硬的人权立场",而"不仅仅是为每个有需要的国家提供军事援助"。1973年7月19日,弗雷泽向国务卿罗杰斯提出了10个美国政府关于人权政策的问题,质询美国政府在联合国框架内如何反对种族歧视以及建立人权高级专员事宜①。8月,弗雷泽得到了国务院的积极回应。国务院表示:"拒绝向种族主义政权提供任何可以帮助它们延续其种族政策或做法的支持或援助";支持建立人权高级专员。弗雷泽还对尼克松政府在人权外交领域的"不作为"提出了尖锐的批评,1974年10月22日,弗雷泽在与国务卿基辛格面对面的交锋时指出:"继续向镇压其人民的政府提供对外援助项目是非常困难的事情。美国应该更加重视世界各国的人权问题"②。对此基辛格无奈地表示,只要不影响美国的国家安全,国务院会尽量考虑人权问题。

作为立法机关,美国国会主要通过立法活动推动政府在对外政策中贯彻人权外交。70年代,国会人权外交的立法对象主要分为两类:一是苏联等社会主义国家;另一类是接受美国援助的国家。对于前者,国会主要通过法案要求美国政府介入苏联人权事务。1973年,众议院提出第46号联合决议案,要求美国总统通过驻联合国大使将乌克兰人权问题提交联合国议事日程。国会还建议将苏联移民问题提交联大讨论,要求国务院通过其驻苏联大使在联合国提出移民自由问题。对于后者,国会在《1961年对外援助法》的基础上强化和完善了人权条款。国会在《1973年对外援助法》第32条主张,应该拒绝向任何出于政治目的而拘留或监禁其公民的国家提供援助。1973年对智利、1974年对韩国军事、经济援助的人权标准限制相继出台。

1974年4月29日,国会制定《1974对外援助法》(S. 3394),要求总统对严重地、持续地侵犯人权的国家减少或终止安全援助。《1974年对外援助法》第46条修订了《1961年对外援助法》,加入了一个附带条款,被称作"502B条款",要求"对那些严重侵犯人权的国家,总统应该实质性地削减或终止对它的安全援助"。该条款使智利和韩国无法接受援助。同年,美国国会通过了

---

① 《美国对外关系文件,1973—1976,全球事务文件》,第229号文件。

② 《美国对外关系文件,1973—1976,全球事务文件》,第245号文件。

《霍金修正案》,禁止美国援助“任何违反国际承认的人权的政府”。接着美国国会宣布:“美国对外政策的主要目标是促进各国遵守国际社会所承认的人权。”这样,美国国会不仅把人权问题与对外援助挂钩,而且为对外政策建立了一个总的原则①。

国会还通过立法将最惠国待遇与人权问题挂钩。1974 年,美国国会在讨论贸易法案时,参议员杰克逊不顾基辛格的反对,坚持要把苏联对犹太人移民限制问题同最惠国待遇联系在一起。12 月 20 日,国会通过了《杰克逊—瓦尼克修正案》,其中规定:如果非市场经济国家不给予其公民以移民的机会或权利,美国将不给予这些国家以最惠国待遇。此后,国会又在几十个修正案和新法令中做出有关人权的规定。

国会的立法活动在一定程度上推动了美国政府人权外交政策的制定和执行,原因在于:首先,国会关于人权外交的法案一旦成为法律将对行政当局的政策产生直接的影响,即赋予人权外交在美国对外政策中的合法性地位,并对白宫和国务院形成法律的强制性约束力,如不就范,行政部门有违法之嫌。其次,国会的立法活动加强了其对人权外交事务决策的影响力,对总统和行政部门产生了法定的监督权力。通过这种方式,国会立法中的人权外交条款成为美国政府处理对外政策必须考量的重要因素之一。

二、尼克松—福特政府人权外交计划的酝酿及实施

与国会的立场不同,尼克松执政之初明确反对将人权问题与对外安全援助政策挂钩。“尼克松主义”虽强调美国将不再承担保卫世界“自由国家”的全部责任,但仍承诺对其盟友履行条约义务。在美国对其盟国承担的责任中军事和安全援助首当其冲,至于接受援助国家的人权问题此时并未提上日程。尼克松政府不仅拒绝批准《国际人权公约》,甚至公开反对国会把人权滥用于外交方面。② 在人权政策上,美国国务院与国会存在分歧,国务院虽然重申美

① 托马斯·B.雅比、理查德·P.克劳德:《人权与统计》(Thomas B. Jabie & Richard P. Claude, *Human Rights and Statistics*),宾夕法尼亚大学出版社 1991 年版,第 237 页。

② 托马斯·B.雅比、理查德·P.克劳德:《人权与统计》,第 237 页。

国有责任促进和尊重人权和基本自由,但认为削减援助不是防止侵犯人权的最有效恰当的方式①。针对国会向国务院提出的人权标准以及美国在什么条件下将对"粗暴侵犯"人权的国家采取联合国行动等问题,国务院主张,是否对存在人权问题的国家采取行动取决于对该国情况的整体判断,即它是否会影响美国的国家利益。国务院认为,很难确定统一的标准来表达美国对不同事件的观点,对人权因素的权衡应放在对该国整体政策的考虑之中。通过双边外交渠道、以不公开的方式处理人权问题或许更有效。尼克松政府还认为,由于违反人权的状况太广泛,而且没有记录,因此没有客观标准去衡量不同国家的人权状况。"公开指责受援国的人权状况,将损害美国与该国的关系,对美国和该国人权事业都没有好处。"可见,尼克松政府是反对把人权与对外援助直接挂钩的②。

尽管如此,面临国会不断施加的压力,尼克松总统在第二任期内还是做出了一定程度的妥协。尼克松政府承认美国对外安全援助有可能被人权状况不好的国家政府用于镇压人民。③ 到 1973 年,尼克松政府的妥协倾向更加明显,并在人权问题上显示出较为积极的姿态。1973 年 10 月,美国国务卿罗杰斯在题为"和平于世"(Pacem in Terris)的会议上发表演讲指出:"美国绝不容忍压制基本自由。美国应当极力主张人道主义原则,并利用我们的影响促进司法公正。" 1974 年 6 月 27 日,副国务卿英格索尔给众议院外交事务委员会主席摩根的信中指出:"美国认真对待联合国宪章中关于促进对全人类应享有的人权和基本自由的责任。无论世界上哪个地方发生侵犯人权的事件,都会引起美国的关注,我们会尽最大努力查明事实以促进和尊重人权和基本自由。"④

1974 年 8 月 9 日,福特就任总统后,美国政府对人权外交的立场表现较之尼克松时期更为积极。福特曾表示,美国支持在国际关系中提倡人权,宣称

① 《美国对外关系文件,1973—1976,全球事务文件》,第 240 号文件。
② 《美国对外关系文件,1973—1976,全球事务文件》,第 232 号文件。
③ 托马斯 · B.雅比、理查德 · P.克劳德:《人权与统计》,第 235 页。
④ 《美国对外关系文件,1973—1976,全球事务文件》,第 237 号文件。

"美国人民和他们的政府对人权和基本的自由抱有高度的献身精神"①。1974年8月26日,美国国务院发布了《关于国际法和人权的声明》,该声明系统阐明了美国政府对人权外交的官方立场。

首先,人权外交官方姿态日趋明朗化。美国政府首次提出了"人权高于主权"的主张。该声明指出,二战以来国际法的发展使那种认为本国境内的公民人权和基本自由主要受国内法管辖的观念已经过时。现今普遍流行的法律观点是:一国在其国际职责范围内履行尊重和促进人权与基本自由不受主权原则和不干涉内政原则的法律限制。因此,在目前的外交交涉中,如果该国在对待人权问题上违反了国际法的最低标准,那么将有足够的法律依据来关注该国对待其国民的方式。

其次,实施多元化的人权外交手段。美国国务院主张,鉴于联合国宪章没有对违反人权的行为范畴做出进一步的详细阐释,因此在制定政策、策略、法律时通常会面临复杂的问题,美国将采取以下措施:(1)通过双边的或多边的努力澄清事实,这些渠道主要包括:外交交涉、美洲国家组织人权委员会的诉讼程序以及通过联合国、联合国难民事务高级专员,国际红十字会和国际法学家委员会等重要的民间国际机构介入人权事务。(2)双边交往,包括更有力、更正式的表态,公开表示关注或谴责,撤回主要外交代表和部门或全部中止经济或军事援助。(3)多边活动,包括联合国和美洲国家组织等重要机构的人权决议,专门机构的调查和决议,联合国或美洲国家组织安排专门的调解、斡旋、观察或调查;还可以考虑国际法庭,中止国际金融或经济援助,自愿禁运,在极端情况下可以实施强制性经济制裁②。

1975年1月16日,为了使人权外交政策具有可操作性,美国国务院向其驻外机构公布了关于人权事务工作的政策指南,并建议将其作为外交官员使用的背景指导,作为美国国务院人权事务的一般工作准则。按照指南要求,美国国务院要求在制定对外政策时将人权因素与以下问题综合考虑,一是影响

① [美]弗兰克·弗雷德尔:《美国历届总统小传》,刘庆云等译,新华出版社1982年版,第261页。

② 《美国对外关系文件,1973—1976,全球事务文件》,第242号文件。

美国和平与安全政策目标的因素，二是与有关存在人权问题国家的关系。由于关系和处置方式不同，美国对每个国家的政策目标存在明显的差异，美国能否履行对人权的支持取决于具体情况，人权外交政策的履行建立在具体的个案分析基础之上，具体内容包括：1.关于人权外交的实施标准，要考虑以下因素：(1)关于违反人权的严重程度，其中，种族灭绝和其他非法杀戮、酷刑、未经公平审判的长期监禁、大规模的种族歧视或者民族歧视，这些是较为严重的人权侵犯行为；(2)美国在相关国家利益的重要程度；(3)美国政府与存在人权问题国家的友好程度及其对该政权施加的影响；(4)侵犯人权行为发生的政治背景，该国处置人权事务的方式；(5)美国采取行动后的短期和长期后果；(6)美国公众和国会对此问题的关注程度；(7)特定地区对此问题的敏感程度和立场，如非洲和拉美地区。2.美国支持人权的一般正常程序框架：对某个人权问题采取有效行动的范围取决于美国政府和相关政府之间的关系的性质——对手、盟友、中立，是否是一个受援国，是否严重依赖美国援助或者根本没有得到任何援助。①

考虑到停止援助给美国国外安全利益带来的风险和副作用，1975 年 8 月，美国国务院还制定了停止安全援助制裁之外的替代性方案，即通过其他途径贯彻人权外交原则。这些手段包括：1.强调教育和文化交流。明确支持人权相关项目，贯彻《1961 年交换教育与文化交流法案》实施目的，交流旨在增强个人实际参与人权事务的能力；增强当地涉及人权教学、研究或实际工作的机构的工作能力(包括司法、公共辩护人等)；为真正促进人权实践，广泛吸纳参与者，比如立法者、新闻记者和编辑、著名艺术家和文化界人士、民间组织和国际组织负责人，无论其是否是宗教、法律、教育或调查领域(例如国际法学家委员会)的人士，只要是关注并且有可能对这些计划做出贡献的知名人士。2.强调非官方和非正式接触的方式。国务院认为以下几个渠道尤其重要：(1)处理人权事务的政府官员、立法者和法官；(2)大学生；(3)大学教职人员；(4)律师，特别是擅长“政治”问题的律师，或者从事正规的刑事法律工作方面的领袖人物，或者其他关注人权问题的协会或团体；(5)关注弱势群体的国内

① 《美国对外关系文件，1973—1976，全球事务文件》，第 246 号文件。

或国外的牧师和传教士;(6)所谓集权国家的政党少数派、关心政治的反对派。简言之,美国不能仅依靠“当权派”,还必须主动与各种团体进行深入广泛的接触。3.重视出席重要的审判。出席反映尖锐的政治分歧的重要审判,看审判结果是否符合《人权宣言》或符合现行法律程序,如果与联合国的《人权宣言》不相符,通常是值得高度关注的有用信息。①

可见,福特政府时期,美国的人权外交政策已渐趋明朗化。一方面,在国际社会,福特政府也在积极谋求多边国际组织介入人权事务。另一方面,在外交实践过程中,美国国务院试图在保障美国国家利益的前提下探索更为多元化的人权理念的输出手段。

三、美国国务院与国会关于国别人权报告制度的博弈

由于国会在《1974 年对外援助法》②中第“502B 条款”对美国行政部门实施人权外交设置了硬性的法律规定,即要求行政部门对持续的严重侵犯人权的国家减少或停止安全援助。为了贯彻该条款,美国国务院首先对接受美国援助的国家人权状况进行了调查评估,并责成美国驻各国大使馆提交所在国家人权状况的全面报告。这是美国首次准备对接受美国援助的国家人权状况撰写报告。

1974 年 4 月 4 日,美国国务院向其 68 个驻外使馆第一次发布关于调查所在国家人权状况的指令。1975 年 1 月 17 日,美国国务院再次向所有驻外使馆发送类似指示。最终,有 85 个驻外使馆发回了反馈报告。国务院主管地区事务的部门系统整理了这些报告,提交给由地区部门、职能部门、国务院办公室和国际开发署的代表组成的专题讨论组,供这些部门对报告进行研究。讨论组讨论的重点是报告中违反人权行为的性质和严重程度。

1975 年 7 月 7 日,国务院人道主义事务协调员威尔森负责完成了对各部门提交的关于各国人权状况的研究报告。研究报告得出结论:“许多国家都

① 《美国对外关系文件,1973—1976,全球事务文件》,第 253 号文件。

② Foreign Assistance Act 4/29/1974,12/30/1974,Public law 93-559.

存在严重的侵犯人权行为”,“有些问题严重的国家已足够应用‘502B条款’的规定。问题是,大量削减或终止安全援助是否可以兼顾美国的其他重要利益?这样的行动是否会有效改善有关国家的人权状况?”对此,威尔森建议美国负责安全援助的副国务卿卡莱尔·莫(Carlyle Maw),根据“502B条款”分别制定关于接受美国安全援助国家的单独报告,提交国会,总结美国为这些国家提供安全援助的利益所在,说明相关国家真实的人权状况。在此基础上,美国将通过双边或多边途径劝导相关国家解决其国内存在的严重人权问题。每份报告都要概述美国安全援助的性质或范围,以及敦促受援国改进人权状况的一种或多种方法。卡莱尔·莫批准了该建议,同时准备向国会提交一份报告,将对所有安全援助的受援国(83个国家)人权状况进行分析研究①。在国务院为国会酝酿人权报告的前后,《华盛顿邮报》于1975年11月18日根据美国《信息自由法》要求查阅每个国家的人权研究报告副本。国务院担心公布国别报告会产生副作用并可能损害美国与其友好国家之间的关系。但面临国会和媒体的压力,国务院考虑指派威尔森提交经过分类处理的国别报告摘要,以供其内部使用。对《华盛顿邮报》的查阅请求,国务院准备根据相关法律拖延到听证会后。②

1975年3月30日,国会参众两院就《1975年安全援助法案》达成一致意见。这项法案极大地强化了修正后的《1961年对外援助法》第“502B条款”的规定。法案要求总统在制定安全援助计划时应该考虑以某种方式促进和推动人权,禁止向任何严重侵犯国际所公认的人权的政府提供安全援助。为此,法案要求国务院从1977财年开始向国会提交“充分而完全的”人权观察报告,并将其作为国会报告文件(congressional presentation document),并根据国会要求在30天内进一步提交关于某个具体国家的详细“说明”,或者“除非有法律的特别授权并且获得批准,否则不向这样的国家提供安全援助,上述措施在所有接受安全援助计划的国家强制实施”③。

由于《1975年安全援助法案》明确对国务院提出了提交人权报告的要求,

① 《美国对外关系文件,1973—1976,全球事务文件》,第252号文件。
② 《美国对外关系文件,1973—1976,全球事务文件》,第256号文件。
③ 《美国对外关系文件,1973—1976,全球事务文件》,第258号文件。

在该法案讨论通过期间,国务院做好了两手应对准备。一方面,国务院于2月25日发出指令,要求驻外使馆提供可以搁置该法案成为法律的证据。另一方面,紧急要求主管地区事务的部门提供相关报告,与国会商讨制定关于这些“陈述”的基本规范,尤其是对密级资料的使用。① 美国国务院最终如愿以偿,5月7日,该法案最终被福特总统否决。然而,国会并未就此放弃,并于1976出台《国际安全援助和武器出口管制法》,该法案明确人权国别报告制度,责成国务卿提交一份完整和全面的报告给国会作为年度安全协助计划说明的一部分。该报告应在人权和人道主义事务协调官员协助下完成,汇报接受美国安全援助的国家践行国际公认的人权的情况。② 该法还要求国务院发布人权国别报告制度。1977年,美国国务院下属的人权与人道事务局根据美国总统和国务院的指示,负责《年度国别人权报告》的编写工作,这一制度一直延续至今。

四、卡特政府人权外交的实施

卡特时期更为积极主动推行人权外交。如果说尼克松和福特是在国会的敦促下被动应付人权外交,卡特则表现出较强的自觉性和主动性。“维护人权”曾是卡特出任总统后在外交事务中提出的一个纲领性口号,成为其任内外交政策的主要内容之一。1977年1月20日,卡特在就任总统的演说中宣称其政府将以一种新的决心和新的精神来实现美国人民传统的“理想”,这种“理想”就是“人权”。“我们对人权的崇拜决无任何条件可言”,“我们因为自己是自由的,因而决不能对自由在其他地方的命运漠然置之”③。同月,美国国务院发表支持苏联持不同政见者萨哈罗夫的声明,批评苏联违背国际承认的人权标准。1977年2月5日,卡特亲自复信萨哈罗夫,表示美国坚决支持他在人权问题上的立场。萨哈罗夫事件引发美国对苏联展开“人权外交”

① 《美国对外关系文件,1973—1976,全球事务文件》,第258号文件。

② International Security Assistance and Arms Export Control Act of 1976, Public Law 94-329.

③ 李剑鸣、章彤编:《美利坚合众国总统就职演说集》,天津人民出版社1996年版,第441—442页。

攻势。

卡特政府推行“人权外交”政策主要出于以下考虑:首先是冷战遏制战略的需要。“尼克松主义”虽然在一定程度上取得了成效,但并未从根本上扭转美国的不利局面。卡特上台后,推出“人权外交”,旨在以美国之“强”,击苏联之“弱”,在全球战略中赢得道义上的支持,从而在与苏联竞争中获得主动地位。“由于这个运动实际攻击目标主要是苏联,它具有强烈的反共和恢复意识形态上的冷战的倾向。”①布热津斯基建议:“通过积极从事这一事业我们可以获得世界上更多支持,把全球的注意力集中在苏联制度的内部弱点上。”②他认为把人权作为美国外交政策的组成部分“将是回应苏联在思想意识上的挑战的最好办法”③。其次,卡特政府的人权运动迎合了国会的人权主张。卡特表示:“福特政府时期,行政与立法部门之间存在的主要是一种对抗关系,我决心不使这种局面重演。”④因此,卡特政府与国会在人权外交问题取得的共识远多于尼克松和福特政府。再次,出于对第三世界人权外交的需要。为了改变在第三世界的形象,卡特政府试图以一种新的姿态奉行一种新的方针。第三世界发展中国家、特别是拉丁美洲国家成了美国人权外交的主要对象。最后,卡特倡导“人权外交”也与其宗教信仰有关,作为南方浸礼会教友,卡特的信仰非常虔诚,他笃信一个国家的外交政策应当表达这个国家的道德价值,认为“一个国家之所以有权威和影响,是因为道德因素,而不是军事实力”⑤。

在实践层面,卡特在执政期间多次强调,人权是美国对外政策的“灵魂和核心”。在卡特任内,从1977年初到1978年底,美国政府以人权为由反对向16个国家提供的52项贷款。为推行人权政策,在1977至1978年两年中,美

---

① [美]劳伦斯·肖普:《卡特总统与美国政坛内幕———八十年代的权力与政治》,冬梅译,时事出版社1980年版,第154页。

② [美]兹比格涅夫·布热津斯基:《实力与原则:1971—1981年国家安全顾问回忆录》,邱应觉等译,世界知识出版社1985年版,第594页。

③ [美]]兹比格涅夫·布热津斯基:《实力与原则:1971—1981年国家安全顾问回忆录》,邱应觉等译,世界知识出版社1985年版,第146—147页。

④ [美]吉米·卡特:《忠于信仰》,卢君甫等译,新华出版社1985年版,第80页。

⑤ [美]吉米·卡特:《我们濒危的价值观:美国道德危机》,汤玉明译,西北大学出版社2007年版,第2页。

国政府改变了向12国转让武器的计划,其中一些被取消。从1978年开始,卡特政府还大力改进《年度国别人权报告》的编写工作,使之规范化和制度化。①

卡特上台伊始还着手制定实施人权政策的指导方针。1977年7月8日,《总统研究备忘录(PRM)/NSC-28:人权》出炉,详细阐述了美国人权外交政策的目标、执行及其灵活性问题②。该备忘录确立了美国人权政策追求的目标。首先是保护个人尊严免受政府侵犯的权利;其次,保障经济社会权利;再次,使公民享有自由和政治自由的权利,其中优先考虑政府对个人尊严的侵犯。在执行人权外交政策方面,该备忘录提出美国要根据国情不同,对不同的地区和国家要区别对待:对西方发达国家,赞成并强化西方工业国家的人权价值观念,鼓励它们支持美国人权倡议。对发展中国家,要强化第三世界出现的人权民主的积极趋势,特别是人权状况已经得到改善的国家,告诫其不要滥用权力,鼓励其建设一个更为平等人道的社会经济秩序。对于严重侵犯人权的国家,美国的政策是利用国际舆论,与世界团体协作反对此类政权,但没有必要断绝与相关国家的正式外交关系。对待社会主义国家,支持同苏联展开社会类型问题的哲学辩论,以助于美国在欧洲国家以及第三世界同共产党竞争。在广大的中间地带的目标是提高国际社会对人权的关注。卡特总统的这份备忘录还提出了促进人权的具体手段,包括:1.外交行动,公开声明,各种象征性行动;2.调整安全援助、经济援助和食品援助的水平;3.在国际金融机构的提案权;4.对外广播、对外文件教育项目;5.改进难民和不同政见者进入美国的程序;6.在各类国际论坛提出实质性和程序性的倡议。

1978年2月17日,卡特签署《总统人权指令,NSC-30号文件》,这是美国首次以总统签署命令的方式推行人权外交政策,标志着美国人权外交政策正式形成。文件系统地阐述了美国对其他国家实施人权外交的方针政策,文件标榜"在全世界促进尊重人权是美国外交政策的主要目标"。这项政策将适用于全球,"既要考虑到各个国家不同的文化、政治和历史特征,还要考虑到美国在相关国家的根本利益。美国人权政策的目标是在世界范围内减少政府

① 李世安:《美国〈年度国别人权报告〉与人权外交》,《世界历史》2001年第1期。

② 总统研究备忘录,人权(Persidential Review Memoradum NSC-28:Human Right),1977年7月8日。http://www.fas.org/irp/offdocs/prm/prm28.pdf.

对个人尊严的侵犯,增进民权和政治自由。同时继续促进基本的经济权利和社会权利”。关于人权外交的手段,文件指出,美国应该使用各种外交方式来促进人权,包括直接的外交接触、发表公开声明、象征性的行动、与盟友磋商、与非政府组织合作以及与国际组织协作。在必要的时候,通过积极的劝导和承认人权的改善,通过改善政治关系、给予经济利益,给相关国家更大的信心。为此,对于那些人权记录有实质性改善的国家,美国将在对外援助方面给予特殊考虑,同时将减少对人权记录欠佳或恶化的国家的援助。每个财年的计划项目都将以此为前提。除非特殊情况,美国将不会对严重侵犯人权的国家的警察机关、民事执法机关或其他行使内政安全职能的政府机构提供任何物质或经济支持。美国将在所有国际金融机构中规划并执行其人权行动,以确保这些机构成为实现美国基本利益的有效经济工具。①

20世纪70年代是美国人权外交政策制度化的重要阶段。人权外交逐渐作为美国对外政策的重要组成部分,成为美国总体战略的一种新尝试。美国政府设立了一系列将人权因素纳入外交决策过程的机制。人权外交不仅仅是美国的政策工具,更是美国理想主义外交传统的重要表现形式。然而,这种理想主义在外交实践中始终面临两难困境:其一,人权价值观念与国家安全利益的关系。美国政府在将人权价值观念赋予外交过程中面临的结构性障碍是其在相关国家的利益性质和重要性,即“需要考虑美国在相关国家的整体国家利益,以及该立场对双边关系的影响,同时需要考虑到更广泛的美国政策(包括安全、对外援助、世界形象和其他问题)”。这样人权因素有时就需要让步于“刚性”的国家利益。布热津斯基指出:“军事、经济和战略考虑是外交政策制定和执行中的最后决定因素。”人权较之国家安全目的必须履行的责任时,就成为一种附属性因素。以处理同苏联和中国的关系为例,美国认为美苏和中美关系中最重要是国家安全考虑,“人权政策不能严重损害我们的缓和政策”。为此,美国国会的人权外交立法也给政府部门预留了后门。其中两项法令都给美国政府留下了回旋余地。《1974年美国对外援助法》第“502B款”

① 总统指令(国家安全委员会),人权(Presidential Directives (PD) NSC, PD30, Human Rights),1978年2月17日,http://www.fas.org/irp/offdocs/ pd/pd30.pdf。

规定在"特殊的情况下",在涉及"美国的国家利益"的情况下,国务卿可以提出继续给予违反人权国家以安全援助。第116款规定的"特殊情况"是"这类援助将直接有利于这些国家的需要帮助的人们"。[①] 这样,美国政府便可以以国家安全或人道需要为理由,对那些它认为虽违反人权但有必要提供援助的国家继续给予支持。[②] 其二,人权与不干涉内政的关系。美国政府也意识到"美国对人权的支持与不干涉内政原则之间的明显冲突"。美国的官方声明中既对人权表示关切,也承认不干涉内政原则,这两个概念是相互矛盾不可调和的,即大多数国家依然认为外力介入是对内政的干涉。即使不考虑道德因素,不干涉原则与人权之间仍存在张力关系。美国国务院强调在二者之间做出"平衡",即"在人权领域同其他外交领域一样,极端的立场不可取。在一些情况中,外部施压可能弊大于利,即使涉及人权问题。对任何地方的侵犯人权行为保持冷漠或做出保护人权的承诺,这样的简单方式在外交政策中都是不可行的"[③]。

关于美国人权外交实践取得的效果,美国学界看法不一。以卡特人权外交为例,肯定者认为,卡特的人权政策是"特别成功"的,"它有助于人权大业,它迫使某些政府停止了对人权的某些侵犯并威慑到其他许多政府,它在许多国家挽救了成千上万的人的生命或自由"[④]。尽管人权外交"本身包含着种种矛盾,但是,它确实在恢复美国与全世界平民之间业已受到损害的联系方面发挥了作用。它使人权问题受到全世界的关注,成为对全人类良知的考验"[⑤]。否定者则认为人权运动是自威尔逊总统以来"最为天真幼稚"的举措,因为在当时的145个主权国家中只有35%的国家许诺要保护本国公民的人权,而且发展中国家最为关心的还是诸如经济增长等集体人权的发展,这与美国过分强调公民政治权利是难以协调的;与人权问题相比,裁减军备、促进全球食品

① 大卫·P.福斯:《人权与美国外交》,佛罗里达大学出版社1988年版,第175—186页。

② 《美国对外关系文件,1973—1976,全球事务文件》,第254号文件。

③ 美国国家档案:《人权研究—政策规划》第二卷(National Archives, RG 59, L/HR Files: Lot 80 D 275, Human Rights S/P Study—Policy Planning Vol.II)人权政策与独裁政权文件摘要,华盛顿,1974年10月。

④ [美]路易斯·亨金:《权利的时代》,信春鹰等译,知识出版社1997年版,第89页。

⑤ [美]J.布卢姆:《美国的历程》(下),戴瑞辉等译,商务印书馆1995年版,第664页。

供应等问题更为重要。[1]"卡特政府不仅很少或完全没有做什么事情来改善受保护国的人权状况,而且政府奉行的许多政策事实上使这些国家中的人权状况越来越糟。"[2]

① 理查德·B.利利克、赫斯特·汉纳姆:《法律、政策与实践中的国际人权问题》(Richard B.Lillich & Hurst Hannum, *International Human Rights Problems of Law, Policy, and Practice*),波士顿,1995年,第48—49页。

② [美]劳伦斯·肖普:《卡特总统与美国政坛内幕——八十年代的权力与政治》,冬梅译,时事出版社1980年版,第156页。

浅析苏丹乌玛党今昔

王玉玉[①]

2010年4月11日,苏丹举行了20多年来的首次多党民主选举。在这次选举之前,乌玛党宣布全面抵制。乌玛党是苏丹政治舞台上传统的政党之一,其渊源可以追溯到1881年的马赫迪起义,之后虽然遭到了殖民者的残酷镇压,但留下了重要的社会政治宗教势力——安萨教派。20世纪后,借助英国的支持,新马赫迪主义实现了政治、经济和宗教上的全面复兴,并建立了自己的政治组织——乌玛党。依靠安萨教派成员的广泛支持,乌玛党逐渐发展壮大。

一、乌玛党的成立

16世纪初,奥斯曼土耳其帝国占领埃及。19世纪初,穆罕默德·阿里(Muhammad Ali)成为埃及总督后,展开了对苏丹北部地区的征服活动。到1822年底,基本上控制了苏丹的大部分土地。作为埃及的附属国,苏丹成为奥斯曼帝国的一部分。土埃政权的横征暴敛,激起了人民强烈的不满。穆罕默德·艾哈迈德·阿卜杜拉(Muhammad Ahmad Abdallah)在1881年自称“马赫迪”[②],领导了声势浩大的起义运动。随着1882年英国占领埃及,起义也由原来的反对土埃政权转向反对英国的殖民统治。在马赫迪及其追随者的努力

① 王玉玉,女,首都师范大学历史学院博士后研究人员。

② Mahdi,意为正确道路上的领路人,即伊斯兰信徒所期待的救世主。

下，苏丹建立了独立的伊斯兰王国。之后，英国殖民者卷土重来，重新占领了苏丹，马赫迪王国灭亡。尽管起义失败，但正如有的学者所指出的："马赫迪运动留下了令人敬畏的社会政治势力——安萨教派，他们对马赫迪、哈里发和他们的事业深信不疑，注定要在现代苏丹的历史上发挥举足轻重的作用。"①未来的苏丹历史，的确印证了这句断言。

为了消除马赫迪主义的残留，英埃共管政权解散了它的追随者，宣布马赫迪及苏菲教派②为非法，仅保留了反对马赫迪起义的哈特米亚教派③，保留了埃及穆斯林学者的宗教职位。但这一政策的结果则是，当英国人试图把埃及和苏丹分开、将埃及人排挤出苏丹的高级军事和管理岗位时，却发现很难消除他们的宗教影响。为了应对这一问题，共管当局决定改变政策，重新启用反埃及的马赫迪势力。1908 年，赛义德·阿卜杜·拉赫曼（Sayid Abd-er-Rahman）④先是通过政府贷款建立清真寺，后又被许可耕作在阿巴岛的家族土地。借助于经济上的优势，拉赫曼重新组织了马赫迪事业的追随者——安萨教派，马赫迪运动开始了在政治、宗教和经济上的全面复兴。

一战的爆发再次为马赫迪势力的发展提供了契机。一方面，奥斯曼帝国成为英国的敌人，自然需要拉拢反土耳其的马赫迪主义者，同时英国也希望后方的稳定，需要传统的领袖来动员苏丹人民给予战时支持。另一方面，拉赫曼也改变了策略，认为与英国人合作才最有利于苏丹民族和安萨教派的利益。为了减少政府的疑虑，拉赫曼把自己的运动定义为"新马赫迪主义"，多次强调自己的和平主张，谴责各种形式的暴力运动。⑤ 利用共管政府限制的放松，拉赫曼进行了安萨教派的组织建设，建立了代理系统（Mandub）。从 1916 年到 1921 年，建立了 24 个代理机构，分布在白尼罗河（6 个）、科尔多凡（4 个）、

---

① Abdel Salam Sidahmed and Alair Sidahmed, *Sudan*, London: Routledge, 2005, p.15.

② 伊斯兰教的一个神秘主义派别，强调通过律己、默想和禁欲达到人神的合一。

③ 穆罕默德·奥斯曼·米尔加尼（Muhammad Osman al-Mirghani）于 1837 年创立，之后哈桑·米尔加尼（Hasan al-Mirghani）在苏丹建立分支。

④ 出生于 1885 年，是马赫迪的遗腹子，为马赫迪主义在苏丹的重新崛起作出了重要的贡献。

⑤ Awad Al-Sid Al-Karsani, "The Establishment of Neo-Mahdism in the Western Sudan, 1920—1936," *African Affairs*, Vol. 86, No. 344 (Jul., 1987), p.395.

青尼罗河(4个)、达尔富尔(3个)等地区。这些机构不仅是政治、经济和宗教组织,也承担着信息传递的功能,成为传播马赫迪主义的重要渠道。随着一战的结束和奥斯曼帝国的解体,埃及民族主义的复兴及其对苏丹的影响又成为共管政府的新威胁,拉赫曼与共管政府的友好关系继而得以维系。

到20世纪30年代,拉赫曼在经济上有了长足的进展:1930年,阿巴岛的土地约2900英亩;1931年,扩展到4700英亩;1934年,达到了15000英亩①,年收入在15000英镑~40000英镑之间②。经济上的获利,成为教派人员增加的重要因素。当时追随拉赫曼的人主要为:西部居民、尼罗河沿岸的部落长老和喀土穆、恩图曼等地的城镇居民③,除了后者是因为拉赫曼帮助他们得到政府的职务而获得支持外,其余的可以说都与马赫迪家族的财富有着某种程度上的联系。为了吸引更多的西部居民,拉赫曼鼓励他们到阿巴岛进行较低报酬的工作来实现自己的"圣战"理想④,到1935年,聚集在阿巴岛的法拉塔(Fallata)(西非移民)有4500人,向拉赫曼缴纳贡品的每年达15000人。而在白尼罗河尤其杰齐拉地区,马赫迪家族及其领导人也拥有大量的资产,吸引着当地的部族长老。当然除了经济上的吸引力,也有着宗教的忠诚,可以说正是这种经济和宗教相结合的形式,推动了马赫迪主义在20世纪的复兴。到40年代初,安萨教派已经成为苏丹重要的宗教派别。

随着苏丹民族独立步伐的加快,为了更为灵活、有效地组织活动,1945年初,隶属于安萨教派的30名毕业生大会⑤成员聚集在恩图曼,建立了乌玛党(Umma Party)。该党的原则是"苏丹人的苏丹",目标是"在认可的疆界里实现苏丹的独立,维持和英国及埃及的友好关系"⑥,拉赫曼成为主席。乌玛党

① P.M.Holt & M.W.Daly, *A History of the Sudan: From the Coming of Islam to the Present Day*, New York: Longman, 2000, p.118.

② Abdel Salam Sidahmed and Alair Sidahmed, *Sudan*, p.20.

③ Gabriel R.Warburg, "British Policy towards the Ansar in Sudan: A Note on an Historical Controversy," *Middle Eastern Studies*, Vol. 33, No. 4(Oct., 1997), pp.679-681.

④ Awad Al-Sid Al-Karsani, "The Establishment of Neo-Mahdism in the Western Sudan, 1920—1936," *African Affairs*, Vol. 86, No. 344(Jul., 1987), p.395.

⑤ 毕业生大会,1938年出现的民族主义组织。

⑥ Hassan Ahmed Ibrahim, "The Neo-Mahdists and the British, 1944—47: From Tactical Co-operation to Short-Lived Confrontation," *Middle Eastern Studies*, Vol. 38, No. 3(Jul., 2002), p.48.

的成立,对马赫迪主义影响深远,它不仅是政治上的重大进步,也标志着拉赫曼从一个宗教首领转变为一个民族主义领袖。正如李安山教授所指出的,“对阿卜杜·拉赫曼来说,宗教与政治并不能等同,宗教领袖与民族主义领袖并非一体。然而,这两者却被阿卜杜·拉赫曼巧妙地结合在一起。这从三个方面体现出来:将马赫迪主义的理想与民族主义的目标相结合以动员群众;用安萨教派和乌玛党相结合的形式来组织群众;在力争‘苏丹人的权利’的基础上与英国人合作以取得最佳效果。”①乌玛党诞生后,积极参与到争取苏丹独立的进程里,在首都和各省积极推行自己的计划。到 1955 年英埃共管结束时,安萨教派已经成为最大的穆斯林派别,乌玛党也确立了在苏丹社会中的重要政治地位。

二、乌玛党的发展壮大

像许多摆脱殖民统治的非洲国家一样,独立后的苏丹,国内矛盾重重,政权频繁更迭。除了尼迈里统治初期,乌玛党始终处于苏丹权力斗争的中心,多次成为执政党或执政联盟的一部分。1986 年的选举,乌玛党成为议会第一大党,萨迪克也第二次成为国家总理。

表一:1954—1986 年:苏丹的执政党或执政联盟②

选举时间	执政派别及派别的联合
1954. 3	阿扎里(Azhari)领导下的民族联合党(NUP)
1955. 11	阿扎里失败后又重新当选
1956. 2	阿扎里领导下的民族联合党+乌玛党和南方政党的联合
1956. 7	哈利勒(Abdulla Khalil)领导下的乌玛党+人民民主党(PDP)
1958. 4	阿布德(Abdulla Khalil Abboud)军政府领导下的乌玛党+人民民主党

① 李安山:《非洲民族主义研究》,中国国际广播出版社 2004 年版,第 126 页。

② Peter Woodward Bulletin,“Is the Sudan Governable? Some Thoughts on the Experience of Liberal Democracy and Military Rule,” *British Society for Middle Eastern Studies*, Vol. 13, No. 2(1986), p.142.

续表

选举时间	执政派别及派别的联合
1964.10	希尔·哈特姆·哈里发(Sir al-Khatim al-Khalifa)领导下的民族政府
1965.2	马哈吉卜(Mohammed Ahmed Mahjoub)领导下的民族联合党+乌玛党+伊斯兰宪章阵线
1965.4	马哈吉卜领导下的民族联合党+乌玛党+南方阵线+贝贾大会
1966.7	乌玛党分裂,萨迪克(Sadiq al-Mahdi)领导下的乌玛党萨迪克派+民族联合党+苏丹非洲民族联盟(SANU)+伊斯兰宪章阵线+努巴地区的政党
1967.5	马哈吉卜领导下的民族联合党+乌玛党哈迪派+南方阵线(Southern Front)
1968.4	乌玛党哈迪派+民主联合党(DUP)+南方阵线
1969.5	尼迈里军政权
1986.5	萨迪克领导下的乌玛党+民主联合党+苏丹民族主义者+南方人

注释:1.民族联合党(Unionist Party),哈特米亚教派和盟友在1944年10月建立。1956年6月,脱离了民族联合党的哈特米亚成员在米尔加尼的领导下创建了人民民主党(People's Democratic Party, PDP)。1967年12月,人民民主党和民族联合党两党在阿扎里的领导下再次合并组成了民主联合党(Democratic Unionist Party,DUP)。2.20世纪60年代末,乌玛党曾出现短期的分裂,形成了萨迪克派和哈迪派两个派别。3.苏丹非洲民族联盟(Sudan African National Union,SANU),成立于20世纪60年代,由威廉·邓(William Deng)和罗马天主教牧师萨图里诺·拉胡尔(Saturino Lahure)领导,在难民营和游击队中活动。

1956年,阿扎里政府成立。尽管新旧政权的交替是平稳的,但独立后的苏丹内部矛盾重重:除了英国和埃及两大势力互相争夺之外,还有安萨教派和哈特米亚教派两大教派的门宦之争,再加上伊斯兰教和世俗势力的矛盾不可调和。各种势力的斗争导致了政府的频繁更迭,从1956年到1986年四十年的时间里,苏丹经历了四届政府:1956—1958,1958—1964,1965—1969,1969—1985,而每一届文官政府更是频繁组阁。在每届政府中,乌玛党始终是重要的一员。

阿扎里政府成立仅6个月,乌玛党和人民民主党形成联盟,在议会中共同解散了政府,阿卜杜拉·哈利勒组成新的联合政府。乌玛党同人民民主党的合作只是为了对付阿扎里,除此之外,两者之间并没有多少共同点。在1958年的议会选举中,获得62个议席的乌玛党,再次与人民民主党组成联合政府。像之前一样,这次联合也是权宜之计,彼此之间的矛盾日益尖锐,这影响了政府的权威和行动能力。到1958年中期,经济的持续恶化、政府的无能已经到了无可挽回的地步。

面对可能的政治危机,11月,哈利勒发动军事政变,之后政权掌握在哈特米亚教派的易卜拉欣·阿布德和安萨教派的艾哈迈德·阿卜德·瓦哈卜手中。阿布德上台后,成立最高军事委员会,其成员仍然是一些同安萨教派或哈特米亚教派有来往的军官,这又是一次两大教派的联盟。尽管阿布德的统治取得了一些成就,但也没有给苏丹带来稳定与和平,1964年他被迫辞职,希尔·哈特姆·哈里发成为过渡政府总理。

在南方问题[①]迟迟得不到解决的形势下,北方五省在1965年首先进行了选举,乌玛党获得了158个议席中的75席,民主联合党获得54席。伊斯兰宪章阵线(控制在穆斯林兄弟会手中)开始登上苏丹的政坛,获得5席。选举之后,获得优势的乌玛党和民族联合党组成联盟政府,乌玛党的穆罕默德·艾哈迈德·马哈古卜成为总理。10月,联盟又宣告崩溃。

1959年,拉赫曼逝世,其子赛义德·西迪克·马赫迪(al-Sayyid al-Siddiq al-Mahdi)成为安萨教派的伊玛目(Imam)——宗教领袖。两年后,赛义德离世,宗教和政治权力多年来合一的情形出现变化。赛义德的哥哥哈迪·马赫迪(al-Hadi al-Mahdi)成为安萨教派的伊玛目,在牛津大学接受教育的儿子萨迪克·马赫迪(Sadiq al-Mahdi)成为乌玛党领袖。两人在各个方面都有不同看法,哈迪致力于巩固在安萨教派的权力根基,萨迪克则致力于革新和实现党的现代化。[②] 内部矛盾的激化导致了1968年的选举失利:哈迪派获得了36个席位,萨迪克派获得30个,民主联合党赢得了国会218个席位中的101个。由于没有任何一个政党达到议会多数,民主联合党决定同伊玛目哈迪派联合组阁,马哈古卜出任总理。这注定又是一个弱势政府,不可能带来稳定的统治。

---

① 指苏丹独立以来久拖未决的南北内战。南苏丹指加扎勒河、上尼罗和赤道三省,在人种、宗教、语言、文化等和北苏丹有着较大的差别。苏丹独立,北方阿拉伯人取代英国人成为国家的政治主宰者,引发南方人的不满,南北陷入持久的内战。

② Gabriel Warburg, *Islam, Sectarianism and Politics in Sudan since the Mahdiyya*, London: C. Hurst & Company, 2003, p.171.

1969 年,加法尔·尼迈里(Jaafar al Nimeiri)发动政变,使苏丹政治"从遵从传统领导人的政治转向了更为分散的政治系统,在这样的系统里存在着意识形态、地区利益、种族以及传统的宗教忠诚。"①依赖共产党支持的尼迈里政府,同安萨教派的关系恶化。1970 年,政府围剿了阿巴岛,没收了马赫迪家族的财产。哈迪被杀,萨迪克流亡埃及。这次镇压,一定程度上削弱了安萨教派的力量。但随着尼迈里民族和解政策的实施,回到苏丹的萨迪克重新确立了领导地位,成为伊玛目和党的领导人,再次重建了教派组织。1985 年,阿布德·拉赫曼·苏瓦尔·达哈卜(Abd al Rahman Siwar adh Dhahab)领导的军官组织推翻了尼迈里政权。

历经尼迈里 16 年的一党专政,重回民主选举的苏丹出现了多党派的复兴,参加 1986 年选举的有:乌玛党、民主联盟党、全国伊斯兰阵线、苏丹共产党等等。尽管南方由于内战而推迟选举,但此次选举投票率很高,有 73% 的选民参与其中,1965 年和 1968 年参选的则仅为 40% 和 45%。② 另外,此次选举还恢复了自 1968 年终止的毕业生大会席位。

表二:1986 年(5 月)的选举结果③

Party	Central	Darfur	Kordofan	Khartoum	Eastern	Bahrer Ghazal	Equatoria	Upper Nile	Northern	Total
Umma	29(0)	34(0)	20(0)	7(0)	6(0)	1(0)	0(0)	1(0)	2(0)	100(0)
DUP	15(0)	2(0)	9(0)	8(0)	18(0)	0(0)	0(0)	0(0)	11(0)	63(0)
INF	4(5)	2(4)	3(4)	13(3)	2(3)	0(1)	0(0)	0(1)	4(2)	28(23)
PPP	0(0)	0(0)	0(0)	0(0)	0(0)	0(0)	7(2)	0(0)	2(0)	7(2)
SSPA	0(0)	0(0)	0(0)	0(0)	0(0)	3(1)	2(0)	2(0)	7(1)	2(0)
SAPCO	0(0)	0(0)	0(0)	0(0)	0(0)	0(0)	8(0)	0(0)	2(0)	8(0)

① James L.Chiriyankandath, "1986 Elections in the Sudan: Traditon, Ideology, Ethnicity: And Class?" *Review of African Political Economy*, No. 38, Political and Imperialism(Apr., 1987), p.97.

② Kamal Osman Salih, "The Sudan, 1985—9: The Fading Democracy," *The Journal of Modern African Studies*, Vol. 28, No. 2(Jun., 1990), p.201.

③ James L. Chiriyankandath, "1986 Elections in the Sudan: Traditon, Ideology, Ethnicity and Class?" *Review of African Political Economy*, No. 38, Political and Imperialism(Apr., 1987), p.97.

续表

Party	Central	Darfur	Kordofan	Khartoum	Eastern	Bahrer Ghazal	Equatoria	Upper Nile	Northern	Total
SNP	0(0)	0(0)	7(0)	1(0)	0(0)	0(0)	0(0)	0(0)	0(0)	8(0)
SCP	0(0)	0(0)	0(0)	2(0)	0(0)	0(1)	0(0)	0(0)	0(0)	2(1)
SAC	0(0)	0(0)	0(0)	0(0)	0(0)	0(0)	0(0)	1(1)	0(0)	1(1)
BC	0(0)	0(0)	0(0)	0(0)	1(0)	0(0)	0(0)	0(0)	0(0)	1(0)
SPFP	0(0)	0(0)	0(0)	0(0)	0(0)	0(0)	0(0)	1(0)	0(0)	1(0)
Inds	2(0)	1(0)	0(0)	0(0)	1(0)	0(0)	1(0)	0(0)	1(0)	6(0)
Total	50(5)	39(4)	39(4)	31(3)	28(3)	6(3)	18(2)	5(2)	18(2)	234(28)
Vacant	0(0)	0(0)	0(0)	0(0)	0(0)	22(0)	2(0)	15(0)	0(0)	39(0)

说明：INF(Islamic National Front)，伊斯兰宪章阵线；PPP(People's Progressive Party)，人民进步党；SSPA(South Sudan Political Association)，南部苏丹政治联盟；SAPCO(Sudan African People's Congress)，苏丹非洲人民大会；SNP(Sudanese National Party)，苏丹民族党；SCP(Sudanese Communist Party)，苏丹共产党；SAC(Sudan African Congress)，苏丹非洲大会；BC(Beja Congress)，贝贾大会；SDFP(Sudanese People's Federal Party)，苏丹人民联盟党；INDS(Independents)，自由候选人；毕业生大会的席位括号中标明。

这次选举乌玛党取得了前所未有的胜利，获得了100个席位，成为议会第一大党。乌玛党的这次胜利不仅得益于传统优势地区——达尔富尔、科尔多凡及中部地区的支持，在首都喀土穆地区也有了不错的表现。依赖安萨教派支持的乌玛党，历经多年的努力，终于登上了苏丹国家权力的顶峰，萨迪克也第二次成为国家总理。

从苏丹独立到1986年，乌玛党（除了尼迈里执政初期）始终是苏丹权力中心的一员。尽管在此期间发生过内部分裂，也遭到政府当局的血腥镇压，但在萨迪克的领导下，乌玛党最终克服了这些困难，进入势力鼎盛时期。

三、乌玛党的衰落及原因

1986年，乌玛党成为议会第一大党，但其执政并没有给民众带来安定生活和经济的改善，民众对它信任度下降。1989年巴希尔上台后，取缔了乌玛党。直到2000年，流亡多年的萨迪克才重新回到苏丹，但乌玛党已今非昔比。

1986年大选后,萨迪克成立了包括乌玛党、联合党、南方政党及无党派人士在内的联合政府。全国伊斯兰阵线、共产党和苏丹民族党被排除在外。联合政府的建立,没有从根本上调和苏丹政治上的——传统、意识形态和种族之间的矛盾,致使政府的行动举步维艰。第二年的5月,萨迪克解散了运行不到一年的政府,重新洗牌后的政府仍难以运作。直到1988年4月,乌玛党、民主联合党和全国伊斯兰阵线才达成协议,5月15日形成联盟。面对政府的频繁组阁,民众甚为不满。各党派为如何分配政权蛋糕而争论,非常让人失望。民众本来希望各党派能从之前的错误中吸取教训,然而事实却相反;他们希望看到各党派为了公众的利益而组成政府,然而事实却是党派交易成为政治生活的主旋律。①

除此之外,新政府还面临着经济困境。1986年的国家储备金为5.85千万美元,到1988年1月,已经缩减到1.16千万美元。与此相伴的是货币的严重贬值,1986年就已经不到70年代中期的十分之一,外贸逆差超过了10亿美元。② 可以说,国家经济已到了崩溃的边缘,但政府却忙于应对权力斗争,没有做出任何恢复和发展国民经济的努力。

如何处理沙里亚法③,成为新政府的第三个严峻问题。正是该法的推行,导致了尼迈里政权的垮台,萨迪克也不得不应对这一棘手问题:一方面完全废除沙里亚法是苏丹南方人民解放军参入到任何政治解决南北内战的首要条件,另一方面,全国伊斯兰阵线取消了之前不反对废除沙里亚法的承诺。各方矛盾重重,1989年3月11日,萨迪克重新组成由乌玛党、民主联合党、南方各小政党以及工会在内的新政府。6月19日,通过了终止沙里亚法的草案,这引发了全国伊斯兰阵线的强烈不满。

30日,奥马尔·哈桑·艾哈迈德·巴希尔(Umar Hassan Ahmad al Bashir)发动政变,成立革命指挥委员会。巴希尔把这次政变视为"人民的革命",认为国家已经蒙受了多年的"经济的恶化、高消费的生活成本以及恶劣

---

① Kamal Osman Salih, "The Sudan, 1985—9: The Fading Democracy," *The Journal of Modern African Studies*, Vol. 28, No. 2(Jun., 1990), p.205.

② Ibid., p.205.

③ 指伊斯兰教的教法体系,是苏丹政治生活中争论不休的焦点之一。

的安全条件”,原政权无力解决经济、腐败、政治不稳定和达尔富尔及南部的混乱。① 尽管这些评论有些过激,但也基本上反映了苏丹的社会现实。政变后不久,政府取缔了其他政党,逮捕了萨迪克、米尔加尼等政党领导人。到1990年末,20000名政府官员——法官、警察和大学教授,被全国伊斯兰大会的支持者或成员所取代。② 之后,包括乌玛党在内的苏丹传统政党开始远离国家权力,逐渐被边缘化。

1996年,萨迪克逃到阿斯马拉,成为流亡国外的全国民主联盟③的骨干力量。直到2000年才结束了流亡生活,回到喀土穆。“这几乎给乌玛党带来了致命的分裂”,“自从萨迪克回到喀土穆,该党的困难增加了”。④ 2002年7月,由穆巴拉克·法德鲁·马赫迪(Mubarak Al-Fadil Mahdi)领导的乌玛党“改革革新”派(Umma Reform and Renewal Party)脱离了萨迪克领导的“主流派”,自立门户。之后乌玛党进一步分裂,在2010年大选前,除了萨迪克领导的乌玛党和穆巴拉克的乌玛党改革革新派,还有易卜拉欣·马力克(Alzahawi Ibrahim Malik)领导的乌玛党改革发展派(Umma Party for Reform and Development)、萨迪克·哈迪·马赫迪(Dr.al Sadiq al Hadi al Mahdi)领导的乌玛党集体领导(Umma Party Collective Leadership)和艾哈迈德·巴比克尔·纳哈尔(Ahmad Babiker Nahar)领导的联邦乌玛党(Federal Umma Party)等派别。

乌玛党从诞生到发展壮大,其依赖的精神动力来自于宗教的忠诚,而经济基础则是马赫迪家族的财产。这种宗教经济结合的形式曾是新马赫迪主义以及乌玛党发展壮大的根源,吸引了成千上万的安萨教徒。但随着近来苏丹社

---

① Kamal Osman Salih,“The Sudan,1985—9:The Fading Democracy,” *The Journal of Modern African Studies*, Vol. 28, No. 2(Jun.,1990),p.222.

② Gabriel Warburg,“Mahdism and Islamism in Sudan,” *International Journal of Middle East Studies*, Vol. 27, No. 2(May,1995),p.230.

③ 全国民主联盟(National Democratic Alliance,NDA)成立于1989年,由流落到埃及、埃塞俄比亚、厄立特里亚等各党派的政治领导人组成。

④ God, Oil and Country: Changing the Logic of War in Sudan. ICG Africa Report N°39, International Crisis Group, 149 Avenue louise-B-1050 Brussels, Belgium Cover photograph: Reporters Press Agency, p.51, http://www.crisisgroup.org/library/documents/report_archive/A400534_28012002.pdf, 下载日期:2006年11月15日。

会经济形势的变化,这种优势已逐渐丧失。不仅如此,西部地区的冲突也对乌玛党产生了不利的影响,而本身的执政能力和内部分裂则成为党派持续发展的根本限制。

首先,杰齐拉地区的农业已经不再是国家的主要财政来源。正如本文之前所说的那样,马赫迪家族的财富一直是安萨教派的黏合剂之一,成为乌玛党的重要力量来源,也凭此得到了执政党或集团的倚重。但90年代以来,苏丹石油的开采和石油工业的发展,已经成为国家财政的主要来源,这就显著降低了马赫迪家族在经济上的重要性,也自然降低了它对部分安萨教徒的吸引力。

其次是达尔富尔危机的影响。安萨教派和达尔富尔地区的关系可以追溯到教派形成之时。早在1881年马赫迪起义时,西部山区就成为马赫迪及其支持者的避难所,而之后新马赫迪主义也逐渐确立了在该地区的影响,乌玛党同样依赖该地区的支持:1958年,得到达尔富尔22个席位中的19个,整个达尔富尔、科尔多凡和中部苏丹选票的64%;1965年,获得了达尔富尔席位的16个,整个西部地区的61%;1968年,萨迪克派得到达尔富尔24个席位中的13个,哈迪得到了7个;而1986的选举中,得到达尔富尔39个席位中有34个,获得整个西部地区的64%。① 可以说,新马赫迪主义的根基在西部苏丹。但从2003年以来的达尔富尔地区的暴力冲突,已经造成数万人丧生,上百万人流离失所,至今也没有有效解决。这种情形之下,乌玛党难以有效地组织选举。

最后,乌玛党自身也存在一系列问题。一是执政能力的缺失,在历史上虽多次成为执政党或执政联盟的一部分,但没有太多的政治作为,1986—1989年的执政更是导致了民众信任的下降;二是缺乏鲜明的竞选纲领,在2010年的这次大选前,萨迪克派曾提出参选的前提条件:延迟选举、冻结强制的安全措施、公平地进入国家传媒、确保战争蹂躏的达尔富尔地区的选举席位。但这些对选民缺乏足够的吸引力,不足以对选举结果产生决定性的影响;三是自身

① M.W. Daly, *Darfur's Sorrow: A History of Destruction and Genocide*, Cambridge University Press, 2007, p. 196; James L. Chiriyankandath, "1986 Elections in the Sudan: Traditon, Ideology, Ethnicity: And Class?" *Review of African Political Economy*, No. 38, Political and Imperialism (Apr., 1987), p.98.

的分裂导致了力量的分散。目前的几个派别中,如改革革新派、联邦乌玛党已经采取了和政府合作的立场,更是削弱了乌玛党的整体实力。

因此,鉴于目前苏丹的政治社会现状以及乌玛党自身面临的诸多问题,在可预见的未来,该党很难恢复昔日的辉煌。当然安萨教派仍然会是苏丹实力强大的伊斯兰宗教派别,因为"该教派据称有几百万信徒,分布在全国,主要集中在西部地区"①。

① 刘鸿武、姜恒昆编:《苏丹》,社会科学文献出版社2008年版,第54页。

拨开运河迷雾:白厅审核始末及苏伊士危机档案的解密

克里斯托弗·巴克斯特、斯蒂芬·特威格①

韩长青　译　蒋华杰　校②

2006年11月30日,位于伦敦克佑区的国家档案馆(The National Archives)将一批1956年苏伊士危机档案公诸于世。这批开放的档案来自外交及联邦事务部(FCO)、内阁办公厅、唐宁街十号、财政部和税务局,包括如下两组相互独立的类别:第一类是国家档案馆已经解密的文件及摘录,形成于1956和1957年;另一类是在1978至1996年间生成的文件,系据《自由信息法》提前解密的档案。后者是本文所着重关注的。本文主要依据外交及联邦事务部的档案,首次阐明了苏伊士档案审核委员会(Suez Review Committee)的工作成效,并重点探讨了白厅在苏伊士危机主体档案于1987年解密之前所参与过的解密审核过程。这些档案文件所反映出来的史实是,在这个有着众多高级官员乃至内阁大臣参与进来并耗时6年多的解密评审过程中,白厅对有关苏伊士危机档案在蒐集、保管、维护直至解密等方面有着利益关切。这一档案解密审核过程真相大白后,许多细节揭示出,在对所有涉及苏伊士危机的

① 克里斯托弗·巴克斯特(Christopher Baxter)是贝尔法斯特女王大学的研究人员,此前曾在英国外交部作驻会研究,目前他是秘密情报局官方史的首席研究员。斯蒂芬·特威格(Stephen Twigge)现在外交部做历史研究人员,此前担任国家档案馆学术服务部门的负责人以及威尔士大学国际政治系的研究员。两位作者要感谢Jim Daly和Alastair Noble对本文初稿的意见。

② 韩长青,华东师范大学政治学系讲师;蒋华杰,华东师范大学冷战国际史研究中心博士生。

档案进行校对、梳理和审核的过程中，政府各部门进行了系统的调查研究，其中许多情节在当时并未记录在案。

1956年苏伊士危机

1956年10月29日，以色列军队入侵埃及西奈半岛并迅速向苏伊士运河推进，为保护运河安全，英、法两国打着“隔离交战双方”的旗号，发动了对埃及的进攻。但在英军登陆塞得港尚不满24小时的时候，参战各方便迫于不断高涨的国际压力而宣布停火。英、法重新控制苏伊士运河并进而推翻埃及总统迦玛尔·阿卜杜尔·纳赛尔政权的企图也随之落空。

1956年7月，纳赛尔总统将原属于英、法共管的苏伊士运河公司收归国有，从而引发了苏伊士运河危机。纳赛尔收回苏伊士运河显然破坏了1954年10月签订的、由时任外交大臣的安东尼·艾登代表英国签署过的有关该运河的基础性协定。①对于刚刚接替温斯顿·丘吉尔担任首相一职的艾登而言，苏伊士运河被埃及收回等于是对他的莫大羞辱。为了维护自己的权威，并且恢复英国在中东地区的影响力，艾登决意要将纳赛尔赶下台，并收回运河的控制权。法国也因为纳赛尔在阿尔及利亚战争中支持反叛者，并威胁说要颠覆法国在北非本已岌岌可危的地位，而对纳赛尔政权大加挞伐。

英国、法国和以色列经过密谋协商制定了一项秘密计划，商定以色列取道西奈半岛发动对埃及的进攻，并向苏伊士运河挺进；随后英国和法国以“隔离交战双方”为借口入侵埃及并占领运河地区，如此便可确保经由运河的国际航运安全。实际上，这项计划严重低估了国际社会的反应，尤其是美国，由于一开始便被蒙在鼓里，美国人的反应尤为激烈。美国政府认为英法的干涉是一次鲁莽的殖民冒险，它会损害西方世界的道德权威。加之这一事件将会对既定于11月6日举行的美国总统大选造成负面影响，艾森豪威尔对此尤为恼火。为了使自己同中东正在发生的事件彻底脱离干系，艾森豪威尔总统威胁

① 1954年10月19日订立的《英埃条约》终结了英军对埃及的占领，条约承认（苏伊士）运河是埃及不可分割的一部分，但也是一条重要的国际水道，英法通过该条约表达了维护保障航行自由的《康斯坦丁堡公约》的决心。

英国要取消对英镑的援助。面对陡增的国际压力,艾登不得不同意在联合国调停下实施停火。苏伊士危机标志着英国强国地位的衰落,英国社会的民意也因此严重分化。由于政策混乱以及丧失民意,1957 年 1 月,艾登以健康欠佳为由辞职,财政大臣哈罗德·麦克米伦接替首相一职。①

麦克米伦禁令

当时,有关英法以三国密谋的档案在英国尚处于严格的保密状态,只有少数高级官员和大臣有机会接触到相关的材料。1963 年,首相哈罗德·麦克米伦针对所有涉及苏伊士危机的档案颁发了一项特别禁令,从而使得查阅这批档案的行为进一步受到限制。② 根据麦克米伦禁令,内阁大臣和高级官员如果要查阅有关苏伊士危机的档案,必须首先取得首相的书面许可。麦克米伦颁布这一禁令的主要目的是为了防止蒙巴顿勋爵接触到苏伊士档案,然而,它同时也意味着针对这批档案的解密评审工作将无法进行,进而使得向国家档案馆(Public Records Office)移交档案的准备工作也遥遥无期。③由于禁令是由首相发布的,只有他的继任者才有权废止,这就使情况变得复杂。等到解除禁令的议题再次被提出时,已是 17 年之后,其间已经更换了 5 位首相。

1980 年 6 月,玛格丽特·撒切尔(Margaret Thatcher)首相采纳内阁秘书长罗伯特·阿姆斯特朗(Robert Armstrong)爵士的建议,批准废止麦克米伦禁令。④自此,苏伊士档案的审核工作拉开帷幕,交付档案馆解密的准备工作也得以启动。档案解密评审者们受命在工作过程中特别留意涉及个人隐私和具有政治敏感度的问题,在无法确定某份文件能否解密的情况下,都应就此征求

① 关于苏伊士运河危机的更多详情,见 Barry Turner, *Suez* 1956: *The Inside of the First Oil War*(Hodder and Stoughton, 2006); Scott Lucas, *Divided We Stand: Britain, the US, and the Suez Crisis* (Hodder and Stoughton, 1991); Keith Kyle, *Suez*(Weidenfeld and Nicolson, 1991)。

② TNA, FCO 12/173, Armsrong to Whitmore(principal private secretary to PM), 14 Mar. 1980.

③ 蒙巴顿勋爵(在苏伊士危机期间,他曾两次提出辞呈)向首相提出要求,以便让三军参谋学院能够利用这批文件对苏伊士战役开展研究。麦克米伦决意维护其个人声誉,担心这批档案会暴露他对苏伊士战争的支持程度,因而随即颁布了这条禁令。

④ TNA, PREM 19/1, Suez Records, memo by Armstrong, 30 June 1980.

内阁大臣的意见。首相还特别嘱咐,内阁秘书长应协助解决一些甚为棘手的问题。

职权范围

为了加强苏伊士危机档案解密评审过程中的部际协调工作,内阁办公厅于1980年底设立了一个由西奥博尔德(H Theobald)牵头的苏伊士档案审核委员会,委员会由外交及联邦事务部(FCO)、国防部(MOD)、财政部、唐宁街十号以及国家档案馆等部门的代表组成。在接下来的6年时间里,委员会陆续举行了多次会议。在1980年11月4日举行的第一次会议上,鉴于外界对苏伊士危机持续不断的关注,委员会认为需要谨慎细致地对待档案的解密评审工作。由于外界不断流传苏伊士危机档案的核心内容都已被销毁,因此,无论是否处于30年解密期内,委员会要求审查人员查清所有相关档案文件的来龙去脉。①

委员会从一开始就认为,苏伊士危机档案的解密,将会被视为对1958年《公共档案法》法律效力的一次检验。尽管这部法律直到1959年1月1日起才生效,但政府早在1955年就已采纳了格利格报告的建议,在此基础上定制了该法案,并于次年试行。②委员会希望此次档案解密评审工作的结果能说明如下两点内容:

> (1)1956年及以后,有些重要的文件由于会带来不必要的麻烦而遭销毁;另外,(2)假如1987年在朝的是保守政府,那么,它肯定会出于一党之私,以涉及政治敏感为由阻止这批档案的开放。③

苏伊士档案审查委员会认为,十分有必要在解密期到来之际(1987年1

① TNA, FCO 12/173, Cabinet Review of Suez Records, note of meeting, 4 Nov. 1980.

② 详情请见 *Committee on Department Records*, *Report*(1954), Cmd. 963(HMSO)。

③ TNA, FCO 73/205, Barnes to Barrington (assistant under-secretary of state). Release of Records of the Suez Operation, 27 Feb 1986.

月2日)马上就将所有可以解密的文件不受30年解密期限制地全部加以开放,以便平息包括国会和媒体在内的各界对此的质疑与批评。委员会进一步认为,不管解密的标准如何,档案中关键的内容都应公诸于世。

为了使委员会能致力于实现自己的目标,委员会主席向各部门的档案人员发函通告,他已采纳内阁秘书长的建议,要更加详尽地弄清苏伊士危机档案的类别。在1981年2月21日签发给政府各部门的公函中,这个建议认为有三大类别档案是需要特别加以注意的:

(1)与干涉行动的筹备和计划有关的外交、军事、经济和财政方面的档案文件;

(2)执行干涉行动和撤军的文件;

(3)与干涉行动的策划、行动本身和撤军阶段相关的政治外交活动文件。①

为了能够将苏伊士危机档案与其他仅在一般意义上涉及中东形势的档案区别开来,各部门的档案审查人员都被授予充分的自行决断权。对全部与苏伊士危机相关的档案的处理情况,各部门都要专门建立详细的档案,以便在必要之时对外公布。最后,公函还规定了档案审查人员可以调阅的档案年限,上限为苏伊士运河被埃及国有化的1956年7月,下限为危机结束的1957年2月。档案审查人员将通过正常渠道与各政府部门进行联系,在遇到棘手问题时,他们可以通过召集相关人员开会商讨解决。

白厅的审核始末

1983年5月,外交及联邦事务部下属的图书档案处通知苏伊士档案审查委员会,由于外交部的档案直到"第二次评审"阶段才处理完,这些文件归档已有29个年头,已知的档案实际上就是外交部所保存着的所有有关苏伊士危

① TNA, FCO 12/174, Theobald to Balyney(LRD), 27 Feb 1981.

机的文件。其中大约有六英尺厚的档案主要是有关财产损失的申诉和公众对苏伊士危机的评论,虽然其历史价值非常小,但仍然被指定为永久保存。其中,只有两英尺厚的档案被认为是没必要存档的。①图书档案处通知审查委员会,它将尽可能地保存更多的档案。但是随着解密期限的临近,它考虑是否有必要就苏伊士危机档案被销毁数量问题安排一场议会质询,以便向外界解释只有一小部分档案没有被列入永久保存的序列。

尽管大部分有关苏伊士事件的文件都归档于各部门的卷宗并交予档案保管机构,但仍有一部分档案因为过于敏感而被保存在了各独立办公室或法律顾问手中。为了确保外交与联邦事务部的所有文件都被查阅过,时任常务次官安东尼·阿克兰(Anthony Acland)私人秘书的迈克尔·杰伊(Michael Jay)向各秘书室及法律顾问送交一份备忘录。杰伊在备忘录中告诫这些同僚,"这些档案都属于公共文件,适当时候必须考虑解密开放"。②这个时候,有多个政府部门已被指责在封锁和销毁苏伊士危机档案,因此杰伊决定,为了驳斥这些指责,"我们必须彻查所有外交及联邦事务部的相关文件",不管其最初源自外交部、殖民地部,还是秘书室。

经外交与联邦事务部的搜集整理,同苏伊士危机相关的档案总计约 90 英尺厚、将近一吨重。为了确保评审标准的统一,前驻巴基斯坦大使约翰·布舍尔(John Bushell)被指定为唯一的审阅人员,受命去审阅这批数量令人生畏的档案。到 1986 年初,布舍尔就"政治性考量"对这批档案解密构成的影响这一问题提交了报告。③布舍尔认为,对于国内外的查阅者而言,这批外交部档案的解密还无法完全平息现有的一些质疑。以首相安东尼·艾登和外交大臣塞尔温·劳埃德(Selwyn Lloyd)为首的几位内阁大臣,决定同法国政府进行合作,他们计划通过法国,甚至必要时直接和以色列政府一道,为自己入侵埃及的行为寻找托辞。布舍尔写道,赤裸裸的谎言和逃避事实的遁词,在同议会、英联邦成员和盟国(尤其是美国)打交道时一再地被派上用场,而且只有很少一部分官员主动参与了这场"密谋"。实际上,布舍尔觉得部分文献——尤其

---

① TNA, FCO 12/175, Review of Suez Recors, note of meeting, 16 May 1983.

② TNA, FCO 12/175, Jay to private secretaries and leagal advisers, 20 May 1983.

③ TNA, FCO 12/179, Bushell to Barnes, undated, circa Feb. 1986.

是和法国部长会面的记录——的缺失会引发外界更强烈的质疑,而且,“毫无疑问,会出现不少指责(政府)掩盖关键性资料的声音”。

在这种情况下,布舍尔认定某些外交部官员的活动应经受公众的监督,特别是担任外交大臣塞尔温·劳埃德私人秘书助理的唐纳德·洛根(Donald Logan)爵士、艾登的私人秘书盖伊·米勒德(Guy Millard)和外交部助理次官并兼任联合情报委员会主席的帕特里克·迪恩(Patrick Dean)爵士。现有的苏伊士危机档案证实他们都参与了核心的决策过程。布舍尔认为,在宪法许可的条件下,对于今后可能的调查,可以经由适当的议会特别委员会召集他们前去作证。布舍尔所在的档案审核部门认为,国内的反对者很快就会指责政府不听良言劝诫。他们会在内阁和内阁委员会档案中找到一些有用的证据,包括那些当时亲自参与密谋的人员名单,例如黑尔什姆勋爵(Lord Hailsham)和爱德华·希思(Edward Heath)。外交部法律顾问曾强有力地驳斥内阁大臣们为其苏伊士政策的辩护,相较于这些证据所揭露出来的是麦克米伦首相头一个出主意利用以色列达到行动目的的事实,也就同样显得意味深长。①最后,这些文献还揭露,安东尼·艾登爵士曾以承诺不援助埃及的条件,直接怂恿以色列发动对埃及的袭击,

布舍尔觉得,这些事情应主要由内阁秘书来决定,但是在现阶段,审核部门还不能建议将这些文件存档。白厅应重点予以考虑的唯一要务就是,对外交部档案的调查很可能会揭示出这样一个事实:各情报部门的卷宗中也存在着涉及苏伊士运河危机的档案。布舍尔觉得这些没有被外交部保存的文件是不会开放的,但同时他也预计,这可能在国外引发更多的沮丧而不是怒火,虽然这些揭露英以勾结内幕的官方档案的解密一定会让某些阿拉伯国家异常兴奋。无论如何,英国国内要求开放所有涉及苏伊士危机的档案的呼声很高,这使得政府不太可能以维护对外关系为由而继续尘封这些文件。

布舍尔和档案审核部门的共同的立场是,应该封存那些会严重伤害英国

---

① 大法官有关英法干涉是合乎国际法的观点,却未能得到外交部法律顾问 Sir Gerald Fitzmaurice 和 Francis Valat 的支持,他们并自请将其排除在有关决策之外。更多详情,见 FCO 12/180,Suez Records:Legal Opinions。

同其他国家关系但又不会导致阅读者严重误解苏伊士运河危机事实的文件。他们以皇家空军堪培拉型侦察机在对叙利亚机场进行空中照相侦察时被击落一事为例,相关文件表明,危机期间,英国政府曾在公开声明中掩盖了堪培拉侦察机的真实意图。[①]最后,白厅需要考虑那些涉及法国政府政策和行为的文件解密事宜。迄今为止,没有一份权威的官方记录能向我们揭示当时法国同以色列秘密协商的内幕,尽管,目前已经有很多当事人在出版的回忆录中就此给出多种说法,其中包括法国外长克里斯蒂安·比诺(Christian Pineau)和几位以色列政治家。[②]英国外交部的文件表明,为了策应以色列对埃及的军事行动,法国海空军早在盟军干涉之前就已经开始行动了。布舍尔主张,应当封存那些可能会泄露法国情报人员身份或其隐蔽性行动内容的文件。但这种情形一般不适用于记录英法部长级会谈或其他磋商的档案文件,因为正是这些会谈构成了苏伊士作战行动的核心。

一直到1986年2月下旬,外交部图书档案处负责人巴恩斯(Patricia Barnes)小姐才得以向常任次官提交有关档案解密的建议书。[③]巴恩斯小姐在建议书中指出,现任大法官对有关部门通过国家档案馆递交给他的结项申请做过十分深入细致的查证,他因此放弃了支持外交部的立场。然而,根据大法官加德纳勋爵(Lord Gardiner)于1967年做出的"一揽子"裁决,一般情况下,要将同苏伊士危机有关的情报及相关档案予以封存。外交部已经进一步地采取过两种预防性措施力图消解外界的批评。有关苏伊士战争造成大量伤亡的各种说法早就在报纸上出现过,巴恩斯小姐预计,这些说法毫无疑问地还会出现。因此,有关部门从而可以轻而易举地裁汰这些文件,所销毁的文件要么内容大都无关紧要要么属于副本,而他们每一阶段的工作都已被详尽地记录在案。巴恩斯小姐确信,"这些文件卷宗的开放肯定会使某些批评者陷于难堪"。[④]

---

① 1956年11月8日的《泰晤士报》刊登有一份对此事件的简要报道。

② 详情见 Christian Pineau, *1956 Suez*(Robert Laffont, Paris, 1976); Moshe Dayan, *Story of My Life*(Weidenfeld and Nicholson, 1976)。

③ TNA, FCO 12/178, Barnes to Barrington, 27 Feb. 1986.

④ Ibid.

对于外交及联邦事务部而言,早就有必要将调查的范围扩大到原外交部、殖民地部和英联邦关系部,识别出其中有关苏伊士危机的档案。然而当时开罗方面的材料尚未被送交到伦敦,巴恩斯小姐担心这将会引发外界的批评。随着档案审核工作开展,早已能够清晰地证实,外交部及其驻外机构都未参与苏伊士危机的策划,即便这种情况早已为人们惯常理解,但是巴恩斯小姐还是郑重地认为,"只有看到确凿无疑的证据才可以让人放下心来"。同样,外交大臣也曾参与过当时的秘密会谈。当塞尔温·劳埃德的办公室文件可以接受公众审查时,这倒可能会吸引相当一部分人的关注。①值得庆幸的是,结果证明大部分文件是没有必要隐瞒的。

在部际协调工作的开始阶段,有可能会遇到许多本来有必要引起从政府各部的常任次官一直到内阁秘书罗伯特·阿姆斯特朗爵士注意的问题。这些部门并不了解各自所保存的此类文件的内容,据巴恩斯小姐的表述,他们都坦言"为之忧心忡忡"。然而,结果却证明这种担心是毫无必要的。巴恩斯小姐总结认为,由于故事的主角、配角及评判者们都已经在各种书里提供过如此之多的关于此次行动的情况,"当这批档案面向世人的时候,几乎很少(如果有的话)意义重大的新史实会浮出水面"。同样,各部门间的合作也一直十分紧密,往往一个部门自身未能注意到的问题,通常都会在同另一个部门磋商后得以发现并得到解决。而那些需要存档的文件其数量也并不超乎寻常,需要封存的档案主要是因为这些文件涉及情报机密。

然而,巴恩斯小姐还是向常任次官指出三个有可能引发外界关注或指责的问题:

(a)法律顾问的文件。这一类卷宗包括会议记录以及其他一些讨论此次军事行动的合法性等内容的文件。在这一问题上存在着争议,是众所周知的。这些文件的内容吸引人并且保存完好,除一份涉及情报问题的文件外,其余都可以解密。并且,其他部门也保存有与之类似的文件。这就需要引起罗伯特·阿姆斯特朗爵士的关注。

(b)1956年10月间的塞夫勒会谈。虽然会谈主要是讨论法国和以色列

① Selwyn Lloyd的办公室文件可在国家档案馆里查找到,见FO 800/691-749.

的事情,但外交大臣也出席了这几次会谈。然而在保留下来的档案中却未能发现任何有关会谈内容的文件。可以确定会谈肯定形成了某种记录,这是值得关注的。

(c)纪事索引。此类文件属于 Selwyn Lloyd 卷宗,是由 Sir Donald Logan 起草的,由于这些文件涉及情报信息,所以无法解密。但是有一份由 Sir Guy Millard 执笔的汇报稿,因其内容并不太敏感而可以解密。

巴恩斯小姐在建议书的结尾处指出,在把焦点指向 1956 年苏伊士危机档案的同时,有必要悉心权衡。因为同一年里还曾发生过匈牙利暴动和塞浦路斯危机升级等事件①。跟这些事件有关的档案都曾招致一些麻烦,其复杂和棘手程度并不亚于苏伊士危机档案。

迪恩备忘录

在将申请呈递给罗伯特·阿姆斯特朗爵士之前,还存在一个需要官员们处理的问题,这就是迪恩备忘录。这份由 7 页打印件组成的文件,是帕特里克·迪恩爵士在前任内阁秘书特仑德的建议下于 1978 年完成的,在这之前,塞尔温·劳埃德在他出版的回忆录中透露了塞夫勒会谈的情况。②迪恩备忘录详细记载了 1956 年 10 月 24 日举行的塞夫勒会谈以及翌日匆忙安排的对奥塞码头(Quai D'Orsay)(指法国外交部——译者注)的访问。据透露,10 月 25 日的这次访问,其目的是为了销毁迪恩于前一天起草的协议的所有副本。协议详细记载了英、法、以三国政府商定的进攻埃及的作战计划细节,协议文本采用法文,共打出三份,上面除了塞尔温·劳埃德的签字外,还有法国外长克里斯蒂安·比诺、以色列总理大卫·本—古里安的签名。③

迪恩将备忘录的初稿交给了内阁秘书约翰·亨特爵士,并请求他在内阁

---

① 1956 年 10 月,苏联命令其驻军镇压由学生发起的民众起义,而在塞浦路斯,在 Archbishop Makarios 因涉嫌参与恐怖活动而被放逐到塞舌尔后,也实施过紧急状态。

② Lord Selwyn-Lloyd, *Suez 1956: A Personal Account* (Jonathan Cape, 1978).

③ 关于协议的更多详情可见 Kyle, *Suez*, pp.327-331。

办公室将其打印出来。①然而亨特读过文稿后,对其"并不完全放心"。②外交部常任次官迈克尔·帕利斯尔爵士(Sir Michael Palliser)也抱有同样的感受。迪恩、亨特和帕利斯尔被召集到一起开会解决这一问题。会上,内阁秘书亨特递给迪恩一份初稿的打印件,并说文稿中并未发现任何事实叙述不准确或者需要予以否认的情况,然而,他怀疑将这份文稿派上不管什么用场是否是为迪恩本人谋取好处,亨特对此的理解是,在苏伊士危机中,虽然迪恩的言行总体上还是体面或适当的,但倘若某个怀有敌意的读者在看到此份记录后,就会做出完全不同的解读。如此一来:

> (a)令人非常疑惑的是,迪恩竟然如此详尽地回忆了10月24日安东尼·艾登爵士曾对他说的话,然而,他对(艾登)当天晚些时候在塞夫勒曾说过的话以及自己曾签署过的文件的内容却未能给出任何记述;
>
> (b)尽管塞尔温·劳埃德在其书中写道,他曾签字认可这份文件(迪恩备忘录),是因为它对会谈的情况给出了准确的记载,然而他本人在笔记中却写道:(迪恩备忘录)是'对三国政府表达过的它们所希望采取的行动措施的记录'。即便是他接下来又澄清说他所签署过的文件还有待于进一步审核,然而这些文字给读者的印象却是,(迪恩备忘录)不止是对会谈内容的记录。
>
> (c)难免引发猜疑的是,为什么在对文件的内容本身没有异议的情况下,安东尼·艾登爵士却要派迪恩于翌日返回巴黎去劝说法国人将文件销毁。③

迪恩认为他可以对备忘录做一些补充修改,但是,他也坦言自己已经无法就塞夫勒会谈回忆起更多内容了,帕利斯尔和亨特表示记忆常常会捉弄人,一个人可以牢记某次会谈的内容却会遗忘另一次会谈的情况,二人表示他们对

① 迪恩备忘录的初稿可见内阁办公室的信息公开网页:http://www.cabinetoffice.gov.uk/foi/pdf/suez_part13.pdf。

② TNA,FCO 73/205,Hunt to Palliser,24 May 1978.

③ TNA,FCO 73//205,Hunt,note for the record,9 June 1978.

此并不感觉惊讶。然而他们认为,这种情形却无助于解释迪恩的事例。亨特和帕利斯尔再次明确表示,从官方立场来看,对备忘录的产生不会有多少反对声音,但是直觉告诉他们,就迪恩的情形而言,最佳的处理方式莫过于将备忘录销毁。①迪恩承诺他会慎重考虑这个意见,并会将他的决定告诉二人,即使最后什么也没做,这件备忘录也会在内阁办公室被束之高阁。②

直到1986年,迪恩备忘录的问题才被呈报给外交部新的常任次官安东尼·阿克兰爵士。阿克兰了解到,一些具有特殊敏感性的案卷曾在苏伊士危机档案的评审过程中被发现,其中最重要的就是迪恩备忘录。阿克兰爵士一开始考虑将此文件交给外交部负责审核敏感文件的布舍尔,让他连同1956至1957年间的其他苏伊士危机档案一同考虑是否要解密开放。阿克兰所持的理由是,即便这份特殊的文件在技术层面上讲或许要等到2008年才能解密,但是(由于此文件记载的事件有着同样的时代特征),将它连同其他文件一起解密的做法,毕竟是符合首相的决策精神的。③

在做决定之前,阿克兰还征求了内阁秘书罗伯特·阿姆斯特朗爵士的意见,常任次官解释说,虽然外交部的敏感文件评估人员筛检出一大批可以解密的文件,但是对有关10月22日及24日塞夫勒会谈的问题上却遇到特别棘手的困难,现存档案中并没有关于这两次会谈的文件。这种文件缺失的情况如果被透露给公众,可能会引发外界关注,甚至可能引发官方记录遭查扣或者被销毁的质疑声。阿克兰告诉阿姆斯特朗,或许可行的办法是把帕特里克·迪恩爵士详述他本人在10月24日会谈中角色的那份记录向公众开放。④阿克兰提议约见迪恩以及也同样出席过塞夫勒会谈的唐纳德·洛根爵士。

1986年3月12日,阿克兰就迪恩备忘录对10月24日和25日塞夫勒会谈的记述分别同迪恩和洛根进行了谈话。迪恩表示,这份文件纯属他个人为了方便同亨特和帕利斯尔的谈话而写的备忘录,无论何种意义上而言,这都不

---

① Ibid.

② 迪恩备忘录的定稿存放在国家档案馆,FCO 83/205,第1盒,未署日期。

③ TNA,FCO 73/205,call by Sir Anthony Acland on Sir Robert Armstrong,note of meeting,11 Mar. 1986.

④ TNA,FCO 73/205,Michael Stark(Cabinet Office),note for the record,11 May 1986.

能算是官方文件,而且他也从未想过要再看它一眼,如果这样的文件要被解密开放,那他将为之“惊骇”。① 即便如此,迪恩并不反对阿克兰将此文件出示给洛根过目。

阿克兰随即于3月21日将迪恩备忘录出示给洛根。洛根觉得它并不适于解密,因为除了塞夫勒协议,这样还可能进一步造成公众对塞夫勒会谈文件的争议,加之迪恩备忘录并非是一份官方记录,它描述的事件距离备忘录形成之日已有22年之久;但另一方面,洛根认为迪恩备忘录还是能够为解释1956年10月24日和25日所发生的事件提供一种可以参考的私人讲述,可以使他和迪恩在遭遇报界的质问时,用来回答关于苏伊士事件的问题。②洛根考虑是否可以用另外一种特殊的形式将备忘录公之于众,可以是由迪恩署名的报纸文章,以便驱散外界对关于在塞夫勒协议之外是否还存在塞夫勒会谈记录的猜疑。同时,洛根和迪恩还同意阿克兰的分析,都觉得迪恩和洛根当时受首相的委派再次返回巴黎试图销毁塞夫勒协议其他副本这一点(虽然徒劳而返),是一个会引发公众兴趣的重点,不能让外界知晓。③

艾登首相对迪恩曾在塞夫勒协议上签字一事深感不快,这更让他确信不能留下任何白纸黑字。除了这份协议外,塞夫勒会谈并没有留下记录(至少对于英方与会者而言是如此),或许在新闻评论者看来这有些不合常规,但对那些与会者而言,他们所关心的主要问题是,对他们面临紧急事态时各自所能采取的行动达成谅解,而他们磋商的实质性内容早已被载入塞夫勒协议。洛根最后指出,当1956年10月24日他和迪恩从巴黎返回时是携带着塞夫勒协议的一份法文副本的,外交部随后为外交大臣将其译成英文,当晚晚些时候,塞尔温·劳埃德带着英文本和法文本赶到唐宁街十号面呈首相。④自此以后,洛根和迪恩就再未见到过这份文件。

外交部需要解决的问题还有,如果可行的话,接下来如何处置迪恩备忘

① TNA, FCO 73/205, Sherard Cowper-Coles (private secretary to PUS), note for the record, 12 Mar. 1986.

② TNA, FCO 73/205, Cowper-Coles to Stark, 21 Mar. 1986.

③ Ibid.

④ Ibid.

录,尤其是是否应劝说迪恩同意将备忘录以某种形式付诸解密。阿克兰表示,他有两方面的理由倾向采取这种做法:其一,假如缺少了备忘录所描述的事实,那么任何历史记载都将变得不完整,而将这份备忘录的某种版本给予解密,这也是与要立即解密大部分苏伊士事件档案的决策精神相一致的;其二,如果(公众)知晓有备忘录的存在或是看到某种版本的文字后,那些谣传同塞夫勒会谈有关的文件和记录都已被封存甚至销毁的猜疑都将销声匿迹。①

然而与此相对应的是,存在着同样有力的论据支持反对将迪恩备忘录同其他苏伊士事件档案一起交付解密的观点,诸如这份文件并非是在1956至1957年间形成的,还是由个人私下写成的,作者本人也反对将其解密,并且备忘录的内容只会使艾登的声誉遭受更多的损害。阿克兰解释说,不管怎样,备忘录毕竟描述了一个重要的历史事实,不管以什么方式,把它公之于众或许都有助于平息外界对塞夫勒会谈文件或是来自官方卷宗的相关文件本身状况的指责。阿姆斯特朗建议,有必要在对历史负责与对埃文夫人②(对另外揭露出10月25日返回巴黎取回塞夫勒协议文件一事也会令后者难堪)负责之间进行权衡。③ 在采取后续行动之前,阿姆斯特朗决定同埃文夫人的顾问古德曼勋爵(Lord Goodman)商议此事。

古德曼本人一开始就赞成披露此事,他觉得10月25日迪恩等人访问巴黎一事注定迟早要为世人所知,因此,将此事公之于众,各有关方面(包括埃文夫人的记忆)的利益都不会受损。④古德曼提出了一个公布迪恩备忘录内容的适当途径:在由罗伯特·罗得斯·詹姆斯(Robert Rhodes James)即将完成并计划于年底出版的官方形式的艾登传记中添加有关信息。⑤如果决定采纳这种办法,迪恩备忘录原文就不应出示给罗得斯·詹姆斯,有个不错的办法就是,在征得迪恩和洛根同意后,可以给罗得斯·詹姆斯一份修改稿,并允许其

① TNA, FCO 73/205, Cowper-Coles to Stark, 21 Mar. 1986.

② 安东尼·艾登的遗孀——译者注。

③ TNA, FCO 75/205, call by Sir Anthony Acland, note for the record by Stark, 3 April 1986.

④ TNA, FCO 75/205, Armstrong to Acland, 11 Apr. 1986.

⑤ 罗伯特·罗得斯·詹姆斯是出身剑桥选区的保守党下院议员,曾撰写过关于罗斯贝利伯爵(Archibald Primrose, 5th Earl of Rosebery:自由党政治家,曾任英国首相——译者注)、伦道夫·丘吉尔和Bothby等人的政治传记。

可以同迪恩或洛根(或者同时与两人)自由访谈。这些就是阿姆斯特朗向阿克兰提出的意见。内阁秘书主张应在内阁办公厅将其对罗得斯·詹姆斯新著的评论最后传达给他时,将备忘录的信息顺带透露给他。①

由于还不能确定这是最佳的解决办法,1986 年 5 月 2 日,外交大臣杰弗里·豪(Geoffrey Howe)要他的私人秘书通过电报向英国驻莫斯科大使、熟悉艾登的布赖恩·卡特利奇爵士(Sir Bryan Cartledge)征求意见。②卡特利奇是保存在伯明翰大学的埃文文档的受托人之一,他于 5 天后回电认为"从政治的角度看,那种拟议的做法……可能是最好的,也可能是唯一可行的解决问题的途径"。③然而,卡特利奇还提到,自辞职后,艾登就完全依赖他的妻子克拉丽莎,因此,克拉丽莎或许曾听说过艾登手里那份(塞夫勒)协议文本的下落,假如艾登实际并未将其销毁,那么克拉丽莎或许应该知道文件现存于何处。对她那卸任后的丈夫,克拉丽莎表现出近乎狂热的忠贞。卡特利奇推测,假如罗得斯·詹姆斯的著作明确暗示艾登销毁了他手中的那份协议文本而事实却并未如此的话,不能完全排除克拉丽莎仿造一份的可能性。卡特利奇估计,克拉丽莎可以将其透露给新闻界,"以便洗刷那些指责艾登言行不一和不敢诚实面对事实的诬蔑之词(就像她所认定的那样)"。这种做法或许会"揭露出会谈协议在官方档案中缺失而使政府在政治上陷入被动"。④

卡特利奇还曾提醒,他不清楚帕特里克·迪恩爵士和唐纳德·洛根爵士是怎样看待他们同克拉丽莎·埃文之间的个人交情的,但是他指出,假如罗得斯·詹姆斯透露了有关他们两人的法国秘密之行这一情节来自于其中一人甚至是他们二人的话,"那么克拉丽莎恐怕会认定他们两人背叛了艾登,并且大发雷霆"。但是卡特利奇认为上述情形并不会给这种措施造成多严重的障碍,不过他还是建议,首先,罗得斯·詹姆斯在描写迪恩与洛根法国之行时,应该行文客观,对艾登手中的协议副本曾经发生过什么,不要做任何的猜想,而应将此机会留给读者和报界。其次,对迪恩和洛根,可以考虑将事情来源归于

① TNA, FCO 75/205, Armstrong to Acland, 11 Apr. 1986.

② TNA, FCO 75/205, Howe to Cartledge, Tel.No. 357, 2 May 1986.

③ TNA, FCO 75/205, Cartledge to Howe, Tel.No. 549, 7 May 1986.

④ Ibid.

其中一人。最后,他觉得外交大臣或许还想要咨询尼古拉斯·亨德森爵士(跟卡特利奇和克拉丽莎·埃文一样,都是保存在伯明翰大学的埃文文档的受托人)的意见。

5月12日,阿克兰和阿姆斯特朗在桑宁德尔(Sunning dale)研究卡特利奇的电文。阿姆斯特朗也确信,卡特利奇在电报中提出的几方面考虑不会对拟议中的处置方式造成妨碍,内阁秘书罗伯特·阿姆斯特朗爵士也觉得,在罗得斯·詹姆斯的新书面世后,即便万一埃文夫人有能力仿造出艾登手中的塞夫勒协议文本,也不会造成太大的麻烦。这件事想来肯定不会给政府造成什么难堪,因为政府手里并没有协议副本,更谈不上有意隐瞒文件。由于"各自相安无事",这样做还会略微地提升艾登本人的声誉。①

将要出现在罗得斯·詹姆斯新著中的有关迪恩和洛根第二次到访塞夫勒这一历史情节,不需要将其来源说是他们二人。当然在此书面世后,他们面对追问时肯定会确认此事的正确无误,但他们也不会透露政府为了将此事公之于众而曾有意做此安排。而罗得斯·詹姆斯本人,也被公认为谨言慎行。至于迪恩同埃文夫人的私交,阿克兰觉得也不至于因此事而受到严重损害,阿克兰认定虽然这二人经常碰面但相互之间并不算是太亲密。最后,阿姆斯特朗认为已无必要再去征求尼古拉斯·亨德森爵士的意见,因为假如将他也扯进来,那么就必须征求第三位文档受托人埃文夫人本人的意见了。②

1986年7月某一天,罗得斯·詹姆斯曾跟迪恩和洛根共进午餐。③有关这两人10月25日之行的段落出现在罗得斯·詹姆斯新著的第532页,原文如下:

> (塞夫勒)会谈的结局更加值得关注,绝不能让任何白纸黑字存世,这成了艾登的一块心病。10月25日,他指派迪恩和洛根返回巴黎去设法销毁协议的文本。在法方考虑其要求时,他们俩被反锁在奥塞码头的

① TNA, FCO 75/205, Acland to Barrington(private secretary to PUS), 12 May 1986.

② Ibid.

③ TNA, FCO 75/205, Cowper-Coles to Acland, 18 July 1986.

房间里长达数个小时,直到最后比诺告诉他们,法国政府拒绝了艾登的要求,因为不管法方态度如何,毕竟都还有一份记录稿已被送往以色列了。这里无需多想就能推断出比诺已经同特拉维夫方面通过电话了。应艾登坚持的要求,英方手持的“协议”副本被从外交部送交到唐宁街十号,然而并未保存下来,不过其他的两份副本则依然存世。①

临近尾声

1986年7月,巴恩斯小姐向常任次官报告,评审苏伊士危机档案的部际工作组已经向内阁秘书罗伯特·阿姆斯特朗爵士递交了他们草拟的处理意见方案,连同一份报告,方案阐述可能会遇到的问题及其解决办法。然而外交及联邦事务部对此草案并不满意,嫌其“内容含混不清、结构臃肿粗陋”,不过大体上说来,巴恩斯小姐总结道,“我们对其内容还是感觉不错的”。②

关于此次申请书及所附报告的实质内容,还有三方面问题需要专门澄清一下。首先,外交及联邦事务部所存档案没有涉及大法官本人的立场。1956年,赫尔舍姆勋爵(Lord Hailsham)③还担任着海军大臣一职,这就跟他目前的职务角色会发生利害冲突,作为大法官,他对批准公共档案的保管事项负有最终的裁决责任;其次,外交部工作的主要精力集中在一些规模较小(特别是像塞尔温·劳埃德等人)的卷宗上,大部分工作也都已经完成了;最后,巴恩斯小姐对那些根据对标注着存档理由的情报及与其相关的文档而出具的一揽子批文应存档的一系列文件拒绝交付一般性审核。她表示,如果内阁秘书或是大法官想要审查一下这些文件,外交部可以提供一份文件清单供他们自己仔细审阅(只不过得耗费大约三周的工作日去准备),而若是要广为散发就会破坏保密规定的要求。

① Robert Rhodes James, *Anthony Eden*: *A Biography*(Weidenfeld and Nicolson, 1986).

② TNA, FCO 12/176, Barnes to Barrington, 22 July 1986.

③ 赫尔舍姆勋爵(The Lord Hailsham of St Marylebone),曾先后在希斯政府和撒切尔政府中担任大法官——译者注。

就外交部对呈报方案的意见而言,主要的就是它佐证了这么一点,即外交部的法律顾问们曾同意将他们的文件解密。它还印证了档案记录存在的缺憾,特别是所有部门都没有保存对塞夫勒秘密会谈的记录。除跟情报有关的文件外,需要延长保密期限的文件包括:滥用外交邮袋破坏货币监管;发行军用流通券;研究对存放在他国的埃及飞机进行轰炸的可能性;身为商业机密的伦敦拥有的埃及英镑资产的详情。以及根据个人敏感性标准,记录着某位仍然身居公职的人有关犹太人立场的建议,还有英格兰银行管理层提供的有关埃及交易的内幕情况。①

等到1986年9月,阿姆斯特朗终于可以有条件根据公共档案法令,把所有主张对(1956至1957年间)苏伊士事件期间的档案要么继续保管、要么提前开放或者分类保管的建议,呈交给大法官。阿姆斯特朗已经对各部门有关继续封存或是延长保管期限的建议进行过审核,并认为所有意见都是正当合理的。尚存疑问的文件只占全部苏伊士危机档案的"很少一部分"。仅外交部所藏的苏伊士运河事件档案就长约90英尺,再加上国防部档案,总重约有2吨。②其中的大部分档案将被移交给国家档案馆,准备于1987年1月2日起向公众开放。阿姆斯特朗还告诉大法官,有一些文件已经遗失,英方所持有的塞夫勒协议的副本就是一个显著的例子。他解释说,据证实,所有与会国都持有一份协议的副本,而且从比诺和达杨(在塞夫勒会谈时,他是本—古里安的随从)的书里都可以清楚地了解到协议的内容。③然而这份文件既不见于官方档案,也不见于现存伯明翰大学的埃文文档。阿姆斯特朗据此判断说,"我虽无法证明但可以确信的是,这份文件被安东尼·艾登爵士本人或在他的授意下销毁了"。④时至今日,尚未发现英方所持的这份协议副本,而法方的副本似乎也不存在了。1995年,以色列外交部长希蒙·佩雷斯批准将一直保存在

① TNA, FCO 12/176, Report of the Committee Conducting the Review of Department Records Relating to the Suez Operation, July 1986.

② TNA, FCO 12/179, Armstrong to Lord Chancellor, 26 Sept. 1986.

③ Christian Pineau, *1956 Suez*; Moshe Dayan, *Story of My Life*.

④ TNA, FCO 12/179, Armstrong to Lord Chancellor, 26 Sept. 1986.

本—古里安档案中的塞夫勒协议副本公之于众。①

结　语

围绕着苏伊士危机档案形成的故事主要说明了白厅是如何着意收集、保管和开放档案的。这个故事表明,非但没有任何掩饰,工作组还对政府各部门进行过系统梳理以便对所有有关苏伊士运河危机的档案加以核对并做出评估。1987 年 1 月这批档案开放后,新闻界的反应较为平静,多数评论表示满意,对开放的文件数量之多还有些许惊讶。②也有人因某些关键性的内阁文件不见踪影而感到惋惜,塞夫勒协议副本的命运也吸引了相当多的猜疑声音。但是更加集中的声讨来自政界,比如托尼·拜恩(Tony Benn)就以存在利害冲突为由要求司法大臣辞职下台,并呼吁下院对此事件进行调查。③而工党的竞选事务协调人兼影子内阁工业大臣布赖恩·古尔德(Bryan Gould)则以更加刺耳的口吻谴责,某些文件的缺失"充分证实"了保守党政府"醉心于保守秘密"。④最后,也许我们需要对杰出的学者及历史学家赫伯特·巴特菲尔德的意见给以重视,在被问及这批档案之于历史研究的重要性时,他说无论多么重要的历史事件,不出 10 年的时间,其中的关键事实就能够被智慧的学者所掌握,因而人们的历史知识存在着质的衰落,一旦这批档案文献开始解密开放,它对历史知识的价值肯定会有着质的下降。这种状况已然持续了差不多近百年,眼下是时候该将它扭转过来了。⑤巴特菲尔德言者谆谆,而要充分估量苏伊士运河事件对英国政治生活的重要影响,只怕是要等几十年之后了。

---

① 1996 年,经热心的唐纳德·洛根办公室职员之手,一份以色列所持协议副本的复制件入藏国家档案馆,同林肯大教堂的大宪章(Lincoln Magna Carta)和苏格兰女王玛丽一世的死刑执行令存放在一起。

② 有关新闻界对这次档案解密的反响,见 TNA,FCO 12/181,Reactions to Release of Records on Suez,1987。

③ TNA,FCO 12/181,Benn to Hailsham,4 Jan. 1987.

④ *The Daily Telegraph*,5 Jan. 1987.

⑤ 引自 Patrick Cosgrove,"Can We Believe these Papers," *The Times*, 2 Jan.1987。

本文译自:Christopher Baxter and Stephen Twigge,"Clearing the Canal: the White Hall Review Process and the Release of Suez Records," *Archives: The Journal of the British Records Association*, Volume 32, No. 117 (October 2007), pp. 115-127.

浅谈美国国务院档案①

姚百慧②

美国国务院是1789年联邦政府成立后最早设立的内阁部门之一，是联邦政府中负责外交事务的专门机构③。从创设以来，国务院的外交职能曾受到多方面的掣肘，尤其是进入冷战时期，国家安全委员会、国防部等机构在制定外交政策方面发挥了重要作用。但不可否认的是，国务院始终是制定和执行美国对外政策的重要机构之一。④ 因此，美国国务院的档案，对了解美国外交决策，仍具有重要价值。

---

① 本文为北京市教育委员会社科计划重点项目(SZ201010028010)《国际关系史史料的整理与研究》(一期)和国家社科基金重大项目《20世纪国际格局的演变与大国关系互动研究》(11&ZD133)的阶段性成果。本文写作过程中，曾得到Gale公司沈磊女士、Proquest公司杨晶晶女士的帮助；北京师范大学硕士生陈瑜同学曾协助校对文章表格中的一些数据信息；华东师范大学政治学系韩长青博士对本文初稿提出了很多建设性意见，在此一并致谢。

② 姚百慧，男，首都师范大学历史学院副教授。

③ 1789年7月27日成立时为名"外交部"(Department of Foreign Affairs)，由于承担了一些国内事务的职责，同年9月15日改名为"国务院"(Department of State)。这些国内职责包括保管美国玉玺、颁布专利、受理版权申请、出版人口统计等。1849年内政部成立后，除了保管玉玺以外的国内职责转交内政部。参见张也白：《战后美国国务院的地位和作用的衰落》，《美国研究参考资料》1985年第5期；周琪主编：《美国外交决策过程》，中国社会科学出版社2011年版，第106—107页。

④ 对国务院在外交决策中地位的讨论，可参考[美]杰里尔·A.罗赛蒂：《美国对外政策的政治学》，周启朋、傅耀祖等译，世界知识出版社1997年版，第106—131页；[加拿大]夏尔—菲利普·戴维等：《美国对外政策——基础、主体与形成》，钟震宇译，社会科学文献出版社2011年版，第152—158页；[加拿大]夏尔—菲利普·大卫：《白宫的秘密：从杜鲁门到克林顿的美国外交决策》，李旦等译，中国人民大学出版社1998年版，第46—49页；周琪主编：《美国外交决策过程》，中国社会科学出版社2011年版，第103—132页。

根据美国国家档案馆的划分，国务院的档案（按机构划分）可分为四类：核心档案（Central Files，RG 59）①；总部非核心档案（Headquarters Decentralized Files，RG 59）；外事部门驻地档案（Foreign Service Post Files，RG 84）；专门文件（Specialized Files，RG 43、RG 76、RG 353）②。本文以下将简单介绍这四类档案，以及它们的解密、出版、数字及缩微化③和国内馆藏④情况，以方便学界利用。

一、核心档案（RG 59）

对于大多数研究主题来说，"核心档案"是国务院记录中数量最大、最重要的类目。根据国家档案馆的估计，其总数量约占 RG 59 类的 82%。⑤ 核心档案包括美国国务院与驻外使领馆的往来电报，国务院与其他政府机构和公众的通信，内部备忘录和报告，以及国务院同外国使领馆、外交人员的往来文

① 美国国家档案馆根据政府部门及文件性质对档案作一般归类，每类称作"档案群集"（Record Group，简称 RG）。如政府部门的一般档案归入 RG 11，农业部的档案归入 RG 16，参议院档案归入 RG 46 等。参见吴翎君：《国内所藏美国政府档案介绍》，台北中央研究院近代史研究所"近代中国外交"网，2003 年 9 月，http://archwebs.mh.sinica.edu.tw/digital/data/PDF/8-1-2-3.pdf（引用日期：2012 年 7 月 12 日，以下网址如无特殊说明，在此日期均有效）。

② 美国国家档案馆关于美国国务院档案的介绍，是本文形成的史料基础之一。其主要页面是：http://www.archives.gov/research/foreign-policy/state-dept/agency-records.html。

③ 缩微出版美国国务院档案的主要是两个公司：Gale 公司（本文中简称 Gale）和现为 Proquest 公司之子公司的美国大学出版社（本文中简称 UPA）。UPA 公司的网站提供的大量电子版指南（网址：http://cisupa.proquest.com/ws_display.asp? filter=UPA_guides）对本文的写作非常有用。

④ 本文主要调查了大陆国际关系史档案资源馆藏较为集中的四个单位：国家图书馆（简称国图）、华东师范大学冷战国际史研究中心（简称华师大）、北京大学图书馆（简称北大）、首都师范大学世界史资料中心（简称首师大）。为节省篇幅，表格中的馆藏将使用字母代码，C=Capital Normal University；E=East China Normal University；N=National Library of China；P=Peking University。港台的相关资源，请参阅何研：《香港大学美国研究中心——冷战史研究的资料宝库》，华东师范大学冷战国际史研究中心编：《冷战国际史研究》第 3 辑，世界知识出版社 2006 年版，第 249—260 页；吴翎君：《国内所藏美国政府档案介绍》，台北中央研究院近代史研究所"近代中国外交"网，2003 年 9 月，http://archwebs.mh.sinica.edu.tw/digital/data/PDF/8-1-2-3.pdf。

⑤ Blair Hydrick ed., *Guide to Confidential U.S. State Department Central Files, France, Foreign Affairs*, 1945—1949, Besthesda, MD: University Publications of Ameirica, 1986, p.vii.

件等等。尽管二战后非核心档案(decentralized files)的数量增加,但研究美国外交政策和外交事务的几乎所有主题仍要从利用核心档案开始。根据归档方式的不同,这些档案又分为5个时段:1789年—1906年、1906年—1910年、1910年—1963年1月、1963年2月—1973年6月、1973年7月—1975年。1975年以前的国务院档案已移交国家档案馆,1976年及以后的档案仍未解密,保存在国务院。

1789年—1906年

档案被分成三个主要类别:外交(Diplomatic),领事(Consular)和杂件(Miscellaneous),每类又分为系列或种类,文件按文件发送日期编年排列。"外交通信"(Diplomatic Correspondence)包括美国国务院和驻外使馆之间、美国国务院和其他国家驻美外交使团及各国使馆之间的往来通信;"领事通信"(Consular Correspondence)包括美国国务院和驻外领事之间、美国国务院和外国驻美各地领事之间的往来通信等;不能被纳入到上述两类的被归入"杂件通信"(Miscellaneous Correspondence),包括国务院与美国其他政府机构和公众的通信。这些档案国务院有缩微,但在国内无馆藏。

1906年—1910年

1906年至1910年的美国国务院文件进行了重新编排,分为两类:"数字编排文件"(Numerical File)和"次要文件"(Minor File),总计1241个缩微,国内无馆藏。1906年8月15日,索引和档案局(the Bureau of Indexes and Archives)采用了新的主题体系来分类和归档数字编排文件。总计1172卷文件,外加附录和未装订文件,按案例数字编排,从1到25982。数字编排的原则先是流水号,先归档的文件编号在前,上下号之间内容上没有关系,比如数字文件5275(美国和希腊的政治关系)和5276(涉及美国在英格兰森德兰地区的领事问题)。但在一个新的主题文件建立后,以后同类主题的文件,一般用原先的数字,外加反斜杠/。比如5276、5276/1、5276/2表示同一主题的文件,又如295、295/2都是指摩洛哥政治事务。不过,随着案例数目的扩大,同一主题也可能被分配几个数字号,如421、699和2151也都涉及摩洛哥政治事务。次要文件指那些未能归入数字编排文件的文件(其中很多是日常通信),有62卷,这些记录或按驻外使馆的国别,或按领事所在地城市,或按通信者的姓名排列。①

不过,随着文件数量的日益扩大,这一时段的案例文件数量已超过25000个,这就需要一个更适用的归档体系。1910年,索引和档案局开始转向十进制的方式,在同一主题的文件后插入一个数字,以表明该文件属于哪个主题对应的十进制。比如在295文件主题卷的最后一份文件写上:随后的主题见881.00,那对应十进位制文件中的摩洛哥政治事务—内部事务。②

1910年—1963年1月

从1910年初到1963年1月的核心档案划分为七个时间段:1910年—1929年、1930年—1939年、1940年—1944年、1945年—1949年、1950年—1954年、1955年—1959年、1960年—1963年1月。这些档案按十进位主题分类归档,档案先分大类,之下再按国别、主题分类排序。十进制归档的规则变化多次,分别有1911年、1912年、1921年、1950年、1955年、1960年等多个版本。1938年版融合了之前的数个版本,可覆盖1910—1949年的绝大部分档案;1950、1955、1960年版的分别适用之后的年份档案归档。后四个版本的手册电子版,可见美国国家档案馆网站。③ 1910年—1949年分9大类,1950年—1963年1月分10大类,具体类的对比见表一。

---

① *M-862:Numerical and Minor Files of the Department of State*,1906—1910,Date Published:1976,p.1,http://www.archives.gov/research/foreign-policy/state-dept/rg-59-central-files/1906-1910.html.

② *M-862:Numerical and Minor Files of the Department of State*,1906—1910,Date Published:1976,pp.3-4,http://www.archives.gov/research/foreign-policy/state-dept/rg-59-central-files/1906—1910.html.

③ 网址:http://www.archives.gov/research/foreign-policy/state-dept/rg-59-central-files/1910—1963.html。

表一:国务院档案十进制主题分类对比表①

	1910—1949	1950—1963
Class 0	General Miscellaneous	Miscellaneous
Class 1	Administration	Administration
Class 2	Extradition	Protection of Interests
Class 3	Protection of Interests	International Conferences, Congresses, Meetings and Organizations
Class 4	Claims	International Trade and Commerce
Class 5	International Congresses and Conferences	International Informational and Educational Relations
Class 6	Commerce	International Political Relations
Class 7	Political Relations of State	Internal Political and National Defense Affairs
Class 8	Internal Affairs of States	Internal Economic, Industrial, and Social Affairs
Class 9	—	Communications, Transportation, Science

在类下,再给地区、国家、殖民地或其他指定的地理实体分配一个两位数(或者两位数加一个英文字母)"国别地区码"(country number)。随着时间和情况的变化,国别地区码可能会增加或删除,或随国家、殖民地、地理区域的变化而变化。比如,1910年—1949年和1950年—1963年指代沙特阿拉伯的分别为90f和86a。具体到文件编号上,也大致有两种主要格式。第一种格式为"十进位主题代码/文件顺序号",这适用于1944年6月份以前归档的文件。如:711.1215/462,数字7(大类)表示政治关系,11(国别地区码)表示美国,12(国别地区码)表示墨西哥,15(主题码)表示边界关系,462表示文件顺序,合并起来就是美墨政治关系—边界问题的第462份文件。第二种格式为"十进位主题代码/文件日期",适用于从1944年6月以后归档的文件。如:

① 本表依据美国国家档案馆提供的信息编制。网址:http://www.archives.gov/research/foreign-policy/state-dept/rg-59-central-files/1910—1963.html。

851. 00/11—2049,数字8(大类)表示内部事务,51(国别地区码)表示法国,00(主题码)表示政治事务,所以这是一份1949年11月20日生成的关于法国内部政治事务的文件。

这一时段的缩微品有如下几种。

一是美国国务院出版的涉及1910年—1929年、1930年—1939年、1940年—1944年6月、1944年7月—12月四个时段的总计654个胶卷,国内无馆藏。美国国家档案馆网站上有指南(M-973)。①

二是Gale出版的"美国国务院档案系列"(Records of the U.S.Department of State)。分三个子系列。(一)"内部事务"子系列,题目一般为:Records of the U.S.Department of State to the Internal Affairs of……,共有法属非洲、中国、朝鲜、柬埔寨、阿尔巴尼亚、保加利亚、捷克斯洛伐克、东德、芬兰、希腊、匈牙利、波兰、罗马尼亚、南斯拉夫、阿根廷、玻利维亚、巴西、智利、哥伦比亚、厄瓜多尔、萨尔瓦多、危地马拉、尼加拉瓜、巴拿马、秘鲁、多米尼加、委内瑞拉、阿富汗、土耳其、摩洛哥、奥地利等31个国家或地区的89个专题。(二)"政治关系"子系列,题目一般为:Records of the Department of State Relating to Political Relations between……,共有美国和朝鲜、美国和日本、拉美和加勒比、美国和玻利维亚、美国、拉美和加勒比、美国和巴西、美国和智利、美国和哥伦比亚、美国和哥斯达黎加、美国和厄瓜多尔、美国和危地马拉、美国和海地、美国和巴拿马、美国和巴拉圭、美国和秘鲁、美国和多米尼加、美国和乌拉圭、美国和委内瑞拉、阿富汗政治关系等19个主题23个专题。(三)"商业关系"子系列,题目为:Records of the Department of State Relating to Commercial Relations between……,共有美国和日本、美国和苏联两个主题4个专题。② 详目及馆藏见附表一。

三是UPA出版的"美国国务院机密核心档案"(Confidential U.S.State De-

① 网 址:http://www. archives. gov/research/foreign-policy/state-dept/rg-59-central-files/1910—1963.html。

② "State Department Records from PSM with Source Citations",Gale公司沈磊提供,2012年4月12日。

partment Central Files)①。这套资料主要有三个子系列:“内部事务”(Internal Affairs,IA);“外交事务”(Foreign Affairs,FA);“内部事务和外交事务”(Internal Affairs and Foreign Affairs,IF)。涉及的国家和地区有:亚洲区的中国、远东、福摩萨(Formosa,即台湾)、香港、印度、日本、老挝、菲律宾、越南;欧洲区的法国、德国、联邦德国、英国、意大利、西班牙;拉美区的阿根廷、古巴、萨尔瓦多、洪都拉斯、墨西哥、尼加拉瓜、巴拿马、南美;中东区的埃及/阿盟、伊朗、伊拉克、约旦、黎巴嫩、巴勒斯坦—以色列、波斯湾国家与也门、沙特阿拉伯、叙利亚;苏东区的波兰、苏联;撒哈拉以南非洲区的英属非洲、刚果、加纳、南非。详目及馆藏见附表二。除此之外,还有3个专辑:“美中关系”(United States-China Relations,7卷,国图/华师大/北大藏);“阿拉伯联邦和其他问题”(Arab Confederation and Other Issue,1950—1959,27卷,无馆藏);“巴勒斯坦:联合国活动”(Palestine:United Nations Activities,1945—1949,14卷,无馆藏)。

1963年2月—1973年

从1963年2月开始,核心档案根据主题—数字归档。一般来说,文件先依据主题,然后分区域国别进行分类。从1963年2月到1973年的文件分成4个时段:1963年2月—12月;1964年—1966年;1967年—1969年;1970年—1973年。这些文件包括电报、代电(airgrams)、指令、外交照会、报告、通信、备忘录以及其他相关文件。1973年7月,电报成为“国家档案系统”(State Archiving System)一部分,其他纸本文件如代电、备忘录等,仍按数字主题归档,一直到1973年12月31日。

这些档案先分8大类(Broad categories):行政(Administrative)、领事(Consular)、文化与信息(Culture & Information)、经济(Economic)、政治与国防(Political & Defense)、科学(Science)、社会(Social)、特别(Special,含international organizations and conferences)。每大类下再分“主要主题”(Primary subjects),

---

① 崔丕在其文章中,将其译为“美国国务院机要中心档案”。参见崔丕:《美国国家安全委员会解密文件与欧亚冷战史研究》,王晓德主编:《世界近现代史研究》第2辑,中国社会科学出版社2005年版,第49页。

总计有 56 个,比如 Political & Defense 大类下有四个主要主题:CSM(Communism),DEF(Defense),INT(Intelligence)和 POL(Political Affairs & Relations),这些主题的简写成为文件编号的首先几个字母。在“主要主题”下,再按国家、地区、机构分类,这些国家、地区、机构的全拼或简写成为文件名的最后几个字母。之后再按从属主题分类,每一个预先设定好数字,这个数字放在前两组字母的中间。比如文件编号“FN 9 US-FR”表示 Finance(FN)、United States-France(US-FR)、Foreign Investment(9),所以它是涉及财政方面美法对外投资的档案;文件编号“POL 27-3 VIET S”表示 Political Affairs and Relations(POL)、Vietnam South(VIET S)、Use of Foreign Country Forces(27—3),所以是涉及在南越使用军队问题的文件。从 1964 年 1 月开始,编号规则有些变化。编号规则手册和上述“主要主题”在美国国家档案馆网站上可查。①

这一时期的缩微出版品有两种。

一是 Gale 出版的“美国国务院档案系列”(Records of the U.S.Department of State)“内部事务”子系列(数字主题代码 POL),一般标题为:“Records of the U.S.Department of State Relating to the Internal Affair……”,副标题为“Political and Governmental Affairs”,共出版了加纳(7 卷)、尼日利亚(11 卷)、刚果(40 卷)、朝鲜(13 卷,国图藏)、印度和巴基斯坦(16 卷)、印尼(15 卷,国图藏)、老挝(17 卷,国图藏)、东德(12 卷)、多米尼加(22 卷)等 9 个专题的 1963 年—1966 年的档案。

二是 UPA 出版的“美国国务院机密核心档案”,一般副标题为“主题—数字文件”,也有少量以“内部事务和外交事务”为副标题,涉及的国家或地区有中国、香港、日本、越南、德国、联邦德国、古巴、墨西哥、巴拿马、伊拉克、巴勒斯坦—以色列、苏联、比夫拉—尼日利亚、南非等,主要时段为 1963 年 2 月到 1969 年,总计 509 卷,详目及馆藏见表二。

---

① 网址: http://www. archives. gov/research/foreign-policy/state-dept/rg-59-central-files/1963—1973.html。

表二:UPA 出版的 Confidential U.S.State Department Central Files(1963. 2—1969)

	1963—1966		1967—1969		
	#reels	holdings	# reels	holdings	total # reels
China	41	NP	25	NP	66
Hong Kong *	2	P	—	—	2
Japan *	50	P	18	NP	68
Vietnam	91	—	37	N	128
Germany	14	—	—	—	14
Federal Republic of Germany	40	—	—	—	40
Cuba	12	—	—	—	12
Mexico	18	—	—	—	18
Panama	9	—	—	—	9
Iraq	10	—	—	—	10
Palestine-Israel *	23	—	13	—	36
The Soviet Union	33	E	24	EN	57
Biafra-Nigeria	—	—	21	—	21
South Africa	15	—	13	—	28
total # reels	358		151		509

注:香港(1963—1966)、日本(1963—1966)、巴勒斯坦—以色列(1967—1969)三个专题的副标题为“内部事务和外交事务”。

1973 年—1976 年

1973 年 7 月 1 日,国务院开始采纳了新的归档体系“国家档案系统”(State Archiving System,SAS)。档案不再按主题分类,而是利用自动化工具对文件进行索引和电子化,并以缩微形式存储下来。大部分电报从 1974 年 7 月 1 日开始采用这一系统,自 1975 年的纸本文件也采用了这一系统。其中,1973 年—1975 年的 360813 份档案(包括 227201 份电报和 133612 份抽出档案卡),已制成数据库“Central Foreign Policy Files”,在美国国家档案馆的 ADD 数据库上可以检索利用①。在缩微上的其他纸本解密文件,可以在美国国家

① 网址:http://aad.archives.gov/aad/series-description.jsp? s=4073&cat=all&bc=sl。

档案馆利用。另外,曾任尼克松、福特政府国家安全事务助理、国务卿的基辛格于2011年将其全部约100万件个人档案(包括基辛格作为外交官、学者、教师和市民的档案,现藏于国会图书馆的基辛格在政府任职的公务文件复印件一套)以及有史料价值的实物捐赠给耶鲁大学,耶鲁大学为此设立约翰逊美国外交研究中心(Johnson Center for the Study of American Diplomacy),以推动对使用基辛格档案和耶鲁大学珍藏的其他美国著名外交家如史汀森(Henry Stimson)、艾奇逊(Dean Acheson)、万斯(Cyrus Vance)等个人档案的美国外交史的教学与研究。① 基辛格的电话记录,收于DNSA数据库,该数据库北大、国图已购买。②

由于解密期限的问题,1976年以后的档案仍然保存在国务院,但可以通过《信息自由法》申请利用一些文件。

二、总部非核心档案(RG 59)

总部非核心档案包括三类:组织机构档案(Records of Organization Units);功能档案(Records Relating to Various Functions);特别主题及个人档案(Records Relating to Special Subjects and to Individuals)。

组织机构档案:这些档案被那些有特殊任务或职责的国务院机构或个人创造或保持,独立于核心档案体系。这些档案大多来自地区司、功能司或者主要的政策办公室,如国务卿、副国务卿、专职副国务卿、行政秘书处和政策设计司(美国国家档案馆上有其中主要机构的列表及代码③)。这些档案少量形成

① 《陈兼、夏亚峰教授出席基辛格个人档案捐赠会》,网址:http://www.coldwarchina.org/show.aspx? info_lb=3&info_id=605&flag=3。

② 有两个子库,The Kissinger Transcripts: A Verbatim Record of U.S. Diplomacy, 1969—1977和the Hissinger Telephone Conversation: A Verbatim Record of U.S. Diplomacy, 1969—1977,分别收录文件2163份和15502份。

③ 网址: http://www. archives. gov/research/foreign-policy/state-dept/rg-59-decentralized-files/decentralized-records.html。行政秘书处和政策设计司都是马歇尔任国务卿时设立的。参见:Anna Kasten Nelson, "Introduction", in *The State Department Policy Planning Staff Papers*, 1947, *Vol.* 1, New York & London: Garland Publishing, Inc., 1983, p.xvii.

于18—19世纪,绝大部分产生于二战后。二战后,由于美国国务院归档体系的变化,核心档案系统不堪文件数量庞大,一些官员也不愿意将一些敏感文件送交核心档案系统,因此非核心档案的数量越来越庞大。①从20世纪50年代后期开始,国务院委托某些司和办公室正式保存非核心档案,在这种情况下即便在核心档案系统中有相关的文件类,大部分文件仍归档成非核心档案。当国务院收回这些档案时,每个机构的档案便被赋予一个控制编码,即Lot File号,并按文件的移交财政年度和顺序编号,也因此被称作Special Files或Lot Files。比如Lot 59D539表示是1959年第539次移交的文件。当这些文件被移交国家档案馆后,许多Lot文件可能被合并到一个专题,比如9种行政秘书处的Lot文件合并成了"Conference Files,1949—1963";但一种Lot文件,也可能被拆分到不同的系列。

功能档案:这些档案主要涉及国务院的特殊功能。有些功能是原本具有的,有些功能是国务院作为联邦政府机构的一般职责;有些功能是暂时的,有些则是长期的,也有一些转移给其他机构。这些档案包括:行政记录(administrative records)、任命记录(appointment records)、领事证书及相关记录(exequaturs and related records)、引渡文件(extradition papers)、大赦记录(general pardon records)、美国国玺相关记录(records relating to the Great Seal of the United States)、领土文件(territorial papers)等。

特别主题及个人档案:有些特别的主题或事件的档案,被单独从核心档案系统中分离出来,保存在执行某种特殊任务的办公室、使团或者个人手中。这些档案包括:海员文件(impressed seamen,包括1812年战争文件);内战文件(Civil War papers);内战大赦活动(Civil War amnesty and pardon activities);委员会记录(records of various commissions);国务院赴俄国南部代表团(the Department of State mission to South Russia,1920);赴德特别审问团(the Special Interrogation Mission to Germany,1945—46);阿根廷蓝皮书(the Argentine Blue Book,1945—46);马歇尔和魏德迈的中国使命(the missions of George C.Marshall

---

① Blair D.Hydrick ed.,*A Guide to the Microfilm Edition of Confidential U.S.State Department Special Files,Japan*,1947—1956,Besthesda,MD:University Publications of Ameirica,1990,p.vii.

and Albert C.Wedemeyer to China);鲍莱赔偿使团(the Pauley Reparations Missions,1945—48);富兰克林·D.罗斯福、肯尼迪、艾森豪威尔、杜鲁门之死(the deaths of Presidents Franklin D.Roosevelt,John F.Kennedy,Dwight D.Eisenhower and Harry S Truman);美国革命200年庆典(the American Revolution bicentennial celebration)。此类档案中也有一些个人档案,比如波伦①、哈夫利克②、U.亚历克西斯·约翰逊(U.Alexis Johnson)③、迈伦·泰勒(Myron Taylor)④等。

总部非核心档案被缩微的有:

行政秘书处的档案。Gale缩微了行政秘书处的"危机档案",名为"美国国务院危机档案"(Records of the State Department's Crisis Files),含1968年捷克斯洛伐克危机3卷(Crisis Files,Czechoslovakia Crisis,1968,Entry 5193,Lot File 70D19),1967年塞浦路斯危机6卷(Crisis Files,Cyprus Crisis,1967,Entry 5191,Lot File 70D46)⑤,无馆藏。行政秘书处关于1961—1962年柏林危机的档案(Lot File 66D124)、国务院欧洲司德国事务办公室关于柏林的档案(1957—1963年,Lot Files 70D548,78D222,78D269,78D271,80D2)、行政秘书处1967年中东危机档案(68D135,69D218,70D20),被UPA合并起来制成一套缩微,名为"美国国务院行政秘书处档案:危机档案"(U.S.State Department,Office of the Executive Secretary,CRISIS FILES)⑥,含柏林危机10卷,中东危机

---

① 查尔斯·E.波伦(Charles E.Bohlen,1904—1974),美国外交官,苏联问题专家,曾任驻苏、菲、法等国大使。有回忆录Witness to History,1929—1969(New York:Norton,1973),该回忆录有中译本。

② 休伯特·F.哈夫利克(Hubert F.Havlik),曾在国务院任职多年,后就职于国际复兴开发银行。对其简单的介绍,见http://www.trumanlibrary.org/oralhist/havlik.htm。

③ U.亚历克西斯·约翰逊(U.Alexis Johnson,1908—1997),曾任远东事务助理国务卿等职。对其简单的介绍,见http://www.trumanlibrary.org/oralhist/johnsona.htm。

④ 迈伦·泰勒(Myron Taylor,1874—1959),总统派驻教皇庇护十二世的个人代表。

⑤ "State Department Records from PSM with Source Citations",Gale公司沈磊提供,2012年4月12日。

⑥ Rosemary Orthmann ed.,*A Guide to the Microfilm Edition of U.S.State Department,Office of the Executive Secretary*,*CRISIS FILES*,*Part 1*:*The Berlin Crisis*,1957—1963,Bethesda,MD:LexisNexis,2008,p.xi;Susan Leinbach ed.,*A Guide to the Microfilm Edition of U.S.State Department*,*Office of the Executive Secretary*,*CRISIS FILES*,*Part 2*:*The Middle East Crisis*,1967,Bethesda,MD:LexisNexis,2006,p.xi.

19卷,首师大藏。UPA缩微的另一套秘书处文件名为"总统与国务卿同外国领导人的官方信件"(Official Exchanges of the President and Secretary of State with Foreign Leaders,1961—1966,Lot Files 66D476,66D294,67D262),11卷①,首师大藏。

UPA主要挑选了远东司、近东南亚司的档案,辅以其他档案来源,缩微了一套"美国国务院机密特别档案"(Confidential U.S. State Department Special Files),分阿以冲突(1951—1976)、日本(1947—1956)、日本第一次补编(1946—1966)、朝鲜(1950—1957)、朝鲜第一次补编(1951—1966)、东北亚(1943—1956)、东北亚第一次补编(1945—1966)、东南亚(1944—1966)、东南亚第一次补编(1947—1966)、越南工作组(1963—1966)等10个专题,详细文件来源、馆藏等见表三。Gale出版了远东司的两套档案。一是"中国事务办公室记录"(Records of the Office of Chinese Affairs,1945—1955),41卷,国图藏。该套档案也有对应数据库,名为"中国内战和美中关系:美国国务院中国事务办公室档案"(The Chinese Civil War and U.S.-China Relations:Records of the U.S. State Department's Office of Chinese Affairs,1945—1955),收录在Archives Unbound中,无馆藏。二是"美国国务院关于越南局势简报"(Records of the State Department:Briefing Books Relating to the Situation in Vietnam,1961—1966),3卷,国图藏。

表三:UPA出版的Confidential U.S.State Department Special Files

	# reels	source note	holdings
Arab-Israeli Conflict,1951—1976	22	Bureau of Near Eastern and South Asian Affairs, Office of Israel and Arab-Israel Affairs, Entry 5632 Records Relating to Israel and Arab-Israel Affairs,1951—1976	C
Japan,1947—1956	39	54D423;57D149;58D118;58D637	P

① Kristen M.Taynor ed.,*A Guide to the Microfilm Edition of Official Exchanges of the President and Secretary of State with Foreign Leaders*,1961—1966,Bethesda,MD:LexisNexis,2006,p.ix.

续表

	# reels	source note	holdings
Japan, First Supplement, 1946—1966	25	56D527;78D173;Office of Legal Advisor,[No Lot Number]; 61D69; 61D68; 67D110; 68D373;69D347	P
Korea, 1950—1957	11	55D128;58D643;59D407	P
Korea, First Supplement, 1951—1966	12	53D413;55D107;67D244;66D503;69D54	P
Northeast Asia, 1943—1956	24	54D278; 58D529; 58D184; 58D208; 59D476; 60D330	P
Northeast Asia, First Supplement, 1945—1966	24	56D225; 56D256; 59D448; 65D324; 68D121; 63D168;65D235;66D224;66D245;66D225	P
Southeast Asia, 1944—1958	39	54D190; 55D480; 55D481; 58D266; 59D630; 63D3;58D782;58D726;58D257	C
Southeast Asia, First Supplement, 1947—1966	34	61D200; M - 46; 56D98; 59D612; 58D321; 67D10; 68D102; 69D33; 56D37; 61D85; 62D68; 62D409; 66D484; 68D467; 70D3; 63D18; 67D267; 67D613, 68D61; 69D293; 70D515; 60D50; 62D298; 63D70; 66D298; 66D500;67D320;68D32,69D36;69D294	N
Vietnam Working Group, 1963—1966	8	67D54; 68D84; 69D67; 70D102; 70D232; 70D233	N

1945 年—1947 年,马歇尔赴华调停国共纷争①,其使团相关档案藏国家档案馆(Lot 54D270),包括六个部分:(1)陆军部的档案(第 1—18 盒);(2)马歇尔使团关于中国内政的记录(第 19—30 盒);(3)马歇尔使团关于中国军事的记录(第 31—48 盒);(4)中国事务办公室的档案(第 49—53 盒);(5)范宣德(John Carter Vincent)档案(第 54 盒);(6)马歇尔报告(第 55 盒)。② Gale

① 关于马歇尔调停的过程,可参阅牛军:《从赫尔利到马歇尔:美国调处国共矛盾始末》,东方出版社 2009 年版。

② *Guide to the Scholary Resources Microfilm Edition of the Complete Records of the Mission of General George C. Marshall to China, December* 1945—*January* 1947, Wilmington, Delaware, Scholarly Resources Inc., 1988, Introduction.

公司出版了这套档案,名为“马歇尔赴华使团档案全编”(*the Complete Records of the Mission of General George C. Marshall to China, December 1945—January 1947*),总共50卷,国图藏。

此外,Gale也缩微了特别主题文件中的联合国会议文件(Entry 684 to Entry 696),名为“美国国务院主题文件:特别政治事务办公室和联合国组织的创立”(Records of the U. S. State Department Subject Files of the Office of Special Political Affairs and the Creation of the United Nations Organization, 1940—1946),27卷,无馆藏。UPA缩微了美国国务院二战时期负责战后规划的哈利·A.诺特(Harley A.Notter)的档案,名为“对二战后世界的外交规划:国务院哈利·A.诺特档案”(Post World War II Foreign Policy Planning: State Department Records of Harley A.Notter, 1939—1945)①,原件共282盒,缩微成5313张平片,无馆藏。

美国国家档案馆也出版了1947—1949年的“政策设计司”(Policy Planning Staff)②的文件(缩微品M1171),名为“政策设计司编号文件”(Policy Planning Staff Numbered Papers),涵盖1947—1949年的从PPS/1到PPS/63的文件,共73个平片,近2000页。网站上有电子版指南③,华东师范大学藏有全套光盘1张。这些文件也以纸本形式出版,名为《国务院政策设计司文件》(*State Department Policy Planning Staff Papers*, 1947—1949),每年一卷,共

① 对诺特文件内容、价值的介绍,参见*Post World War II Foreign Policy Planning: State Department Records of Harley A. Notter*, 1939—1945, Bethesda, MD: Congressional Information Service, 1987, pp. vii - ix. 在出版前,诺特在其著作*Postwar Foreign Policy Preparation*, 1939—1945 (Washington, 1949)中,曾提及这些文件。

② 又译“政策规划室”、“政策计划小组”、“政策计划室”、“政策设计委员会”,20世纪60年代改名为“政策规划委员会”(Office of Planning Policy)。最初曾起到重要作用,后来随着外交政策的规划工作逐渐转到白宫和国家安全委员会,其影响下降。[加拿大]夏尔—菲利普·大卫:《白宫的秘密:从杜鲁门到克林顿的美国外交决策》,第47页;周琪主编:《美国外交决策过程》,中国社会科学出版社2011年版,第115—116页;张也白:《战后美国国务院的地位和作用的衰落》,《美国研究参考资料》1985年第5期;陶文钊:《美国历史学家为解密更多的外交档案而努力》,《美国研究参考资料》1991年第2期。

③ 网址:http://www.archives.gov/research/military/ww2/microfilm/m1171.pdf。

3 卷,上海图书馆藏。①

三、外事部门驻地档案(RG 84)

外事部门驻地档案包括两类。

一是驻外使领馆驻地和驻国际组织使团的档案。这些档案由美国驻外使领馆归档,很大一部分与核心文件重合,但也有很多不在总部文件中,如驻地与驻地之间的通信,驻地内部的文件,驻地与驻在国官员与商人的通信等,只是被摘要汇报或未汇报总部。现在有超过 850 个驻外使领馆和驻国际组织使团的档案。这些档案并不完整,18 世纪晚期至 19 世纪初期,驻外使领馆很少有档案;直到 20 世纪初,国务院也并未积累这些档案。由于自然灾害、战争或其他紧急情况,导致了一些档案丢失。后来,根据档案评估的结果,也会销毁一些档案。1789 年—1912 年、1912 年—1948 年、1949 年—1963 年、1963 年—1987 年、1987 年至今,驻外使领馆有不同的文件编排方法,美国国家档案馆也制定不同的评估标准,以鉴定哪些档案值得永久保存。在执行档案评估时,有些档案被错误销毁,而有些本无需存档的临时档案却被保存下来。许多敏感的材料,被归入平行的系列,名为"机密文件"(Confidential Files)或"绝密文件"(Top Secret files)。驻国际组织使团也保存了很多重要档案,如驻联合国代表团、驻美洲国家组织代表团、驻柏林使团等。②

此类档案部分被 UPA 制作了缩微,总名为"美国外交驻地机密档案"(Confidential U. S. Diplomatic Post Records),包括中美洲和加勒比(1930—1945,含古巴、萨尔瓦多、洪都拉斯、尼加拉瓜 4 个专题)、日本(1914—1941)、中东(1925—1941,含伊朗、伊拉克、贝鲁特、耶路撒冷、艾登 5 个专题)、中东(1942—1944,含伊朗、伊拉克、黎巴嫩 3 个专题)、美国对日顾问办公室(Office

---

① *State Department Policy Planning Staff Papers*, 1947—1949, *Vol. 1-III*, New York & London: Garland Publishing, Inc., 1983.纸本和光盘版基本内容相同,但光盘版保留了一些解密经过及批注等内容。1947—1949 年恰为凯南任政策设计司主任的时间。

② RG 84 Reference Paper, pp. 1 - 4. 网址: http://www.archives.gov/research/foreign-policy/state-dept/rg-84/。

of the U.S.Political Adviser for Japan,1945—1952)、俄国和苏联(1914—1941)等6个专辑的文件,730卷。国图藏有除了中东(1925—1941)卷之外的所有专辑①;北大藏日本、俄国和苏联、美国对日顾问办公室等三个专辑。Gale也缩微了一个专题,名为:"美国驻耶路撒冷、巴勒斯坦领事档案"(Records of the U. S. Consulate in Jerusalem, Palestine: Confidential Correspondence, 1920—1935),3卷,无馆藏。

二是美国信息服务处(U.S.Information Service)的档案。1953年8月以前,信息服务处属国务院管辖;之后,直接隶属白宫,并改名为"美国新闻署"(the United States Information Agency);1978年,改名为"美国国际交流署"(United States International Communications Agency),1982年又改为美国新闻署;1999年,重新合并到国务院。美国新闻署往往在各驻外使领馆设置美国新闻处作为使馆的附属新闻机构,从事教育、文化、信息业务,有的实际是美国驻当地的情报及间谍机构。由于美国信息署/美国信息服务处同国务院之间的这种复杂关系,其早期的一些档案也属于国务院档案系统(RG 84),但更多的是独立的(在美国国家档案馆中是RG 306)②。

UPA已缩微了部分美国新闻署的档案,名为"美国新闻署档案"(Records of the U.S.Information Agency),分3部分:"冷战时期特别研究报告"(Cold War Era Special Reports);"研究报告,德国公众舆论"(Research Reports, German Public Opinion,1945—1970)和"冷战时期研究报告"(Cold War Era Research Reports),共104卷,无馆藏。Gale也缩微了新闻署的部分档案,名为"美国新闻署,国际公众舆论和'公共外交'"(The U.S.Information Agency, International Public Opinion, and "Public Diplomacy"),分两部分,"实地研究报告"(Field Research Reports,1952—1986)和"研究备忘录,媒体反应记录及舆论调查和分析"(Research Memoranda, Media Reaction Notes, and Opinion Surveys and Analyses,1963—1999),共124卷,无馆藏。

① 部分馆藏显示为0,可能是订购了,但尚未到货。

② 鉴于这种情况,本文不再详细介绍美国新闻署档案的情况。关于它的历史沿革、归档方式等,可参见美国国家档案馆网站,网址:http://www.archives.gov/research/foreign-policy/related-records/rg-306.html。

四、专门文件(RG 43、RG 76、RG 353)

由于数量原因,国务院总部也把一些文件单独分类,称作专门文件。有如下三类:国际会议、委员会、展览会文件(International Conferences, Commissions, and Expositions, RG 43),边界、争端委员会和仲裁文件(Boundary and Claims Commissions and Arbitrations, RG 76),部际委员会、国务院内联合委员会文件(Interdepartmental and Intradepartmental Committees, RG 353)。

RG 43:此类档案由美国赴海外代表团创建,在会议、委员会或展览结束后存于国务院。包括国际会议记录(包括二战和战后首脑会议及同外国部长的会议);各种国际委员会记录;参与美国境内外的国际展览会、博览会记录。1953 年以后,许多博览会的记录,被归入美国新闻署档案(RG 306)。

RG 76:涉及各种类型的边界仲裁文件。

RG 353:包括美国国务院内部或国务院作为成员的不同的委员会、特别小组、工作组档案。国家档案馆网站提供了这些机构的一个不完全列表①,其中"国务院—陆军部—海军部协调委员会和国务院—陆军部—海军部—空军协调委员会档案"(State-War-Navy Coordinating Committee and State-Army-Navy-Air Force Coordinating Committee Case File, 1944—1949)已被 Gale 缩微,32 卷,国内无馆藏。

不少美国国务院的文件被挑选出来,刊印于《美国对外关系文件集》中,这一点在下面将详细介绍。

五、《美国对外关系文件集》(FRUS)

《美国对外政策文件集》(Foreign Relations of the United States, FRUS)是美国官方出版的外交档案集,是研究美国对外政策史的重要史料。《文件集》由美国国务院公共事务管理司下设的"历史学家办公室"(the office of the his-

① 网址:http://www.archives.gov/research/foreign-policy/related-records/rg-353.html。

torian)①的专业历史学家负责编辑,国家出版局出版发行。1861年,在林肯总统提议下,经国会批准,《文件集》的第1卷于当年诞生。② 此后,虽多次更改名称③,但每年都连续出版。《文件集》最早当年出版前一年的档案,每年出版几卷,从林肯到塔夫脱时期(1861—1913),总计出版了79卷。进入20世纪,美国外交的扩展及其在世界影响的扩大,在《文件集》的卷册数上也体现出来,威尔逊时期有38卷,富兰克林·D.罗斯福时期有70卷,尼克松—福特时期计划出版54卷(已出33卷)。《文件集》系列目前总计已出版了432卷。④与其他国家的同类出版物相比,《文件集》是持续时间最长、内容最丰富的外交解密档案集。

最初,文件集的编辑毫无章法,编辑目的、文本选择等方面均非常混乱。⑤直到1920年代,美国国务卿弗兰克·凯洛格(Frank Kellogg)把编辑《文件集》列入国务院的工作重点,并制定了编辑原则:历史客观性与准确性原则;如不加标注,不得进行删减或改编;不能漏掉形成重要决定的事实;不得掩盖政策失误,等等。可以删节或不公开的内容包括:会干扰目前谈判和其他活动的文字;一般性的记录和不必要的细节;外国政府和个人存于国务院的文件(除非

① 该机构并无固定的译法,有仿照中国外交部外交史编辑室的名称译作"美国国务院外交史编辑室",有依据行政机构层级译作"国务院公共事务司历史学家处",也有译作"公共事务局历史部",分别见[美] 戴维·帕特森:《美国国务院外交史编辑室及其工作》,任东来译,《美国研究参考资料》1991年第8期;时殷弘:《国际关系史料基本分类和主要类别史料例解》,《国际政治研究》2005年第3期;何迪:《介绍〈美国对外关系文件集〉》,《美国研究参考资料》1988年第10期。上引帕特森的文章中,介绍了该机构的主要工作。

② 当时美国内战刚刚爆发,林肯为了让国会充分了解情况,于当年年底把涉外事务的文件作为国情咨文的一部分移交国会,这份共441页的书成为《文件集》编纂的开始。何迪:《介绍〈美国对外关系文件集〉》,《美国研究参考资料》1988年第10期。

③ 1861—1871年卷,标题多次变化;1872—1931年卷,名称为Papers Relating to the Foreign Relations of the United States;1932—1945年卷改名为Foreign Relations of the United States: Diplomatic Papers;1945年以后的卷始用Foreign Relations of the United States,后来的各卷均沿用了这一名称。

④ 2012年8月29日最新出版的是尼克松—福特任期系列的第38卷第1部分(Foundations of Foreign Policy, 1973—1976)。

⑤ 如由于审查不严,一些涉及国家机密的文件时有泄露。1898年2月,美国为向西班牙开启战端,制造了"缅因号事件",然而两年后,事件内幕即在《文件集》中披露出来。何迪:《介绍〈美国对外关系文件集〉》,《美国研究参考资料》1988年第10期。

经当事国或当事人同意)；与主题无关的非关键性评论中攻击他国或个人的字句；未被国务院采纳的个人意见(但应保留政策形成过程中的各种方案)。文件来源，只收国务院的文件，不收私人和政府其他部门的收藏。经过这次改革，《文件集》的编辑工作得以“规范化、制度化”。凯洛格指令至今仍刊于每卷文件集的卷首。[①] 虽然如此，由于政治原因，还是有违反凯洛格指令的情况存在。如艾森豪威尔的国务卿约翰·杜勒斯(John Dulles)就曾干涉过二战时期及战后 FRUS 尤其是其中中国卷的编纂[②]；而 1989 年出版的《文件集》1952—1954 年的伊朗卷[③]，竟然完全掩盖了中情局在推翻伊朗萨摩台政府中的作用[④]。《文件集》编纂面临的更大的问题还包括：由于外交决策越来越多地为白宫、国家安全委员会、国防部等机构分享(乃至控制)，要想全面反映美国外交的决策过程，就不得不从其他机构收录资料；国务院自身的档案也越来越庞大，核心档案、总部非核心档案、外事部门驻地档案、专门文件等，对这些文件和其他机构文件的收集、挑选、编辑、注释越来越让只有区区数十人的“历史学家办公室”不堪重负；虽然年复一年有退休的外交官进行审查解密工作，但外交文件的解密周期加长了，现在已是 25 年；还有就是资金的问题。由于这些原因，《文件集》的出版周期开始延长，20 世纪以前是隔上 1—2 年，1930 年代的各卷是 15—18 年，1950 年代的卷则变成了 25—30 年。卷次也从年刊(艾森豪威尔政府以前卷)、变成双年卷(艾森豪威尔任期)到后来的总统任期卷(肯尼迪任期以后卷)。[⑤] 尽管仍存在种种问题，但由专业历史学家挑选刊印的这套《文件集》，文件质量一般仍然较高，不失为研究美国外交史学

---

① U.S.Department of State ed., *FRUS, 1958—1960, Vol.7, Part 1, Western European Integration and Security; Canada*, Washington D.C.: USGPO, 1993, p.iii；何迪：《介绍〈美国对外关系文件集〉》，《美国研究参考资料》1988 年第 10 期。

② 参见何迪：《介绍〈美国对外关系文件集〉》，《美国研究参考资料》1988 年第 10 期。

③ 该卷信息为 U.S.Department of State ed., *FRUS, 1952—1964, Vol.10, Iran*(1951—1954), Washington D.C.: USGPO, 1989。

④ 陶文钊：《美国历史学家为解密更多的外交档案而努力》，《美国研究参考资料》1991 年第 2 期。

⑤ [美] 戴维·帕特森：《美国国务院外交史编辑室及其工作》，任东来译，《美国研究参考资料》1991 年第 8 期。

者入门的首选。①

纸本的《文件集》,国图、北大、首师大、外交学院、南开大学、南京大学、华东师范大学、复旦大学、上海图书馆、中山大学等单位均有部分收藏,其中外交学院收藏相对较全。该套文件的电子版可通过如下三个渠道获得:1861—1960 年的卷册可以用威斯康星大学全文影像系统②;1961 年以来的卷册可以用美国国务院历史学家办公室网站③;所有卷册均可通过 HeinOnline 法律数据库(此数据库国图、北大、武汉大学、复旦大学已购买)下载利用。值得注意的是,美国国务院历史学家办公室最新推出了 FRUS e-book 计划,把《文件集》以 PDF 电子书的形式放在网上,目前已提供 1945—1976 年间的 27 本 FRUS。④

由于上述在编辑《文件集》中遇到的人力、物力等方面的困难,《文件集》遂有了两个特殊的补充卷系列。第一个是缩微平片补充版(Microfiche Supplements),涉及杜鲁门⑤、艾森豪威尔、肯尼迪三任政府时期的共 15 卷,目录见表四。杜鲁门政府时期的 2 卷国图有馆藏,所有的卷都能通过 HeinOnline 法律数据库来利用。第二个是电子补充卷,这是尼克松—福特任期出现的新系列,并且没有对应的纸本出版物,只能通过美国国务院历史学家办公室的网站来利用⑥。这个电子补充卷已出版 14 卷。

---

① 现在《文件集》在国内已得到足够的重视,以至于有的学者提到,一旦有新的卷出来,便会有众多研究者群集的"瓜分现象"。不过,在《文件集》最初刊行的近 100 年中,却几乎被研究者忽略。有的学者称这是因为美国这些年中的外交是如此"有限、公开和教条",以至于《文件集》所能揭示的"唯一秘密"就是美国"并无秘密可以揭示"。William M. Franklin, "The Future of the Foreign Relations Series", in Milton O. Gustafson ed., *The National Archives and Foreign Relations Research*, Athens: Ohio University, 1974, p.61.

② 网址:http://digicoll.library.wisc.edu/FRUS/Browse.html。

③ 网址:http://history.state.gov/historicaldocuments。

④ 网址:http://history.state.gov/historicaldocuments/ebooks。

⑤ 据帕特森的文章,缩微补充版还有一卷是 1986 年出版的 Current Economic Develepment。但该卷并不见于美国国务院所列的 FRUS 目录中。[美] 戴维·帕特森:《美国国务院外交史编辑室及其工作》,任东来译,《美国研究参考资料》1991 年第 8 期。

⑥ 网址:http://history.state.gov/historicaldocuments/nixon-ford。

表四:FRUS 缩微平片补充版目录

一	杜鲁门政府时期(2卷)
1	Memoranda of Conversation of the Secretary of State, 1947—1952
2	Memoranda of the Secretary of State, 1949—1951, and the Meetings and Visits of Foreign Dignitaries, 1949—1952
二	艾森豪威尔政府时期(8卷)
1	1952—1954, Secretary of State's Memoranda of Conversation, November 1952—December 1954
2	1958—1960, vol. III, National Security Policy; Arms Control
3	1958—1960, vol. V, American Republic
4	1958—1960, vol. XI, Lebanon and Jordan
5	1958—1960, vol. XV/XVI, Part 1; Burma; Malaya-Singapore; East Asia Region; Cambodia
6	1958—1960, vol. XV/XVI, Part 2; Laos
7	1958—1960, vol. XVII/XVIII, Indonesia; Japan; Korea
8	1958—1960, vol. XIX, China
三	肯尼迪政府时期(5卷)
1	1961—1963, vol. VII/VIII/IX, Arms Control; National Security; Foreign Economic Policy
2	1961—1963, vol. X/XI/XII, Cuba; American Republics
3	1961—1963, vol. XIII/XIV/XV, Western Europe; Berlin
4	1961—1963, vol. XVII/XVII/XX/XXI, Near East; Congo; Africa
5	1961—1963, vol. XXII/XXIV, Northeast Asia; Laos

附表一:Gale 出版的 Records of the Department of State(1910—1963.1)

Series	Relating to the Internal Affairs of……					
Time Span	30—39	40—44	45—49	50—54	55—59	60—63
French Africa	—	—	20			
China	167, N	43, N	69, N	—	—	—
Japan	33 * , N	20 * , N	39 * , N	51, N	48, N	—
Korea	2, N	3, N	12, N	33, N	22, N	10, N
Cambodia	—	—	—	—	—	9, N

续表

Series	Relating to the Internal Affairs of……					
Albania	—	—	4	3	1	1
Bulgaria	—	—	9	5	3	2
Czechoslovakia	—	—	17 *	15 *	8 *	6 *
East Germany	—	—	—	14 * ,N	10 * ,N	6 * ,N
Finland	—	—	8	11	8	5
Greece	—	20 *	53 *	29	15	12
Hungary	—	—	20	37	25	5
Poland	—	—	23	14	16	9
Romania	—	—	17	7	7	2
Yugoslavia	—	—	18 *	23 *	18 *	15 *
Argentina	—	—	—	—	—	17
Bolivia	—	—	—	—	—	10
Brazil	—	—	—	—	—	21
Chile	31	31	15	21	15	10
Colombia	—	—	—	—	—	11
Ecuador	—	—	—	—	—	7
El Salvador	—	—	—	—	—	6
Guatemala	—	—	—	20	12	7
Nicaragua	—	—	—	—	—	4
Panama	—	—	—	15	7	5
Peru	—	—	—	—	—	10
the Dominican Republic	—	—	—	—	—	9
Venezuela	—	—	—	—	—	11
Afghanistan	—	—	4 * ,N	—	—	4 * ,N
Turkey	—	—	—	28 *	26 *	—
Morocco	—	—	—	23 *	18 *	—
Austria	—	—	16 *	32 *	17 *	—
Series	Relating to Political Relations between……					
Time Span	30—39	40—44	45—49	50—54	55—59	60—63

续表

Series	Relating to the Internal Affairs of……					
the U.S.and Korea	—	—	—	—	3	—
the United States and Japan	5,N	8,N	19,N	11,N	11,N	—
Latin America and the Caribbean States	90 * ,N	—	—	—	—	
the U.S.and Bolivia	—	—	1	—		
the U.S. and Latin America and the Caribbean States	69 *		—	—	—	
the United States and Brazil	—	—	2			—
the United States and Chile	—	—	1			—
the United States and Colombia	—	—	2			—
the United States and Costa Rica	—	—	1			—
the United States and Ecuador	—	—	2			—
the United States and Guatemala	—	—	1			—
the United States and Haiti	—	—	2			—
the United States and Panama	—	—	—	6		—
Paraguay	—	—	1			—
the United States and Peru	—	—	2			—
the United States and the Dominican Republic	—	—	1			—
the United States and Uruguay	—	—	1			—
the United States and Venezuela	—	—	1			—
Relating to Political Relations with Afghanistan	1 * ,N					—
Series	Relating to Commercial Relations between……					
Time Span	10—49			50—63		
the United States and Japan	17,N			14,N		
the United States and the Soviet Union	22,N			12,N		

注:(1) * 表示 Gale 已制作了数据库,收录在 Archives Unbound 中;(2)胶卷数后的字母为馆藏代码

附表二:UPA 出版的 Confidential U.S.State Department Central Files (1960—1963.1)

	1930—1939			1940—1944			1945—1949			1950—1954			1955—1959			1960—1963		
	IA	FA	IF	IA	FA	IF	IA	FA	IF	IA	FA	IF	IA	FA	IF	IA	FA	IF
China *	105	—	—	51	—	—	75	—	—	47	6	—	48	10	—	27	5	—
Holdings	NP			NP			NP			ENP	ENP		ENP	ENP		NP	ENP	
The Far East	—	—	—	—	—	—	—	—	21	—	—	26	—	—	30	—	—	7
Holdings									EP			EP			EP			ENP
Formosa	—	—	—	—	—	—	3	—	—	—	—	17	—	—	—	—	—	—
Holdings							P					EP						
Hong Kong	—	—	—	—	—	—	—	—	—	—	—	—	—	—	—	—	—	7
Holdings																		NP
India	—	—	—	—	—	—	43	2	—	100	4	—	—	—	—	—	—	—
Holdings							P	EP		P	EP							
Indochina	—	—	—	—	—	—	10	—	—	44	—	—	—	—	54	—	—	—
Holdings															E			
Indonesia	—	—	—	—	—	—	—	—	—	—	—	—	—	—	—	—	—	20
Holdings																		EN
Japan	—	—	—	—	—	—	42	—	—	62	—	—	—	—	—	—	—	38
Holdings							P			P								P
Laos	—	—	—	—	—	—	—	—	—	—	—	—	—	—	—	—	—	36
Holdings																		EN
The Philippine Republic	—	—	—	—	—	—	—	—	35	—	—	37	—	—	24	—	—	14
Holdings																		N
Vietnam	—	—	—	—	—	—	—	—	—	—	—	—	—	—	—	—	—	24
Holdings																		EP
France							68	4	—	25	5	—	—	11	—	—	—	—
Holdings							C	C		C	C			C				
Germany *	59	12	—	35	5	—	109	—	—	—	—	45	—	—	37	—	—	35
Holdings		C			C		E					C			CE			C

续表

	1930—1939			1940—1944			1945—1949			1950—1954			1955—1959			1960—1963		
Federal Republic of Germany	—	—	—	—	—	—	—	—	—	56	9	—	69	5	—	46	5	—
Holdings											E			E			E	
Great Britain	79	26	—	94	9	—	26	10	—	—	14	—	—	—	—	—	—	—
Holdings	CN	CN		N	CN		N	CN			CN							
Italy	—	—	—	44	6	—	63	9	—	52	5	—	—	—	—	—	—	—
Holdings					C			C			C							
Spain	88	3	—	—	—	36	—	—	—	—	—	—	—	—	—	—	—	—
Holdings		C				C												
Argentina	—	—	—	—	—	—	47	5	—	—	—	29	—	—	28	—	—	—
Cuba	—	—	—	—	—	—	—	—	29	—	—	39	—	—	25	39	12	—
El Salvador	—	—	—	—	—	—	—	—	7	—	—	13	—	—	7	—	—	—
Honduras	—	—	—	—	—	—	—	—	11	—	—	11	—	—	10	—	—	—
Mexico	—	—	—	110	—	—	52	—	—	43	16	—	25	11	—	24	8	—
Nicaragua	—	—	—	—	—	—	—	—	12	—	—	11	—	—	9	—	—	—
Panama	24	11	—	—	—	26	—	—	22	—	—	—	—	—	—	—	—	—
South America	—	—	—	—	—	—	—	—	—	—	—	—	—	—	—	—	—	14
Egypt *	—	—	—	—	—	—	—	—	19	—	—	38	30	7	—	—	—	19
Holdings														E				
Iran	—	—	—	—	—	—	—	—	18	—	—	44	—	—	27	—	—	16
Iraq	—	—	—	—	—	—	—	—	10	—	—	18	—	—	18	—	—	13
Jordan	—	—	—	—	—	—	—	—	—	—	—	—	—	—	10	—	—	—
Lebanon	—	—	—	—	—	—	—	—	5	—	—	13	—	—	16	—	—	10
Palestine-Israel *	—	—	—	—	—	—	—	—	29	21	6	—	19	17	—	—	—	17
The Persian Gulf States and Yemen	—	—	—	—	—	—	—	—	—	—	—	—	—	—	15	—	—	12
Saudi Arabia	—	—	—	—	—	—	—	—	12	—	—	10	—	—	11	—	—	10
Syria	—	—	—	—	—	—	—	—	9	—	—	12	—	—	—	—	—	—
Poland	—	—	—	—	—	—	—	—	29	—	—	17	—	—	—	—	—	—

续表

	1930—1939			1940—1944			1945—1949			1950—1954			1955—1959			1960—1963		
The Soviet Union	—	—	—	—	—	—	39	10	—	38	12	—	46	15	—	32	10	—
Holdings							EP	EP		EP	EP		EP	EP		EP	EP	
British Africa	—	—	—	—	—	—	—	—	14	—	—	29	—	—	39	—	—	—
Congo	—	—	—	—	—	—	—	—	—	—	—	—	—	—	—	—	—	40
Holdings																		E
Chana	—	—	—	—	—	—	—	—	—	—	—	—	—	—	—	—	—	12
South Africa	—	—	—	—	—	—	—	—	14	—	—	23	—	—	14	—	—	14
Total reels	352	52	0	334	20	62	577	40	296	441	77	432	237	76	374	168	40	358

注:(1)除此表所列的外,还有“美中关系”、“阿拉伯联邦和其他问题”、“巴勒斯坦:联合国活动”等3个专题;(2)德国1930—1944年的时段断限略有不同,为1930—1941、1941—1944;(3)1960—1963年的埃及部分,标题略有不同,为“Egypt/United Arab Republic”。

中法伯尔尼建交谈判法文档案选译[①]

——法国谈判代表的记录

李晓姣[②] 编译

1964 年中法外交关系的建立，不仅促进了两国关系的发展，也冲击了美苏所把持的两极格局。近年来，随着相关档案的开放，学术界加强了对中法建交史的研究，并着手编译了相关的档案资料。[③] 不过，现有成果在对法国核心资料的编译和利用方面，还有待加强。笔者在法国访学期间，曾查阅了法国外交部的档案，其中有涉及中法建交问题的卷宗（MAE，ASIE - OCEANIE 1944—，CHINE 1956—1967，Vol. 525），该卷宗汇集了三方面的档案：富尔访华文件[④]、伯尔尼建交谈判中法方谈判代表记录、戴高乐的特使贝志高访台档案。本文选译的即此卷中的伯尔尼建交谈判时法方代表德波马歇的记录。这些记录同中国外交部已解密的档案可以相互印证。

---

① 本文为北京市教育委员会社科计划重点项目（SZ201010028010）《国际关系史史料的整理与研究》（一期）的阶段性成果。

② 李晓姣，女，法国先贤祠—索邦巴黎第一大学博士研究生。

③ 这些资料中部分已刊印，分别见姚百慧编：《中法建交多国档案选编》（一）（二）（三），连载于华东师范大学冷战国际史研究中心编、李丹慧主编：《冷战国际史研究》第 8、9、12 辑，世界知识出版社 2009—2011 年版。

④ 此部分总计 2 件档案已汇编在法国外交部编的档案集中，并被翻译成中文，分别见 Ministère des Affaires Etrangères，*Documents Diplomatiques Français*，1963，*TOME II*，Paris：Imprimerie Nationale，2001，pp.458-459、469-478；姚百慧编：《中法建交多国档案选编》（三），华东师范大学冷战国际史研究中心编、李丹慧主编：《冷战国际史研究》第 12 辑，世界知识出版社 2011 年版，第 367—403 页。

No. 1
法外交部给驻瑞士大使菲利普·鲍德的指示
(1963年12月10日)

尊敬的大使先生,

外交部派雅克·德波马歇来伯尔尼与中国驻瑞士大使进行会谈。您可以告诉中国驻瑞大使,德波马歇先生作为外交部的全权代表,将与他取得联系。

德波马歇或于12日周四早上,或于16日周一早上抵达伯尔尼。他想当天就离开伯尔尼。请您尽早告诉我,哪天最合适。

对于这次访问的高度机密性,我无需强调。

请相信我最友好的感情!

(资料来源:folio 28)

No. 2
德波马歇的记录
(1963年12月13日)

12月12日我在伯尔尼受到了中国驻瑞士大使的接见。

首先,我向他介绍说,我是受法国政府委托,将与他共同商讨中法建立外交关系的问题。

我跟他提起了,法国外长德姆维尔与陈毅元帅曾在讨论老挝问题的日内瓦会议期间谈过这个问题,最近埃德加·富尔受北京政府之邀访华,期间也重谈了这个问题。戴高乐在富尔访华前也曾予以接见,并从法国立场方面做出了相关指示。

我指出,目前中法建立外交关系的时机已经成熟,巴黎政府和北京政府都表示了共同的愿望,即中法两国政府正式建立外交关系,互换大使。

至于这个问题的解决办法,我已声明法国政府坚持不附加任何先决条件的原则。最主要的就是共同确定一个公布这一决定的程序,从这个角度来看,程序越简单越好。在这种精神的指导下,只需要通过发表公报来宣布两国政府共同达成的决定。或者发表联合公报,或者分别在巴黎和北京同时发表内容相同的两个公报,内容简单提到两国已经决定建立外交关系,并在近期互换大使。

我总结时表态说,一旦我的对话者李清泉大使接到其政府的指示,我就立即再来伯尔尼与之会面。

李清泉先生问我是否可以向他建议如何编写公报的正式文本。

我回答他说,法国方面未曾编写过正式文本,考虑到我之前所提及的,我觉得这个公报应当指明:法兰西共和国政府和中华人民共和国政府已经一致决定建立外交关系,为此,两国互派大使,比如说,在三个月后。

李清泉先生说,关于中国与西方各国建立外交关系,毛泽东主席曾经陈述了普遍原则。至于中法建立外交关系的问题,他回想起了陈毅元帅和法国外长德姆维尔曾在讨论老挝问题的日内瓦会议期间就谈过。从那时起,埃德加·富尔访华期间,曾与中国政府讨论了有关建立两国外交关系的原则。"今天",李清泉先生总结说,"您来到伯尔尼阐明法国政府的观点,我一定会如实向我的政府转达"。

中国大使在我们的会谈最后说,他一收到其政府的答复就告诉我。

(资料来源:folios 25-27)

No. 3
德波马歇的记录
(1964 年 1 月 3 日)

我于 1 月 2 日与中国驻瑞士大使进行了第二次会谈。

首先,李清泉先生提到我在 12 月 12 日会谈时回顾了埃德加·富尔访华期间在北京与中国领导人的谈话。由于双方协议对这些谈话保密,中国政府只在我们 12 月 12 日第一次会谈后才告诉李先生。

随后,李清泉先生说,埃德加·富尔先生向中国政府转达了戴高乐将军不支持制造"两个中国"的立场。另外,双方就建交事宜达成三点默契。

考虑到中法之间的完全平等,从改善中法两国关系的积极愿望出发,中国政府与埃德加·富尔一致同意通过以下方式建立两国外交关系:

a)法兰西共和国政府向中国政府提出正式照会,法兰西共和国政府将承认中华人民共和国政府,并建议中法立即建立外交关系,为此,互换大使。

b)中国政府复照宣称,中华人民共和国作为代表中国人民的唯一合法政府,欢迎法国政府的来照,并准备好立即建立中法两国之间的外交关系,互换大使。

c)中国和法国同时公开发布上述照会,并立即建立各自的使馆,互换大使。

这一声明几乎逐字逐句地展现了《周恩来总理谈话要点》的第二点内容,也是富尔报告的补充,此后,李清泉大使提到,我曾于 12 月 12 日向他提议实行一项不同的程序。这项程序就是,双方政府一致同意公布建交的共同决定,或者以联合公报的形式公布,或者同时在巴黎和北京分别发布内容相同的两个公报。

他问我如何看待上述互换照会的形式,这些形式已被埃德加·富尔接受,对他的政府来说,上述互换照会的方案完全符合双方平等的原则,没有任何先决条件。他根据政府的指示,在此向我提出这些方案,希望我能够接受。

我回答他说,我之前向他建议的程序简明合理,并且是我认为最好的解决方式。

随后,李清泉先生又重新提到埃德加·富尔在北京的谈话。他确信,法国政府,尤其是戴高乐将军存有一份关于这些谈话的详细报告。法国政府认为有关两国建立外交关系的问题如今只是程序问题,并希望采取最简单的方式,或者中法双方发表联合公报,或者各自在北京和巴黎同时发表内容相同的公报。

联合公报的文本措辞应当如下:

"中华人民共和国政府作为代表中国人民的唯一合法政府和法兰西共和国政府一致决定,中法两国建立外交关系,两国政府将在未来三个月内互换大使。"

如果两国政府决定分别公开发布两个公报，公报内容中只是两国政府的前后顺序不同，其他都相同。

中国政府的公报文本措辞为：

“中华人民共和国政府作为代表中国人民的唯一合法政府，同法兰西共和国政府商定，中法两国建立外交关系。两国政府将在未来三个月内互换大使。”

法国政府的公报文本措辞为：

“法兰西共和国政府，同作为代表中国人民的唯一合法政府，中华人民共和国政府商定，中法两国建立外交关系。两国政府将在未来三个月内互换大使”。

这时我提起，我于12月12日根据个人初步意见建议的方案如下：

“法兰西共和国政府和中华人民共和国政府一致决定，中法两国建立外交关系。

为此两国政府商定将在三个月内任命大使。”

我的对话者李大使准备接受这种措辞，但是前提条件是在“中华人民共和国政府”后加上“作为代表中国人民的唯一合法政府”字样。

我回答他说，我理解这句话的表达对于中华人民共和国政府的重要性，但是我并不认为，这句话一定要在宣布两国建立外交关系的公报中写明。

李清泉大使说，只要法国政府不支持制造“两个中国”的立场，且只关系到确定公报的措辞，中国政府准允他可以不坚持在联合公报的文本中插入那句话。然而，中国政府将单方面对外发表自己的立场，宣称同法国建交的决定是由中华人民共和国政府作为代表中国人民的唯一合法政府作出的。

在之前谈过内容的基础上，李清泉大使曾三次对我重复说，他已经准备好了完全接受我建议的公报文本，不做任何修改。

在会谈的最后时刻，他向我表达了希望尽早再次与我会面，并建议说1月4日再会。我回答他说，要在下周之前再次赶回伯尔尼，对我来说有点困难。他就对我说：“下周一我等您”。

在会谈期间，我的对话者向我指明，他上次有机会观赏了奥利机场，并停留了几个小时以便转机。他有可能已经去过阿尔及尔或摩洛哥接受了周恩来总理的召见。

(资料来源:folios 29-33)

No. 4
德波马歇的记录
(1964 年 1 月 10 日)

1 月 9 日我与中国驻瑞士大使进行了第三次会谈。

首先,我重点阐述了 1 月 2 日会谈所进行到的地方。我们就公报的文本措辞达成了一致意见,具体如下:

“法兰西共和国政府和中华人民共和国政府一致决定,中法两国建立外交关系。

为此两国政府商定将在三个月内任命大使。”

我的对话者提出,在发表公报时其政府会公开宣布,与法国建立外交关系的决定是由中华人民共和国作为代表中国人民的唯一合法政府作出的。

我补充说,我个人认为,如果我的提议被接受,接下来我们要做的就是确定公报发表的日期,我建议要么于 1 月 27 日,要么于 1 月 28 日中午十二点(巴黎时间)发布。

李清泉先生重新详细地阐述了 1 月 2 日双方表达的观点。

中国政府已经准备好了接受法国政府提出的程序,公布两国政府的共同决定,或通过发表联合公报,或在两国首都同时发布两个内容相同的公报。另一方面,中国政府也准备好了接受法国政府建议的公报文本措辞,但是要求在“中华人民共和国政府”一词的后面加上“作为代表中国人民的唯一合法政府”的字样。如果法国政府认为不能接受添加这句话,中国政府可以接受法国政府建议的措辞,同时中国政府会在公报发布之际,对外宣布与法国建立外交关系的决定是由中华人民共和国作为代表中国人民的唯一合法政府作出的。

此时,我的对话者承认在这些情况下,唯一悬而未决的问题就是发表公报的日期。他接到政府的指示,对于时间问题,可以接受法方的建议,即发表公报的时间为格林威治时间1月27日11时,也就是当日巴黎时间12时。

随后我指出,法国政府打算将此事特别秘密地通知某些国家的政府,如:英、日、美、德。

李清泉先生表态,中法两国可以将中法决定建交事通知各自认为必要的有关政府。中国政府将根据自己的考虑率先采取措施。

最后我指出,在法国方面,我们打算在公报发布后三至四个星期内派五名先遣人员赴北京,筹备大使的到来。这五名先遣人员包括一名代办、两名助手、一位女秘书和一个译电员。

李清泉对我说他记录了这些指示,并表示如果中国政府有派先遣人员去巴黎的意图,就会通知我驻伯尔尼使馆。

在我们会谈的最后,李清泉先生意识到了我们在很多地方都达成了一致。然而他认为有必要向政府报告以得到政府的最后批准。只要在此精神指导下,最多于二至三天经过简单程序就可以得到政府的回答。不久他将会把政府的意见通知我驻伯尔尼使馆,只简单表明政府给出的积极答复,即协议得到了政府的批准。

我从个人角度指出,我的使命使我有权代表我的政府承担义务,不过我会将双方达成联合公报文本的依据,以及公报发表的日期和时间报告我的政府。

(资料来源:folios 34-36)

No. 5

德波马歇的记录

(1964年1月13日)

1月13日11时40分,我们驻伯尔尼的代办打电话给我转达了中国驻瑞士大使的话,“协议已被批准了”。

(资料来源:folio 37)

No. 6
德波马歇的记录
(1964年1月24日)

1月23日,我与中国驻瑞士大使进行了第四次会谈。

我对李先生说,在汇报了我们1月9日会谈内容之后,我向他转达了我政府批准了1月9日会谈商定的公报文本措辞,并确定了公报发表的日期和时间。

随后我提醒他,1月9日我曾对他说过,公报发表之后三至四个星期内,我国政府将派一组先遣人员赴北京,筹备大使的到来。我要求从此以后应当做好准备来欢迎五个先遣人员——一名代办、两名助手、一位女秘书和一个译电员——在2月15日之后来到北京,并很有可能先安排他们入住宾馆。

李清泉先生重新确认政府批准的协议,他已于1月13日通知我驻伯尔尼使馆,使馆将此消息也转达给了我:

1)对于发表建立外交关系的联合公报文本内容以及指派大使;

2)关于发布日期:1964年1月27日,发布时间:格林威治时间11时,同时在巴黎和北京发表两个内容相同的公报。

另外,他还提起,在公报发表之时,中国政府对外宣布关于与法国建立外交关系的决定是由中华人民共和国作为代表中国人民的唯一合法政府而作出的。

李清泉大使还补充说,关于法国向北京派先遣人员的问题,北京政府会热烈欢迎,并做好相应的迎接准备工作,同时,中国方面也将准备派遣第一位大使赴法国。

在会谈的最后,李清泉大使表示,我们将1月27日发表公报的决定告诉的几个国家政府并没有做到保密,因为这些国家通过世界各大媒体刊出对中法建交五花八门的报道和评论。

另外,他利用了1月21日沃尔特·李普曼的文章事件,以便对美国政策进行猛烈攻击,断然谴责“两个中国”的言论。

(资料来源:folios 38-39)

稿　约

《近现代国际关系史研究》是由首都师范大学历史学院国际关系研究中心出版的学术辑刊,每年2辑,由人民出版社出版。本辑刊旨在为所有从事国际关系史研究的学者提供一个相互交流的平台,设有专题研究、书评书讯、档案文献等栏目,欢迎学界同行赐稿。相关信息如下:

1.专题研究论文要以一手档案为基础,具有原创性且未曾发表,尤其欢迎选题新颖、运用多边档案的长篇研究。

2.注释体例,请以《历史研究》格式为准。详情可见中国社会科学杂志社相关页面:http://qk.cass.cn/lsyj/tgxt/ywzs/。

3.编辑部将组织同行专家对来稿进行评审,并将评审结果尽快(一般在1个月内)通知作者。

4.来稿一经录用,请勿再投他处。

5.录用并出版的作品,将按每千字50元支付稿酬,并赠样书2册。刊发后稿件版权归《近现代国际关系史研究》辑刊所有。

6.纸本请寄:北京市海淀区西三环北路83号首都师范大学历史学院,姚百慧收,邮编100089;电子稿请发:baihuiyao@163.com。

首都师范大学历史学院

国际关系研究中心

2012年9月1日